浙江大学文学院学术文库

面向社群网络的数字出版版权管理平台构建研究

陈洁 著

创于1897
商务印书馆
The Commercial Press

成果受国家社会科学基金、浙江大学“双一流”
一流骨干基础学科项目中国语言文学学科建设经费支持

“浙江大学文学院学术文库”出版前言

中文学科是浙江大学历史最悠久的系科之一，发端于1920年之江大学文理学院国文系和1928年浙江大学文理学院中文系，后屡历变迁而文脉不断。夏承焘、姜亮夫、王驾吾、胡士莹、孙席珍、任铭善、蒋祖怡、蒋礼鸿、沈文倬、徐朔方、吴熊和、郭在贻等著名学者长期执教于此，作育人才，薪火相传。1958年，杭州大学中文系成立。1983年，杭州大学古籍研究所成立。1999年，随着四校合并，杭州大学中文系、古籍所并入浙江大学人文学院。2021年，以中文系、古籍所为基础，继承百年传统的浙江大学文学院成立，中文学科进入新的发展阶段。

文学院秉承“文以化人，学通古今”的育人理念，着力培养一流中文人才。文学院拥有国家文科基础学科人才培养和科学研究基地、国家基础学科拔尖人才2.0计划汉语言文学拔尖基地、国家人才培养模式创新实验区“大中文”实验区。汉语言文学（古文字方向）入选国家“强基计划”。汉语言文学、古典文献学入选国家一流专业建设点，编辑出版学、影视动漫两个方向发展态势良好。以强基计划和拔尖计划为基础，成立有浙江大学文学院惟学书院，致力于中文一流人才的培养。

浙江大学中文学科在长期历史发展过程中，形成了文学与语言、传统与现代、文献与文物、文字与影像、编纂与研究融为一体、均衡发展的格局。目前文学院设有中国语言文学一级学科博士点和文艺学、中国古代文学、中国现当代文学、比较文学与世界文学、语言学及应用语言学、汉语言文字学、中国古典文献学 7 个二级学科博士点,以及中国语言文学博士后流动站。拥有国家重点学科中国古典文献学、教育部重点研究基地汉语史研究中心、国家语言文字推广基地等重要研究平台,教育教学、学术研究处于全国中文学科第一方阵。

"盖文章,经国之大业,不朽之盛事。"有赖于前辈学者的奠基与开创,中文学科在百年学术传承中形成了鲜明的特色和优势,积累了一批享誉内外的学术成果。这些成果是学科的宝贵财富,同时也为后辈学者潜心治学、扎实研究树立了榜样。为延续和弘扬优良学风,我们面向学科全体教师征集学术性专著,策划出版"浙江大学文学院学术文库",旨在通过发掘每位教师在一定周期内的研究旨趣和精髓,努力推出具有学术传承创新价值的精品力作,集中展示学院同仁的学术研究与中文学科的发展成果。

我们坚持古今汇通、中外交融的学术理念,倡导传统学科的"现代化"与新兴学科的"历史化",希望能与海内外学界共同推动中国语言文学学科的发展,并得到学界同仁的批评与指教。

序　一

引领数字出版变革，构建版权管理新体系

在数字化浪潮席卷全球的今天，出版行业正经历前所未有的变革与挑战。传统的出版模式因其固有的局限性，难以满足新时代读者多样化、个性化的需求，而数字出版的迅猛发展为行业注入了新的活力。从最初的电子文本到如今的社交媒体平台，各种社群网络如雨后春笋般涌现，极大地满足了用户分享、合作、互动的需求。随着数字内容在社群网络中的广泛传播与共享，版权管理问题愈发凸显，直接关系到产业的健康发展和创新活力。面对社群网络环境下版权碎片化、模糊化的问题，如何构建有效的数字版权管理平台，成为亟待深入研究的重大课题。

陈洁的新作《面向社群网络的数字出版版权管理平台构建研究》，正是在这样的背景下应运而生，对数字版权管理平台的构建进行了深入的探讨和研究。作为一名长期从事数字出版研究与实践的学者，我深知版权管理在数字时代的重要性。数字内容的便捷传播带来了信息的爆炸式增长，同时使版权保护面临严峻挑战。如何在保障版权方权益的同时，促进内容的自由流通与创新，是摆在我们面前的一道难题。陈洁在本书中，以敏锐的观察力和扎实的理论基础，剖析了当前数字出版业在版权管理方面所面临的诸多问题，系统地探讨了面向社群网络的数字版权管理平台的构建，为数字出版界提供了系统而深入的理论指导和实践路径。

首先,本书从数字版权管理平台的基本设定与应用类型入手,全面阐述了版权管理平台在数字出版中的核心作用。随着移动通信设备与互联网的普及,社群网络成为数字内容传播的重要载体,传统的版权管理模式已难以适应这种多元化、互动性强的传播环境。因此,构建一个面向社群网络的数字版权管理平台,不仅是应对当前困境的必要手段,更是推动数字出版突破发展瓶颈的重要途径。

其次,在探讨数字版权管理平台的问题与挑战时,本书深入剖析了数字内容版权保护、版权要素归属、商业模式构建以及标准规范重新确立等多个层面的复杂问题。数字内容的多样性与源头的复杂性,使得传统的版权管理体系在面临富媒体内容和泛阅读模式时,无所适从。尤其是在社群网络环境下,版权的碎片化与模糊化问题尤为突出,既对版权保护提出了更高的技术要求,也对版权管理的制度设计提出了新的挑战。

在此基础上,本书为困境中的出版行业提供了具体的解决路径,即构建一个高效的数字版权管理平台。本书详细阐述了资本聚合、平台搭建、内容整合、用户吸收以及版权运营与推广等关键步骤,以大量的实证案例为基础,分析了国内外不同类型平台的运营模式与发展路径,为读者提供了宝贵的实践经验;尤其是对网络文学、学术社交、知识服务和教育出版等领域的深入探讨,展示了数字版权管理平台在不同出版业态中的广泛应用与巨大潜力。

陈洁的新作具有以下几个显著的特点:其一,理论与实践相结合。全书不仅有深入的理论分析,还有大量的案例研究和实践探索。充分结合当前数字出版业的最新动态和发展趋势,提出了具有可操作性的解决方案,为行业的发展提供了有益的指导。其二,前瞻性与创新性。面对数字时代的新挑战,陈洁勇于突破传统思维,提出了许多具有创新性的观点。例如,她强调了社群网络中用户角色的多样性和灵活性,主张通过数字版权管理平台，实现对内容的全面管理和服务，实现产业链的延伸和价值的最大化。其三，全面性与系统性。全书内容覆盖了数字版权管理的各个方面，从平台的基本设定、应用类型，到具体的构建环节，再到不同领域的业态与运营模式，层层深入，逻辑严密，结构清晰。

数字出版的未来不仅依赖于技术的进步，更依赖于版权管理体系的完善与创新。作为出版人，我们必须紧跟时代步伐，积极拥抱变化，勇于创新。这是一本具有高度理论价值与实践指导意义的专业著作。它不仅为我们理解数字出版与版权管理的复杂关系提供了系统的分析框架，也为数字出版企业在激烈的市场竞争中找到新的出路提供了宝贵的参考。希望本书能够引起广大读者、研究者和从业者广泛的关注和讨论，推动数字出版研究与产业的进一步发展。同时，希望更多专业学者进入数字出版研究领域，为文化强国建设贡献力量，推动蓬勃发展的数智出版以及文化产业走向新的辉煌。

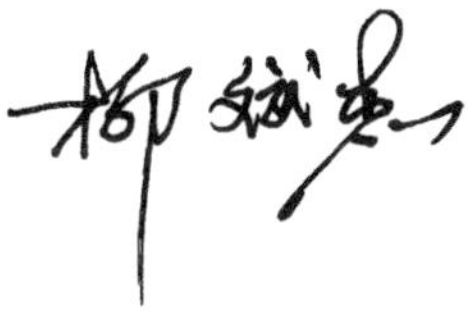

2024 年 11 月 22 日

序　二

构建未来:数字出版版权管理的社群网络路径

数字时代,社群网络的快速发展和普及改变了人们的内容生产与消费方式,给出版业带来了新的机遇和挑战。浙大数字出版研究中心团队具有前瞻性:在深远的出版学科历史基础上,较早成立数字出版中心,致力于数字出版研究与人才培养。基于中心的前期研究,陈洁教授的新书《面向社群网络的数字出版版权管理平台构建研究》探索数字出版新格局,从网络时代的数字阅读与出版产品新态,到面向社群网络的数字出版业态与版权运营模式,再到传统出版融合发展策略等多个方面展开讨论,提出了社交网络平台背景下数字出版版权管理的理论框架。

本书共分五章,全面探讨了面向社群网络的出版版权管理平台构想和实践,并提出了一系列创新性的理念和思路,对驱动数字出版领域的发展具有一定的参考价值。第一章主要介绍了社群网络时代的数字阅读和出版生产新态,探讨了泛在阅读、富媒体应用和社群参与下的阅读与出版转型,并提出了社群网络资源的数字出版实际架构。第二章聚焦社交网络平台背景下管理数字出版版权的综合框架,探讨了数字版权管理的挑战,并提出了社交网络数字版权管理平台的基本特征和功能以及自营数字版权管理平台的架构和建立方法。第三章则进一步探讨了面向社群网络的数字出版业态与版权运营模式,包括社群参与模式的网络文学版权传播构想与运营实践、面向学者社群的学术社交网络资源重组与出版应用、基于互联网共享的知识服务版权模式等。第四章探讨传统出版与社交网络平台社区参与效应的融合，提出了移动有声书出版、纸质书和线下书店场景化营销以及向社区化图书营销转变的策略，还讨论了书展和社区出版的互动理念。第五章概述了在社群网络背景下支持内容创作和数字出版发展的途径，提出建立多层次、覆盖全国的数字版权监管平台，优化数字版权管理制度，探索数字版权管理平台整合下的内容产业化输出策略。

出版业过去经历了从印刷出版到数字出版的大跳跃，未来融合出版将成为出版发展变革的关键。国家“十四五”规划提出要培育壮大人工智能、大数据、区块链、云计算、网络安全等新兴数字产业，其中人工智能、区块链均与版权相关，本书正是陈洁教授研究团队对融合出版新态下数字版权管理这一出版重难点的攻坚之作。全书研究深入、思路清晰，对数字出版版权管理的发展趋势有清晰的认识和洞见。

其一，本书深入挖掘了社群网络对数字出版的影响，为数字出版从传统向现代的转型及融合提供了重要的参考。社群网络的兴起改变了人们的生活方式和交流方式，数字出版产业也不得不适应这种趋势。作者提出了移动有声书出版及其平台的社群化发展、纸质图书出版销售与线下书店的场景营销、移动终端阅读社群兴起下的图书营销思维转向、书展与社群出版的互动构想等等，这些策略的提出不仅仅对传统出版业有启示，对数字出版业也有很大的借鉴价值，更为出版融合发展提供了战略性的指导。

其二，本书提出了一些创新性的理念和构想，如社群参与的网络文学版权传播模式和基于互动分享的知识服务版权模式等。这些理念和构想为数字出版产业的未来发展指明了一条新的道路。

其三，本书兼顾理论与实践，既有深入的理论分析，如数字版权管理平台的构想和数字版权管理平台整合下的内容产业化输出策略等；又有丰富的实践案例，如移动有声书出版和纸质图书出版销售等。这种理论性和实践性的结合，使本书更具备可读性和可操作性，具有很高的参考价值。另外，本书中所介绍的社群网络、数字版权管理平台等概念，也为读者提供了新的视角和思考方式。

总之，此书具有前瞻性、创新性和实践性，非常值得一读。它深入探讨了社群网络对数字出版及版权管理的影响，提出了一些创新性的理念和实践，对数字出版从业者和数字出版版权平台的建设有很大的参考和借鉴价值，为数字出版产业的未来发展指明了一条新的道路。早在十多年前我就关注出版版权问题，也写了一些文章，阅读本书时颇有共鸣，这本书的内容让我感觉到，数字出版行业的未来充满了无限可能和机会。本书的主要问题在于更多停留于理论及概念构想阶段而缺乏实践案例的支持，希望在不远的将来能看到更多落地的数字版权管理实践。也希望浙大数字出版研究中心及中国数字出版研究基地能继续深入探讨数字时代出版深度融合的机制和路径，以数字版权产业为数字出版研究的重要阵地，有力推动党中央文化政策的落实和出版产业实践的发展。

阎晓宏

2024 年 11 月 22 日

目　录

第一章
社群网络时代的数字阅读与出版生产新态

时至今日，数字出版产业已为社会创造出巨大的经济效益，其中的数字阅读又始终是业界、学界重点关注的对象。广义上的数字阅读内容，包括大部分以数字文件为内容载体的公开出版物，有网络文学、电子书、数字报刊、有声书等。根据中国音像与数字出版协会第一副理事长张毅君在第二届全民阅读大会上所发布的《2022 年度中国数字阅读报告》，2022 年我国数字阅读用户规模为 5.30 亿人，市场总体营收规模为 463.52 亿元。[①] 数字阅读的现实影响力和未来潜力不可小觑。除大量移动终端的降价、优化因素之外，社群网络对全民数字阅读的贡献是巨大的。社群网络指的是在各类设备上构建起来的存在于网络空间的用户集合，它们通常拥有各自的聚合关系，比如明星粉丝群、小说读者群，成员们借助微信、微博、QQ 等社交媒体相互联系。集体阅读是这些社群网络的重要标志之一。可以说，当下的数字阅读盛况与社群网络的兴起密不可分。

大多数从业者和研究者习惯于用消费的角度宏观地去理解数字阅读，以此得到用户画像，从而反观出版生产的调整方向。事实上，在微观层面，社群网络用户在阅读数字内容时，不仅是受众和消费者，也无时无

---

① 张毅君：《2022 年度中国数字阅读报告》，2022 年 4 月 25 日，见 http://www.nationalreading.gov.cn/wzzt/dejqmyddhzq/dhlt/szydlt/202304/t20230425_713455.html。

刻不成为内容的创造者。富媒体出版物和泛在阅读正使数字阅读变为一种创造性活动，在多功能社交媒体的辅助下，用户的阅读活动也成为他人的阅读内容。这一方面体现在用户的行为数据是可见的。例如，一篇网络小说的点击量、留言回复、评价打分、讨论热度等，既是先前用户数字阅读的结果，又是新用户阅读的潜在语境。另一方面，数字阅读的内容可以是文字、摄影、录音、视频、绘图等多种媒体形式的混合。社群网络让这一现象变得普遍化，诸如抖音、喜马拉雅 FM 等互动媒体都在力推一种发掘和培养草根内容制作者的商业模式。社群网络为数字出版注入了新的活力，新型参与式出版呼之欲出。无论选题策划、内容组稿，还是营销发行、形成口碑，用户通过社群网络效应显示出巨大的生产力。这一切促使出版业者们转变思维：不能把社群网络的反馈参与视为洪水猛兽，而要将其化为数字出版发展的刺激因素。本章按照数字阅读转型、社群网络效应、参与式出版的逻辑层层深入并予以论述。

第一节　泛在阅读与富媒体应用催动数字阅读转型

数字技术的发展直接推动了出版业的转型升级，使其进入以计算机数字处理与互联网技术为支撑的数字出版时代。在技术驱动的数字出版产业中，其构成主体走向多元化，内容提供商、信息服务商与分销商成为主要参与者，新的参与主体及其生产活动构成了一条全新的以“（内容）创作—出版—传播—消费”为核心的数字出版生产链。技术催动下的产业升级带动了更具体的出版物生产的变革，以多媒体交互为核心的富媒体技术与出版的结合，使得以复合出版物及新兴技术出版物为代表的富媒体出版物取代单一的传统出版物,成为数字出版的主要产品。富媒体出版催生泛在阅读,建立在泛在网络之上的泛在化、碎片化以及互动化的泛在阅读成为新的数字阅读趋势,泛在阅读中用户的自主性不仅改变了其阅读方式,还对数字内容生成产生了直接的影响,用户能够作为一种生产要素直接参与内容的创作与生成和传播。

一、数字技术助推出版产业转型升级

20世纪50年代,随着以电子计算机与现代通信技术为核心的信息技术的发展与普及,数字技术取代模拟技术,成为信息处理与存储的主要手段。与通过模拟声音、图像的变化而生成的模拟信号来管理信息的模拟技术不同,数字技术能够将文字、图像、音频、视频等信息都转化成由0和1这两个二进制代码组成的数字信息,也就是将本身难以调和的各种模拟信号抽象化、量化、编码,使其成为一种"信息通货"。数字技术改变了内容的生成、存储与传播方式,在此背景下,出版产业的出版方式、出版内容以及出版载体都发生了较大的变化,迈出了由传统出版向数字出版转型的第一步,也就是电子出版。

电子出版借助计算机直接生成或处理以及存储图、文等信息,并以磁、光、电等介质如光盘、磁盘、集成电路卡等为内容载体进行传播。最早的电子数据库运用,可以追溯到1959年美国匹兹堡大学卫生法律中心设置的用于收录法律条文的检索系统。数字代码对信息的统一,带来了数字信息的增产,由此电子出版得以弥补传统出版信息承载量过小以及传播速度较慢的缺陷,使信息在大范围内快速传播成为可能,同时信息的数字化也是媒体转换的基础,因此电子出版突破了传统出版只能生产单一媒体出版物的困境,能够综合运用图文声像技术,有针对性地为用户提供带有交互功能的多媒体出版物。例如,1993年由清华大学国家光盘工程研究中心出版的多媒体光盘《邮票上的中国——历史与文化》，这是中国内地第一张拥有自主版权的多媒体光盘。

在20世纪50年代到80年代，电子出版主要借助计算机对信息进行处理和存储，出版物的传播还是以磁盘、光盘这类有形载体为主要介质，出版物的流通以及内容读取都不够便利。直到20世纪90年代初，随着互联网的发展与普及，数字信息的网络传播成为主流，内容能够通过互联网直接传播至用户，出版业才得以从电子出版步入以数字处理技术与互联网传播技术为基础的互联网出版阶段。我国的互联网出版始于1995年，①互联网出版的主要流程是将经过数字转化的传统内容资源或者网络原创数字内容资源通过互联网发布至用户端，供用户浏览、阅读、使用或者下载。与电子出版阶段相比，互联网技术的介入实现了出版产品的虚拟化、流通的网络化以及交易的电子化，在发展初期形成了网络数据库、网络期刊、网络报纸等产业形态。而随着互联网技术的进一步发展即Web 2.0时代的到来，2005年之后大量出现的社交网站与移动阅读终端重新界定了出版的内涵和外延，极大地延伸了出版产业链，社交平台上普通用户的内容的生产与发布使得出版主体更加多元丰富，而以手机为代表的移动阅读终端的研发与普及则推动了出版物形态的创新以及用户数字阅读习惯的养成，我国的数字出版初见形状。2010年以来，我国数字出版进入快速成长阶段，数字出版产业的基本规模初步形成，形成了以网络文学、网络游戏、在线教育等为代表的数字出版新业态。

1. 多元化的数字出版主体

在出版产业与计算机、互联网技术的深入结合下，数字出版这一全新的出版形式得以形成，与传统出版业不同，数字出版产业属于技术驱动型

---

① 1995年5月17日，我国公用计算机互联网ChinaNet向社会开放，向用户提供所有互联网服务，标志着我国的互联网进入商业化阶段。

产业，其发展在很大程度上需要现代数字技术的支持，因此大量开发数字技术和提供数字产品与服务的企业和个人得以进入数字出版行业，成为数字出版产业的构成主体。数字出版产业的技术入股现象从根本上改变了传统出版的主体构成，出版社、印刷商与图书发行商作为传统出版产业链上编、印、发三个主要环节的主体，逐渐转化为数字出版产业链上游、中游、下游的内容提供商、信息服务商、分销商三类主体。[①]

上游的数字出版内容提供商，是为数字出版提供内容资源和相关产品与服务的市场主体，以其提供的内容与产品、服务为依据，数字出版内容提供商可分为两类：一类同时从事传统出版与数字出版业务，另一类则仅提供原创数字内容和产品、服务。前者主要是传统出版社以及期刊、音像等传统出版单位，在纸质图书外，众多传统出版商也在积极布局数字出版业务，进行数字化转型，通过与技术商和运营商的合作，利用数字技术整合与转化自身掌握的大量优质内容资源，并进行数字化传播，其数字化转型的成果有电子书、有声书、电子刊等。后者则以开放存取（Open Access）领域的生物医药中心文献系统（BMC）、美国国家医学图书馆期刊文献检索系统（PMC）、美国科学公共图书馆（PLoS）、中国科技论文在线、奇迹文库以及网络文学出版领域的盛大文学与手机出版领域的数码超智、银河传媒等为主，[②]主要从事原生数字内容、产品的创作与发布。

中游的数字出版信息服务商则是利用技术进行内容加工与完善，并将其传输给分销商与用户的产业主体。信息服务商以技术服务商及平台提供商为主，技术服务商主要为上游的内容提供商提供技术支持以及技术解决方案。亚马逊等开发商研发的移动阅读终端设备以及利用技术转化、整合内容资源的平台如中国知网为数字内容的阅读提供了技术支持，

---

① 陈洁：《数字出版商业模式研究》，中国社会科学出版社2017年版，第76页。

② 曾元祥、余世英、方卿：《论数字出版产业链主体及其功能定位》，《出版科学》2013年第3期。

而以方正阿帕比为代表的数字出版解决方案商则为数字出版的共性技术需求提供解决方案，如云出版服务平台解决方案、数字图书馆解决方案等。平台提供商主要依靠技术、渠道和用户优势搭建多样化的数字出版平台，包括提供作者服务、技术支持的自助出版平台、众筹出版平台以及为读者提供个性化阅读体验的移动阅读平台如鲜果、ZAKER 等。

下游的数字出版分销商的主要任务则是通过电商平台等对接内容提供商与用户，依靠自身的技术与渠道优势进行数字内容、产品和服务的传播与分销，可视为传统出版产业中的发行商。目前，数字出版分销商主要包括实体书店的网络分销平台、电商平台、移动阅读平台、移动阅读终端设备商、电信运营商。实体书店的网络分销平台既有专门销售电子书的新华 E 店等，又有合售电子书与纸书的易文网等，以及专售实体书的博库网等。以当当网、亚马逊、京东等为核心的电商平台主要通过 B2C 的模式分发图书。移动阅读平台以分销电子书为主，内容包括纸书内容的数字化以及原创数字内容，如掌阅、起点、淘宝阅读；移动阅读终端设备商以汉王和 Kindle 为代表，主要通过移动阅读设备进行电子书的分销；以移动、电信和联通为主的电信运营商也在寻求与内容提供商合作，开展手机终端的移动阅读业务。

2. “（内容）创作—出版—传播—消费”的数字出版生产链结构

数字出版对技术的高度依赖带来了出版产业主体结构的变革，内容提供商、信息服务商以及分销商成为数字出版产业的参与主体，新的主体结构推动了数字出版流程即生产链的重塑和再造，形成了以“（内容）创作—出版—传播—消费”为核心的数字出版生产链结构。在传统出版中，出版社、印刷厂和发行商各司其职、互不干扰，分别负责图书的内容编辑、印刷以及销售，形成了一条稳定的“编—印—发”生产链结构，而随着数字出版产业中新主体的加入，出版物的编辑、印刷和发行的内涵以及各主体的功能、定位发生了改变，因此形成了一条由新的参与主体构成的具备“内容源—内容创建—内容加工与发布—内容分销—运营接入—终端设备—用户”等基本环节的全新数字出版生产链，其核心在于内容的“创作—出版—传播—消费”。

如图 1－1 所示，数字出版生产链的起点在于内容源即出版内容的创作，这一环节一般由内容提供商发起，创作主体为著作权人，也包括部分内容合作商，创作的内容包括文字、图片、音频、视频等。创作完成后便由内容提供商与信息服务商主导内容的出版，内容提供商通过其内容管理、审校等系统对内容资源进行编辑、校对、排版、设计等工作，完成系统、完整的内容创建。信息服务商即技术服务商与平台提供商则致力于以数字技术对内容提供商创建的内容资源进行加工、管理以及发布产品与服务，并提供数字版权保护服务。以方正阿帕比为例，这一我国最大的数字出版技术服务商拥有分布式数字内容传输与控制技术、连续性出版物内容管理和发布技术、文档格式技术以及数字版权保护技术等多项核心技术，为国内众多出版社提供了数字出版的技术与平台服务。

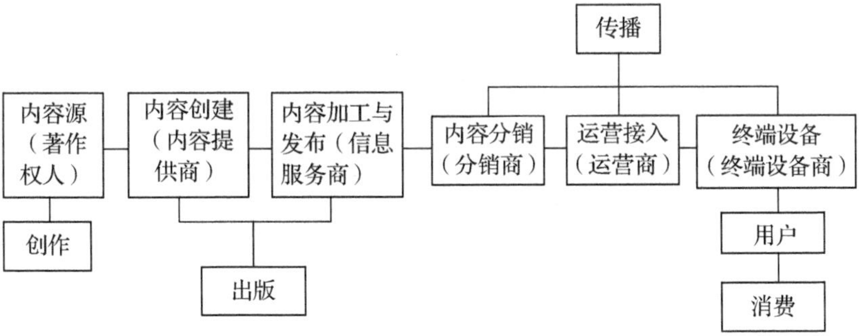

图 1－1　数字出版生产链及其分工

内容传播阶段由内容分销与运营接入、终端设备三个环节构成，其中内容分销由连接内容与用户的分销商负责，通过用户管理、市场营销等途径发行上游的内容、产品和服务，以实现其商业价值。运营接入是分销平台内容推送以及用户内容获取的传播通道，为其提供网络服务以传递内容和产品，当下我国的网络运营商以中国移动、中国电信和中国联通为主。内容传播的最后一个部分由终端设备商完成，包括苹果、亚马逊、华为等研发的手机、平板电脑和手持阅读器等移动阅读终端设备，这些终端设备为数字内容的传播提供了技术和载体支持。

用户的内容消费作为数字出版生产链的最后一个环节，包括两方面的内容：一是用户自主获取内容后，在手机等移动终端上进行数字内容阅读或者数字内容消费的行为；二是用户在阅读过程中或阅读后的意见反馈和再创作等行为。前者是用户作为信息接受者在出版这一文化产业中所表现出来的一般行为，是传统出版时代读者身份在数字出版中的延续，后者则代表了数字出版的特质，即随着互联网和社交媒体的兴起，用户从单一的受众即消费者、读者转变为集阅读、创作、传播于一体的产消者，其反馈和再创作等行为直接影响到了数字出版内容的创作、出版和传播、消费，因此用户也越来越多地作为一种生产要素参与到出版产业价值链上的各种价值活动中，①用户一般以社群成员的身份在社交媒体上创作与传播内容来参与数字出版生产链上的其他活动。

二、以交互为核心的富媒体出版

数字技术推动出版产业由传统出版向数字出版转型升级，计算机数字处理技术以及互联网技术实现了出版内容的数字化统一与互联网传播，技术主导下的数字出版重塑了出版产业的参与主体及生产流程，形成了一条由著作权人、内容提供商、信息服务商、分销商和用户等主体构成

① 黄先蓉、陈文锦：《我国出版产业价值链的特征与趋势》，《出版广角》2020 年第 5 期。

的“(内容)创作—出版—传播—消费”生产链结构。数字技术驱动下的出版产业转型带动了更为具体的出版物层面的变革，多媒体交互的富媒体技术在出版领域的应用，大大丰富了传统出版物的内容和形式，使得单一化的传统出版物发展为多媒体交互、融合的富媒体出版物，内容立体化、多样化的复合出版物以及新兴技术出版物成为数字出版物的主要类型。

在数字出版时代，印刷技术支持下的传统出版物暴露了其先天不足之处，陷入了单一化的困境中。传统出版物包括定期或不定期出版的图书、报纸、期刊等类型，是印刷文明的产物，具有鲜明的印刷时代的特点，即以纸张为主要内容载体，通过印刷技术完成内容的复制，最终以有形的印刷品形式传递至读者手中，因此传统出版物存在出版内容和载体单一化、生产主体与技术单一化以及用户消费行为单一化的问题和不足。

首先是出版内容和载体的单一化，传统出版物以纸张为主要的内容载体，这类传统印刷载体能够承载的内容类型以及内容量都存在较大的限制。在内容类型方面，传统印刷载体只能承载文字和图像这类静态内容，而无法呈现音频和视频等动态信息，较为平面化，无法满足用户对丰富内容的阅读需求。并且纸张这类载体的内容量十分有限，无法容纳海量的信息，用户无法从一本传统出版物中获取大量的相关知识。由于一份印刷品所能承载的内容有限，因此传统出版物的内容一般都较为集中和全面，具有系统化的特点，而系统化的内容却与用户碎片化和个性化的阅读欲望和检索需求相矛盾。

生产主体与技术的单一化指的是传统出版物的内容创建、内容加工及内容传播主体及技术的单一。在内容的创建过程中，由出版社、期刊杂志社以及报社等传统出版单位对文字、图像等传统内容资源进行编辑和审校，其他内容主体如原创数字内容生产企业和个人难以进入这一环节。传统出版物的内容加工则主要依赖印刷商及印刷技术对文字、图像信息进行复制，无法容纳以现代数字处理技术对音频、视频等内容进行加工和处理的技术主体。而传统出版物的传播主体则以实体书店与网上书店为主，通过读者实地购买或者现代物流运输完成有形介质的传递，与以互联网为传播平台的数字内容产品相比，传统出版物的传递过程需要一定的时间，不便于用户迅速获取内容。

传统出版物的用户消费行为仅停留在阅读即接收信息这一层面，而无法及时向上游传递自己的反馈意见以及再创作成果，这是由传统出版物传播的单向路径所决定的。传统出版属于大众传播，遵循着"传播者—传播媒介—受众"的单向传播路径，因此用户只能以传播链条最下游的受众身份接收传播媒介即出版物所承载的信息，而无法反向反馈自己的意见，与作者或者其他读者实现即时互动。

随着数字出版的发展，富媒体技术被大量应用于出版物的生产中，单一化的图书、期刊、报纸等传统出版物被多种媒体交互、融合的富媒体出版物所取代。信息的数字化统一以及互联网传播突破了传统出版有形载体的限制，推动数字出版进入融合出版的阶段，"不同形态的新旧媒介在数字传播技术的支持下相互汇聚、交融，多功能一体化"①，对流媒体、声音、Flash 以及 Java、Javascript、DHTML 这些程序设计语言等网络技术和形式进行整合，以实现动画、声音、视频交互②的富媒体技术与出版的结合，使得从内容创作到消费过程中包含多媒体融合与交互的富媒体出版物取代了媒介单一的传统出版物，复合出版物以及新兴技术出版物成为数字出版物的主流。

与传统出版物按照线性顺序排列的固定内容不同，富媒体的复合出

① 鲍立泉、吴廷俊：《论媒介融合的传播技术路径》，《现代传播（中国传媒大学学报）》2010年第3期。

② 武小菲：《泛阅读时代富媒体在数字出版中的应用》，《出版发行研究》2014年第8期。

版物的主要内容是对元数据进行深度加工后形成的碎片化内容单元或知识单元，内部碎片化的内容单元经过结构化重组后，再通过嵌入或者链接在出版物中的由文字文本、音频、视频、游戏等多种媒体形式组成的富媒体块进行复合呈现或者表达，能够更加全面和个性化地传达信息，提供交互性的阅读体验（参考图 1－2）。例如，由美国出版商 Windy Press 于 2012 年出版的童书类富媒体复合出版物《谁偷走了月亮》，该电子书中包含中文、德语、意大利语等 17 种语言，8 首原创歌曲以及卡通涂色等小游戏，每个页面都具有互动效果，读者可以通过轻触屏幕来点亮星星、开关台灯、整理床铺等，具有很强的互动性和趣味性。因此，富媒体呈现、内容结构化、动态可交互的富媒体复合出版物远远超过了一般单一媒介的传统出版物的概念，"成为一个庞大的、有机整合的媒体库"。①

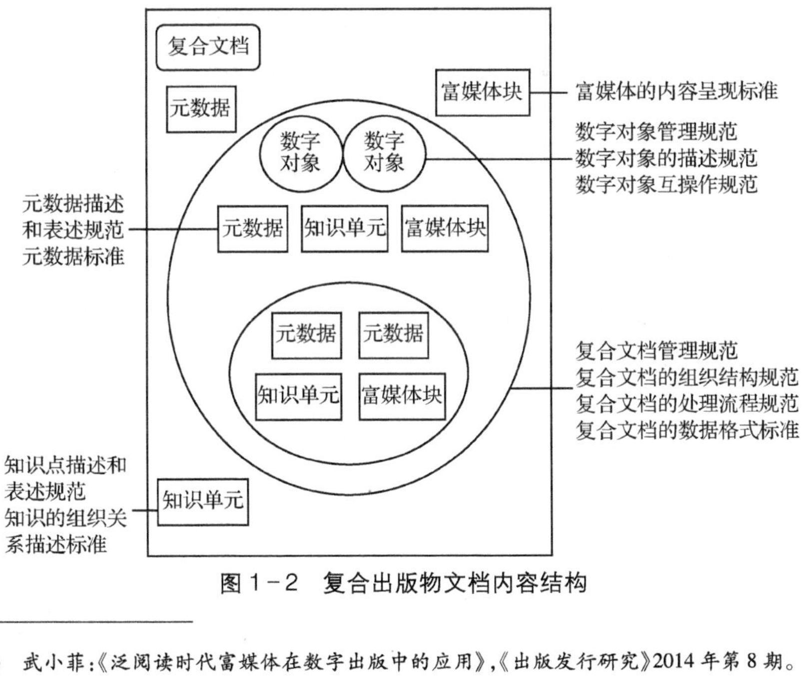

图 1－2　复合出版物文档内容结构

① 武小菲：《泛阅读时代富媒体在数字出版中的应用》，《出版发行研究》2014 年第 8 期。

随着技术的发展,新兴科技如虚拟现实技术、全息影像互动技术等也越来越多地运用于出版领域,新兴技术与出版物的融合大大丰富了富媒体复合出版物的形式。富媒体的复合出版本质在于通过对内容的碎片化管理以及多媒体交互呈现使图书的内容立体化与丰富化,调动用户的多感官参与阅读,为用户提供交互性的阅读体验,新兴技术的加入大大丰富了复合出版物的媒介形式,通过对内容的虚拟呈现使得内容摆脱屏上阅读的限制,调动虚拟的触感、嗅觉等感官参与,为用户提供沉浸式的交互阅读体验。如3D全息影像互动技术能够360度立体展现物品、产生屏幕外的立体幻象,用户可通过在空中触控实现与影像的互动,使得屏上阅读转变为调动全身感官参与的融合文字文本、音频、游戏、触摸控制等内容的互动阅读,教材与图书馆、博物馆建设等都与3D影像互动技术有着天然的契合性。又如虚拟现实技术即VR技术,能够通过创建与真实世界隔离的具有高沉浸感和逼真感的虚拟环境,提供给用户关于视觉、嗅觉、触觉等感官的模拟以实现用户与虚拟环境的互动,提供立体化和沉浸式的阅读体验。近年来,"VR+出版"的VR类富媒体出版物大量出现,例如由北京少年儿童出版社于2016年推出的《大开眼界:恐龙世界大冒险》丛书便使用了VR技术,用户通过佩戴与图书配套的设备可以身临其境地感受书中的恐龙在身边奔跑和嘶吼,与立体的恐龙共处同一个空间,具有很强的体验感。

三、无所不包的新型泛在阅读趋势

富媒体技术在出版业的应用使得以多媒体交互为核心的富媒体出版物取代单一的传统出版物,出版产品内外形质都发生了巨大的变化,数字化多媒体技术使文字、音乐、影像、电子游戏等元素都汇聚到了同一出版产品中。阅读对象富媒体化的同时,阅读的定义也被泛化,无所不包的泛在阅读成为数字阅读时代的主要趋势。互联网中遍布的富媒体出版物提升了阅读环境的复杂程度,“我们将生活在一个多‘屏’共存的环境,在一个由云和终端设备构成的世界里生存”[①],进入信息量和知识量快速增长以及传递成本大大降低的泛在阅读时代。而作为数字阅读的新趋势,泛在阅读呈现出泛在化、碎片化以及互动化的新特点。

1. 泛在化

富媒体的泛在阅读建立在由现代网络技术尤其是无线网络技术以及多种移动智能终端设备构成的泛在网络之上。当下,移动互联网已经实现对社会各场所及用户个人周围的全覆盖,并在用户的工作、学习、生活中得到全面普及。与此同时,手机、平板电脑、笔记本、移动阅读器等个性化、互动化的移动智能终端设备也随着云计算、云存储、无线移动通信等技术的应用而得到大范围的普及,以此为背景,出现了无所不在、无所不包、无所不能的泛在网络。借助泛在网络,用户与用户之间能够通过手机、电脑等任意的智能终端进行随时随地的交流和互动。泛在网络与数字阅读相结合,便催生了富媒体的泛在阅读这一阅读方式,在以互联网和移动终端为支撑的泛在阅读中,用户能够借助手机、平板电脑、电子书阅读器等移动终端设备即多“屏”随时、随地接入互联网,获取任何自己想要的信息。

以泛在网络为主要平台,富媒体的泛在阅读呈现出过程和内容泛化的特征,即与纸质书籍内容的统一和阅读的集中不同,泛阅读的内容来源和主题比较模糊,阅读过程比较分散。一方面,当读者阅读某一特定出版物时,他可能接触到不同的内容和媒介元素,而这些不同的内容和媒介元素则很有可能是来自不同的内容提供者和技术服务者。另一方面,在阅

① Bertluo:《泛阅读时代媒体特征》,2013 年 7 月 15 日,见 http://cdc.tencent.com/? p=7607。

读某一内容时,不管是页面信息量本身过大,或是借助超链接的快速跳转,读者往往会连带接收大量相关或是无关的信息。当一个网民通过个人电脑(PC)进入互联网搜索某一特定内容时,他也许会先阅读一篇图文介绍解读,随时观看相关视频以更直观了解,如果是小说故事,可能还会有漫画、游戏、音乐专辑,他的阅读过程就是一个包含多种媒介形式、多种应用呈现技术、多个生产主体的泛阅读(参见图1-3)。①

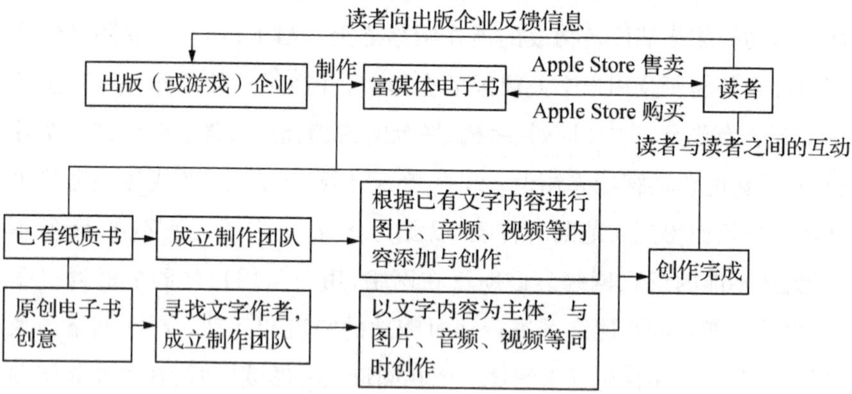

图1-3　富媒体生产制作与泛阅读行为关系

2. 碎片化

泛在网络使阅读走向无所不包、无所不在、无所不能的泛在阅读,移动互联网和移动智能终端的普及使得在零碎时间内对片段式内容的阅读成为可能,泛在阅读呈现出碎片化的特点,主要包括阅读时间碎片化和阅读内容碎片化两方面的内容。

网络的全覆盖以及终端设备的移动性和便携性为随时随地的阅读提供了技术支持,泛在阅读的时间由单次、完整的长时间段向多次、碎片化

① 武小菲:《泛阅读时代富媒体在数字出版中的应用》,《出版发行研究》2014年第8期。

的短时间段转变。“移动互联网的伴随效应激活了碎片化时间的使用，使人们的网络行为不再以单次性、大时段性为主，转而演变为多元结构，既有单次、大时段的使用，更有多次、小时段的伴随性使用”①，移动终端设备的普及则使得多次、小时段的伴随性阅读成为主流。阅读时间的碎片化不仅是技术驱动的结果，读者自身需求也是一个重要的影响因素。进入现代社会后，生活节奏不断加快，人们难以拥有完整的、连续的大段阅读时间，注意力不断被分散，因此较之单次、大时段的传统阅读模式，多次、小时段的碎片化泛在阅读更能适应现代社会读者的现实需求。如此，在新兴科技以及读者需求的推动下，利用碎片时间进行阅读成为读者的主要选择。

在富媒体环境中，大量以短小的片段形式存在的信息以及文本中间穿插的超文本链接打破了传统出版内容的完整性和线性结构，人们阅读的内容趋向碎片化和非线性化。传统出版物的内容是按照作者的线性叙事顺序组合而成的完整信息，而互联网时代的富媒体资源则是多种媒体复合呈现的多个主体生产的多种信息的集合，碎片化、片段式的文字文本、图像、音频、视频等信息是其主要内容来源。众多碎片化的信息“从网络的各个方向，以不计其数的方式关联组合，最终链接成有无穷多个节点所构成的模糊网络”②，信息的组合呈现出非线性的、网状的结构，通过在这些节点即超文本链接间的随机跳跃，读者的阅读得以向多个方向发散。

面对以超本文链接为节点连接起来的海量碎片化信息，读者必须根据自己的爱好和需求做出选择并对信息进行组合，由此信息将以读者需求为中心集中起来，形成个性化的信息集合。数字时代的信息爆炸和剧增造成了信息的过载，互联网中存在海量的富媒体资源，绝大部分读者无

① 崔保国主编：《中国传媒产业发展报告（2014）》，社会科学文献出版社 2014 年版，第 265 页。

② 李晓源：《论网络环境中的“碎片化”阅读》，《情报资料工作》2011 年第 6 期。

法完全阅读这些内容，因此读者通常都会根据自己的爱好和实际需求对丰富的信息进行抉择，选择能够满足自己需求的信息并对其进行自主的分层组织，因此碎片化阅读在一定程度上也意味着个性化，读者对片段式信息的选择和再组织实际上构建起了一个读者“以自我为中心构建的信息传播与接受体系”①。

3. *互动化*

在富媒体的泛阅读中，读者对碎片化信息的个性化阅读加快了受众分众的进程，拥有同样个性化需求的读者形成小众化的阅读圈层或者说阅读社群，社群内部的互动式社交阅读取代了自我的内向型阅读。如上所述，面对海量的富媒体资源，读者将根据个性化需求自主选择信息，而拥有同样的爱好和需求的读者的自发聚集将进一步对读者群体进行细分，最终形成小众化、圈层化的阅读社群。“网络技术的发展使互动成为了可能，媒体不再具有强制性，受众具有了空前的自由”②，因此在社群内部，读者能够进行开放的、自由的信息分享以及交流互动。以网络文学的社交阅读为例，当读者对某一位作者或者某部网络文学作品产生兴趣，那么他可以与拥有同样兴趣的读者在不同的社交媒体上组成阅读社群，比如加入阅读平台上的书友圈、创建微博超话、加入豆瓣话题小组以及订阅B站（bilibili视频弹幕网站）话题等，并在这些社群中自由地发表自己的看法，创作和分享相关的文字、视频等内容，并与作者或者其他读者进行交流和互动。

---

① 刘剑敏、李润权：《论网络的碎片化特征》，《新闻爱好者》2011年第18期。

② 曼纽尔·卡斯特：《网络社会的崛起》，夏铸九等译，社会科学文献出版社2003年版，第445页。

第二节　社群参与聚合效应改写传统出版理念

以移动终端与社交媒体为支撑的移动阅读和社群网络，成为数字出版产业继续发展的方向和转型深入的动力。美国媒介理论家保罗·莱文森（Paul Levinsen）提出“新新媒介”（new new media），以概括社群媒体的表达属性；亨利·詹金斯（Henry Jenkins）进一步认为，参与式文化（participatory culture）是当前媒体环境的重要特征。出版产业必须顺从这股文化转型之风，让社群网络用户参与到数字出版的生产过程中，形成以社群网络为支撑的参与式出版模式。

一、基于社群网络的移动阅读驱动力显现

近十年来，互联网技术在各个行业掀起数字化革命浪潮，我国的数字出版产业也随之进入高速发展阶段，作为国家战略的一部分，“十四五”规划明确提出要“壮大数字创意、网络视听、数字出版、数字娱乐、线上演播等产业”的战略要求。[①] 2023 年 2 月发布的《2021—2022 中国数字出版产业年度报告》指出：2021 年，我国数字出版产业展现出强劲发展实力，产业整体规模达到 12762.64 亿元，比上年增加 8.33%。[②] 可喜的数据背后也潜藏着诸多隐忧与问题：当前的整个数字出版产业收入主要来源于互联网广告、移动出版和网络游戏，以电子书为代表的内容阅读板块却相形见

① 中华人民共和国发展和改革委员会：《中华人民共和国国民经济和社会发展第十四个五年规划和 2035 年远景目标纲要》，2021 年 3 月 23 日，见 https://www.ndrc.gov.cn/xxgk/zcfb/ghwb/202103/t20210323_1270124_ext.html。

② 魏玉山：《2021—2022 中国数字出版产业年度报告》，2023 年 2 月 16 日，见 https://www.chinawriter.com.cn/n1/2023/0217/c403994-32625576.html。

绌;传统出版机构在数字化转型升级战略中行动缓慢、收效甚微,与众多互联网公司、数字出版企业相比,数字化生产参与度严重不足;尽管不少成熟的数字出版商业模式运营良好,日益膨胀的网民内容阅读和参与消费造成了流量的溢出,其巨大的市场潜力没有转化为商业价值,亟待探索出新的运营法则。对于我国出版产业而言,以技术更新为主导的转型升级和以阅读消费为指向的盈利模式,现在需要新的关键要素和市场动力。唯有走出传统出版格局,与数字出版商优势互补,才能切实提升国民内容阅读的质量。

在出版业数字化进程的各要素中,基于社群网络的移动阅读逐渐成为我国数字出版产业重要的增长动力。移动阅读不同于通过个人电脑在线浏览的阅读方式,其依托于移动终端的功能实现,时下使用面较广的阅读终端有电子阅读器、手机、平板电脑,并以此出现了三种不同的终端阅读器商业模式。2012 年,研究者任翔就已经根据英国研究机构 Juniper Research 对电子书市场的估测,认为“移动终端正在取代 PC 而成为数字出版的核心传播平台”①。2016 年,移动阅读的成长没有辜负人们对它的期望。② 2017 年 3 月,速途研究院通过调研取样以及市场数据挖掘发布的移动阅读分析报告显示,是年(2017)我国移动阅读市场规模将超过 100 亿元,相比 2012 年的 22.7 亿增长了近 4 倍,移动阅读覆盖规模超过 3

---

① 任翔:《移动互联时代数字出版的商业模式创新》,《出版广角》2012 年第 2 期。

② 英国研究机构 Juniper Research 在 2011 年底预测,2016 年在移动终端上的电子书销售额将接近 100 亿美元,将远高于当年(2011)的 32 亿美元。2016 年,数据统计公司 Statista 发布的全球数字出版报告显示,该年全球电子书收入为 108 亿美元,占全球数字出版总收入的 71.1%,是所有地区数字出版市场的核心市场。从数据结果看,Juniper Research 对电子书 2016 年销售额的预测基本实现。数据来源于:199it:《100 亿美元:预测 2016 年电子书销售额》,2011 年 12 月 2 日,见 http://www.ebrun.com/20111202/36666.shtml;尹琨:《电子书领跑,数字阅读发展向好》,《中国新闻出版广电报》,2016 年 12 月 29 日,第 5 版。

亿人,相比2015年初的1.7亿也增长了近1倍。[①] 尽管移动终端彻底取代PC端尚需时日,但是从市场规模和用户覆盖来看,移动阅读是数字出版重要的增长点;作为一个拥有14亿人口的大国,中国移动阅读的潜在用户市场同样十分巨大。

另一方面,在所有利用移动终端进行的阅读行为中,除通过浏览网页、新闻资讯客户端、期刊客户端之外,微博、微信公众账号等社交媒体日益成为人们获取阅读内容的主要途径。凯度对CTR中国互联网网民行为数据分析平台SmartDMP上的18500个样本的监测(监测周期为2017年4月1日至30日)发现,目前微信、微博、QQ对网民的覆盖率分别达到94.5%、83.6%、35.7%;中国城市居民调查CNRS-TGi的数据(该部分样本总量为83118个,数据期为2016年3月至2017年4月)则表明社交媒体的使用正在向大龄群体渗透。[②] 按照我国6亿网民的数量来计算,几乎每2个人里就有1人使用微信,每5个人中就有1人使用微博,而且社交媒体软件也不再只是年轻人的玩具,其适用面在变广。移动终端和社交媒体共同作为移动阅读和社群网络的技术支撑,在其背后,是一个基数庞大又层次多样的消费群体。虽然阅读软件的垂直式阅读仍然占据了移动阅读的主流,但是正如人们越来越习惯于微信朋友圈的好文分享与打赏行为,基于社群网络的移动阅读成为一种常态确是可以预见的:多样结构组成的移动终端使用者,在社交媒体搭建的各个圈层的社群网络中,以发现、支持、分享、讨论等多种方式阅读数字出版产品。移动阅读的阅读行为优势与社群网络的受众数量优势相结合,无疑是“1+1>2”的效果,它为

---

① 速途研究院:《2016年移动阅读市场数据分析及2017规模预测》,2017年3月28日,见http://www.askci.com/news/hlw/20170328/14441394496.shtml。

② 凯度:《2017中国社交媒体影响报告》,2017年6月6日,见http://www.sohu.com/a/146588745_742234。

"用户为王"的数字出版产业提供了关键的增长动力。并且,由于尚未出现成熟的社群网络出版模式,它对于传统出版机构和数字出版商都一视同仁,可以说是新旧媒体共同的蓝海。

二、"新新媒介"与参与式文化寓意的用户社群力量

互联网通过媒介参与的方式,平等地赋予每个网民接收信息、表达观点的权利,这必然会改变传媒巨头主导的内容生产范式。美国媒介理论家保罗·莱文森的"媒介进化论"认为这种变化是媒介技术发展的必然要求,符合其内在逻辑规律,社交媒体进一步强化了网民参与表达的趋势。在莱文森的理论中,媒介技术进化遵循"人性化"和"补救性"两大趋势,即"媒介演化是由人选择的,其趋势是越来越符合人的需要",并且"人能够理性地设计一些技术以减轻其他技术存在的问题",媒介技术呈现出一种后来者不断完善前者的螺旋上升的演化姿态。[①] 这里"人的需要"包括"凭借媒介来拓展传播,以求超越耳闻目睹的生物局限",以及"人类在早期的延伸中,可能已经失去了某些生物学传播成分,我们想要重获这些昔日的传播成分"[②]。在他看来,互联网对信息传播最深刻的贡献是电子文本,印刷文化和电视文化的共同弊端是信息的单向流动,电子文本的特征是互动性,所以"我们可以把电子文本视为一种补救性媒介,它解决了苏格拉底指责的文字没有互动性的缺点"[③]。从"人性化"和"补救性"的视角评价电视和电脑就会发现:电视虽然在声光影兼备的特点上超越了书

① 保罗·莱文森:《软利器:信息革命的自然历史与未来》,何道宽译,复旦大学出版社 2011 年版,第 51—55 页。

② 保罗·莱文森:《数字麦克卢汉:信息化新纪元指南》,何道宽译,社会科学文献出版社 2001 年版,第 73 页。

③ 保罗·莱文森:《数字麦克卢汉:信息化新千纪指南》(第 2 版),何道宽译,北京师范大学出版社 2014 年版,第 96 页。

本，却把人束缚在了房间里、沙发上；电脑连接着自由表达的互联网络，但无论是台式电脑还是笔记本电脑，都不曾像书本那样便携。以手机为代表的移动终端首先正是补救了电视和电脑难移动、不便携的缺陷，满足了人们自由行动的基本需求。因此，移动终端的普及和移动阅读的推广，并不是一种新兴技术产业的盲目跟风，它契合了人的生理需求，甚至有着比我们想象中更广阔的前景。

除了自由移动的实现，就对于人们工作生活的影响和变革而言，移动终端更为重要的价值在于放大了计算机互联网的互动表达功能，借助移动端的社交应用软件，它在满足人们阅读接收信息需求的同时，通过保持在线和即时反馈的形式构建起真实的线上人际关系，形成多个社群网络。相比个人电脑端的人际社交联系，在移动终端上可以随时随地发出自己的声音、回复他人的表态，最大限度地消除了个人电脑登录时机不同造成的互动时差，高频率的交流大大增强了彼此的信任感，稳定了相互的关系，再由一至百，从而使虚拟、临时的人际关系变成真实、长久的社群网络。仅凭移动终端的联网功能是不够的，虚拟与真实的转化有赖于社交媒体提供的活动空间和安置平台，社交媒体有时本身会成为某种人际关系的标签，例如微信好友、微博好友。

莱文森用“新新媒介”概括这种依靠虚拟技术稳固真实人际关系的社群网络状态，与纸媒、电视等“旧媒介”和互联网早期交流工具的“新媒介”相对，“新新媒介”由 Facebook、YouTube 等社群平台软件和智能手机、平板电脑、Kindle 阅读器等移动硬件组成，它宣告了人人参与、人人创造、人际互动的新型社会文化环境。与麦克卢汉（Marshall McLuhan）的“全球村”概念不同，他把“电子媒介构成的社区”称为“充分参与性的全球的思想圈子”，“电子社区的成员相互认识，就像实际生活中小范围的思想圈子……可是,全球的电视观众并不互相认识"①。

他对"新新媒介"的许多论断——"新新媒介的首要特征是使消费者成为生产者""这也是新新媒介的标志之一:你坐在电脑跟前录入文字""新新媒介的固有属性是使个人表达最大化"等,均表明在社群网络中,每个人都有参与能力和表达欲望。② 因此,移动互联的社群网络和传统社群网络的最大区别,不在于其成员关系的紧密程度,而在于表达己见、分享资讯的深度与广度。社群网络又意味着庞大的用户基数,这些本存在于成员与成员之间的个性表达,如果达到一定的数量规模,其意志必然强势介入其他生产生活领域之中。网络暴力只是社群网络效应的一种极端表现。

许多传播学研究者倾向于用"参与"一词形容这种具有强大介入性质的自我表达行为,移动互联的社群网络使参与行为的行动者和实际影响力均成倍扩大,它由此从常见的社会现象上升为具有普遍意义的社会文化。在诸多理论中,美国媒介理论家亨利·詹金斯提出的参与式文化的概念,较为准确地概括了这种社会文化的核心特征。如果说莱文森是从技术史的角度解释移动互联的社群网络的到来,那么美国媒介理论家亨利·詹金斯则更倾向于把社群互动的过程和结果作为研究重点。詹金斯是粉丝文化的代表学者,他在 20 世纪 90 年代就提出电视粉丝通过"元文本"解读和同人创作形成不"屈从"于媒体制作方的亚文化圈,新世纪后进一步提出参与式文化,认为粉丝群体以更为主动的姿态参与到文本创作、内容传播活动之中,甚至不惜与官方生产者形成对抗关系,以此重构当下作品和社会的叙事方式和文化意义。他认为"与以前把媒体制作人和消费者当作完全分立的两类角色不同,现在我们可能会把他们看作是

① 保罗·莱文森:《思想无羁》,何道宽译,南京大学出版社 2003 年版,第 260 页。
② 保罗·莱文森:《新新媒介》,何道宽译,复旦大学出版社 2011 年版,第 1、46、49 页。

按照一套新规则相互作用、相互影响的参与者”，明确了新旧消费者的对比关系：积极—被动，流动性—可预测，社交联系—孤立个体，喧闹嘈杂—默默无闻。① 相比莱文森的“互动”概念，詹金斯强调“参与”不同于前者“都是技术设计者预先架构好的”，参与行为一般是出于消费者自身的意愿，而非媒体制作者的强逼，因此具有开放性特征。②

莱文森首先从电子文化互动的角度，预言传统编辑作为出版的“守门人”（gatekeeper），将让位于“人人都可以出版”，出版产业将走向“自我守门”。詹金斯“参与式文化”理论的启示在于，对于当前内容产品的生产和消费，不管是移动终端还是个人电脑的使用者都有着强烈的主动干预欲望，社群网络将个人意志汇聚成社群意志，既会产生集体智慧式的天才创作、民主决策，也会向作者“公开叫板”、拒绝接受，出版商不得不对“参与式文化”做出“是堵是疏”的选择。所以，如何让用户有效地参与内容作品的生产创作和意义构建、如何利用粉丝社群的创造力、如何平衡著作方版权和同人创作的矛盾冲突，成为出版业在数字出版发展的下一个阶段必须谨慎审视的问题。

三、社群参与聚合效应呼唤参与式出版理念

“新新媒介”的技术、平台条件与“参与式文化”的气质、社会环境相互结合，得到的是一种参与式出版的新型架构。参与式出版允许用户使用“新新媒介”参与到出版活动的各个环节，让出版内容充分反映社群的心声。

---

① 亨利·詹金斯：《融合文化：新媒体和旧媒体的冲突地带》，杜永明译，商务印书馆 2012 年版，第 31、50 页。

② 亨利·詹金斯：《融合文化：新媒体和旧媒体的冲突地带》，杜永明译，商务印书馆 2012 年版，第 290 页。

社群网络的参与行为，对传统的信息内容生产体制发出了挑战，继新闻广播行业之后，出版业也面临深刻的结构变动。数字出版意义上的社群网络，是可以发现、支持、分享、讨论数字产品，且具有社交关系的用户集群。社群参与效应在于，单个用户行为通过人际交互指数放大，产生一种符合多数成员心理的社群意志，它对上指导出版生产，对下更易于引发群体消费。十几年来，我国学界对数字出版发展模型的认知，经历了从最初的以技术为王，到以内容为王，再到如今为越来越多学者和出版商认可的以用户为王，强调满足用户的个性化需求，为用户创造优质的消费阅读体验。在"互联网+"时代，有了大数据分析法和庞大用户数据基础，出版商能够更为准确地根据用户个人的阅读爱好、消费习惯推送符合其需求的出版物，实现精确投放。但是，"参与式文化"下用户期望以主动、显在的姿态参与出版生产，改变原有那种自上而下的生产迎合消费模式。詹金斯说："个性化和个人化的媒体消费向网络化实践式的消费的迁移。"[①]这意味着消费行为从单纯的接受向生产与接受混合的方式转变，而个人实践的千差万别又导致呈现结果的复杂多变。对于出版商来说，一方面要让用户能够切实感受到自己在创作、决定、集资、传播、评价等方面的参与行为的确影响乃至决定了产品的最终形式和内容；另一方面，要明白参与以社群为单位量化产生，参与的内容和结果，既是对出版生产的制约，又是一种可利用、多形态的出版资源。

参与式出版，就是要在重视用户参与性的理念上，将"新新媒介"中社群网络效应产生的选择行为、创造行为、分享行为贯穿到出版生产的选题决策、内容编辑、营销发行等各个环节中，使作品内容展现出用户的个性创造和社群的审美取向。以社群决策为主导的选题"守门"和众筹出版，

① 亨利·詹金斯：《融合文化：新媒体和旧媒体的冲突地带》，杜永明译，商务印书馆2012年版，第255页。

以虚构创作和知识分享为主要资源的用户创造内容，以社群分享为基础的品牌营销策略。参与式出版允许用户以集体的形式、主动的立场、主导的姿态，影响出版的筹资决策、内容创作和传播发行，其产生的结果同时体现出社群的意志。社群意志决定了出版的选题，社群成员创作了出版的内容，人人都可以是作品的"守门人"或是创作者，作品又通过社群传播。把单独的阅读消费变成集体参与，社群之于出版的价值正在于发挥集体智慧的优势，以集腋成裘、聚沙成塔式的决策能力、创作能力、传播能力补足传统出版流程触及不到的死角。他们既使用网络资源，又提供新的资源；他们既是生产者，又是消费者。原本的出版机构不再盲目预设读者对象，而是由消费者自己决定并产生阅读内容，在提高了资料利用效率的同时，又降低了图书市场的不确定风险。在特定的商业创意和出版模式下，用户甚至摇身一变，从受众变成传播者的一分子，成为与出版机构共赢的获利者，完全改写"出版商—作品—读者"的旧有关系和地位。

第三节　引入社群网络资源的数字出版实践架构

社群参与的聚合力量在数字出版中将引发并构建起新的出版实践框架。社群用户通过社群平台的发现、支持、众筹功能决定哪些内容得以出版，以社群意志的选择代替传统出版的"守门"。社群网络用户通过社交平台进行的虚构创作和知识分享，呈现去中心化、集体智慧的特征，成为重要的出版资源。社群网络的分享行为以人际信任为基础，推动大众出版的营销，不仅传统出版社要充分利用社群效应，围绕社群品牌，传统出版社与数字出版商能够实现共同发展。

一、社群决策引导出版选题的网民“守门”与众筹出版

早期的数字出版产业是技术主导型的，由于传统出版社转型速度缓慢，互联网公司几乎包揽了网络文学、网上书店、数据库等数字出版业务。前者庞大的出版机构、臃肿的人员设置、较长的出版周期已经变成严重的制约因素。相对于传统出版流程来说，网络出版更加灵活轻盈。除了网络文学在线发布，互联网平台自助出版模式让社群网络中的每一个人都拥有了出版的机会。自助出版简化了出版流程，跳过了传统的三审三校、纸书印刷、书店分销等环节，通过与技术商或平台商的对接，将图书以数字化的形式直接呈现给读者，缩短了出版周期，也降低了出版成本。

出版流程的简化意味着编辑角色的削弱，仅靠技术商的支持难以保证自助出版的图书质量，“零门槛”的自助出版使得原本大众媒介的“守门人”功能式微。与之相对地，社群网络中每一位用户对作品的选择与评价形成社群意志，决定哪些作品是好的，哪些是不好的。社群决策作用在许多场合取代了传统编辑的把关效果，本质上是将把关功能从生产方转移到了接受方，每个读者都成了把关人，评判的结果通过社群传递影响。专业阅读社区网站善于运用读者的评分显示社群对于作品的选择，像豆瓣网的星级评分制（0—5 星，对应 0—10 分）是其典型代表。一般社交媒体平台，如微信和微博用分享/转发、点赞/打赏的形式反映读者的取舍，通常明确地显示内容的被阅读总量，或是被转发的次数。这些评分、转发、点赞的最终结果由社群网络中的每一个用户的表达参与汇聚而成，又引导后来的用户以此为参考，选择阅读消费的对象。没有读者的作品无异于没有出版，社群决策以“挖掘”好作品的方式，代替了编辑“埋葬”坏作品的出版“守门”。对此，莱文森认为，“（网络）使人人都出书的技术和

逻辑，可以使人人成为网上编辑”，“网上编辑成为了支持者而不是凶恶的门神”①。在全媒体出版、IP运营盛行的今天，社群决策为数字出版商选择衍生产品的开发对象提供了理想参照。

面对社群决策愈发显著的趋势，编辑功能与职责的积极转型而非粗暴对抗，是构建参与式出版的必要条件。如上所述，莱文森认为网上编辑成了支持者而不是凶恶的门神，这种“支持”一方面应当表现在编辑为社群决策提供社群参与的环境与服务，在观念上重视读者的参与行为，在制度上搭建可用、可见、可享的参与平台。目前，不少文学网站编辑的主要工作已经变为发现新人作者、评估作品版权，对于读者的管理与服务步伐缓慢。一些文学网站虽然用户基础可观，但要么对于读者的留言视而不见，要么根本连读者评论区都没有设置。但起点中文网拥有一整套的读者互动参与体系，读者可以通过投月票、打赏行为将自己喜爱的作者作品推上榜单首页。这类社群决策的结果，转而成为文学网站选择版权运营对象的指标。对于传统出版社来说，社群决策的图书同样也是出版计划的风向标。另一方面，网络空间鱼龙混杂、良莠不齐，编辑有必要凭借自身的专业技能和文化修养发挥“灯塔”作用。社群参与包含许多大众文化中根深蒂固的庸俗、落后、武断、偏激等因素，缺乏超越性的文化视野，会埋没一些小众而深刻的作品。社群决策由于尚无明确的责任关系和责任人，恶意“控评”、购买“水军”等现象时有发生。编辑具有标杆、守望、引导的作用，众多理论家和出版人赞同编辑以专业的过滤者的身份出现。编辑作为“选书人”“评书人”“经纪人”对优秀作品给予关照，也是对参与式出版的整体成果负责。法兰克福书展现任主席尤根·博斯说：“出版人不再扮演瓶颈的角色，而是具有过滤器的功能，让每个人在需要的时候都

① 保罗·莱文森：《数字麦克卢汉：信息化新千纪指南》（第2版），何道宽译，北京师范大学出版社2014年版，第247页。

可以使用它。”①

众筹出版在资金筹措这一环节上完成出版“守门”,是媒介参与下社群决策的一种特殊范式。基于个人兴趣选择合适的内容在平台上众筹资金进行出版,使个体的话语权得到了充分彰显,用户从出版链上的被动者转向了主动参与者,甚至引导者。2013 年,继《社交红利》用两周时间就筹得 10 万元资金、预售 3300 本图书之后,触控科技战略总监曾航怀着“这样的模式(众筹)是否可以复制”的疑问发起自己的新书《移动的帝国》众筹项目,仅 10 天就完成了 21284 元的筹资额,共计 214 人参与,②他因此对众筹出版的前景充满信心。在国外,Kickstarter、Pentian、Indiegogo 等众筹出版平台早已规模化。就国内来看,中国梦网、亿书客,以及部分出版社网站,也均有众筹成功的图书。

众筹出版的优势在于以低门槛的条件增加参与者的数量,大量参与用户同时是项目的所有者、阅读者和传播者,对项目成功的期待促使他们在社群网络中积极、主动地为项目做宣传。众筹出版又具有基于共同兴趣爱好引流的特点,在聚合粉丝群体方面有着得天独厚的条件。通过《移动的帝国》众筹活动,曾航自称成功找到了 1000 多名“铁杆粉丝”,而此前的《社交红利》也有不少线下集会活动。③《后宫·甄嬛传》画集、《狼图腾》纪念版等众筹成功的图书,也大多预先就拥有一定的支持者群体。这更充分说明了众筹出版之于社群出版的根本内在关联,就是对用户群体资源的充分利用。由共同的兴趣爱好、关注对象、生活需求等因素形成的社群网络,在面对符合他们期望的众筹项目时,凭借对内容本身的热情,

① 方世忠主编:《书的世界与世界的书》,上海译文出版社 2013 年版,第 42 页。

② 众筹网:《曾航新书——〈移动的帝国〉》,2013 年 12 月 9 日,见 http://www.zhongchou.com/deal-show/id-1645。

③ 曾航:《从〈社交红利〉到〈移动的帝国〉出版众筹走了多远?》,2013 年 12 月 18 日,见 http://www.bookdao.com/article/71756/。

往往能够形成一致的目标，从而以极快的速度完成众筹项目。最后，对于部分社群成员来说，通过众筹参与所喜好对象的相关内容出版这一过程，比拥有出版物本身，更具有吸引力。众筹出版让普通人化身为原本遥不可及的出版人，凭自己的一份力量让图书得以问世，这是一种传统出版无法实现的奇妙阅读消费体验。新媒体时代下众筹出版成了图书出版的一个热门选择，故宫出版社的《谜宫·如意琳琅图籍》便是一部乘势而上的现象级作品。在众筹出版的过程中，社群营销以及粉丝经济是其成功的一大关键点（详见附录三）。

对于传统出版社和数字出版商来说，基于社群网络的众筹出版的价值和意义，不只是为了有效地聚合游散的资金，很多时候，发起众筹的目的在于检测风险和宣传造势。因为众筹项目的成功与否，在一定程度上反映着读者对项目的接受程度和可能达到的市场容量，众筹行为由此达到了选题策划的效果。选题策划是传统出版流程中的重要环节，好的选题策划是策划编辑对于读者市场精准预判的体现。图书市场存在高度的不确定性，选题策划既是创意的近义词，同时又是出版风险的代名词，在读者见到内容之前，没有人能够百分之百保证图书的口碑与销量。西方现代商业化出版制度的形成过程，一定程度上就是出版商努力完善规避图书市场风险机制的过程；时至今日，市场预判仍然是出版人最为关心的问题。在众筹出版中，社群成员以“一人一支付”的方式，行使自己对于图书的评价和预估，只有得到一定数量——从几百人到上万人不等——的支持，众筹项目才得以成功，这些人本身就是潜在的受众。

“众筹”本质上也是“众议”，它集合了社群用户的集体智慧来对出版项目进行评判，他们既是图书的消费者，也是出版的决策者。众筹网出版行业合伙人张雁认为，“筹人、钱、智慧”是众筹的核心价值，直接让市场来验证选题的可执行性，是众筹网与全国范围内 500 多家出版机构建立项目合作关系的基础。[1] 知乎 CEO 周源在介绍知乎推出的第一本纸质图书《创业时,我们在知乎聊什么?》时说:"知乎用互联网方式推广这本书。我们选择了众筹这种方式,邀请作者参与,设定只要 1000 人愿意为此支付,就证明这本书是有市场需求的,而这 1000 位出资人也就成了联合出版人。"[2]众筹出版实际上是把出版市场的风险从出版后转移到了出版前:如果把社群网络成员的分享、点赞、转发、评分等行为视作"事后守门",众筹出版无疑是"事前守门",直接由受众市场自己决定什么书该出版,什么书不该出版,大大降低了失败的选题策划带来的风险和资源浪费。虽然众筹行为近乎一次变相的市场调查,但是相比问卷调查、网民投票等市场摸底手段,众筹出版要求参与者支付酬金,出资者必须为自己的投资负责,其结果自然也更为可靠。

众筹出版并非尽善尽美,先不论众筹出版在我国的接受程度尚低,众筹出版终究是一种短期、快速的投资,缺少了传统出版中选题策划的专业性、整体性,单是完全由普通网民决定出版项目的去留,对出版项目的后续跟进和长期开发是不利的。此外,市场准入、行业标准、版权保护、利益分配等一贯困扰着数字出版产业的问题,在众筹出版中也同样突出,众筹出版商的不时"退水"也表明这块领域做大之难。但是在传统编辑面对"人人出版"发生角色失位时,网民的选择就是对"守门"的补救——或者说,一种新的"守门"。社群凭借庞大的用户基数和关系网络,毕竟为出版的选题决策和内容发现带来了新鲜血液。

---

① 孙悦海:《大数据时代,学术出版怎么走?》,《中国新闻出版广电报》,2017 年 2 月 6 日,第 1 版。

② 米粒:《知乎第一本书的诞生过程》,2014 年 8 月 26 日,见 http://www.ebusinessreview.cn/articledetail-245763.html。

二、用户创造形成出版资源的虚构创作与知识分享

电子文本是互动的文本，“新新媒介”进一步强化了用户表达自我、倾听他人的意愿，不仅因为他们乐于决定出版什么内容，而且因为这些以多媒体形式出现的思想和观点本身构成了出版内容的一部分。以个人计算机和文档处理系统为代表的硬件和软件的发展，使作者能够非常容易地创造图表内容、表格、符号和插图，并且在网络论坛或个人空间上实现傻瓜式的内容发布。对于数字出版的理解从早期的注重数字先行、纸质后动的营销方式，发展到如今强调个性发布、交流互动的开发方式，用户创造内容在出版资源中的地位不断提高。介于“新媒介”与“新新媒介”之间诞生的中国网络文学，显示出了从专业作者写作到用户创造内容的某种过渡性特征。网络文学网站采用的作家培养模式，多是以零基础的草根作者为培养对象，再加上作者与读者的连续互动，吸引网络文学读者尝试为网络文学创作。网络文学网站的策略本质上是把阅读和创作在用户身上合二为一，用户的作者和读者身份在相应激励制度催动下相互转换，自己则转型成服务商和运营商：服务的是用户，经营的是版权。起点中文网在 2003 年推出 VIP 付费阅读模式时，根据作品的阅读数量，作者所得的收入是不同的；2008 年后“打赏”“月票”“催更”制度的推出进一步完善了这一体系。

用户创造内容从出版尝试成为一种可行的商业模式，得益于用户表达参与行为的规模化、深入化，任何以微小的单位创造并发布的内容形成了海量的出版资源。奉分享为圭臬的互联网发展至当前阶段，更注重互动性和网民的共同建设，“新新媒介”的搜索、编辑、发布、链接等丰富功能，为用户提供了使个人的智慧、知识、技能体现价值的平台。从内容的选择上看，其经历着由简入繁、从浅及深的过程，“新新媒介”上用户的日

常表态和随感笔记首先进入出版环节。以博客的使用为例，商人潘石屹的《潘石屹的博客》、明星徐静蕾的《老徐的博客》、作家郑渊洁的《勃客郑渊洁》都是名人将博客内容出版成书的典范。不仅仅是明星名人，普通博客用户也能把自己的博客内容出版成书，例如一名新浪博客用户就在他的新浪博客上分享了自己博客内容印制成纸质书的过程，并引起其博客粉丝的关注。[①] 可见博客作为网民用户的表达窗口，本身就是潜在的出版资源，然而除了一些明星名人的博客，普通用户博客内容出版成书并未引起国内出版商的注意，上述新浪用户的博客书是通过淘宝平台的小众卖家制作的。因此，出版商有必要重新确立作为"社群网络出版服务者、出版品牌与专业评价体系的建立者、内容组织发现及衍生产业链的开发者"的角色定位，善于发现潜在的用户创造内容资源。[②]

智能移动终端和社交媒体应用的普及，正在使移动终端取代个人电脑成为用户创造内容的主要来源。在用户基础方面，腾讯公布的 2022 年第四季度业绩显示，微信的月活跃用户已经达到了 13.13 亿；[③]在移动终端的社群网络构建上，企鹅智库与中国信息通信研究院产业与规划研究所合作对 20611 份微信用户样本和 9018 份公众号运营者样本的调研报告（2017 年 4 月）表明，近 6 成的中国人在使用微信，而其中 45%的人好友数量超过 200 人。[④] 在社群连接渠道方面，手机的通讯录、阅读 APP、社交媒体功能可以轻松构建起阅读传播的社群网络。新浪微博、百度贴吧等个人电脑端软件跟随其后发展移动端软件，支付宝也在 2016 年 9 月推

---

① Tanya：《把博客印成书》，2015 年 3 月 4 日，见 http://blog.sina.com.cn/s/blog_62c83ada0102vf8k.html。

② 陈洁、吴申伦：《社群网络出版中出版商的角色定位》，《现代视听》2017 年第 5 期。

③ 腾讯控股：《腾讯公布二零二二年第四季及全年业绩》，2023 年 3 月 22 日，见 http://static.www.tencent.com/uploads/2023/03/22/8d304603bd688ad947575f738ce62fca.pdf。

④ 企鹅智库：《深度解读微信 2017 年最新报告！》，2017 年 4 月 24 日，见 http://www.sohu.com/a/136193125_350699。

出社交功能。就内容而言,百度贴吧里吧友的连载式发帖、微信朋友圈的个人随感以及微信公众号的大量推送文章,都是可供二次开发的用户创造内容。无论移动网络运营商,还是移动网络出版商,都不得不认清一个现实,从流量盈利到利用流量盈利,是智能终端用户创造内容趋势下的必然选择。这也表明出版产业的“用户为王”原则,除了传统意义上的给予用户绝佳的阅读体验,更包括了出版商们需要以对待作者的态度重新审视广大社群网络用户。

在社群网络用户的海量表达参与之中,有许多几乎可以视作非专业出版的艺术、学术作品。“虚拟社区之父”霍华德·莱茵戈德(Howard Rheingold)认为“参与式文化”重塑了社会化媒介创作的方式,“在专业消费者的‘多数对多数’网络中,出现了千百万独立制作的作品,它们集聚和互动之下出现的文化当然和批量生产的那种‘少数对多数’的文化大不相同”[①]。就当前用户创造内容的可出版种类来分,基于社群网络的虚构创作与知识分享是数字出版商可利用度较高的两种形式。

如果说传统写作是作者中心主义的,那么社群网络下的虚构创作则是“去中心”主义的。相比先前由特定作者发起的文学写作和内容共创,社群用户自己发起写作,塑造个性分明的角色人物,共同决定故事剧情,表达带有社群意志的思想内涵,形成混合式语言风格,同时又自行组成社群讨论组以完成文学的大众批评。这样,原创内容的产生完完全全交由用户的个人参与,出版机构成了服务者。例如,国外著名的社群写作平台Wattpad,既支持个人电脑阅读,也支持移动终端阅读,用户在平台上以相互续写、连载创作的方式,由社群的“你一句我一段”组成一个完整的故事,目前已拥有超过一千多万个原创故事。作为专业服务者的Wattpad不

① 霍华德·莱茵戈德:《网络素养:数字公民、集体智慧和联网的力量》,张子凌、老卡译,电子工业出版社2013年版,第125页。

仅通过独具特色的作者培养、读者阅读、版权运营模式开发参与式出版，嗅到中国巨大社群网络市场的它，还于 2014 年在中国推出了文化生活类社交平台时光流影，以微博、微信、QQ 等网络社群平台为内容资源基础，帮助个人用户制作经典时光书、旅行游记、文学作品、图谱、回忆录、纪念册等各类个性化图书。从封面材质、内页材质、内页容量、内页尺寸，到封面设计、扉页、目录、序言、页眉与页脚，均由用户自由选择组合。在 Wattpad 那里不难发现参与式出版对用户个性需求的尊重与满足，这也是其能够在世界范围产生影响的原因之一。

詹金斯在评价电视粉丝文化社交网络时认为，“事实上对于大多数粉丝来说，意义生产不是单独的、私人的过程，而是社会的、公开的过程”①，粉丝以剧情分析、同人志为主要手段建立起他们对于所喜爱的电影电视的“理想”版本——元文本，而不是任凭媒体制作者、原著作者决定剧情、人物的走向。“新新媒介”为粉丝构筑“与单集剧情或者电影并列，是粉丝群体通过对现有剧集不断地分析和细读而日渐积累起来的”元版本的创作提供了绝佳的空间。② Wattpad 上增长最快的也正是同人志粉丝小说。国内百度贴吧的粉丝圈意义大于豆瓣阅读，前者热情激荡而后者严肃安静，因而百度贴吧更容易成为粉丝同人创作的凝聚地。但是，对于社群平台原创内容资源的利用，目前集中于用户个人层面，相比管理严格的网络文学平台，无论原著方还是社群平台，都缺乏对于粉丝同人创作内容资源的关注度。小说《盗墓笔记》最初是《鬼吹灯》的同人小说，连载于百度贴吧“鬼吹灯吧”，然而百度贴吧并未及时对其进行合理的版权管理与

---

① 亨利·詹金斯：《文本盗猎者：电视粉丝与参与式文化》，郑熙青译，北京大学出版社 2016 年版，第 71 页。

② 亨利·詹金斯：《文本盗猎者：电视粉丝与参与式文化》，郑熙青译，北京大学出版社 2016 年版，第 160 页。

开发，最终作者南派三叔转至起点中文网。在网络文学 IP 运营蔚为大观的今天，同人志仍然像冰山一隅，就像百度至今仍未对百度贴吧的同人创作予以支持与合作。詹金斯在研究电视文化粉丝时曾认为："作者和读者之间的界限已经变得如此脆弱，同人志的编辑和作者对读者兴趣和爱好的反应比商业制作人迅速快捷得多。"[①]生于社群、长于社群的同人志在前期市场、故事创新、种类数量上都有其先天优势和独特之处，在良好社群基础之上的粉丝同人创作，如果能够引起出版商的足够重视，可谓参与式出版业的又一片景观。

"新新媒介"和社群网络推动下的知识分享行为，是用户创造内容的另一主要来源。由于知识生产与组织也呈现出去中心化、大众参与的特征，社群网络下集体智慧产生的交流、方案、结论不只可以解决特定问题，又能够以出版物的形式分享给他人。法国哲学家米歇尔·塞尔（Michel Serres）认为，互联网的信息存储与检索功能使知识客体化，拥有资讯分享功能的连接体将取代象征权威的集体。[②] 因此，当专家不在场时，社群网络中的每一个用户借助"新新媒介"的在线交流功能贡献出自己的一份力，以集体智慧解决问题。维基百科似乎是知识与大众结合的代名词，莱文森将其称为"大众驱动的百科全书"，与"专家驱动、有人把关的百科全书"和《不列颠百科全书》相对比，它的内容由每个参与其中的网民自我创造、自我编辑、自我审查。[③] 维基百科正是把分散在世界各地的网民的知识与智慧组合到了一起，其信息的即时性或是全面性有时甚至超过权威的旧媒体，所以莱文森说维基百科像是报纸，又像是图书馆。在国内，

---

① 亨利·詹金斯：《文本盗猎者：电视粉丝与参与式文化》，郑熙青译，北京大学出版社 2016 年版，第 160 页。

② 米歇尔·塞尔：《拇指一代》，谭华译，华东师范大学出版社 2015 年版，第 73 页。

③ 保罗·莱文森：《新新媒介》，何道宽译，复旦大学出版社 2011 年版，第 85 页。

百度百科也有着相似的性质和功能，目前已有约771万人参与编写，编辑次数达到2.34亿次，累积词条约2712万个。[①]

“大众驱动的百科全书”的出现，意味着一条有别于传统专业出版，强调参与、集智、互助、共享的知识生产与出版路径的诞生。对于出版业来说，如何对待乃至利用这些非口语相传的、固化的民间智慧资源，成为出版商构建参与式出版的挑战之一。中信出版社与知乎合作推出的系列图书《创业时，我们在知乎聊什么？》(2014)、《知乎金融选修课：金钱有术》(2015)、《正义女神不睁眼》(2016)，就是一次基于知识分享的参与式出版尝试。知乎作为一个网络问答社区，聚集了来自各行各业用户的专业知识、经验和见解，中信出版社通过用户投票、同行评价甄选优质回答出版成书，实现了知识分享内容资源的再利用。于是有人信心满满地说：“书，成为知乎社区知识交流的新节点。”[②]因为读者在购书、阅读之后，又可以与他人分享交流，发生思维的碰撞，萌生全新的知识。这种出版方式对于知识的普及和出版业的创收都有意义。

与以往的专业科普读物相比，社群网络知识分享的内容以经验总结为主，缺少专业严谨的理论背景和科学论证，因而科学性略显不足；但社群平台的提问与回答以解决实际问题为目的，答者多是用亲身经历予以证明，没有了专业学术的限制，语言表述也更“接地气”。知识分享型的参与式出版不会取代专业出版，权威性科学著作和民间性经验集合各有其适用环境，通常的情况是学术著作重宏观理论指导，知识分享偏日常问题解惑，读者根据需求选择购买。从大的角度来看，两者的互补性不仅丰富了出版物种类，更对人类知识结构的完整性有益。

---

① 数据来源于百度百科(baike.baidu.com)，该数据随着网民用户的参与处于不断变化中，本书最后一次更新数据的时间为2023年5月1日。

② 张稚丹：《知乎：从知识分享到图书出版》，《人民日报》(海外版)，2016年9月28日。

“众包”是社群网络环境下参与式出版的一种新兴模式。众包是指公司或机构将原本由内部员工或外部承包商执行的工作，以自由自愿的形式外包给大型而非特定的群体来完成的做法，这种基于一定专业基础的业余创作蕴含着更多的创意，也能为公司带来更多活力，满足用户的个性化、多样化需求。在这个认知盈余的时代，有不少人是受过良好教育的，同时也能够自由支配时间，因而众包模式也逐渐兴起。虚拟社群使得人们的交往更加紧密，社群成员之间的交流互动更加频繁，社群的边界更加宽泛。将社群与众包结合，可以很好地结合两者的优势，社群是基于一定兴趣组合成的群体，其中也不乏专业人士，他们完全有能力完成他们兴趣领域内的任务，将任务发放给他们，既能进一步加强用户的黏性，也能激发用户的活力，吸引其他用户，进一步扩大社群规模。在音频出版中，国内最大的音频共享平台喜马拉雅 FM 已初步探索出“众包+社群出版”的模式，同时，它也是最具代表性的平台，这一模式对于平台而言，能挖掘更多人才，发挥更多资源的优势，助力平台的创新型发展（详见附录一）。

三、融合范式推动的社群分享与品牌营销策略

在市场经济的大环境中，内容和价值的传播主要依靠作品的营销与消费实现。目前，数字内容的在线分发除了在线付费阅读、下载电子书、网上书店模式之外，还有基于社群网络分享力的群组信任模式。分享行为作为一种传播方式，以数字化的连接与表达方式取代了传统口耳相传的口碑积累，“新新媒介”中的分享会直接把文字作品、阅读页面或是购买链接呈现在被分享者的面前。分享行为本身又是一种用户参与：对于个人来说，分享代表了对所分享内容的认同；对于社群来说，受到大量用户分享的作品即表明多数用户的肯定，是社群意志的体现，作品的性质在很大程度上反映了社群的取向，对于社群意义不啻一种构建活动。从用户

个人的体验，汇聚、上升到社群意志的体现，背后是个人信用借由社群表达组成的公信力，在实际的营销过程中，社群中每一个人的消费行为都可能是另一个人消费质量得以保障的基础，信任在社群关系链中传递。相比大众传播模式下的无差别广告投放，彼时的“大家都买”和社群中的“大家都买”天差地别，前者基于个人的独立需求和对商家的信任，后者基于社群成员之间的共性消费和对其他社群成员的信任。这种信任是以社群的稳定性为基础的，不同的社群拥有各自的信用保障机制和措施。一件优质商品被一个人说为劣质，或是一件劣质商品被说为优质，这种失信行为必然导致失信者在社群中被边缘化，甚至被他人排挤。无法惩戒失信者的社群，本身就难以维系。

国内一些社交媒体网站率先引入社群营销的理念和实践。豆瓣网是其中的先驱之一，它是以文艺类阅读、影视评介“起家”的社群网络平台，根据豆瓣 2017 年公布的数据，截至 2016 年底，已拥有注册用户 1.5 亿，其中月活跃用户 3 亿，[①]而这些用户按照不同的兴趣爱好和需求目的组成了各式各样的讨论小组。豆瓣的社群营销策略是在话题频道中加入各类电商平台消费链接，以图书、电影、舞台表演、展会等为主，也涉及居家、求职、租房、考试等。一方面，社群流量使豆瓣吸引了大量广告商；另一方面，用户在小组中讨论互动后，出于对组群的信任也更容易发生消费行为。与社群平台合作同样是出版方进行社群营销的途径之一，像《读书》、《读库》、三联书店等都在豆瓣设立了自己的小组，既可以塑造品牌，又能刺激消费。

詹金斯认为，数字媒体产业所经历的并非以新代旧的革命性变革，而是新旧媒体融合的范式转变，传统出版机构、数字出版商、草根出版力量

① 张俊：《豆瓣公布豆瓣时间数据：销售额过百万付费用户过万》，2017 年 3 月 15 日，见 http://tech.sina.com.cn/i/2017-03-15/doc-ifychhuq4684705.shtml。

以更为复杂的方式展开互动。[①] 在实际的出版生产活动中，社群营销往往突出地体现出这个融合范式的特征。正如图书品牌、独立书店在豆瓣网开设讨论小组，融合范式下的社群分享与品牌营销，首先表现在不少传统出版社、期刊社、报社积极、直接地在“新新媒介”的用户基础上，运用其自带的分享传播途径，向社群用户推销自己的出版物。例如微信公众号推书分享、微博好书推介话题都是常见的办法，对于大多数出版商来说，利用“新新媒介”进行社群营销已经变得和图书摆在什么书店的什么位置同样重要。“新新媒介”的一大优势在于对用户关注度的掌控，其弱点也很明显，在于它自身没有过多的内容资源；传统出版单位则拥有大量的内容资源，但在让读者翻开书本一事上一筹莫展。无论信息以何种速度倍增，每人每天公平地拥有仅 24 小时的可支配时间，特别是内容产品的消费以占用时间为基础，因而用户的注意力已经成为一种必须争夺的资源。莱茵戈德声称：“注意力不仅是你可以自行掌握的工具，也是其他人尝试控制的经济要素。”[②]在这一点上，“新新媒介”与传统出版单位是存在条件互补的。因此，作为产业链上游的传统出版社，借助“新新媒介”渠道利用社群效应抢占先机，持续地引发读者对内容关注，“新新媒介”自然地成为它们进行社群营销的首选。

一种方式是传统出版社自己在“新新媒介”上建立“根据地”，人民文学出版社、中信出版社、译林出版社、新星出版社、广西师大出版社等都拥有自己的微博账号和微信公众号，粉丝数量从几万到几十万不等。它们主要向用户推送图书资讯，转发分享相关评论，然后提供购买链接。例

---

① 亨利·詹金斯：《融合文化：新媒体和旧媒体的冲突地带》，杜永明译，商务印书馆 2012 年版，第 34 页。

② 霍华德·莱茵戈德：《网络素养：数字公民、集体智慧和联网的力量》，张子凌、老卡译，电子工业出版社 2013 年版，第 148 页。

如,人民文学出版社微信公众号会向用户推送新书发布资讯,或是推送相关文章,并设有一键导入微店按钮,公众号订阅者在阅读推文后借助微店和微信支付功能很容易就变成纸书的消费者。另一种方式是出版社与知名微信公众号、微博“大 V”合作,借它们的公众影响力向其粉丝推销图书,像中信出版社的《S.》推广策略就是其典型。图书《S.》是中信出版社于 2016 年出版的一本美国悬疑类畅销书,微信公众号“一条”在是年 5 月 9 日、10 日连续发布《美国首印 20 万瞬间断货,2016 年最烧脑的书来了!》一文宣传该书,推文的最后添加了二维码供读者直接扫码预订,并且只有“一条”关注者可以抢先预订到首发的特别定制版。从《S.》的销售结果看,推文发出的 2 天之内便售出 25000 册,在两周的预售时间里总共销售 14 多万册。① “一条”的两篇推文都有超过 10 万的阅读量,社群营销的作用功不可没。不管是自建“根据地”,还是借助现有的社群网络自媒体,“新新媒介”大大拉近了出版单位、作者和读者之间的距离,让信息的发布、分享、反馈畅通无阻,读者能够第一时间接收到好书的资讯,而出版者与读者、读者与读者达成平等的对话,又增添了读者对出版商和图书质量的信任,两者都加强读者的图书购买意愿。平等带来沟通,沟通产生信任,信任促成消费。

社群营销还关系到传统报刊社在数字化出版环境中的生存境遇。在出版产业转型升级的进程中,学术出版和教育出版往往走在数字化前列,大众出版领域进展缓慢;在大众出版中,又以传统报刊社受到的冲击最大。在大众类出版物中,图书的内容相对系统而完整、体量庞大,对出版者的组织能力较为看重,大众向报刊的文章以短小精悍见长,与知识分享和自媒体新闻有时会发生重复。因此,与图书社群营销以内容为核心不

---

① 卢扬、郑蕊:《〈S.〉热销的背后》,《北京商报》,2016 年 7 月 12 日。

同，报刊社群营销的重心在于渠道。网络的海量信息、短平快阅读使得传统报刊陷入“酒香也怕巷子深”和“随意粘贴复制”的困境之中，传统报刊社需要主动“送货上门”，即把内容放置到用户触手可及之处。相比图书在线购买已是一种常态，报纸杂志在线订阅却表现平平，以“新新媒介”为渠道长期售卖刊物成为部分报纸杂志的社群营销尝试。《人物》《中国新闻周刊》《博客天下》《孤独星球》《环球时报》等报刊社联合新浪微博在2013年、2014年发起的“微博订阅季”活动，吸引了众多微博用户的关注和消费，一天之内就卖出报刊22761份[①]。这一订阅渠道允许用户在线订阅报刊，通过微博相关页面的链接购买。微博在线订阅的社群营销方式，引流了大量外围用户，像“博物杂志”“中国国家地理”“中华遗产杂志”等微博号都拥有大量粉丝。

传统报刊入驻“新新媒介”为品牌与渠道的结合打下基础，逐渐把微博粉丝（主要是年轻读者）转化成实际消费者，还意外地发掘了潜在的年轻用户市场。“中国国家地理旗舰店”微博号负责人柳永山说：“我们纸刊的主要订户多是偏爱纸质阅读的中年读者，而这次微博征订，从后台数据中可以发现有非常多的大学生、刚入职的年轻人成为我们的新订户。”[②]借助“新新媒介”联系用户只能说是传统报刊通过社群网络扩大渠道的初阶，当前在线订阅口径混乱，有必要建立统一、整合、规范的报刊在线订阅平台，既方便了用户，又利于版权的管理保护。在大众出版外部，学术期刊在优先出版、数据可获取等方面已经为大众出版做出示范，学术出版商爱思唯尔还推出了在线学术社群平台。在大众出版内部，作为渠道商的今日头条本不是内容生产商，却通过整理聚合他源内容被用户接

① 科文：《微博再次发起媒体订阅季》，《科技日报》，2014年12月10日。

② 李淼：《近200家媒体参与微博订阅季总体销售额近200万元》，2015年1月13日，见http://news.xinhuanet.com/zgjx/2015－01/13/c_133915177.htm。

受，在很大程度上是源于它渠道的快捷性，用户只用一个 APP 就可以对分散信息进行主题归类阅读。可见，大众向报纸杂志的整合平台，是大众出版数字化转型的重要组成部分之一。

大众向报刊在数字化转型过程中需要将自身特色与新媒介的传播方式、用户的阅读习惯相结合，对出版内容做出适当的调整与更新，适应不同群体的需求和偏好，从而完成媒介融合出版，打造全媒体出版品牌。以时尚类杂志为例，随着移动通信技术的不断发展，国民的阅读习惯发生了巨大转变，信息传播形式也更为多样化，资讯的获取也更加容易，这也导致传统时尚杂志的话语权被瓦解。众多知名时尚杂志受到新媒体的冲击，选择停刊，被称为市场化纸媒最后一道防线的时尚类期刊出现严重裂痕。在此形式下，《时尚芭莎》杂志为能在线上重新构建时尚话语权，开始实施全媒体战略，包括网站、iPad 版电子刊、微博、微信、客户端、TV 视频群、移动阅读聚合平台等，全方位、立体化地提高传播效率。《时尚芭莎》在纸质杂志之外，还创办了 YOKA 时尚网，除将纸质杂志数字化以外，还增加了商品的购物链接，及时更新时尚热点，而移动端“时尚芭莎”APP 除了可以订阅电子刊、购买相关商品之外，还允许用户在 APP 上分享经验心得，使非专业用户生产内容（User-Generated Content，UGC）与专业编辑内容互为补充。除此之外，《时尚芭莎》还实现了微信、微博、直播、小红书等自媒体平台的全面运营，构建线上话语权，增强品牌影响力，形成了传统纸媒、网络媒体协同发展的全媒体生态圈，由此与“芭莎明星慈善夜”“芭莎美妆大奖”等旗舰品牌组成了时尚界的重量级媒体矩阵。

《时尚芭莎》整体的内容输出依然是以各种时尚热点的分析以及时尚单品的推荐等为中心，但《时尚芭莎》结合不同媒介平台用户的年龄和使用特点，输出不同的周边内容，从而抓住不同年龄层、不同圈子的用户。追求时尚品位、拥有较高收入的年轻女性是《时尚芭莎》杂志最主要的标的人群,她们的购买意愿与购买力是相当的,《时尚芭莎》正好可以为她们提供时尚圈的前沿信息,引导她们的购物倾向。当然,作为《时尚芭莎》的忠实读者,这些消费者反过来也会将杂志视为某种体现自身品位的象征物,成为她们人际交往的中介,所以《时尚芭莎》得以建立自己独一无二的读者社区。《时尚芭莎》的传统纸媒、电子刊、移动客户端和门户网站的用户定位依然为这类女性。其中纸质媒体和电子刊内容只讲时尚相关,不谈其他,坚定维护其原有的高层次品牌社群。而移动客户端和门户网站除了重组和再造纸刊的内容之外,还增加了许多原创独家的时尚热点资讯,集成了时尚传媒旗下四本重磅刊物的优质内容,使得内容更加全面丰满。同时,还结合了用户的阅读习惯,融文字、图片、音频、视频和多样互动为一体,将视听效果与互动体验相结合,完善了用户体验。并且,线上的电子刊物、移动客户端、门户网站等都附上了购买链接,用户在阅读杂志的同时,也可以实现在线消费。

新媒体之长在渠道、创意、用户,旧媒体则多内容资源和整合力量,融合范式下,一个成功的社群营销出版项目是新旧媒体的优势互补。在利用社群网络平台进行出版生产活动时,传统出版社、数字出版商和社群网络用户群体将会越来越多地以“你中有我、我中有你”的姿态、面貌出现。“罗辑思维”可以说是社群营销最成功的案例之一,通过持续不断的优质内容更新吸引庞大粉丝群体,其微信公众号拥有百万关注者,在社群和品牌的关键字下,它的商业模式融合了电子产品、纸质图书、电子商务、线下聚会等新旧出版发行元素。“罗辑思维”在社群的基础上,与传统出版发行单位合作推销新书和再版书,不论是中信出版社、社会科学文献出版社这样的内容提供商,还是新华文轩这样的销售渠道商,都在“罗辑思维”的平台上发售过图书。在“罗辑思维”的微信公众号上,同样清楚简明地标识出其微店入口,销售图书的总量惊人。截至 2016 年 5 月,“罗辑思维”

微信公众号上的90种图书完成了1.7亿的销售额，粉丝基于对罗振宇的信任，在其推荐下还购买了许多像《心外传奇》《金雀花王朝》《春秋大义》《中国文学史》等冷僻、小众图书。[①]"罗辑思维"在增强用户参与感的努力上也是值得借鉴的，它在全国范围内组织大大小小的传统线下读书会，比如2014年4月23日的"423史上第二大读书会"。"罗辑思维"与豆瓣小组在O2O(Online to Offline)模式的选择上可谓异曲同工，O2O对新旧媒体融合的出版社群营销有着优秀的适应性，"新新媒介"长于在线主题发起与互动，传统媒体依托多年的经验积累，拥有较强的线下组织能力。同时，线上售卖强调用户对于社群的归属感，线下活动则侧重个人性的亲身经历，两者的结合目的在于用户参与性的整体化提升。出版商通过线下活动把营销观念从社群根植到用户个人，用户个人的良好参与体验是消费意愿的保证。参与式出版的核心，就在于把用户多样的参与行为转化为实际的内容消费。

社群网络并非完美无缺，由于网民知识结构和文化水平的参差不齐，有时会出现社群整体素质不高，或是被偏见引导的现象。但是参与式出版并非一个封闭的环境，无论社群决策，还是共同创作、知识分享、人际交往，既发生于社群之内，也容许社群以外的成员进入，以及社群以内的成员流出，社群本身是一个开放、流动的体系。社群网络用户充分参与出版生产，意味着出版产品凝聚着社群成员最优秀的智慧与才能。写作者与阅读者、提问者与回答者、分享者与索取者，这些社群出版中的关系反映了社群网络中个人的讯息、知识和创作能力以出版物的形式从高处流向低处的特点。出版产业创造的是精神文化产品，它们是思想的结晶——思想的交换让双方都拥有了双倍的收益，通过众筹决策、共同创作、集体

---

① 沈世婧:《罗辑思维的商业逻辑》,《出版人》2016年第5期。

智慧，最终会让整个社群的素养提升。因此，我们应当对社群网络主导的参与式出版抱以充足的信心，甚至相信社群网络支撑起的新型参与式出版，能够更好地完成传统大众出版提高国民素质的使命。

第二章
面向社群网络的数字版权管理平台构想

数字版权管理平台作为一种数字内容的管理方式，逐渐取代传统的DRM（Digital Right Management）保护技术和分散式的内容资源利用体系，是现实情形中数字内容富集趋势，以及相关行业经验启示的共同结果。数字化是数字信息全面整合模拟信息的过程，由此产生的数字内容，其分类方式与生成来源与传统媒体出版业有着巨大差别。在社群网络中产生的数字内容不再是原本形式固定、单一的实体出版物，而是多种媒介形式融合的富媒体出版物。碎片化和模糊化成为数字版权的显在特征，旧的模式正在退败，版权保护、版权要素归属、商业模式、标准规范、传统出版转型、政府监管等问题与挑战日渐突出，它们都在呼唤一种新的数字内容管理方式的出现。

第一节　数字版权管理挑战下的社群资格商品化

社群网络影响的扩大使得数字内容的类别与生产类型比以往的传统出版要丰富得多，由此也给数字版权管理带来了一系列的挑战。尤其是数字版权诸要素的归属问题，通常涉及版权的收益处置权利，各类版权纠纷大多缘于此。沿着社群网络出版的思路，社群资格也成为与版权使用直接相关的商品资源，作为数字版权管理平台应用的一项重要条件。

一、社群网络中的数字内容类别与生成途径

在二进制数字信息传播方式之上建立的互联网，将"模拟信息/数字信息"的转换纳入一个面向全球网民的公共平台，面对互联网中遍布的富媒体出版物，社群网络用户读者的泛阅读是无所不包的。富媒体出版物首先使得书籍消费从实物消费变成过程消费。发生阅读行为的具体对象"将不囿于传统书籍，而泛指消费型媒体的体验过程……我们将生活在一个多'屏'共存的环境，在一个由云和终端设备构成的世界里生存"。①

受到富媒体和泛阅读的影响，社群网络环境中作为版权的数字内容种类比传统媒体的划分更为细致多元。对于内容提供商来说，传统出版业中内容提供商的核心利益——作品概念被重新拆解、碎化为分散的版权专利，不单单是文字、插图、剪辑视频等，也包括互联网原生的诸如应用、代码一类作为消费阅读的必要组件，还有更多附着、独立性质的内容元素也是版权的部分，它们都是社群网络中用户读者可获取、阅读、使用和分享的内容资源。因此，详尽的内容分类标准将更加确保自己原创内容的版权收益。对于读者而言，碎片化也在某种程度上造成了小众化。因为绝大多数读者无法阅读互联网的全部内容，面对海量的富媒体资源，他们自然会选择自己最喜欢的内容，进而逐渐分层成圈，形成大量小众阅读圈。小众阅读圈进一步带动了许多自媒体生产形式多样的内容产品的蔚然成风，例如手机 APP 抖音的自拍小视频、唱吧的自唱歌曲等。结合当前互联网中实际使用的数字内容情形，社群网络中具有版权意义的数

① Bertluo:《泛阅读时代媒体特征》，2013 年 7 月 15 日，见 https://cdc.tencent.com/? p=7607。

字内容的主要范畴包括六大类：

（1）美术作品，包括品牌Logo、卡通形象、漫画、插画、网民自绘等；

（2）软件作品，主要有数字出版企业制作的APP、网站、源代码，以及网民自制分享的非专业文件素材；

（3）文字作品，例如原创小说、电子书、学术文献、博文、社交手书；

（4）音乐作品，既包括唱片公司官方发布的歌曲、铃音，也包括网民通过应用程序自制的原创歌曲和个人翻唱作品；

（5）摄影作品，例如专业图库、摄影网站上的照片，一般社交平台上发布的个人自拍、写真、手机视频；

（6）影视作品，同样也是专业电影、电视剧和自制剪辑视频的集合。

以富媒体形式出现的社群网络数字内容，其主要的生成途径有三种：传统内容资源数字化、新兴数字媒体网络作品发布和社群用户自媒体创造（参见表2-1）。不同的生成途径也造成了数字内容分布格局的差异。传统内容资源数字化主要是传统出版社、期刊社、报社对自己已有的纸质出版物进行数字扫描，制成电子出版物，通常于这些出版企业的官方网站可以找到。新兴数字媒体网络作品发布指的是首发于网络平台的数字内容，诸如大型视频网站、文学网站、专业图库等。虽然泛阅读时代的富媒体出版物强调用户的交互性，但是它们仍然由专业内容提供商设计、制作，完全由用户自创的内容一般出自社群自媒体。社群用户自媒体创造是Web 2.0时代的产物，个人用户通过社交媒体发布原创数字内容，在这些平台上汇集了海量非专业的文字、照片、视频和歌曲。目前，在许多大型自媒体发布平台上，作品的产生来源是混合的，像懒人听书上内容生成采用的就是专业生产内容（Professionally-generated Content，PGC）、非专业用户生产内容、专业用户生产内容（Professional User Generated Content，PUGC）并用的运营模式。

表 2－1　数字内容生产平台分布枚举

类别	传统内容资源数字化	新兴数字媒体网络作品发布	社群用户自媒体创造
美术作品	腾讯漫画 人民美术网 Mei-Shu.com	艺空联盟 汇图网 中画网 涂鸦王国	新浪微博 百度贴吧 天涯论坛
软件作品		千图网 站长素材 太平洋电脑网 华军软件园 天天资源网	m-team 极光 北邮人 海盗湾
文字作品	网易云阅读 超星读书 中国知网 万方 维普	起点中文网 中文在线 晋江中文网 中国知网 学林网	微信 新浪微博 天涯论坛 百度贴吧 19 楼
音乐作品	网易云音乐 酷狗音乐 QQ 音乐 酷我音乐 虾米音乐	荔枝 FM 喜马拉雅 FM 虾米音乐 酷我音乐 酷狗音乐	唱吧 全民 K 歌 酷狗音乐 K 歌达人 酷我 K 歌
摄影作品	中国摄影网 世界 X 档案网 汇图网 中华网	蜂鸟网 摄影部落 新摄影 游侠摄影网 POCO.CN	微信 新浪微博 豆瓣小组 百度贴吧 19 楼
影视作品	爱奇艺 腾讯视频 优酷・土豆 PPTV 搜狐视频	爱奇艺 腾讯视频 优酷・土豆 B 站 D 站	新浪微博 B 站 抖音 快手 梨视频

二、数字版权管理的挑战

社群网络环境中数字内容类型和来源的多样性特征使数字版权管理与传统出版管理有着很大的区别,尤其是富媒体和泛阅读造成的版权碎片化和模糊化,让现有的版权管理模式和体制暴露出许多问题。

第一,数字内容版权的保护和复制传播问题。众所周知,数字文件的传播只需一键复制、粘贴即可,读者能够轻易将文本、图片、视频、音频复制给他人,“一传十,十传百”的不仅是作品的名声,也是作品本身,盗版泛滥使读者失去对正版资源的付费意愿。最终,无人为版权付费将挫伤数字出版商的积极性,并使国内“互联网=免费”的局面难以扭转。

第二,数字内容版权各要素的归属问题。富媒体出版物的各要素不一定来自同一出版商,读者在阅读富媒体出版物时也可能涉及其他内容成分,版权几乎是所有出版商收益的核心资源,数字内容版权各要素归属于谁便直接影响到收益的分成。尤其在社群自媒体、用户创造内容下,独立作者如何与平台协商版权管理和收益分成,将是未来出版行业内的一个重大问题。

第三,数字内容版权如何构建商业模式和产业链的问题。围绕数字内容的版权运营形成了不同于传统版权产业链的数字版权产业链,前者是相对单一的“著作权人—中间商—读者”模式,后者依照功能差异包括创作和运用主体、保护和管理主体、服务和辅助主体。[①] 各个环节的出版商亟待重新自我定位,进行合理分工。受到版权保护和版权要素归属的制约,现实的情形往往是相互倾轧,强者挤压弱者的生存空间,导致产业链上下不畅。

---

① 孙晓翠:《数字版权运营的产业链分析》,《科技与出版》2017 年第 12 期。

第四，数字内容版权相关标准规范重新确立的问题。数字内容版权商业模式和产业链的不完善一定程度上是标准规范陈旧导致的，数字内容版权运用的是数字信息处理方式，它与图书、报刊、广播代表的模拟信息处理下的标准和规范不相适应，比如数字化、社群化后的出版物格式、在线经营行为的行业规范、数字内容产品定价标准等，至今仍然是一个不确定数。标准规范尚不成体系，出版商们自然各自为营、占山为王，将扩大经营范围置于合理分工之上。

第五，传统出版社如何进行面向社群网络的数字化版权管理的问题。传统出版社数字化版权管理其实包括如何进行数字化的自我管理、如何与新兴数字出版商合作与满足社群网络用户阅读需求三个问题。出版社内部调整主要涉及出版商自主研发或是购买数字化的内容编辑、管理与发行系统，以及相应的内部人事管理结构改革；与新兴数字出版商合作侧重在保持自己原创作者和专业编辑优势的同时，尽可能地在运营销售方面契合互联网，在全新的数字出版内容产业链中占据自己的高地。同时，社群网络用户的阅读需求又与一般大众阅读需求有所区别，需要聚焦于个性化的小众阅读圈、用户创造内容、内容的社群分享传递等问题。

第六，政府管理部门应对数字内容产业的自我调整。富媒体和泛阅读的传播使原有按照图书、音像、报刊来分类管理的行政结构显得力不从心，尽管新闻出版广电总局专门成立了数字出版司、网络视听节目司，但是这正如传统出版社希望以一个数字出版部门之力实现数字化转型一样，成效依然有限。对于政府管理部门来说，与其频繁地改组重建，不如设计一套长期适用的解决方案，既不对现有的行政体系产生较大的冲击，又能有序统辖各个出版单位和管理海量数字内容，权责分明又快速有效地处理各类数字内容版权事件。

总的来说，在社群网络的阅读环境中，数字内容面临海量生产和多次加工的情形，版权方的权利归属愈发模糊，用户兼具社群化与个性化，版权保护要求技术化和系统化，运营则强调资本助力和商业模式。游戏行业多年来在版权保护与运营方面的经验对其他富媒体数字内容版权管理是可贵的经验启示：数字版权的全面总和式管理需要一个完整的平台和框架，对海量、多元的数字版权进行高效集中的存储管理和运营开发。数字内容版权平台化管理与服务对于以上六个主要问题是有效的解决之道。

三、社群网络出版中的版权归属问题

在社群网络出版模式下，用户的角色根据在社群出版中所发挥的功能进行灵活变化，既可以是内容的作者、编辑者，也可以是审定者、传播者，同时还是受传者。每位用户都可以在遵循版权协议的前提下，自由展开对于作品中内容的增添、选择、编辑、传播，这也就意味着作者与读者的角色不再有明显的界限与区分，而是“相互交织、相互渗透、相互贯通，使得整个出版过程充满了浓厚的社交氛围”。“作者与读者之间充分的互动与分享使得一部作品的成功并不单单依靠某一个人的智慧”[①]，而是由作者和读者共同参与到作品内容的构思甚至生产之中。在这一过程中，读者和作者的定位发生模糊化，也带来了出版作品的知识产权归属的争议。

我国现行的著作权法遵循思想、表达二分法，即著作权法仅保护表达，不保护思想。社群网络出版中的版权归属争议，本质上也就是思想和表达的问题。在现实的案例中，一部作品的思想与表达往往会纠缠不清，尚需要法律一一明确。一般来说，我们会认为人物设定和剧情发展属于表达，中心主旨则是思想。要解决版权归属问题，首先要根据具体案件具

① 周敏、张婧：《从小众走向大众：社交出版的变革与挑战》，《科技与出版》2015年第9期。

体分析，区分作品中的思想和表达。一般来说，读者所提供的思路和建议大部分都属于思想，包括写作中通用的情节、伏笔和素材，如穿越、重生、替身、误会等，这些属于人类共有的思想，是不受法律保护的。作者选取读者感兴趣的部分，进行个人独创的具体表达和写作，则不对读者构成侵权，作品版权仍归属于作者。但不排除有这样的情况：具有创造力的读者发布了一段按照自己构想续写的故事后续，为作者提供参考，此时如若作者直接将读者创作的内容原原本本地挪用进了作品，且达到了一定篇幅，那么这部分内容的版权应该属于读者。此外，有的读者经过独立思考，提出区别于普通素材的、具有独特性和原创性的构思，那么这部分就应该属于表达。

Wattpad 平台存在大量同人小说，同人小说本身对原创作品不构成侵权，因为同人小说在性质上仅仅借用原作人物角色、故事情节或背景设定等元素进行二次创作，它与原作重合的是思想，在表达上则具有同人作者的原创性。但如果有同人作品过于贴近原著，例如情节设计与原著几乎完全一致，就很容易对原著构成侵权。相反地，如果同人作者对原著的演绎和改写背离了原作者的意愿，也容易引起原作者的不满。另一方面，同人创作如果是以现实中的真实人物为原型，也很容易涉及对他人名誉权的侵犯问题，须谨慎对待。

在社群出版中，读者为作者提供故事的构思和希望看到的剧情走向，的确为作品的生产贡献了智慧，但在现实的版权争议中，读者提供的建议哪些属于思想层面，哪些属于表达层面，作者采用了多少思想、多少表达，是很难定性和定量分析的。如果一部作品中各个部分的版权组成过于复杂，也将成为后续出版过程中的一大障碍。但现有的社交平台还没有形成清晰的版权归属方案，例如国内的时光流影平台会选择“版权清晰、内容优质”的作品面向大众实现公开出版发行，并没有从根本上解决版权归属问题。

社群网络出版与传统出版存在很大差异,其版权保护机制也应该根据自身特点而进行调整。面对数字化的信息传播方式,传统的版权保护体系往往显得不够灵活,既难以有效适应网络环境的快速流通,又可能因过度限制而阻碍作品的传播。社群网络出版需要建立在一种开放性的版权协议之上,用户对于表达观点的意愿使之可以接受只保留部分或是不保留权利。因此,社群网络出版商亟待建立一套灵活有效的版权规范协议,既要保护版权人的利益,又不能妨碍传播。

Wattpad平台采用的是复合的版权协议,其中就包含了某种过渡性特征,著作权人既可以保留所有著作权利,也可以将作品完全献给公众自由、免费使用,或是暂时待定,择日决定向平台提供的作品权限。此外,Wattpad还引入了知识共享许可协议(Creative Commons,简称CC协议),组成其他6个版权选项。CC协议是现行的版权协议中一种比较灵活的版权协议,它能够在遵循著作权法的前提下突破传统版权保护体系的限制,为创作者提供灵活多样的版权管理方案,有效增强原创作品的流通性,实现版权保护与知识传播之间的动态平衡。在使用时,作者可以在CC协议的框架内自由选择授权形式与条款组合,保留几种权利,放弃剩余权利,原创作者明确自己拥有哪些版权,使用作品的人也可以明确知道著作者的权利,方便使用者以合法的方式与大众分享作品,而不至于侵犯作者的版权。目前,Wattpad采用的是CC协议4.0版本,所保留的权利有4种:一是署名,即必须提到原作者;二是非商业用途,即不得用于营利性目的;三是禁止演绎,即不得修改原作品,不得再创作;四是相同方式共享,即允许修改原作品,但必须使用相同的许可证发布。

CC协议能够初步解决作者版权保护与增强作品流通性的矛盾,但面对作者与读者之间具体的版权归属问题,还需要进一步完善版权体系。

首先，出版商要提供专业的版权知识和服务，例如可以在社群发布版权公告，帮助用户明确哪些是一般性思想，不需要授权也可以直接使用；哪些是特殊性思想，因其具有独特性和原创性而进入“表达”的范畴，属于受版权保护的思想。此外，出版商可以在评论的界面为用户提供类似的版权选项，使读者评论时可以选择是否将版权授权给作者，以及以何种形式授权。当读者和作者对于版权归属产生争议时，出版商要及时发挥版权管理者的作用，但偌大的平台，光靠出版商管理显然是不够的，因而构建完善的自治管理机制就显得尤为重要。自治管理即将部分管理权释放到用户手中，Wattpad 已经采用了征集志愿者的方式来实现平台自治，但在内容把关上仍存在缺位。国内的微博平台则采取了更为合理的“志愿者主审，用户群体陪审”的策略，实现了网络社区管理所需要的相互监督机制。具体而言，申诉与审核是向所有用户公开的，他们拥有一定的投票权利，作为一种舆情和智囊意见，由志愿者决定最终的判罚。当然，志愿者接受着平台和用户的双重监督，因此会更加尽力兼顾工作的效率和质量，从而妥善解决版权争议。

社群网络出版作为国内新兴的数字出版模式，将在未来的出版行业中贡献更大的价值，但由于社群网络出版的集体创作性质，版权归属成为版权管理和运营中的一大难题。出版商只有建立灵活的版权协议和完善的自治管理模式，妥善解决社群网络出版作品的版权归属问题，才能最大限度地吸引原创作者和优质读者，实现平台的长期稳定发展。

四、社群资格商品化的前景

社群资格商品化是指社群经营者为社群准入和维系成员资格设定会员费等准入门槛，为成员享用某种特定服务而设定年度使用费。实行社群资格商品化的社群即为付费社群。这种做法表面上违背了互联网发展的“免费”模式，实际上正是近年来异军突起的知识付费的一部分。这种类型的知识付费来源于用户在信息与知识爆炸时代下对知识精细化和专业化的渴求与焦虑。尽管这一模式并不会取代“免费”模式成为主流，但其竞争力在近年来逐步显现。

1. 社群资格商品化的现状

社群资格商品化并非近年来才出现的新鲜事物。早在互联网普及之前，各式各样的俱乐部会员费就是社群资格商品化的一种表现方式。孔子曾有言曰：“自行束脩以上，吾未尝无诲焉。”[①]大意就是，如果向他主动送上十条干肉，就可以被他收作学生。可以认为，这是为了获取“孔子和他的弟子们”这个社群资格所支付的费用。这当然可以被视为社群资格商品化的实践。在现实生活中，读书俱乐部、桌游俱乐部、运动类社团、商业协会等都可能为社群准入资格设置会员费。近些年来火热的网络社群资格商品化不过是现实生活中的社群在虚拟世界的延伸。网络社群设置准入资格的有知识星球、知乎 Live、“罗辑思维”等项目，而部分 QQ 群和微信群的群规“新人进群发红包”也可以被视为一种社群准入门槛。因此，社群准入门槛并非局限于小众的范围，而是在“免费”的大潮下特立独行并且长期广泛存在的一种网络生态。

根据社群成员交互紧密的程度和社群内容生产的方式，可以将社群分为主导型社群和共建型社群。在主导型社群中，社群主要由单独的个人或机构运营，其内容生产也主要来源于社群运营者，用户参与感相对较低，“罗辑思维”就属于这一类社群。“罗辑思维”是以罗振宇为核心的一款知识类脱口秀节目，自 2017 年 3 月起，播出平台只限于“罗辑思维”旗下的“得到”APP。而在“得到”APP 中，除了核心节目“罗辑思维”，还有

① 杨伯峻译注：《论语译注》，中华书局 1980 年版，第 12 页。

着众多的经管类、个人提升类、健康类节目，收听观看这些节目大多需要支付“得到”会员费成为会员。在这种模式下，用户参与感相对较低，主讲人决定了节目和社群的质量。这更像是把一场巡回讲座应用到线上。

一些主播的粉丝群也是典型的主导型社群。用户往往需要支付一定的费用成为主播房间的“会员”才可以加入粉丝群，如 B 站的“大航海”、斗鱼直播和虎牙直播的“贵族”等。部分粉丝数量较多的主播还提高了进入粉丝群的门槛，如斗鱼直播将“贵族”分为“游侠”“骑士”“子爵”“伯爵”“公爵”“国王”“超级皇帝”“幻神”八个等级，虎牙直播则分为“剑士”“骑士”“领主”“公爵”“君王”“帝皇”“超神”七个等级，B 站也将“大航海”分为“舰长”“提督”“总督”三个等级。部分人气较高的主播专门设置了自己的“国王”群、“提督”群等。进入这些社群的唯一门槛就是为主播送上虚拟礼物成为主播房间的“贵族”。这些门槛往往费用不低，成为一个 B 站主播的“提督”需要每月 1998 元的费用，即使是等级最低的“舰长”也需要每月 198 元的费用。粉丝群的讨论交流大多也是围绕主播展开的，可以认为粉丝群就是主播个人主导的小社群。

这种主播群准入资格的模式在本质上与“罗辑思维”并无差别：都是为社群主导者付费。其区别在于：B 站、虎牙直播、斗鱼直播的免费用户也可以享受到主播的直播节目，付费用户只是通过付费的形式增强了自己在直播中的参与感并获得一定程度的特权，如主播个人的联系方式、与主播线下见面的机会等。而“罗辑思维”的用户付费目的只在于节目本身而不在于其附加价值。这种主导型社群发展较为成熟，原因有二：一是特定的个人所具有的象征价值与粉丝效应在互联网时代被无限放大；二是自古以来线下社群也多以某个特别的个人或机构为核心，易于管理，符合社群文化的传统习惯。

另一类社群则是共建型社群。共建型社群并非没有特定的运营者或领导者,而是更强调社群成员的参与感,不以某个特定的个人或机构为核心。在生活中,兴趣类俱乐部社团就是常见的共建型社群,不同成员出于各自相近的兴趣爱好汇集在一起,社群的核心价值在于共同的兴趣而非某个特定的个人,如桌游俱乐部、电子竞技俱乐部都是较为典型的共建型社群。

相比于共建型社群,社群资格商品化在主导型社群中更为普遍。这是因为主导型社群的核心价值更为明确,特定个人或机构的管理也更容易推进社群资格商品化。凯文·凯利(Kevin Kelly)曾经提出过著名的1000粉丝理论。他认为,对于一些创作者而言,只要找到1000个愿意为自己付费的铁杆粉丝,就能成功地养活自己。这是凯文·凯利得出的长尾理论下创作者如何改变现状的对策,而部分主导型社群正是对这一理论的应用。运营者构建出一个他和他的铁杆粉丝的社群,在这个以其本人为核心的社群中,他既是内容输出者,也是社群受益者,对于运营者而言,社群资格商品化是一件一举两得的事情。通过社群资格商品化,运营者不但获得了一定程度的经济收益,还以价格筛选了自己的粉丝群体,保证了自己的社群质量。这一点在"免费"大潮的互联网时代尤为难得。不少免费社群在扩张后往往会陷入鱼龙混杂的局面。免费社群最大的问题在于无法通过付费的方式筛选符合社群共同价值的用户,进而影响整个社群的氛围和用户体验。并且,在互联网的面具下,每一个人都可以畅所欲言,以至于滑向互相诋毁、辱骂的无意义争论。例如,在一些考研圈子中,社群的共同价值追求本应是获取更高的研究生考试成绩,考上心仪的院校。但近年来关于各大考研名师的不和谐争论却常常出现在各类考研圈子中,这样的争论对于社群的共同价值追求没有一丝一毫的帮助,反而影响了社群的整体氛围,进而疏远了社群的核心用户。诚然,付费并不能完全解决这一问题。但是,付费的方式增加了参与者的边际成本,基于这种成本的存在，社群成员在发言与创作时会变得更加谨慎，从而在一定程度上减少了戾气弥漫的可能。

艾瑞咨询的《2020年中国移动互联网内容生态洞察报告》也指出用户的内容付费意识逐渐觉醒，特别是Z世代更愿意分享互动且付费意愿较强。[①] 用户不希望被灌输内容，而是更倾向于追求互动。总体来看，社群资格商品化的发展较为迅速，在免费大潮下的互联网时代异军突起。在这个过程中，创作者向用户单项传输的方式依然存在，但创作者对用户、用户对用户、用户对创作者的三角传输的方式逐渐成为新的潮流。这也是与近年火热的UGC模式相契合的：用户越来越不满足于单纯接受内容输入，而是有着更强烈的意愿进行内容的输出。对于社群成员而言，每一个有着共同价值追求的社群成员都是彼此最好的内容输出者与输入者。

2. 社群资格商品化的特点

实行社群资格商品化的付费社群必然有着与免费社群以及公众平台不同的特点。

第一，私密性。互联网时代，在公共场合的发言需要顾及的因素有很多，而在封闭性较强的付费社群，言论会更加自由，交流也会更加深入。这样的私密性来自两个方面，一是付费社群的内容无法直接被谷歌、必应、百度等搜索引擎爬取，内容不会被他人通过外部搜索获取。二是付费的约束过滤了大部分不符合社群共同价值的人。在这样的私密性下，付费社群交流可以更加地开放自由，一些价值较高的信息或涉及个人隐私

---

① 艾瑞咨询：《2020年中国移动互联网内容生态洞察报告》，2020年6月19日，见https://www.iresearch.com.cn/Detail/report? id=3593&isfree=0。Z世代是美国及欧洲的流行用语，意指在1995—2009年出生的人，又称网络世代、互联网世代，统指受到互联网、即时通信、短讯、MP3、智能手机和平板电脑等科技产物影响很大的一代人。

的信息可以更自由地被分享而不用担心泄密的问题。特别是一些时效性较强的信息,可控的传播范围更利于实现信息发布者的目的而不会陷入被“人肉”与抄袭的尴尬境地。这对互联网时代的隐私保护有很大的帮助。在一些公众平台上,人们为了获取信息比如珍贵的 PDF 文件或电影资源往往会留下邮箱,而这就给了不法分子可乘之机:不少人都有过邮箱收到大量垃圾信息的经历。部分不法分子甚至可以根据不同账号综合分析出个人信息。良好的私密性对保护个人隐私和信息有效性极为重要。

第二,真实性。相较于公众平台遍布的水军小号,付费社群成员的真实性无疑是更值得信赖的。除去社群运营者本身欺骗的可能,每一个付费社群的用户都对应实打实的真人。这种真实性进一步加强了付费社群内部的信任:在评论、点赞数、阅读量、热搜等都可以是虚假的互联网平台,真实性成了许多用户的共同诉求。

第三,用户的高需求性。任何用户加入任何社群都会有对回报和成本的考量。这里的成本不仅仅包括金钱的显性成本,还有时间、精力等隐性成本。但其中,用户对作为显性成本的金钱最为敏感。用户支付了社群资格的费用,自然对付费社群有着高回报的要求。有研究者在对用户数据进行定性分析后认为,用户是否愿意为在线知识服务付费,主要取决于用户本人的需求高低。① 用户的需求可以归结为三点:一是学习知识的需求,二是解决实际问题和寻求帮助的需求,三是寻找工作机会和结识人脉的需求。而这三大需求只有在付费社群中才较为明显地出现。在免费的环境下,他人没有义务满足这些需求,人与人之间的关系是较为松散的。但在付费社群的环境下,这些需求成了希望匹配乃至超越成本的回报。作为社群运营者,必须尽最大努力去满足社群成员的高需求。一旦

① 张帅、王文韬、李晶:《用户在线知识付费行为影响因素研究》,《图书情报工作》2017 年第 10 期。

不能满足社群成员的高需求，该社群就会逐步失去内部的信任感与共同价值。这也是不少付费社群亟待解决的主要问题。

第四，较差的持久性。当前大多数付费社群面临着“过把瘾就死”的尴尬境地。部分用户需求较为浅显直接，没有更加深入的诉求。例如在一些财经类社群，用户刚加入就提问“某城市刚需购房哪里便宜”“推荐买哪只股票”之类的问题。问题既不详细也不深入却充斥着功利主义色彩，似乎是着急“赚回”付费的成本。长此以往，社群间的互动自然会受到负面影响，社群也会因为无法长久满足用户的高需求而造成用户严重流失。同样地，创作者也常常陷入难以稳定持续输出有价值信息的处境，在这样的处境下，付费社群往往难以保持较强的持久性。例如，“分答”在2016年5月热潮过后，用户数量急剧下跌，留存状况堪忧，不少大V甚至停更300天之久。如何避免在内容创作上陷入无法持续输出的沼泽是每一个付费社群的运营者必须思考的问题。社群运营是一个即时反馈的双向行为，社群的一举一动都会得到来自用户的反馈。如果反馈较少，社群活力会逐步下降直至最终被遗弃；如果反馈较多，如何恰当引导社群价值避免偏离又是一个难题。

3. 付费社群案例——知识星球

以知识星球为例，付费版的活跃度与整体氛围都明显优于免费版。知识星球是一款向用户提供知识内容和同好组群信息的移动应用，自我定位为作者与读者的最优质的中介，主要的盈利手段是向用户收取相应的服务费。所有用户都可以在知识星球建立自己的“星球”付费社群。起初，知识星球的前身“小密圈”存在大量色情内容，但经过大力整改，该问题得以解决。由百度指数可知，自从2017年“小密圈”更名为“知识星球”以来，其热度逐渐增长，“付费社群”的概念日益崛起。

另一种常见的付费社群是微信群。运营者创建微信群，群成员加入均需要支付一定金额的费用。与微信群相比,知识星球在使用便捷度上无疑稍逊一筹。但是,知识星球的优点在于知识沉淀。在微信群中,新成员无法翻看过往群内的聊天记录与文件,群内无意义聊天也容易造成信息过量,从而降低有效信息的精度与密度。而知识星球是一款专门为社群量身定制的APP,功能以知识沉淀、成员管理、知识变现为核心。其优势在于发布的文章、案例、问答都可以保存,知识星球的新成员也可以看到并获取加入前的信息。这一机制有效保障了内容的沉淀。加之点赞、打赏功能对成员产出的激励,知识星球相对来说更适合付费社群的发展。这也正是知识星球精准定位的结果,在视频付费、直播付费、问答付费的大潮下,知识星球选择了构建付费社群平台这一为大众所忽略的突破口。一般而言,付费社群的媒介主要集中于微信群、QQ群、YY语音房间这三大媒介。除了上文所述的微信群难以进行知识沉淀以外,QQ群和YY语音房间也有各自的弱点。QQ作为腾讯曾经的招牌社交软件,低龄化趋势愈发明显,过于繁杂的功能的确不利于社群的构建,除此之外它还有着与微信群一样的信息过量的缺点。而YY语音房间主要面向游戏爱好者,不能作为大众认知的工具。知识星球的口号就是"连接一千位铁杆粉丝",这一千位铁杆粉丝就是某个垂直领域的精准用户,追随一个在相同或相近垂直领域有所成就的大V。因此,知识星球多作为一个垂直知识的付费社群,其巧妙之处正是在于抓住了碎片化的环境。这样的社群价值在于将碎片拾起,圈住自己的核心粉丝,建立核心竞争力。

但是,知识星球同样也存在许多不足之处。最大的不足正是知识变现的内在矛盾。对于输出者而言,他们的知识与技能都是生存发展的看家本领,如果完全通过知识变现的方式分享给同一个垂直领域的用户,这一看家本领还能否被称为看家本领呢?因此,部分输出者选择做知识的搬运工与裁缝,将知识切分开来,然后结合当下热点进行缝合,创作出更符合受众口味的内容。这一系列做法无疑降低了知识获取成本，但这种降低了获取成本的知识还能否被称为知识呢？这一获取方式的性价比是否比得上阅读更为专业的书籍文章呢？这一点不仅仅是知识星球的不足，更是所有付费社群的不足，甚至是整个互联网时代碎片化环境的悲哀之处。但知识星球的模式将这种不足放大而非缩小。一些"星球"的输出者在知识星球发布与公众号相同的信息。如此一来，知识星球的意义何在呢？用户所期待的回报大于成本便难以实现，由此更难实现良性循环，用户续费率就会逐渐降低。除此之外，知识星球的封闭性也是一把"双刃剑"，它一方面有利于信息的保存与隐私的保护，另一方面也有着难以扩张的问题。知识星球一般只能依靠运营者自己宣传，没有浏览后加入的功能，所以这一般要求"星球"的运营者必须是某个垂直领域内本就具有一定成就的大 V。但这些大 V 是否有将知识分享变现的渴望又是一个问题。

令人欣慰的是，知识星球中的大部分"星球"有效避免了较差的持久性这一付费社群的问题。其核心要义无非在于满足用户的高需求。针对学习知识、解决实际问题、结识人脉这三大需求，星主们（即某个特定"星球"付费社群的运营者）各自有着不同的解决思路，但总体而言大同小异。其满足这三大需求的方法主要有以下几个：一是进行干货分享，分享一些在其他平台付费才能获取的干货或者一些自己独特的无可替代的感受。除了自己的分享以外，还建立社群分享机制，激励成员互相分享心得体会或有价值的信息。二是通过布置作业的方式，挖掘讨论的深度，并且社群成员提交的作业也会作为知识的一部分得以保存。三是鼓励提问并积极解决问题，制订有问必答的规则。由于知识星球的互动模式更类似于朋友圈而非微信群，每个成员都可以在不同的问题下进行讨论，既解决了信息过量带来的负担，又能满足社群成员解决问题的需求。这三大方法，前两条是为了满足学习知识的需求,后一条则是为了满足解决实际问题的需求,前两个需求被有效解决后,社群成员之间的互动变得更加紧密,社群氛围实现良性循环,自然有利于满足结识人脉这一需求。

总体而言,知识星球的付费社群模式发展较为稳定,对付费社群的探索也较为深入。虽然知识变现本身的矛盾并没有得以解决,但其对精细化与专业化的探索无疑是碎片化时代对长尾理论的成功运用。这也使得知识星球相比分答、值乎等付费社群有着更强的持久性。

4. 社群资格商品化的未来发展趋势

社群资格商品化的发展在本质上是市场对当今互联网信息爆炸下优质内容难以寻觅的回应。因此,社群资格商品化有着这样几个未来发展趋势。

一是社群资格商品化的方式更加多样。付费社群的“付费”含义不仅仅是直接支付一定数目的金钱,还可能包含购买一个特定的产品,如特定的专著、光碟、手办甚至虚拟道具。主播的粉丝群付费正是通过购买一定数目的虚拟道具来实现的。

二是社群定位更加精准。用户的付费行为有一部分正是源于对过滤无效信息的期望。付费社群基于较为精准定位的垂直领域可以排除大量无效信息,这在信息爆炸的当下和未来尤为难得。付费社群精细化和专业化自然是大势所趋。

三是旅游、文化类付费社群的逐步崛起。目前付费社群还主要集中在用户能够通过知识快速变现的领域,如技能类付费社群、应试类付费社群、职场类付费社群、财经类付费社群等。但在这些领域,输出者知识变现的内在矛盾显得愈发严重。而在旅游、文化类付费社群中,输出者知识变现的矛盾会得以缓解,输出者的知识输出并不会威胁到自身通过知识盈利的机会。在这样的社群中,运营者可以将自己本不具备较大商业价值的广博的旅游、文化知识转化为经济利益，而社群成员也能够在结识更多同好的同时拓宽自己在旅游、文化方面的视野。其目前发展不如技能类付费社群的原因在于中国人知识付费的欲望在近些年才逐步被开发，而能帮助自身快速获得收益的领域自然更受到消费者的青睐。但随着知识付费意识的进一步发展，这些不直接产生收益领域的付费社群也会逐步崛起。

总体而言，社群资格商品化的模式在今后大有可为。分答的创始人姬十三在 2017 年的博鳌亚洲论坛上提出，互联网下的小众一样可以汇聚成为社群，[①]当社群在互联网环境下逐步走向"小众"，走向精细化，付费社群的崛起必然是大势所趋，而付费社群最关键之处正是满足社群成员学习、解惑、社交的需求。

第二节　社群网络数字版权管理平台的基本设定与功能应用

出版企业施行数字内容版权平台化管理与服务的核心在于建立数字版权管理平台对数字内容进行管理，由此向社群网络中的用户提供服务。数字版权管理平台是利用计算机技术建立的面向出版商、消费者和管理部门的数字平台，主要包括库式、索引式、工具式三种类型，在此基础上以多种应用功能对数字版权进行统一管理，从而围绕版权的销售发行和用户服务构建可持续发展的商业模式。

---

① 博鳌激辩(微信公众号)：《新社群时代还存在大众和小众之分吗?》，2017 年 3 月 23 日，见 https://xw.qq.com/amphtml/20170323045836/FIN2017032304583600。

一、应对 DRM 局限的平台统一管理与服务方式

在很长一段时间内，DRM 技术是众多数字出版商为解决版权与收益问题做出的尝试。但是，DRM 技术越来越显出自身的乏力一面，曾几何时，互联网肆意传播分享的盗版电影和软件让影视、游戏行业苦不堪言，也令图书出版企业畏葸不前。在时代的淘汰与转型之后，“内容+服务器”和平台化管理与服务的方式逐渐摆脱了“互联网=免费”的窘境，成为其他数字出版商的宝贵经验，即数字版权的平台化管理与服务。数字版权的平台化管理与服务以针对用户虚拟身份进行统一、全面服务为核心理念，创设出多种应用场景，通过账号与用户对应锁定的关系保证版权的合法授权，为用户提供流畅的阅读体验。它对培养用户的付费习惯、改善数字出版产业的整体环境，都行之有效。

在数字化初期，出版商们对于数字出版物的认识，实际上仍停留在物物交换的层面——传统出版中作为载体的纸与内容是无法分离的，比如用光盘 CD 装载电影、电视剧、软件和游戏，即“旧瓶装新酒”。所谓的销售量就是售出了多少张光盘 CD。但是对于用户而言，却似乎不存在“瓶子”的概念，他们将内容拷贝到个人电脑之后便完全抛弃了光盘，仅剩下内容本身在互联网中分享传播。因此，数字版权保护 DRM 技术发明的初衷是设置使用门槛，不允许用户无节制使用，要么限制光盘 CD 的使用，要么限制内容本身的打开，或是限制使用次数，或是使用时需要特定的方式，保证只有购买正版的用户可以享受到资源。光盘 CD-KEY 是当前常见的一种正版用户资格认证方式。虽然 DRM 技术后来发展出包括区码限制、水印、防拷技术、在线认证等形式在内的各种分支，但是在原理上与 CD-KEY 没有太大差别。盗版行为就是绕过或是破坏媒体内容中的这套门槛和限制系统，于是非授权用户也可以无限次地使用媒体内容。所以，

DRM 技术从根本上来说是一种封闭性的版权保护机制，充其量是物物交换与数字化商务之间的过渡产物，通过限制使用人员和次数来保障生产者的财产权益，仅支持授权用户的有限使用。

那么一个巨大的问题便产生了：复制能力扩散导致的出版商版权与消费者物权的矛盾。在传统的售卖模式中，图书、报刊等商品在消费者支付了费用后，商品的物权也就转移到了消费者手中，消费者享有除了收益之外的全部处置权利，比如转增、借阅或是复印。盗版行为的界定也相对简单，即盈利性质的复制传播。出版商与盗版者的同质部分是复制能力，两者都是运用一定的生产设备和机制大规模发行商品，而对个人的复印抄送视而不见。但是电子计算机技术中对复制拷贝本身没有用户限制和技术门槛，文字、图画、视频和程序只需一键复制就可以在互联网中快速传播，复制能力不再为出版商和盗版者独有，于是普通消费者也变成了出版商从内容产品中获益的竞争者——尽管前者其实不用于牟利。在社群网络的阅读环境中，社群内部、读者之间对于数字内容的分享与传递变得更加普遍化，也少有人会自觉地意识到这种非盈利性质的社群内传播事实上侵害了原作者的合法权益。物权和版权的博弈开始显现，一方面是用户对所购买内容商品自由处置的意愿，另一方面是内容生产商利用 DRM 技术限制和剥夺用户的自由物权。无论限制使用次数还是限制打开方式，都是令消费者不悦的，更不用说把消费者已拥有的物权夺走。2009 年，亚马逊远程删除用户 Kindle 中的《1984》和《动物农场》，引起了读者的愤怒，就是物权和版权冲突的极端表现。游戏行业中，GOG 游戏平台发起抵制 DRM 倡议，就是站在玩家的立场考虑，认为一旦用户支付购买了游戏，那么游戏就应该是用户的了，游玩方式不应该受到限制。

当然，在实际使用情形中，出版商想继续保持 DRM 技术的复杂性和严密性，让非授权用户无法绕过或是破解复制内容的 DRM 限制，也几乎是不可能的。首先,设置更加严密的 DRM 保护措施需要技术开发成本,迫使产品价格上升,同等条件下,更高的价格意味着更少的销量,特别像我国实体内容产品——电影、图书、报纸等本身价格就较为低廉,数字内容产品承受不起高价格的市场压力。其次,DRM 技术或多或少都会给正版消费者带来使用障碍。例如,游戏行业中的 Always-Online DRM 会实时动态监测使用者的授权许可,表面上非常有效,然而会拖慢用户的电脑处理速度,甚至造成死机,引发了用户的不满。影视光盘在电脑上播放时需要特定的 DVD 驱动器,也很容易造成不便。很多时候,DRM 技术非但没有保护出版商的合法权益,反而使用户流失。游戏行业的一项研究报告就指出:“DRM 技术需要投资开发,也需要金钱来维持,最重要的是它会对正版玩家造成麻烦,却只能迫使 3%的盗版玩家掏钱购买正版。”[①]如果购买正版内容资源却无法得到优质的服务和顺畅的体验,结果反而会把他们推向盗版。游戏平台 Steam 创始人加布·纽维尔(Gabe Newell)表示:“DRM 这种东西,大部分 DRM 策略都是相当愚蠢的,游戏的目的应该是通过更好的服务来给用户带来更大的价值,而不是通过降低游戏的价值。”[②]此外,一部分老年用户如果不会 DRM 技术下的信息验证便无法阅读资源,便直接失掉了这一部分用户市场。再者,专业消费者是整个互联网消费市场的潜在趋势,越来越多的网民用户学会熟练地使用编译软件,无论出版商投入了多少研发成本,总有“民间高手”会破解 DRM 保护措施,没有什么版权加密是真正牢不可破的。[③] 最后,自由表达本是互联网

---

① 游民星空:《游戏防盗版措施 DRM 何时才能消失? 游戏体验越来越差》,2015 年 8 月 20 日,见 https://www.gamersky.com/news/201508/647149.shtml。

② 小熊桑:《GOG 游戏平台发起抵制 DRM 倡议:玩家买了游戏就是他们的!》,2018 年 8 月 22 日,见 https://www.gamersky.com/news/201808/1090429.shtml。

③ 霍华德·莱茵戈德:《网络素养:数字公民、集体智慧和联网的力量》,张子凌、老卡译,电子工业出版社 2013 年版,第 125 页。

的基本属性，社群网络与社群参与相应又张扬人与人的共享精神，DRM技术显然是与此相违背的。所以，国内外反对 DRM 技术的呼声越来越高。

找到合适的商业模式使转让物权作为版权收益的唯一来源，是将物权和版权合理分离的一条途径。多元盈利模式就是许多研究者和数字出版商鼓吹的一种办法，诸如文学网站广告模式、苹果硬件模式、移动流量增值模式、衍生产品消费模式等，都是尽可能地从非内容所有的阅读环节上获利(参考图 2－1)。这些模式都是围绕用户个人消费力的最大挖掘，对目不能视或是其力不能及的资源进行收费，例如通信流量、移动硬件、实物产品等。本质上来说，虚拟产品的收益问题最终通过实体产品消费得以解决，向外演变成我们常见的文化娱乐版权产业链。值得一提的是，亚马逊之所以能够在电子书市场中独占鳌头，源于其“硬件+平台”模式实际上变相恢复了传统的实物售卖模式。Kindle 阅读器和电子书 Mobi 格式锁定了内容的存在形式和范围，用户无法大规模自造 Kindle，于是内容发行量依然掌握在亚马逊手中，也是“由虚走实”的路子。亚马逊是否面临抛弃实物售卖模式的转型，要依据消费者的阅读习惯而定，需要时间来给出答案。但是，为了更彻底地从内部处理 DRM 技术带来的物权与版权矛盾，通过数字技术、互联网思维对内容产销结构和观念进行调整，是文化产业数字转型纵深化的必然需求。

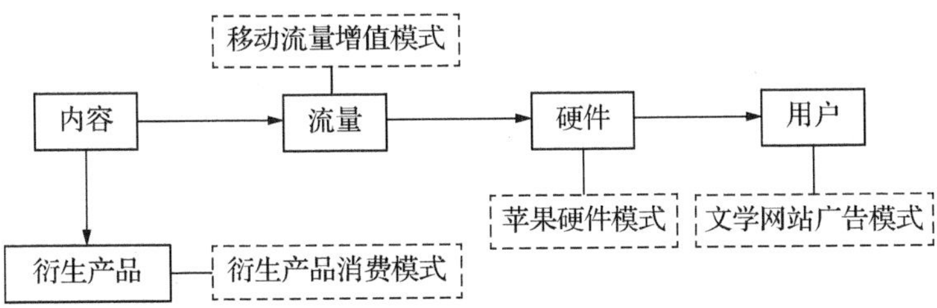

图 2－1　流量式内容增值模式

物物交换衍生而来的版权单独售卖让游戏、影视行业吃了很大的苦头。因为与图书相比,游戏软件和影视剧的制作成本都很高,使用时间却相对很短,人们更愿意寻找盗版资源而不是购买正版光碟,盗版带来的损失对它们而言无疑也更加巨大。一部售价 10 元的电子书也许制作成本不过百元千元,而一张 50 元的电影门票,或是 100 元的游戏光碟,其制作成本要高达千万乃至上亿元。然而复制正版电子书、电影或是游戏,都不过是一键复制拷贝,光盘互借、CD-Key 共享对于版权意识不强的中国玩家更是家常便饭。此外,网速的逐年提升更是让大型电脑游戏的社区盗版传播如鱼得水。2002 年,美国游戏公司暴雪在中国发行的《魔兽争霸3》刻意将零售价下调至与盗版接近的水平,依然抵不过盗版的销量。影视行业面对盗版光碟的泛滥也是苦不堪言,实体音像店私下出售盗版光碟的现象屡见不鲜。

游戏厂商率先采用了"软件+服务器"的模式,直接放弃了软件的大部分物权,以服务器专营的模式消灭了一大部分盗版行为。电子游戏可以分为主机游戏和电脑游戏,前者需要特定的游戏主机,依赖于一定的硬件才能启动,例如任天堂"Switch"、微软"Xbox One"、索尼"PlayStation 4"等,通过硬件专利维持传统的内容售卖模式,与亚马逊 Kindle 的硬件模式类似。作为重灾区的电脑游戏领域,取代单独售卖的是一种"软件+服务器"的收费运营模式,游戏软件的内容组建全部安装于用户的电脑上,服务器保存用户资料,并提供基本的数据传输和匹配服务,游戏程序运行时二者缺一不可(参见图 2-2)。如此一来,游戏厂商无须再为游戏内容的肆意复制和非授权使用忧心忡忡,他们向用户提供免费的软件下载服务,乐于见到用户在虚拟社区中相互分享,凭借对服务器的专营向用户收费。盗版软件容易,盗版服务器就需要私人非法设立的服务器,不过与最初的光盘翻录、软件分享等几乎无成本的盗版行为相比,私设服务器的盗版成本相对较高，本身的可玩性和用户数量都不足。同样是暴雪公司，它在2004年发行的《魔兽世界》便采用这种模式，“由于玩家必须登录到暴雪服务器并且付费玩游戏，这款游戏基本上消灭了盗版”①。国内多数电脑游戏一度都采用这种模式，无论“计时收费”还是“买断收费”，本质上是一样的。

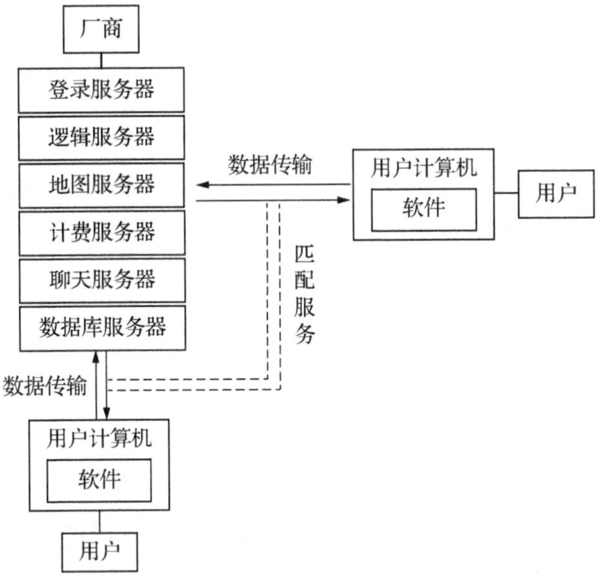

图2-2　游戏行业“软件+服务器”版权模式

影视行业的转型之路相对曲折，在很长一段时间内，相对于在线付费点播，播放器下载片源是多数网民的选择，线下影院则尝试用3D、4D、IMAX技术将观众吸引回影院。互联网普及应用之后，光碟租售已经无法满足人们的观影需求，于是可以直接从网上下载电影的视频播放器应运

① 新浪科技：《福布斯：暴雪的完美风暴》，2008年7月4日，见http://wow.17173.com/content/2008-07-04/20080704091838216.shtml。

而生。例如,来自国外的豪杰超级解霸、Windows Media Player、Real Player等,国内自主研发的暴风影音、射手影音、快播影音、QQ 影音、乐视影音等。尤其是暴风影音,比国外第一代播放器更为出色,能够本地播放或即看即下,支持几乎所有格式的文件。当时的暴风影音资源库已经十分丰富,绝大多数动漫、电影、电视剧、综艺一应俱全,在字幕、播放、画面等部分设置得十分人性化,免费且没有广告。2010 年前后,土豆、优酷等视频播放平台已经出现,但是它们的在线观看体验不佳,根本无法与视频播放器相比,却暗指了一个新的版权市场。然而过去的近 10 年,却是视频播放器逐渐被观众抛弃的 10 年。乐视、快播深陷官司风波,Windows Media Player、Real Player 早已无人问津,QQ 影音时而做着无差别的更新,暴风影音 2018 年的财务报告显示该年亏损超过 9 亿元。[①] 实际上,视频播放器宛如光碟单独售卖与 VIP 付费阅读的中间物,它既有资源单独下载的模式,又有资源库渠道。一旦版权市场重新洗牌,用户从一个时代跨向另一个时代,视频播放器没有成熟稳定的利润来源,被市场淘汰已是定局。

无论游戏还是影视行业,最终都走向了数字版权的平台化管理与服务。数字版权的平台化管理与服务,指的是借助某种协议或是框架,将数字内容产品集中到一起,用户使用平台认证的统一虚拟身份直接或是间接向内容提供商支付相关费用。游戏行业往往是直接支付,平台只做代收转账的工作,软件部分仍然以免费下载为主,但是原来厂商保管的服务器部分,被分割成了平台服务器和游戏服务器两块,后者归厂商所有,用户与厂商之间的数据传输依靠平台服务器交换实现(参见图 2－3)。平台如同一个在线游戏购买商场,大量游戏厂商及其产品入驻其中,用户注

① 花子健:《暴风:2018 年度同比转亏亏损额或超过 9 亿元》,2019 年 1 月 30 日,见 http://tech.ifeng.com/a/20190130/45303503_0.shtml。

册平台账号得以进入市场，自主选择消费游戏产品，平台向厂商收取一定的管理费作为“租金”。平台化管理游戏版权的优势在于，不同游戏厂商的品牌和资源得以整合，用户使用平台账号除了省去多个游戏多个账号的麻烦，也获得了更广泛的社交空间。例如，Steam、Wegame、战网都是较大的游戏平台，Steam 具有全球服务器，Wegame 则为腾讯所有。影视行业以间接支付为主，平台作为渠道商事先购买了所有影视资源的播放版权，用户购买 VIP 获得观影资格，实际上支付的是渠道费。用户不需要再单独下载影片，而是凭借高速网络通道在线观看影片，随时快进、跳播，即看即下，关闭则删（参见图 2－4）。国内的影视播放平台有爱奇艺、腾讯视频、PPTV、优酷·土豆、搜狐视频等，其服务也在实践中愈加完善，包括画质选择、弹幕发送、倍速播放等。

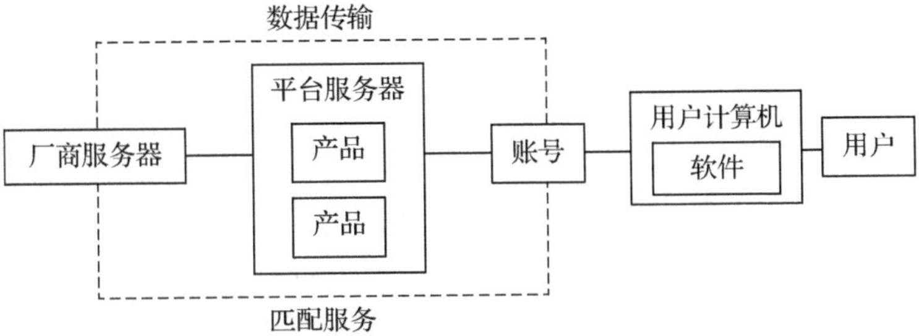

图 2－3　游戏行业版权平台运营模式

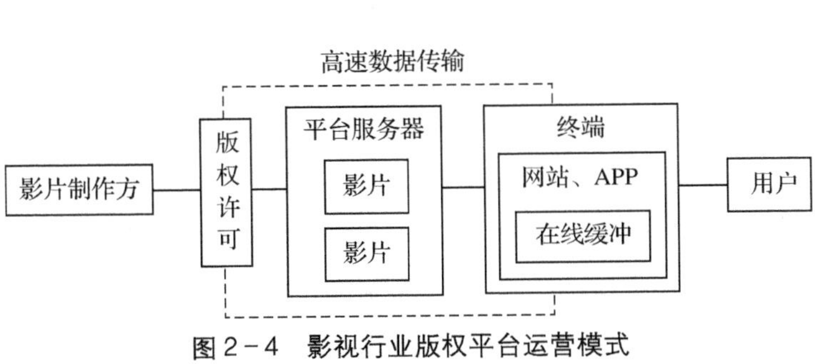

图 2－4　影视行业版权平台运营模式

与传统的实物售卖模式相比,版权的平台化管理与服务是一种更加接近数字化生产与生活方式的商业模式。首先,版权的平台化管理在于数字产品的分类与关联,通过对数字产品施加多种标签,打破物理空间中对产品摆放位置的约束,数字产品可以同时所属于多个类别之中;同时,产品之间通过标签逻辑相互关联,形成多种组合。其次,平台化管理是电子商务愈发普及后,分工更加细致、专业的一种选择。平台的主要职责是管理版权资源和用户数据,它有着自己独立的数据库、营销策略和产业布局,对于游戏和影视数字出版商来说,将数字内容产品交予平台既能够省去管理成本,又可以直接获取大量的现有用户群体,一款数字内容产品的国际市场反响往往与它的海外代理商——通常是平台商关系重大。例如,游戏公司 CAPCOM 制作的《怪物猎人:世界》在中国大陆选择 Wegame 平台代理发布,看重的就是腾讯庞大的用户基础;而在此之前,国内玩家也可以通过 Steam 平台获取英文原版。对于内容提供商来说,平台化管理使各个不同产品被放置到同一水平竞价,倒逼内容提供商使用大众接受度较高的数据格式,提升产品质量。管理严谨的平台可以自成一个良性的产业生态圈,从而推动整个行业的规范发展。

数字版权的平台化管理与服务以针对用户虚拟身份进行统一、全面服务为核心理念,通过平台服务器对用户账号的锁定关系,既保证版权使用的合法授权,又保证用户的流畅体验。虚拟身份指的是用户在平台上注册的非实名账号,与以 IP 为坐标的访问量相比,电子商户的用户对象即是这些非实名注册账号,而非活生生的自然人。但是,大多数电子商户——尤其是数字出版商们往往习惯于传统的实物售卖思维,把虚拟身份及其权责视为与自然人等同,从而对后者加以限制。例如,亚马逊一度禁止 Kindle 用户之间的相互借阅,一些游戏厂商严查账号共享,都是出于相似的理由。这不仅引起用户的不满,也很难杜绝内容的人际传播。在数字版权的平台化管理与服务中，把服务对象锁定于平台账号，即平台通过身份数据、虚拟商场、资讯订阅、个性定制、用户匹配等中介性质的服务，培养用户的消费黏性（参见图2-5）。平台每次只向单一并发数的账号提供服务，形成“产品—服务—账号”的异质同体，允许用户对账号自由处置，账号的临时转借、出售意味着产品、服务的转移。平台只要保证对一个账号提供单一并发数的服务，就无须担心内容产品复制所产生的盗版问题。甚至一个母账号可以对应数个子账号，子账号的每个使用者享有母账号相同权益，例如家庭组、工作组、社团组织账号。把账号的处置权交还给用户，充分给予其物权自由，反而能够获得用户的忠诚度。因此，爱奇艺、腾讯、PPTV等视频网站的平台运营商对用户相互借用VIP账号的现象几乎持默许的态度。

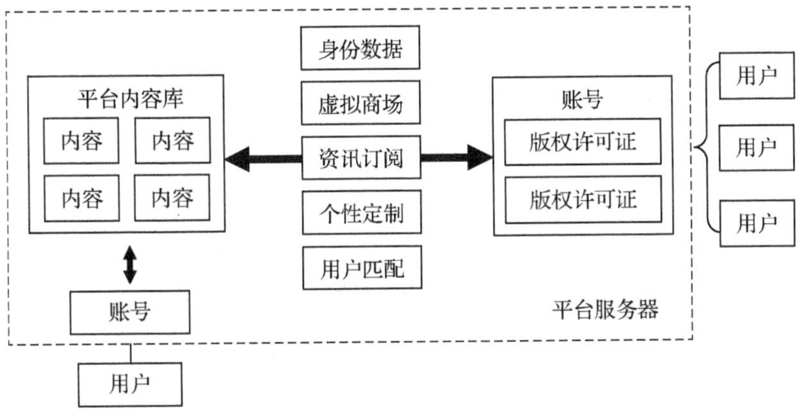

图2-5　数字版权的平台化管理与服务结构

当前，许多自己拥有平台或是入驻公共平台的图书类数字出版商，都采用了这种针对用户虚拟身份进行统一、全面服务的运营模式。例如，起点中文网的VIP等级阅读制度，就是一种针对虚拟身份的服务模式。但是与游戏、视频产品相比，文字、图片内容的制作成本毕竟要低得多，即便使用了针对虚拟身份的版权平台化服务模式，也很难根绝盗版行为。不过，这至少为其他数字出版商的内容产销提供了借鉴之处，卸下 DRM 的重重大锁，代之以灵活的管理与服务制度，重新培养用户消费习惯。

大众出版、教育出版、专业出版作为出版产业的三大主要领域，其主要产品的形式依然是纸书、电子书、音频、视频和应用软件，其中的电子书、音频和视频主要还是依靠各种类型的 DRM 技术进行加密，由此引发的物权与版权之争同样存在。数字出版商对各类版权的运营开发，可根据影视、游戏行业的启示，进行平台化管理与服务的转型，使之更加适应数字化的逻辑。基于数字版权的在线管理平台，通过多种应用场景形成可持续盈利的商业模式，也是不少欧美出版商的数字化策略，这对我国出版业有着重要的借鉴意义。

在生产方面，数字版权的平台化管理与服务有助于形成健康的版权生态圈。在当前国内的原创内容版权开发领域，以 BAT(百度、阿里巴巴、腾讯)为代表的数字出版商的市场竞争愈发白热化，传统出版社各自为营进行着不同程度的数字化转型，除了文学网站和各大视频网站，其他内容产品的售卖仍然依赖于当当、亚马逊、京东三大电商平台。其中当当和京东的主要业务是纸书售卖，亚马逊的电子书 Mobi 格式又与 Kindle 阅读绑定，因而缺少行业统一的电子书平台。销售渠道的不畅导致出版商生产电子书的意愿不高，反而是有声书通过独立平台成为一匹“黑马”。当前的有声书出版商多采用 APP 加载和播放模式，懒人听书、喜马拉雅 FM、荔枝等都拥有自己的 APP 软件供用户下载，APP 即是平台的一种具体样式，通过提供仅支持本 APP 播放的音频与用户账号形成一对一锁定关系，而非售卖具体的音频文件。音乐行业曾经以录制 CD 来发行产品，结果苦于音频文件的肆意复制传播，取而代之的是网易云音乐、酷狗、QQ 音乐、虾米音乐等音乐播放平台，随着购买音乐专辑的消费者越来越少，平台将成为唱片公司的主要客户。所以说，数字版权的平台化管理与服务并非是游戏行业的独创，它或是各种媒体的内容版权融入数字化市场的共同归宿。

比起购买游戏、影视产品，其实电子书消费更需要统一的虚拟身份。我国每年新书品种明显比游戏产品开发的数量要多得多，加之电子书的售价较低，在同等条件下，单位个人可拥有的图书总量也应当远大于游戏产品。如果缺乏统一的虚拟身份，用户不得不面对数个账号下的格式繁多的电子书，内容资源难以归并整理，也就造成了物权处置的难题。从目前的电子阅读市场来看，账号、格式、支付方式的混乱已经对用户的消费阅读体验产生了不良影响。中商产业研究院发布的《2018 年中国数字阅读市场前景研究报告》显示，在 2016—2017 年，我国数字阅读内容中的原创数量占比从不足 70%上升到 85%（与之相对的是传统出版渠道的数字内容），而原创内容又以网络文学为主。文学网站采用的恰恰都是以虚拟身份为基础的 VIP 等级阅读制度。通过平台的定向式服务，增强用户对相应平台和账号的消费黏性，最大限度地保证用户阅读的是正版内容，从而引导内容付费。

“稀缺价值”和“确定性”[①]是让用户付费的关键，相比单一的产品销售，平台能够提供此二者的价值概念。平台对账号的对应锁定关系使用户拥有一种内容获取的“确定性”，即账号与服务器、内容的对应关系，而面对内容提供商的激烈竞争，平台的专断性使其提供的账号服务又具有“稀缺价值”，相关增值服务在平台运营中的延展空间巨大。平台锁定账号形成用户流量，以此生成向作者、读者、上下游和关联厂商输出专业服务的商业模式。

---

① 于文：《出版业免费商业模式探析》，《编辑之友》2016 年第 1 期。

通过用户对账号进行服务付费，不断追加账号的投入成本，用户账户总价值取代单个的版权价值，反向培养他们使用账号对内容付费的习惯。在互联网时代，用户不愿意为内容付费的一个重要原因在于，由于数字产品——尤其是电子书可以随意复制分享，在边际效应影响下，他们自然不愿意购买“价不符实”的数字产品。例如，A与B均花费50元购买了某电子书，B将其复制给C，那么对于B和C来说，阅读该电子书的人均花费仅25元，A便成了边际效应的“受害者”。在版权平台化管理模式中，用户向平台购买的服务集中于一个账号，相关费用反复追加在同一账号上，尽管受到边际效应的影响，但是账号的价值仍然是不断增长的。用户寻找一部电子书也许花不了什么力气，但是十本、百本则不然，加之管理部门打击盗版的决心愈明，搜寻大量盗版电子书资源的时间精力成本与并不昂贵的VIP价格相比反而得不偿失。于是，用户也更愿意通过账号购买内容版权，因为内容版权依附于账号，账号以平台运营商为支撑，数字内容产品不会轻易失效或是贬值。基于平台的账号价值累加，可以使用户对数字内容产品的物权所有感更加确定、稳固，这是数字版权的平台化管理与服务将逐渐取代传统单独售卖的原因所在。

二、数字版权管理平台的设定原理与类型划分

数字版权管理平台，首先涉及版权、数字版权、版权管理这三个概念，它们与上文所归纳的数字内容在概念上的指代有相同之处，但是使用时仍然有一定的差异。版权亦称著作，是指“作者及其他著作权人对文学、艺术以及科学作品所享有的专有性人身权利和财产权利的综合”①。数字版权的主要内涵有两点，“一是指版权拥有者是否将作品的信息网络传

---

① 张凤杰主编：《出版法规与著作权法论析》，中国书籍出版社2015年版，第139页。

播权授予出版单位……二是指对获得数字版权的作品进行有效监管和保护，打击侵权盗版行为”，[①]当其与数字内容挂钩时，主要用的是第一种意思，指的是各类出版物、信息资料的网络出版权，即传播文字、图书、音频、视频、Logo 形象等数字内容的权利。区别在于，数字内容往往说的是内容本身，而版权、数字版权是使用的权利，通常与版权署名和收益归属直接相关。数字版权管理原先指的是“在数字内容的商业活动中，保护知识产权的技术、工具和过程”，[②]然而在很长一段时间内，数字版权管理被认为与特定的版权加密保护技术等同，“DRM 技术”的说法就明确表示了技术的核心地位，比如前文提及的数字水印，数字内容网络追踪、版权保护，面向 DRM 的检索、数据加密和数字签名等。不过，从理论上来说，数字版权管理的目的是保护数字作品的版权，涉及数字媒体内容的版权的统一管理、高速传输、收益分配、版权保护等；从现实的情形来看，泛阅读拓宽了数字内容的外延，面对海量的数字内容资源，分散式的版权保护与管理方式已经不能够完全适应版权价值的开发需求。因此，数字版权管理作为一种技术的观念其实是数字版权保护方式在一定发展阶段内的特有产物，人们通过专项技术约束消费者的版权使用程度，数字版权管理平台正在取代单纯的技术限制来充当数字版权的保护伞。

版权、数字版权、版权管理的概念与数字内容相比，更多地处在内容如何以一种合法的方式传播、使用，能够使出版商拓展新的业务以获取利润，构建全行业长久盈利的产业链。近年来，国外学者提出数字所有权管理（Digital Ownership Management）的主张，强调合法购买内容的所有者权益，主要用于处理线上、线下的数字内容所有权的证明、转让和临时转让

---

① 万安伦：《数字出版研究：运行模式与发展趋势》，中国传媒大学出版社 2017 年版，第 147 页。

② Association of American Publisher, *Digital Rights Management for Ebooks: Publisher Requirements*, 2000.

等情形。这说明了业界和学界对于数字版权认知的某种转向升级,从运用计算机技术限制数字内容的复制,扩展至如何在合法、合理的范围传播数字内容。研究者宋培义、刘妍妍认为:"数字媒体内容管理中的版权属性包括三个方面:许可、限制和权益分配。"①权益分配的一个重点就是使用者需支付使用费。相比技术,越来越多的人认识到,数字内容版权所有者、运营者、使用者的利益协调是真正解决当前数字版权管理与服务问题的关键所在。我们需要一个权威性的机构对版权内容进行整编、对版权交易过程进行监督、对版权所有信息进行维护,而数字版权管理平台就是最大化地、合法规范地挖掘内容价值的有效途径。

数字版权管理平台,是实体版权平台和抽象理念的概念综合。政府管理部门的在线著作权交易平台,诸如美国版权结算中心、日本 eLicense 在线授权系统等,以及各类出版商的数字内容库,都是其具体表现。与此同时,数字版权管理平台是一个置于海量多媒体数字内容之上的辅助系统,更接近于在内容分发控制基础上充分开发内容价值的解决方案。数字版权管理平台应当具有支持资源管理、分发营销、内容阅读、消费支付的功能。"数字版权管理平台一方面有助于保护内容并使之产生经济效益,另外,它还提供了各种内容是如何以及在何处被消费的灵活性。"②具体而言,就是拥有交易功能的在线内容存储和发布平台,对内容的创建、管理、传输、消费等环节实施全面的管理。在很多情况下,数字版权管理系统是与电子商务系统相连的,以此实现数字内容的生产提供、编辑加密、授权交易和信息传输的"一站式"服务(参见图 2-6)。

---

① 宋培义、刘妍妍:《数字媒体内容的版权管理与所有权管理研究》,《广播与电视技术》2010 年第 1 期。

② 金罗军:《流媒体环境下的数字版权管理综述一》,《中国数字电视》2013 年第 Z1 期。

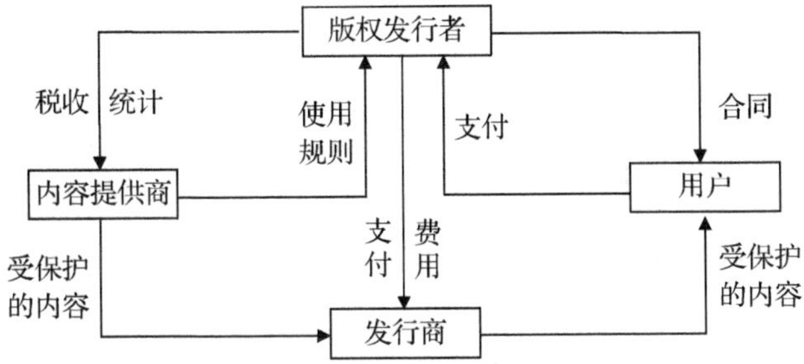

图 2-6　数字版权管理系统模型

据此我们可以这样认为,数字版权管理是一种关于数字内容集约式的存储、管理与运营方法。它以数字版权保护技术为基础,意在方便海量多媒介数字版权的自由贸易、保障消费者的合法权益、控制数字内容的分发过程以及激发内容价值的高效利用。原本由模拟信息制作的内容产品转化成数字信息后便具有了统一性,数字版权管理平台就是输入和输出的转化器,从而定向满足用户的阅读需求,平台实现了数字内容的"统一数据/个性呈现转变"自由(参见图 2-7)。数字版权管理平台既是实体的有关版权管理的平台,也体现互联网时代数字内容的创新管理理念,是二者的统一。例如,南方传媒集团旗下的云媒资平台,将有关版权的集体管理、在线发布、授权交易、数字 DNA 等系统组织到一起,便是非官方数字版权管理平台的代表。该平台可应用于资源存储、管理、交易、结算、发布和保护等各个环节,又以南方传媒集团媒资数字库为背书,构建数字内容的精细化管理体系。[①] 云媒资平台有助于南方传媒集团打造一条完善的版权资产经营产业链。数字版权管理平台的意义便在于版权产业链的实现和优化。

① 陈峻、张佳:《打造以版权管理为核心的云媒资平台——探索版权资产精细化管理的思路》,《中国广播电视学刊》2012 年第 11 期。

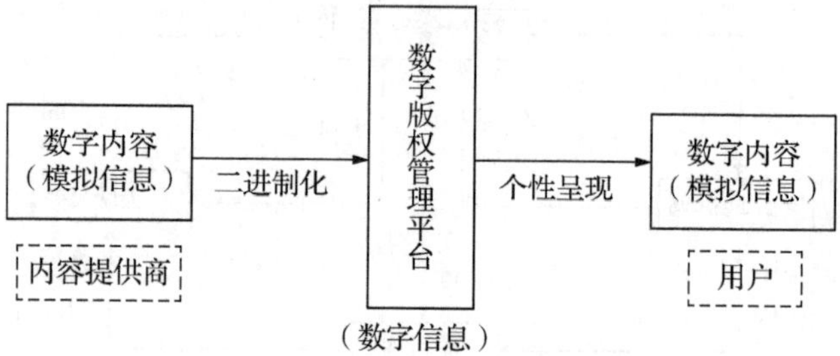

图 2-7 基于数字版权管理平台的“模拟信息/数字信息”转换

作为一种方式方案，数字版权管理平台的独特之处是对数字内容和版权的集中式、集约化管理，以在线平台为框架形成版权认证、加工、存储、交易、支付、分发和维护的系统。然而，版权集约化管理并非全能管理。合法的内容所有者、内容、所有权信息是数字版权管理的三大要素。在数字版权管理平台的构建过程和实践应用中，根据集约化过程中所需要关键要素的差异，其管理体系主要可以归纳为库式、索引式、工具式三种。

1. 库式数字版权管理。库式数字版权管理平台对数字内容全部信息以二进制数字信息的方式集中存储，平台运营者实际拥有或是代理名下数字版权的内容本身和相关著作权益，是最为常见的管理体系。库式平台的业务基础是数字内容的数字化存量，核心则是数据在输入和输出时所产生的附加值，通常有编辑加工费用、版权打包费用、个性阅读服务费用等。库式平台是传统出版商数字化转型中最为常见的类型，使用库式平台的数字出版商往往自身的规模也在同行中更大。例如，Ingram 的数字内容管理平台 CareSource，哈珀柯林斯、兰登书屋、西蒙·舒斯特、高等教育出版社、机械工业出版社、商务印书馆的数字内容库。像数字图书馆和学术数据库中国知网这般的数字出版商，虽然是渠道商、平台商，但由于拥有内容资源的全部信息，也属于库式管理。

2. 索引式数字版权管理。索引式数字版权管理平台只是部分地拥有数字内容信息，平台运营者拥有的主要是作品名称、著作权人、作品责任者、作品类别、作品来源、权利权限等版权信息，所以平台的定位是数字内容的索引。在诸如图书电商平台、大型搜索引擎上，用户通过检索版权信息查找内容资源，再进行消费阅读。索引式数字版权管理平台是用户与内容提供商之间的桥梁。不少视频聚合应用已具有版权索引的意义，不过本身存在诸多的版权问题。① 在实际应用中，索引式平台甚至成了控制用户知晓、获取数字内容的关卡，并进一步向库式扩张。亚马逊原本属于索引式平台，但是借助与出版商的图书电子化合作，部分掌握了数字内容的版权。谷歌的图书搜索计划在初期将线下图书馆内容进行扫描的行为，更是直接引发了出版商——库式平台的拥有者对其提起法律诉讼。

3. 工具式数字版权管理。工具式数字版权管理平台强调为用户提供版权相关的服务——版权登记、数字加工、交易授权等，保存必要的版权信息和内容资源，兼具库式和索引式的部分功能。工具式平台的业务本身与库式平台较为相似，核心都是数据输入和输出产生的附加值，但是工具式平台本身并不一定要对数字内容拥有传播版权，它所附带的服务一般比库式平台更为专精。国家版权保护中心的 DCI(Digital Copyright Identifier，数字版权唯一标识符）体系就是其典型，它能够为网络作品分配标识码、标识符和电子版权登记证，提供盗版监测和维权服务，版权信息存入后台数据库。文学网站为作者提供在线写作和发布功能，同时自己

① 视频聚合是将分散在各视频网站的内容以集中观看的方式呈现，让用户在一款产品中就可以搜索到优酷·土豆、爱奇艺、乐视、搜狐等所有视频服务商的资源，省去了用户打开无数个应用找视频的麻烦，也避免了安装各种各样的客户端。视频聚合平台的特点是本身不采购版权，而是定向链接视频网站的资源"化身"影视搜索，通过渠道优势获利，由此也引发了一系列道德和法律争议。参见刘晓庆、万柯：《视频聚合平台的版权侵权责任》，《中国版权》2014 年第 4 期。

又是作品库。不少在线自助出版平台，既为用户提供电子书出版服务，又保留了相关版权信息，可以算作自助出版电子书的索引库。

在同一个数字版权管理平台上，库式、索引式、工具式三种体系可以是融合并存的。中国图书进出口（集团）总公司建成的"易阅通"国际数字资源交易与服务平台（CNPeRead-ink）和"易阅客"高端个人客户阅读平台（eReak-er）就将资源集中、咨询反馈与按需印刷整合到了一起。需要注意的是，三种体系的不同侧重产生的是特色各异的平台构建策略和运营思路，形成不同的数字内容版权产业模式。

三、数字版权管理平台的功能架构与应用场景

为了延长阅读行为的价值链，无论何种类型的数字版权管理平台都需要对用户的应用场景进行分析，以便设计制作具体的数字产品和服务，不同应用场景则对应不同的盈利模式。围绕用户中心主义的原则，常见的应用场景包括以下几种。

1. 身份资料数据库。身份资料数据库用以存储用户的注册账号信息和消费支付记录，是用户获得内容物权的凭证，或者说它本身也是用户物权的一部分，可用于人际租借转让。对于消费者来说，账号的本质是内容的使用许可证，出版商和平台依照许可证的范围为账号使用者提供相应的内容服务。对账号的使用状况进行监控，能够有效地减少盗版行为的发现；账号中存储的消费记录，又是出版商进行大数据采样分析、精准推送、定向服务的基础；账号本身反向成为用户诚信消费的凭证，对用户可以起到规范作用。多个平台的账号关联是当前平台运营商们用来快速扩大用户范围的方法。账号数量意味着用户流量，故身份资料数据库产生的利润收入主要来源于广告。

2. 虚拟交易市场。虚拟交易市场就是将平台作为内容版权的线上

“超市”，内容出版商入驻平台、上架产品，消费者注册平台账号，在平台中一站式完成选择产品、交易支付、阅读使用、维护投诉等活动。入驻的出版商向平台支付相应的费用作为其“租金”，获取等同于平台账号数量的潜在用户，向用户提供一系列基本消费服务的责任由此转移给了平台。一旦发生盗版行为，出版商和平台将共同寻找解决方案。这种租金模式在互联网电商中较为普遍，图书出版业中的租金模式以当当、亚马逊、京东等纸书售卖为主，未见行业认可、功能全面的图书数字版权管理平台。除去原创作品平台，超星读书、网易云阅读、百度阅读等电子书阅读平台虽然成绩可观，但是互联网行业的相互掣肘，仍然是阻碍它们进一步发展的重要原因。

3. 即时资讯订阅与分析。即时资讯订阅与分析是平台向账户提供的一种服务，根据租金模式中入驻出版商支付的费用以及产品的优劣程度，平台会按时向用户账号发送最近的产品上架目录和使用分析报告，鼓励、引导用户消费。目前这种有关产品的资讯订阅和分析多以直观的广告为主，向出版商收费而向用户免费，但是以平台为基础衍生出的专业资讯评估自媒体，也在以各种方式出现。例如，“罗辑思维”就是一种基于微信平台的资讯自媒体，它的商业架构是“微信—公众号—VIP 特权—图书推介和专购”，百家号、豆瓣同城也有相似性。当然，内容产品分析报告以专业期刊与知识服务平台较为多见，比如爱思唯尔的一些数字产品，它们会向用户收取相应费用。

4. 个性化账号定制。个性化账号定制是平台运营商针对用户需求对账号提供的特殊服务，可以包括账号的安全保护、个性化 ID、自定义界面、产品转让、账号合并等。个性化账号定制是非内容相关的收费服务，它力求基于账号服务的个性化阅读体验，完全由平台运营商提供，是平台独立的盈利来源。此外，消费者内部的版权交换和交易也是他们物权的重要组成部分，然而数字版权产品少有这样的设计，一般的转赠、转让行为只会被官方视为盗版，个性化账号定制中的产品转让和账号合并就是为此而设置的。因为版权平台化管理的原理在于账号所有者的版权使用许可，所以有关内容的物权交换也自然应当在平台层面加以解决。

5. 用户社交与匹配。在社交软件如此发达的今天，数字产品需要为用户提供一定的社交服务，这已经在数字出版商之间达成了共识，版权平台除了要支持用户使用账号来交流讨论，还要具有匹配功能。内容产品涉及的社交行为包括分享、讨论、评价等，平台运营商能够据此设置打赏作者、全频道广播、定制社交头像、头衔等级等服务项目，从而向用户收取相应的费用。内容产品有时需要多人组合使用，由平台运营商进行匹配，根据账号的等级和权限有所差异。例如，教育类的数字产品中的小组讨论、专业出版中的互评以及部分新型电子书的联合阅读，都需要账号匹配方能使用。游戏行业中的头像、皮肤、音效等设计，同样适用于图书数字版权管理平台，因为许多用户希望通过对账号的精心布置，呈现出理想化的“阅读者”形象。

除了以上五项以外，数字版权管理平台可开发的应用场景还包括作者服务、按需出版印刷、电商平台关联、版权输出窗口等。依照出版领域的不同，出版商根据具体应用场景设计的数字内容产品和服务，还可进一步细分为大众、教育、专业三种数字版权管理平台，以此形成了商业模式截然不同的数字版权管理平台类型。另一方面，行业协会通过数字版权管理平台协调统一行业标准与规范，政府部门则以官方平台对市场中的各个平台进行监督管理，在线上即形成垂直的管理系统。由此，我国的数字内容阅读和版权使用传播以数字版权管理平台为核心内容完成真正的数字化转型。

四、基于我国国情的数字版权管理平台预期成效

我国的数字出版产业从源头上看属于舶来品，与国外大型出版集团技术与内容资源近乎垄断的局面不同，无论新兴数字出版企业还是传统出版社，都在汲取国外技术经验以适应中国市场进行不断的尝试与探索，因此资本力量、内容资源、技术标准、产业模式等均尚未定型，这既是我国出版行业问题频现的原因，也是出版界以一种科学合理方式整顿行业而少走弯路的契机所在。数字版权管理平台方案在我国若能顺利推广施行，能够从出版企业、出版行业、政府部门三个层面构建起有序的数字阅读与版权管理的体系架构，用户自动自觉成为版权的合法使用者，经营者则可不必忧心于盗版而专注于内容创新，管理者可随时掌握数字阅读市场运行的健康状况。

自营性数字版权管理平台是数字版权管理平台体系中的基本单元，由新兴数字出版商和传统出版社搭建，直接面向用户群体，提供各类数字阅读产品与服务满足其阅读需求。自营性数字版权管理平台以库式为主，自身保存了海量数字内容资源，按照出版领域的差别分为大众出版、教育出版、专业出版三种不同类型：大众出版的自营性数字版权管理平台包括纸书/电子书平台、网络文学平台、影视剧平台、动漫平台和自媒体版权管理平台；教育出版有公共向的在线教育平台、学校专有的教学管理平台和各种资格类的官方题库和考试平台；专业出版则以学术数据库、期刊发布平台、专业信息资讯平台、自助出版平台为主。自营性数字版权管理平台数量庞大，市场竞争也最为激烈，其用户来源一是新注册网民，二是现有媒体网站、社交软件的用户转换而来，一个身份账号享受多个平台服务的趋势将越来越显著。因此，平台运营发展的主要问题不再是基础用户数量，而是如何提高用户消费意愿。从数字版权管理平台的性质来看，

主要通过扩充平台资源库中的版权数量,以及产品与服务质量和模式的创新。

行业性数字版权管理平台是众多自营性数字版权管理平台与政府管理部门的中间物,以提供公共性的行业服务为主旨,包括全行业性平台和专业领域平台两种,形式上以索引式为多。行业性数字版权管理平台对自营性数字版权管理平台上的数字内容版权进行信息存目,行业组织可以制定推行一定的行业规范和标准,随时对自营性数字版权管理平台的经营状况进行统计报告,在平台上发布行业通知和公告。政府管理部门的数字版权管理平台则完全以面向全行业的公共服务和内部监管为目的,数量最少甚至是唯一。目前,我国官方性质的数字版权管理平台仅有国家版权登记门户网中国版权保护中心一例,仍然附着了较多传统版权申报的流程,版权信息目录索引也尚未健全。尽管国家层面的数字版权监督平台不需要保存所有自营性数字版权管理平台的详细版权信息,但需要能够在线上一站式地完成版权资格的认证,同时对重大、重要、敏感的版权项目进行备案,提供网民举报不法内容、申诉维权的通道。严格来讲,行业性数字版权管理平台与国家层面的数字版权监督平台并非上下级关系,而是一种合作关系,前者从中观层面直接维护与促进出版行业的发展进步,后者从宏观层面使之秩序化,并要求协调行业间的利益。

自营性数字版权管理平台与行业性数字版权管理平台、国家层面的数字版权监管督平台形成联动一体化的数字阅读和版权授权系统,将数字内容版权的生产发布和阅读消费集中到规范化同一数字化框架中(参考图2-8)。与一般的数字内容资源网站相比,数字版权管理平台的特点主要有四个:一是资源数据库对数字内容版权信息的详细整编,内容文件与目录索引分别可查;二是版权授权使用的系统功能,通过平台之间的层层联动在线完成签约和收费;三是平台关联带来的信息共享使用户寻找特定内容和消费支付更加便捷，又促进各个平台相互之间的良性竞争；四是国家管理部门对出版企业的线上垂直管理，随时可进行监督抽查，反过来推动政府行政办公的数字化。数字版权管理平台既能应对我国数字出版产业秩序尚未确立而存在行业混乱的问题，又能作为数字化后起之秀进行统一调度以实现飞跃。

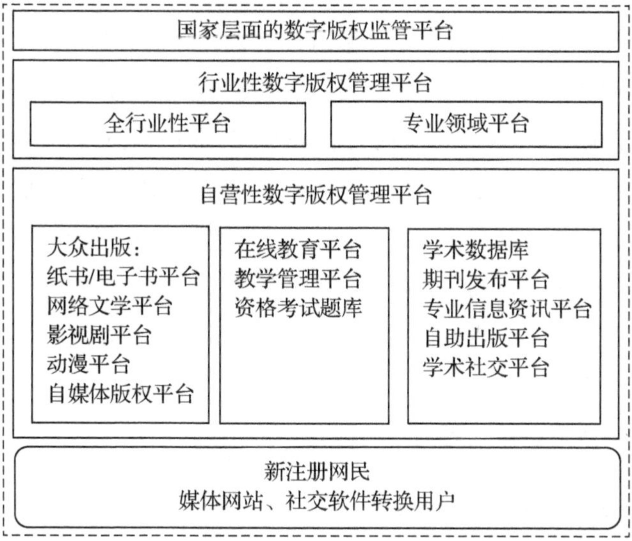

图2-8　数字版权管理平台层级体系预期成效

第三节　自营性数字版权管理平台的架构设想与建立方式

根据应用目的的不同，数字版权管理平台的运营者可以是出版企业、出版行业协会、政府管理部门，由出版企业负责运营的主要为自营性数字出版管理平台,是面向社群网络的数字版权管理平台中数量最多也是最基本的单元。自营性数字版权管理平台以营利为目的,其性质与企业相似,需要面向市场、自我经营、自负盈亏,故曰自营性。自营性数字版权管理平台的控股者可以是公私混合的,但是读者用户始终是它最主要的客户对象,其以平台化的方式对名下的数字内容版权进行统一的管理,向用户提供服务业务,通过一种或多种商业模式以维持自身的长期运作,是数字版权管理平台这种产业模式中数量最为庞大的基本单元。目前国内的数字出版市场中,已经建成的自营性数字版权管理平台,或为原创型的互联网企业网站,或是传统出版社数字化转型后的产物,它们的主要特点是直接或间接地持有大量的数字内容版权资源,因而库式平台是我们所见较多的自营性数字版权管理平台。这些数字版权管理平台向的原创互联网企业网站多为自建探索性质的,一方面,总结、提炼它们的成功经验可为传统出版社数字化转型提供借鉴与参考;另一方面,学理性的架构设想和建立方式能够赋予其进一步优化完善的可能,同时在理论上构建一套新的数字出版产业模式理论。

一、自营性数字版权管理平台的功能模块

自营性数字版权管理平台的功能模块具有大体的统一性,但也会根据应用对象的不同产生差异。在生产实践中,对数字内容所有权程度的差异使不同平台对内容版权的利用方式不同,形成的产业优势和商业模式也不同。例如,起点中文网和中国知网都可算作以丰富的版权储备为基础的自营性数字版权管理平台,但是在经营理念和产业链定位上,前者是版权运营者,后者则是对学术文献进行在线集中分销的渠道商;前者对内容版权处置的权利远远大于后者;前者偏重创造作品,后者多服务业务。所以,差异性的功能模块会直接形成多样化的数字出版业务和商业

模式。

在功能模块的构建原则上，自营性数字版权管理平台是面对客户、面向商业模式的，它的首要任务是实现读者的阅读消费体验。产品和用户是自营性数字版权管理平台一切活动的核心，包括制作产品、存储产品、发行产品、用户消费等几个环节，据此划分为用户权限体系、数字编辑加工器、版权资源库、分销阅读平台四个模块。用户权限体系保留着用户（包括内容创作者和消费者）的所有信息数据，是版权所有权的凭证，根据管理规程和用户协议控制整个数字版权管理平台的操作权限。数字编辑加工器是产品的生成来源，允许编辑上传数字内容，并对其进行在线修改、排版、删减，编辑可完成“三审三校”。一些自媒体、社群性质的版权平台支持用户使用数字编辑加工器，将非专业作品进行专业化处理。工具式平台的数字编辑加工器往往比其他类型的版权管理平台要专业、精密、全能得多。在作品加工完成之前，数字编辑加工器需要对数字内容进行数字加密、标注，其主要目的是限制非平台账号人员的使用，同时给产品打上平台特殊印记以证其版权所属。

版权资源库集中地保存创作、编辑、发布于该平台的数字内容版权资源，在库式平台中，资源库是所有业务开展的基础，也是重点安全保障的对象。一般情况下，出版社的资源库只对内开放，网络自媒体、社群发布平台对外开放一部分。资源库中存有完整的相关版权信息，对重大版权项目进行申报备案。分销阅读平台是资源库连接用户的窗口，允许用户有选择地阅读版权资源库中的作品，提供相应的支付通道。一些出版企业的分销阅读平台仅有信息传输功能，不与资源库连接或是根本没有资源库，在它上面交易的仅仅是数字版权的信息和凭证，本身不直接过手内容的所有权，这种就是索引式的数字版权管理平台。

依托于以上四个模块，自营性数字版权管理平台得以完整对接出版生产的各个环节，实现数字出版和版权保护所需的多种功能，最终满足用户获取产品、阅读内容的需求（参见图 2-9）。具体包括以下功能。

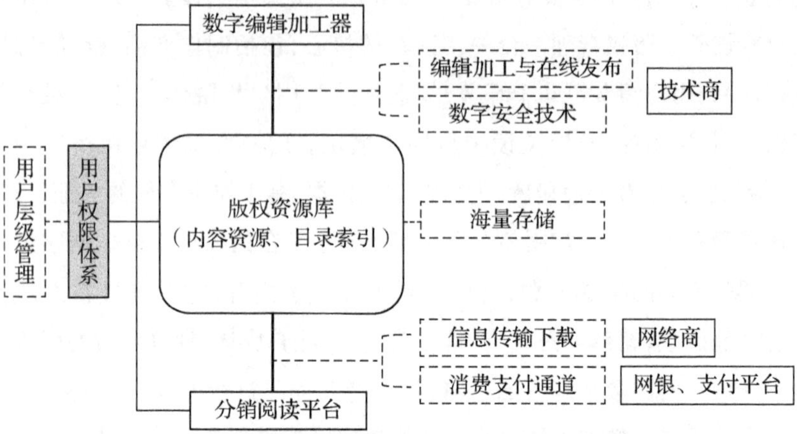

图 2-9 自营性数字版权管理平台模块与功能示意图

1. 海量存储。存储功能是数字版权管理平台最基本的功能，甚至是库式平台的核心功能。它需要有超大的容量应对海量的数字信息，能够识别美术作品、软件作品、文字作品、音乐作品、摄影作品、影视作品等并加以分类保存，同时留有完整的版权索引和版权信息，以及各类元数据。通常资源库根据内容的特点设置种类多样的标签，配套有搜索引擎，以供用户快速检索内容。安全性与有序性是版权资源库的建设重点，既要保证数值内容不会轻易外泄，也要实时对非结构化的数据进行结构化调整。版权资源库下设总库、临时资源库、元数据库、封禁资源库等以应对不同的应用场景。

2. 编辑加工与在线发布。数字编辑加工器与版权资源库是直接对接的，与出版企业的专业在线编辑系统相比，数字版权管理平台侧重对不同格式数字内容的统一化处理，模拟信息和数字信息在进入资源库之前首先要适当地拆分重组、编辑重排,实现版权的快速归并入库。例如,赫斯特中国公司推出的 Adobe 数字出版套件,就包含专门的内容创建和制作排版工具。在线发布功能针对的是自媒体、社群版权管理平台,由用户权限体系给予用户使用平台专有的数字编辑加工器的权限,将原创内容上传至平台的临时资源库,通过编辑审核后方可归入总库并供其他用户观看阅读。任何违禁内容将从临时资源库和总库中移除至封禁资源库,按相关照法律规定处理。

3. 信息传输下载。分销阅读平台需要能够将版权资源库中的内容信息以数字信息的方式向外传输,支持 C2C、C2B 之间的发送、浏览和下载。大型数字版权管理平台对服务器的用户并发数有额外的要求,在新平台正式投入使用之前应当做好并发数的测试,以免服务器瘫痪等情形的发生。中国知网常年拥有数量巨大的同时在线人数,而其用户并发数却无法满足他们的下载需求,引起了部分用户的强烈不满。由于数字版权管理平台是游戏行业"软件+服务器"模式的演进版,阅读数字内容时所需的流量同样以即时缓冲取代了本地下载。因此,平台的网络速度对用户的阅读体验就显得至关重要了。对内,应当积极地与三大网络运营商电信、移动、联通展开商业合作,争取低价、高速的网络支持;对外,可以通过 VIP 等级制度的方式对用户的信息传输量进行限流、分流。

4. 数字安全技术。数字安全技术是数字编辑加工器的部分,顾名思义,它是数字版权管理平台的安全保证。在数字版权管理平台中,运营商依然可以继续综合运用数字水印、数字签名、数据加密等传统 DRM 技术阻止非平台用户使用数字内容产品。但是,数字版权管理平台中的数字加密技术侧重保护整个资源库和用户权限体系不被不法分子入侵,保证用户登录平台后的信息传输安全,侦测排除各种可能存在的外挂和安全漏洞。因此,现有 DRM 技术需要进一步升级换代,目前市场上的 DRM-X

已升级至第九代，或是完全抛弃 DRM 技术创新发明新的非限制性数字安全技术。例如，日本电子巨头索尼公司开发了一种新的基于区块链的数字版权管理系统，参与者能够共享和验证信息，系统自动验证书面作品的版权。

5. 用户层级管理。该功能依托于用户权限体系，保存使用用户的详细登录密钥、个人信息和访问踪迹，根据等级权限的不同，对用户使用数字编辑加工器、版权资源库、分销阅读平台的程度加以允许和限制。平台运营者则可在此基础之上进行数据分析，从而进行定向产品推荐、个性定制服务、市场动向把握。平台化管理版权与用户的目的之一就是以统一身份的方式减少复数虚拟身份造成的人力物力损耗，又将更多的用户纳入同一消费框架之中。目前，许多出版企业都推出自己的平台账号与支付宝、QQ、微信、微博等网络平台/软件共享用户信息，关联账号登录方式帮助用户减少了所需注册管理的账号数量，对平台来说也扩大了用户范围，是双赢的结果。

6.消费支付通道。消费支付通道是分销阅读平台的部分，它与网上银行、支付宝、微信支付等对接，或与大型图书电商平台相关联。当前，自我封闭的点卡充值式的消费支付方式已越来越遭到淘汰，例如移动通信中的话费卡大多被在线充值取代，建立关联的消费支付通道是必要的。消费支付通道的主要作用除了便于用户快速支付，其消费记录作为一种凭证也是用户进行版权维护服务的一部分。

这六大功能模块意在形成一套完整的数字版权生产和消费路径，无论作者、编辑还是消费者都可以一站式地完成。当然，不同类型的数字版权管理平台的模块功能也存在差异，像库式平台就会格外重视存储和保护功能，而索引式、目录式则强调信息传输的方式和效果，原创内容在线发布平台需要在在线编校功能上下功夫。所以，诸如关联分享、用户小组、移动应用、内容呈现技术等也是自营性数字版权管理平台的可行子功能模块。

二、自营性数字版权管理平台的构建环节

无论是文学网站、中国知网、爱奇艺等纯粹的在线内容发布与阅读平台，还是亚马逊、当当、京东等图书电商平台，国内这些初具规模的内容版权平台多为“草莽英雄”，即它们并非按照既有的模式组建而成，而是通过一次次的自我转型、自我壮大发展至今。但是在最终的形态上，大多不超出上文归纳的六大功能模块，如果以它们为参照系，或可以提取其比较有典型意义的商业决策和经营措施，反向为自营性数字版权管理平台的构建方式提供实践经验依据。自营性数字版权管理平台的构建方式本质上说是一套理论设想，围绕海量存储、编辑加工与在线发布、信息传输下载、数字安全技术、用户层级管理、消费支付通道六大功能模块的实现，顺次满足资本、技术、平台、内容、支付等关键要素，主要可以分为资本聚合、平台搭建、内容整合、用户吸收、运营推广等几个阶段。

1. 资本聚合阶段。我国互联网产业发展 20 年早已经过初期的技术“拼杀期”而转入了资本逐利期，腾讯、阿里巴巴、百度、京东、小米、网易、360 等互联网大企业几乎主导了我国互联网产业的脉络走向，数字内容版权产业作为我国互联网产业的一部分，互联网资本竞合是其壮大或衰落的重要推动力量。传统出版社虽然有稳固的作者资源和读者市场根基，但其产值规模与互联网文化娱乐产业相比，依然是小巫见大巫。纸媒数字化转型速度较慢，致使数字内容版权产业的主导者多为新兴互联网公司，这是我国与国外大型出版集团林立局面的最大不同。以网络文学为例，其在我国数字出版产业中占到了相当大的比重，除了网络文学作品自身的吸引力，全版权运营、IP 产业开发等大多都出自资本的运作，目前占

据网络文学市场“半壁江山”的阅文集团“发家史”就是互联网资本注入网络文学生态系统的过程。成立于2008年的盛大文学本就是一次互联网资本入驻网络文学的行为，当时它运营的原创文学网站包括起点中文网、红袖添香网、小说阅读网、榕树下、言情小说吧、潇湘书院六大原创文学网站以及天方听书网、悦读网、晋江文学城（50%股权），而后2015年的腾讯收购盛大文学，与腾讯文学重组为阅文集团又是第二次资本合并，加入了QQ阅读、创世中文网、云起书院、中智博文、华文天下等子品牌。资本力量推动下的文学版权产业蓬勃发展，才是使网络文学真正被主流社会认可的原因。阅文集团以腾讯为背书，拥有QQ和微信的庞大渠道入口和用户人群，又与腾讯旗下的腾讯互娱、腾讯视频、企鹅影视、企鹅电竞、WEGAME平台等形成贯通文学、影视、游戏、动漫等行业的版权开发矩阵。这是单一的文学网站难以做到的，从这一点上说资本成就了网络文学产业并不为过。其他诸如视频播放网站、音乐平台、游戏厂商等都呈现出明显的资本竞合行为，资本势力的布局成为当前我国文化产业不可忽视的一环。随着近两年“版权争夺战”的告一段落，大多数在线内容分发平台都形成了自己的版权资源“阵营”，因此，自营性数字版权管理平台本身难以完全以创业公司的形式出现，作为其建立第一步的资本聚合，实际上指的是新兴数字出版企业和传统出版社内部的转型与对外资本合作。具体而言主要有两种方式：已经拥有大量数字内容版权的互联网公司设立专门运营自营性数字版权管理平台的部门或是子公司，以统一平台的形式，负责对旗下各类数字内容和用户信息的调度和管理；传统出版社可以选择与互联网企业合资建立自营性数字版权管理平台专营公司，共享版权资源，以线上与线下双重发布为其特色。

2. 平台搭建阶段。平台搭建阶段就是用数字技术建设可视、可用、高效的自营性数字版权管理平台，具体以网站和移动APP为代表，功能上要求实现存储、发布、注册、传输、保护、支付六项基本功能。网站制作采用通用的 HTML4 语言标准，使用 Microsoft FrontPage、Netscape、Claris Home Page、Adobe Dreamweaver 等专业制作工具设计主界面，环境搭建工具则可用 php 程序员工具箱、phpstudy 等。用于存储数字内容和用户信息的数据库使用 MySQL 和 MS ACCESS 等开源工具进行管理。移动 APP 的编程工具以 Objective-C、C++、Java 等为主流。目前许多网站和移动 APP 中也适当加入了 HTML5 标准的数字内容，例如新闻、家居、旅行网站将其用于虚拟还原场景，也是数字版权管理平台的可添置项目。在主界面的区域设计上，首页需要包括栏目分类、登录入口、滚动资讯、检索工具、讨论社区、客服中心等，它们围绕内容资源库和用户管理系统形成互动整体，根据数字版权管理平台的具体类型和内容特征有所区别侧重。数字内容的呈现多采用基于 HTML5 的播放器技术，支持用户自定义屏幕大小、倍速播放、清晰度、弹幕开关等多种功能设置，页面下方配以评论、分享、打赏、点赞等互动模块。栏目分类和检索工具则通过细化内容标签的方式体现出内容查找的高精确度。讨论社区既可以是内容下面的直接评论，也可以是平台建设者设立独立的论坛网站，供平台用户在此发帖讨论交流。平台搭建的目的是形成一个具体的数字内容平台和内容管理使用的体系，它是数字版权管理平台这种内容版权管理方式理念的直接表现。

3. 内容整合阶段。内容整合包括资本聚合时平台外部数字内容的打包归整，也包括同属于平台资源库时有关格式、版权信息、检索标签的统一。平台搭建阶段就应当在技术层面上完成了资源库的建设，资源库有一定的录入标准，首先是数字内容文件的格式，按照图文、视频、音频、程序等有所区别；其次是版权信息，数字内容作品的著作者、创作日期、版权代理商、授权（可使用）时限、作品描述等详细信息均包含在内，并且能够直接跳转至相应电子版的版权授权协议；最后是检索标签，诸如名称、主题、著作者、发行公司、发行时间、点击量、评分等元素，用于资源分类和检索，资讯信息的定向推送也基于此标签。在进入平台资源库之前，平台系统自动对数字内容进行可执行的统一格式转换、版权信息录入和标记标签，缺漏部分则交由人工团队手动修编。在条件允许的情况下，所有数字内容资源在未经格式转换和信息录入之前优先备份存入原始数据库，可供日后的回查所需。由于IP产业的扩大，当前平台运营商在进行数字内容资源整合时，尤其还要注意作品与作品之间非格式化的衍生关系，例如对某一部网络文学作品及其相关的影视、游戏、动漫改编，掌握其IP体系目录对于读者阅读和开发决策都是有益的，可据此分配运营推广的投入力度和营销方向。

4. 用户吸收阶段。庞大的用户基数是自营性数字版权管理平台得以盈利的根本所在，也是检验一个平台是否真正被市场接纳的指标。随着互联网文化娱乐市场中资本竞逐的白热化，如何吸收用户成为一个越来越引人注目的问题。自营性数字版权管理平台根据自身属性和运营模式的不同，主要可以通过以下四种方式吸收用户：第一种，如果数字版权管理平台的建立发生于既有数字内容发布平台的内部转型，原有用户信息保留注入新的用户层级管理系统，直接将老用户转换成新用户，平台迁移或是代理商变更时这种激活老用户为新用户的方式较为普遍；第二种，资本聚合后依托持股互联网企业的用户基础，在不改变用户账号属性和成分的前提下提供新的阅读服务，使之自然成为平台的新用户，即数字版权管理平台方案中“一个账号，多种服务”的模式，比较具有代表性的像起点中文网可直接通过QQ和微信账号登入，这就使其坐拥腾讯QQ高达8.29亿的广泛用户资源和渠道入口优势，①也包括QQ阅读、QQ书城、手

① 陈春兰：《阅文集团：成就网络文学产业的霸主》，《软件产业与工程》2015年第5期。

机QQ阅读中心的用户流入;第三种,资本聚合之外的网民用户运用账户关联的方式共享用户资源,我国8亿网民群体或多或少都已成为某一平台、软件、应用的注册用户,账户关联就是在互联网公信的体系下,借用第三方平台业已认证过的注册信息给予用户本平台的使用资格,生成临时的ID卡,其原理与现实中驾照效力等同身份证相仿;第四种,原生性地招揽网民注册平台账号,较多地采用免费试用和注册优惠两种手段,专业出版、教育出版偏向免费试用策略,大众出版领域则更多注册优惠的营销宣传,甚至包括线下公共场合的扫码下载移动APP、注册用户送礼等行为,但是此种方式依赖于高成本的人工推广,结果往往并不尽如人意,适合于社区范围的应用服务而非大型的数字版权管理平台。因此,自营性数字版权管理平台在吸收用户时主要以前三种方式为主。

5. 运营推广阶段。运营推广阶段所要做的是以高品质的数字内容产品和服务培养用户的消费黏性,扩大平台在整个互联网文化娱乐市场中的影响力。从注册、检索到阅读、消费,完整的阅读体验始终是第一要义,用户中心主义在自营性数字版权管理平台运营中同样适用。注册的快捷性与用以吸收用户的手段直接相关,内容整合阶段的结果好坏影响到内容查找和定向推送的精准性,数字内容阅读的即时体验和反馈取决于平台架构时设计方案和功能实现的最终效果。所以,用户的阅读体验在平台建设的前几个环节早已奠定了相应的基础。在平台上线,用户开始使用阅读数字内容之后的推广手段一般有折扣优惠、产业联动、用户参与三种。折扣优惠是相对最为传统的一种引流手段,除了周年、季度化的商品折扣活动,还有延长VIP期限折扣、星级用户折扣、消费积分抵扣等数字商务优惠方式。

产业联动包括文学、影视、游戏、动漫等相关媒体产业之间的关联合售活动,以及多种IP之间的创作内容关联,前者主要指围绕某一核心IP

的全媒体出版、多媒体改编，后者则是在某一作品的故事中加入其他作品或现实品牌元素，例如网络文学作品中的主角在麦当劳消费，从而促成麦当劳推出专项营销活动，或是两部文学作品的人物在同一时空相遇，实质上是将两个粉丝群体拼合扩大影响力的做法。创作内容关联多适合连载形的小说、电视剧和动漫，在欧美和日本较为多见，我国网络文学已经有所尝试，随着文化产业的日渐成熟，这一创作与消费模式也将慢慢为大众接受。

用户参与是各类社交媒体软件和网站评论功能普及后顺应用户强烈的创作与消费介入意图的一种生产方式，“与以前把媒体制作人和消费者当作完全分立的两类角色不同，现在我们可能会把他们看作是按照一套新规则相互作用、相互影响的参与者”①。用户参与的具体方式主要包括由社群决策选题、用户创造内容和融媒体发行，通过激发用户的表达欲望提高其对产品、服务和平台的忠诚度。② 具体而言，可以将以上优惠和联合交由用户自主投票选择，或是根据用户的投票在平台中引入特定的数字内容，或是用户与作者通过平台的对话功能交流等。

除了资本聚合、平台搭建、内容整合、用户吸收、运营推广等基本环节，自营性数字版权管理平台的建立还涉及资格审批、版权报备、网络测试等相关事宜，正式投入上线后，策划团队、网络编辑和客服部门也有相当一段时间的调适期。因此，自营性数字版权管理平台尚需要在使用实践中进一步优化完善。

---

① 亨利·詹金斯：《融合文化：新媒体和旧媒体的冲突地带》，杜永明译，商务印书馆 2012 年版，第 31 页。

② 陈洁、吴申伦：《发挥社群网络效应构建新型参与式出版》，《浙江大学学报（人文社会科学版）》2018 年第 4 期。

三、自营性数字版权管理平台的优化方向

数字出版的关键要素包括内容、平台、技术、网络、终端等，所以几乎所有的数字出版业务和模式都可以从这几个角度进行优化，对于自营性数字版权管理平台来说亦是如此。但是自营性数字版权管理平台又与传统的数字出版活动不同，可以说它是一整套产业模式的创新，因而其优化方向自有其特殊性，需要从较为长远的可持续经营、收益、创新角度来加以考虑。根据当前数字内容阅读市场的现实状况，其优化方向主要表现为运用大数据算法与人工智能技术的高精度管理、抢占版权市场先机与选培原创内容资源并行、形成独立而成熟的内容产业化开发模式三个方面。

第一是运用大数据算法与人工智能技术的高精度管理。数字版权管理平台以集约化的方式处理数字内容版权的发布、保存、授权、使用和支付等各项事宜，在根本原理上除了以规范化标准提高整个过程的执行速度，高精度也是其重要的一面。所谓高精度，指的是平台资源库和用户管理系统中的所有信息均得到详细的分类和标签，能够在一定的条件要求下被快速、准确地锁定和查找，以完成特定的目标。面对海量数字内容资源，传统的人工处理方式逐渐被大数据算法与人工智能技术淘汰，前者强调信息来源的广度，后者是处理信息的复杂计算，两者本质上都增强了处理结果的准确性。大数据算法和人工智能技术的应用场景主要在以下几点：自动分析与修复自营性数字版权管理平台日常运营中存在的系统漏洞，并反馈给运营商；平台运营者追踪记录用户行为数据是否合法合规；平台能够依据用户阅读习惯以各种方式推荐其可能感兴趣的数字内容；平台方通过人工智能对用户并发、网站流量、服务器资源等进行自动化实时调控，保证用户流畅阅读体验；用户通过检索工具可以准确找到自己需

求、个性组合的内容资源;平台和用户自主原创内容流量的随时监控,发现潜力作品以制定营销计划;平台为用户解决各类特殊信息服务所推出的数字产品工具,诸如阅读市场、版权使用报告等。整个互联网经济本质上仍然由技术主导,自营性数字版权管理平台必须在技术方面紧跟市场的步伐,除了大数据算法与人工智能技术,诸如区块链、虚拟现实也同样需要平台运营商考虑是否能够融入平台基本业务的可能性,从而保持稳定的技术研发投入。

第二是抢占版权市场先机与选培原创内容资源并行。版权资源的数量和质量是吸引用户流量的基础,纵观整个数字内容阅读市场,视频网站的版权争夺与文学网站的作者选培制度正好是两种不同的版权资源扩充手段。2010 年之后,随着国家对网络影视播放环境的规范化调整,视频网站为独家视频播放权开始了竞争,影视剧单集超过 100 万元的“烧钱大战”直接淘汰了一批资金不足的小网站,也使以暴风影音为代表的播放器逐渐黯淡。至今,网络独播权依然是许多视频网站招揽用户的一块招牌,在现有的技术条件下,视频播放本身的功能和效果趋同化,版权拥有量便成为用户选择平台的决定因素。对于其他形式的数字内容来说也是一样,平台运营商只有持续扩充版权数量,才能增强用户对这一平台的期望值和信任感,从而愿意在相应的账号上追加消费。与主动购买版权相反的是文学网站的作者选培制度,通过挖掘从读者中自主产生、脱颖而出的作者,从而获得资源的主导权,并且拥有源源不断的作品。当前诸如爱奇艺、优酷等以平台为依托推出自制剧、综艺节目,其实就是一种选培原创内容资源的行为。自营性数字版权管理平台一旦拥有了选培原创内容资源的能力,也为运营推广阶段中的产业联动、用户参与创造了条件。仅仅是中间商往往无法真正获得行业话语权,包括优秀网文作者在内的优质版权资源本身会“择木而栖”,版权争夺式竞争产生了巨大的成本,因而越来越多的数字出版平台运营商——无论在线教育平台还是学术数据库，都开始建设自己的专业内容编创团队。向外预见性地收购市场潜力巨大的数字版权，向内选培优质的原创内容，可谓是令平台保持版权资源扩充活力的双重保险。

第三是形成独立而成熟的内容产业化开发模式。当自营性数字版权管理平台正式投入运营后，其原创数字内容作品会不断地添加到数据库中，作为平台的运营者不仅仅需要成为作品的管理人，更要成为内容的持续开发者。产业化开发指的是围绕某一核心内容进行有关版权衍生的多媒体、线上线下再创作、再生产，使之形成持续产出的产业链。十年前，盛大文学率先提出全版权运营策略，就是一种基于网络文学 IP 的产业化开发模式，后被许多文学网站的运营方采用。产业化开发模式的独立和成熟，首先体现在它针对版权运营者自身特性而具有的原创性，其次是文化产业链的完整性。实践中相对可供参考的是腾讯提出的“泛娱乐”口号，是一种反向定制 IP 的产业化开发模式。小说《择天记》及其衍生产品的推出过程，完全是阅文集团与多家专业媒体制作团队合作的结果，阅文集团自己设计了品牌 Logo 和人物造型，由吉林出版集团负责小说和漫画的出版，巨人网络开发同名手游，矩阵内的“腾讯电影+”实现影视化改编，另有周边商品、舞台剧等等。[①] 腾讯影业、腾讯游戏、腾讯动漫、阅文集团共同组成腾讯互娱全新的泛娱乐业务矩阵，像《择天记》一类的反向定制 IP 作品可以直接在这些平台上投放，腾讯由此可以搭建起一个“内容—改编—发布”结构完整的互联网文化娱乐产业闭环，腾讯自己则是绝对的主导力量。除了网络文学一类的原创内容版权，从事专业出版和教育出版的自营性数字版权管理平台运营商可以根据学术数据库、教学资源库

---

① 中研网：《阅文集团携旗下明星 IP〈择天记〉亮相 2015CCG》，2015 年 7 月 12 日，见 http://www.chinairn.com/news/20150712/125503121.shtml。

构建内容产业化开发模式，其本质上属于自我体系完备的数字出版商业模式。

平台优化的最终目的是针对数字内容版权更加高效的利用率，除了以上几点，廉价的信息传输网络、电子阅读终端或移动 APP 的开发、行业标准规范的自创与示范等也是目前可行的优化措施，不同类型的自营性数字版权管理平台应当根据自身的内容资源、业务特点、人力物力有所侧重。

围绕版权的各种创作、授权、服务、改编等具体活动行为是数字出版商们得以盈利的主要业务构成，自营性数字版权管理平台是出版企业进行生产活动的手段，本身也是其商业模式的有机组成部分。在不同的客户对象、商业模式和经营策略下，自营性数字版权管理平台的功能和具体形态、业务也不尽相同，从而实现多面向的应用创新。按照出版行业内部大众、专业、教育的领域和差异化可利用资源优势，自媒体版权管理体系、专业数据库知识服务、多元化教育个性定制是数字版权管理平台的三种主要具体形态和整体应用模式。

第四节 应对社群网络出版物的行业性数字版权集体管理

自营性数字版权管理平台是针对出版企业管理社群网络数字内容版权的微观解决方案，但是所有出版企业实际上都处在一个大的出版行业环境之中，数字出版又格外注重媒体行业之间的相互关联。社群网络读者用户时常在不同的平台之间跳跃，或是社交媒体软件同时连接着多个平台。所以，如果只是个别出版企业使用数字版权管理平台，仍然会对用户的整体阅读体验造成不利的影响。为了打通各个平台（出版企业）之间的技术壁垒，需要对自律性的出版行业组织施予行业性版权集体管理。行业性版权集体管理既是平台硬件，又是协议框架。由于自营性数字版权管理平台体系尚不健全，作为出版企业和用户读者的中间人，针对数字内容版权难以被保护、合法授权困难的问题，行业性版权集体管理既能够对注册用户上传的内容进行原创认证，又能自动向使用者颁发授权许可证，为作者代收版权使用费。收录大量原创作品本身或是作品目录索引的行业性数字版权管理平台，在文化输出战略上是很好的对外窗口，以适应国际版权市场的规则。

一、以行业组织为中心的数字出版行业自律

在出版企业和政府管理部门之间，存在着出版行业组织，扮演二者的中间人角色，我国数字出版产业市场行为规范机制主要由行政管理机制、法律约束机制和行业自律机制构成。所谓出版行业自律，指的是由政府管理部门督导、出版企业自愿参加组成出版行业协会，行业协会制定相应的行业规则或是自律公约，对会内成员企业进行监督管理，既要努力促进行业发展，也要对失范企业进行惩戒，[①]它正是围绕出版行业组织，依靠出版企业之间的协商讨论、标准行业制定、签订内部公约、协调产品价格和设立专职机构得以实现的。行业组织的功能是多样的而非单一的，以行业组织为中心的行业自律在国内与国外市场都有着其必要性。

行业协会是行业组织的一般存在形式，各种行业协会通过自律机制发挥作用。在欧美发达国家，行业组织自律已是非常普遍之事，出版行业也是如此。英国出版商协会和英国书商协会是英国出版业两个最大的行

① 李霄：《论我国出版行业自律管理制度建设》，《出版发行研究》2012 年第 1 期。

业组织，会员几乎包括所有较大的图书出版商、连锁书店、独立书店、网络书店等，发挥与政府协商政策、管理行业和出版国际交流的作用。美国的出版行业组织却完全是另一副面貌。由于美国的出版行业规模和商业发达程度较高，美国的出版行业组织不仅数量众多，而且具有鲜明的商业化色彩，不同协会之间存在竞争关系，它们维护的是自己会员的利益，协调会员企业与政府、其他企业之间的矛盾。其中，美国出版商协会是最重要的全国行业组织，协会每年都会发布本国的出版行业报告，帮助出版商与政府判断行情、制定策略。加拿大的出版行业协会主要由加拿大出版商协会、加拿大大学出版协会、加拿大图书出口协会等组成，它们向下为成员出版企业提供最前沿的行业资讯，协调各成员的利益摩擦，组织业内培训等，向上作为出版企业的代表，与政府管理部门交流磋商，为整个出版行业争取合理合法的权益。[①] 法国、德国与图书行业市场竞争关系密切，对暴力、色情内容有监管作用。日本的行业协会则在制定伦理纲领、规范市场道德方面有独特作用。行业协会来源于西方资本主义社会的工会制度，它是所有行业从业者为了保护自身的合法权益组成的共同体。行业协会的存在可以保证行业内部的自我管理是具有一定专业性的，同时面对重大事件时，行业协会可以代表行业成员与多方展开协商洽谈。在这一情形下，西方行业协会是整个行业的对外代理人，它的最主要职责是保护本行业的利益，因此并不一定具有真正的中立身份。

我国的出版行业协会虽然也起源于图书行业的自发组织，但是就现状来看，如今它更多的是作为政府对出版管理的系统化方式的一部分，行业自律就属于“软”的一方面，与政府部门作为“硬”的一方面相辅相成。

---

① 黄先蓉、程梦瑶：《加拿大的出版法律制度及对我国的启示》，《中国出版》2016 年第 5 期。

政府的作用在于制定出台强有力的法律法规和规章制度，实施宏观层面的监管，但是出版领域自身的特殊性需要由行业协会来疏导，使政府的政策能够顺利施行，也可自下而上反映政策法律需要调整之处，相比出版企业的自我呐喊显然有用得多。我国当前与版权相关的行业协会主要包括中国出版协会、中国音像与数字出版协会等。如果把行业协会是否发挥中间人作用看作一个国家市场经济成熟与否的标志之一，那么我国仍然还有很长的路要走。尽管像中国书刊发行协会就有《全国书刊发行业公约》来维持市场秩序，但是对于新生的数字出版领域而言，尚未形成完整体系，还未能对数字出版产业产生引导作用。中国广播影视数字版权管理论坛（ChinaDRM）筹建的中国广播影视数字版权管理认证中心 CDTA（ChinaDRM Trust Authority），为用户提供基于 PKI（Public Key Infrastructure，公钥基础设施）体系的信任机制和符合互联网电视数字版权管理技术规范（GY/T 277－2014）的数字证书，走在了数字版权行业自律管理的前列。[①] 2018 年 8 月，由咿啦看书首倡、25 家出版机构共同发起的“中国出版协会少儿数字出版维权联盟”经中国出版协会批准，在北京宣布成立。“少儿数字出版物盗版举报平台”成立的目的是“组建专业的法律维权律师团队、建立少儿数字出版物盗版信息共享机制等一系列举措”，[②]通过法律和技术两条途径打击非法盗版行为，维护少儿数字出版行业发展秩序。不过，不管是组织协会本身，还是相关标准规范，我国数字出版行业自律仍然力量薄弱。

出版行业的数字版权管理平台的根基是行业组织，由实体的数字版权管理平台和相应的行业规范、技术标准、同盟关系构成，是出版行业内达成统一的数字版权管理方案的实施平台和实施法则（参见图 2－10）。

---

① 资料来源于中国广播影视数字版权管理认证中心官方主页，见 http://www.cd-ta.com/。

② 程铭劼：《“少儿数字出版维权联盟”正式成立》，《北京商报》，2018 年 8 月 24 日。

出版企业入驻数字版权管理平台，在平台上架的出版物的产品格式和生产规范需按照平台的要求，在实质上如同加入某一行业组织，层层形成同盟关系。不同的组织成员在地位上是平等的。行业性数字版权管理平台吸引出版企业入驻的关键是独特、优质的出版服务，并且具有一定的行业共性。

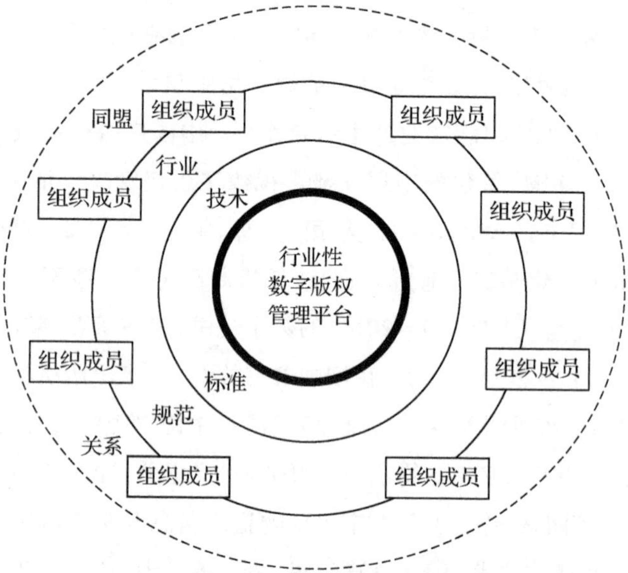

图 2－10　行业性数字版权管理平台的组织架构

从全球化的眼光来看，欧美发达国家是出版行业管理的先行者，目前已经投入使用的行业性数字版权管理平台，能够为这种管理模式的推行提供可参之处。比如，美国版权结算中心和英国版权集成中心是行业性数字版权管理平台的典型代表。美国版权结算中心是一家全球版权经纪公司，它研发的 Rights Link 技术平台允许用户在网站或是移动终端上快速完成包括图书、期刊、报纸、博客和图片在内的数字内容的授权许可，

2013 年又新增了“开放存取”服务。英国版权集成中心是全自动化的版权集中授权平台，用户在中心网站上选择所需的内容，就能够得到相关的版权信息，并可以线上获得合法的使用授权，对于处理互联网中的海量数字版权非常适合。[①] 因此，出版行业的数字版权管理平台，具有作品资源库、作品索引目录、在线交易授权工具三重功能。

以行业组织为中心构建数字版权管理平台的优势，即在于组织自律所产生的直面数字出版市场的灵活性和针对性。组织自律机制以各成员自愿为原则，在平等协商的条件下达成一定的行业共识和努力目标，例如出版企业道德守则、出版物格式标准、电子书定价方案、产业发展方向等。数字出版产业日新月异，出版企业各自的标准之间存在很大的兼容性问题，而政府制定和实施标准规范又往往程序复杂、效率滞后。行业组织的成员多为生产一线的出版企业，它们对于市场的变化更为敏感、专业。出版行业数字版权管理平台融合了多种数字内容和用户成员，它以平台使用为背书反向构建行业规范和标准。例如，英国版权集成中心提出了一整套的数据标准化方案，成立数据模块专项组负责研发和实施。组织自律的另一大好处是非惩戒性，组织成员和平台注册用户可以根据相关的协议章程享受惠利，非成员和非注册用户依然可以自行选择技术标准和交易方式，对于“破坏性”的技术创新亦是一种保护。最后，互联网对经济生产表现出一种互动联通的趋势，行业性数字版权管理平台能够最大限度地集中用户群体，尤其帮助传统出版社快速对接市场。对于我国的多数传统出版社来说，与其口头“抱团取暖”或是各自为营，合作共建行业性

① 英国版权集成中心的建立是市场与政府互动的结果，它由英国政府倡议、组织并完成启动资金的投入，严格规定网站的非营利性和非垄断性，同时又始终强调“产业领导”，即由产业界自行筹建、自行管理，各工作组的核心成员均来自相关行业。季芳芳、于文：《在线版权交易平台的创新趋势及评价——以英国“版权集成中心”(Copyright Hub)为例》，《编辑之友》2013 年第 7 期。

数字版权管理平台，自行掌握图书的在线销售和读者反馈，是从互联网公司手中取回图书发行话语权的最佳选择。

行业协会的自律作用向外也表现为打击网络侵权、维护出版企业权益的实践上。行业协会往往能够成立专业的法律顾问团队，处理一些全行业的盗版、侵权问题。2015 年 5 月 26 日，英国高等法院就批准了英国出版商协会递交的禁止访问 7 家侵害版权门户网站的申请。[①] 英国出版商协会专业设立了一个反版权侵权门户网站，允许会员向侵权网站发送警告信息和删除通知。举世瞩目的谷歌图书搜索(Google Book Search)计划侵权案，也是由美国作家协会和美国出版商协会向谷歌发起的指控。2011 年，适值实体书店受到电商平台的巨大冲击之际，京东商城四折销售少儿图书引起了出版社的极大不满，中国出版协会联合中国书刊发行业协会、中国新华书店协会，代表 24 家出版企业召开反互联网价格战的维权座谈会。行业协会在缓和数字出版与传统出版之间的摩擦方面产生了积极的润滑功效。如果销售平台不是京东，而是行业性数字版权管理平台，那么出版社加入时就明文规定、自愿遵守的平台协定可以很好地防止这样触碰行业底线事件的发生。自始至终，出版行业拥有自己的可在线发行图书的数字版权管理平台都极为重要。

二、行业自律下的数字版权管理平台规范与标准制定

行业自律既需要行业协会的主动调节，也离不开各会员共同商定、自觉遵守的行业规定，后者主要是针对日常事务的标准规范。协会章程、道

---

① 此 7 家在线门户网站分别是 AvaxHome、Ebookee、Freebookspot、Freshwap、Libgen、Bookfi 和 Bookreare。据英国出版商协会介绍，该 7 家网站均存在“大范围”的侵权现象，它们声称拥有 1 亿种电子书，但其中超过 80%的内容违反了版权保护规定。参见庄廷江：《美国图书出版近年产业发展态势探析》，《中国出版》2017 年第 2 期。

德规范、自律公约、产品标准、定价准则等都可以是行业规定的具体形式，我国出版行业规定则有《中国报业自律公约》《中国光盘复制行业自律公约》等。自律规范的产生依赖于各个出版企业共同生产经营的平台，传统出版企业其实都存在于同一套实体的编印、发行体系之中，无论策略怎样改变，过程都大同小异。但是，数字出版和数字版权则与传统出版完全不同，其内容的生产和发行皆无定数，或者说都挂靠于一定的互联网电商模式。数字出版越是创新，相互的差别就越是巨大，例如上文所论述的专业数据库知识服务与书店购买的学术专著之间，除了道德的一致性，产销模式几乎无法用统一标准去规范。“现阶段我国自律规范仍存在相当的随意性和低效性，通常是文件数量众多，效力范围参差不齐，法律性质不明朗、缺乏相应的惩戒和监督机制，对缔约者难以形成有效的约束作用，因此常常表现为规而不范、形同虚设。”①以往的一些建议都从政府带头入手，同时强化行业协会的制度。但是这治标不治本，能让数字出版商处于同一体系之内的，就是数字版权管理平台。数字版权管理平台可以用特定的输入、输出口径统一数字出版中的各种差异元素，因此，数字出版行业的自律也需要依靠行业性数字版权管理平台来形成规范与制定标准。

数字版权管理相关的规范与标准包括电子出版物格式、加密水印技术、编辑加工语言等具体的数字技术，以及行业道德、责权分级、商议制度等主观的操作和实施规则。欧美发达国家的出版行业自律规范比较成熟完善，通常由相关的协会牵头完成，例如英国的《R3 安全网络：分级・检举・责任》是英国互联网服务提供商协会 ISPA、伦敦网络协会 LJNX 和互联网监察基金会 IWF 一道研发公布的，其功能在于合法监管网络内容。在我国，行业规范一般是政府牵头、协会起草的，数字出版规范与标准也

① 李霄：《论我国出版行业自律管理制度建设》，《出版发行研究》2012 年第 1 期。

不例外，另有高等院校、企业单位、研究所等主体参与其中。此前，全国新闻出版标准化技术委员会总负责制定4项数字出版标准格式，12项电子书内容标准、手机出版系列标准等。目前，12项“电子书内容系列行业标准”[①]中的《数字阅读终端呈现书格式》《移动阅读电子书格式标准》等均已发布，在性质上也属于非强制性的指导规范。目前在数字版权研究领域受到诸多呼吁的区块链版权保护技术，其实也是数字出版标准的一种，但是总的来说，数字出版标准、规范、格式等主题依然是冷门研究领域。

以数字版权管理平台为背书的行业组织，通过专业的数据库、全行业索引、出版服务等手段，对现有的数字版权资源进行整合，是促使出版商使用行业统一的生产标准的有效办法（参见图2-11）。行业性数字版权管理平台的整合作用包括实体平台和同盟框架两层。实体的行业性数字版权管理平台功能正如其分类一般，包括库式的专业数据库、索引式的全行业索引和工具式的出版服务，它的存在使各个出版企业将自己的内容或是内容目录传至平台的后台中保存，或是业务依赖于平台的出版服务。所有入驻平台的出版企业需要符合平台指定的行业规范、技术标准和评级标准，相应地得到数字版权管理平台的服务和客户资源，构成一种双向互动关系。入驻的出版企业自由选择加入或不加入行业组织。当然，所有使用平台的非组织成员企业、个人用户、境外机构在业务层面都需要遵循平台的一切标准规范，例如电子出版的格式、内容的定性标准、支付评价方式、版权授权原则等。这些主体在事实上即组成了以行业性数字版

① 此12项“电子书内容系列行业标准”具体分别为《电子图标识》《电子图书质量基本要求》《电子书内容版权保护通用规范》《电子书版权记录》《电子书图书内容质量要求及检测规范》《电子书功能技术规范》《电子书内容平台基本要求》《电子书内容平台服务基本功能》《电子书内容术语》《电子书内容标准体系表》《电子图书元数据》《电子书内容格式基本要求》。

权管理平台为中心的同盟关系，内部和外部的失范违规行为均会损害守约者的利益。如果平台的使用过程和内容资源都是好的，随着客户资源的扩大，越来越多的出版企业会通过“入驻＝遵守”的方式认同平台的规范与标准。

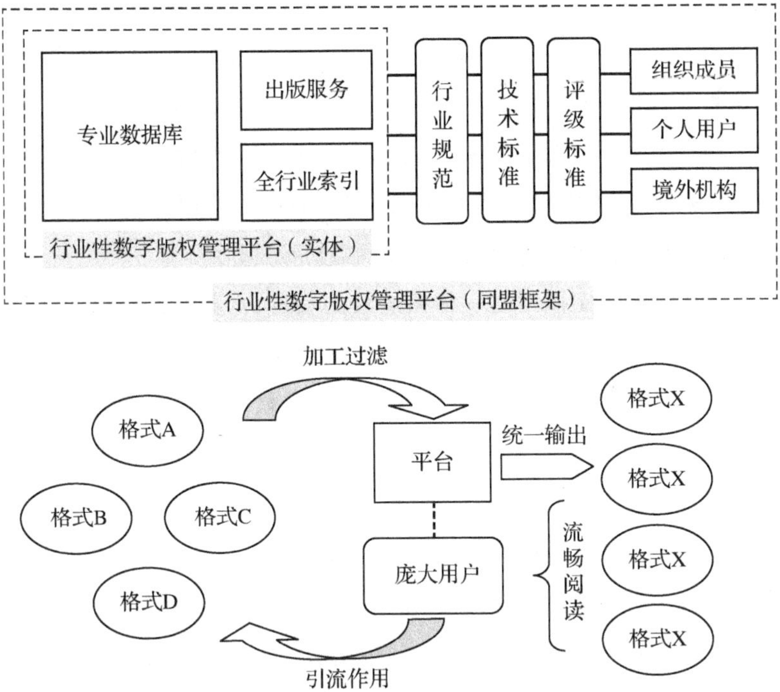

图2－11　行业性数字版权管理平台的整合作用

一旦行业性数字版权管理平台采用了某种标准格式或是规范，并且使用该平台的出版商数量较多，就会在行业中形成有关规范和标准的共识，其他出版商为了与之相对接也就不得不改变自己所使用的规范和标准，由此达到了全行业统一生产的目的。2015年，美国电气和电子工程师协会IEEE（Institute of Electrical and Electronics Engineers）已经制定了

1000余个行业生产标准,标准文档拥有量超过600篇,这些无疑奠定了其在该技术领域的核心标准地位。IEEE的影响力便来源于基于数字版权管理平台的数据库和专业服务:IEEE名下的数据库IEEE Xplore拥有400多万条专业文献,用户每个月产生800多万次的下载量,而IEEE发表的文献数量将近占了全球的30%。[①] 对于行业规范的主导控制给IEEE带来了颇丰的收益,它每年从会员收取的会员费、标准使用费、数据服务费、出版费等加起来超过5亿美元。一个IEEE标准通过流程包括:(1)标准立项申请;(2)标准制定工作组制定标准草案;(3)进行支持投票;(4)提交IEEE标准协会标准委员会批准;(5)发布标准。因此,IEEE的标准制定过程同时也是作为其成员的出版商利益协商的过程。

行业标准的制定同时是一种话语权的表达,行业组织能够集合国内各个出版商的力量,推出符合中国数字出版产业发展的行业标准,并通过数字版权管理平台的整合资源,从而与国际接轨。科技出版商爱思唯尔就通过SCI、SSCI等检索系统建构了一套自己的学术价值观,使用这些资源的高等院校、科研机构和出版企业不得不遵从他们制定的一整套国际学术刊物的评价和评级标准,爱思唯尔由此在世界学术话语体系中占据了先发优势与有利地位。此外,出版行业自律下的数字版权管理平台规范与标准还涉及电子书定价问题。传统出版社为了维护自身的利益往往将传统出版物的电子书版本定价很高,迫使读者购买纸质书。行业性数字版权管理平台通过标准格式内容存储和输出降低数字化的成本,又可以代表出版产业中从事数字出版生产的新兴企业的声音,与传统出版社进行协商谈判。

行业自律组织吸收数字出版商——尤其是大型数字版权管理平台,

---

① 杨书卷:《美国IEEE科技社团运营模式的案例分析》,《学会》2017年第5期。

对于共同解决数字版权保护和开发问题有着重要的推动作用。最典型的如亚马逊 Kindle 阅读器锁定的 Mobi 格式，所有在亚马逊销售并且期望能够在 Kindle 上被阅读的电子书，都被迫采用 Mobi 格式，这实际上就是用“平台—终端”完成了对行业电子书格式的部分统一。亚马逊也由此占据了很大的话语权，自然也很容易产生垄断性。相比之下，我国更适合采用平台协商的方式，以行业性数字版权管理平台共同决定数字出版标准格式。2016 年 7 月 29 日，中国广播影视数字版权管理论坛执行委员会投票表决，一致同意爱奇艺成为其成员单位。该论坛是国内最权威的广播影视数字版权组织，致力于为国内的内容提供商、科研单位、技术提供厂商和终端制造商进行对我国数字版权管理保护的研究。爱奇艺身为国内最大的综合视频服务平台，旗下高清正版片库是国内首屈一指的。爱奇艺本身拥有完善的防盗链监控、巡检、防御体系，可以起到行业示范作用，而两者的通力合作，将有效地推进我国独立自主的 DRM 标准的研究开发和落地实施。

反观被业内看好，在 2012 年由北大方正集团数字出版技术国家重点实验室发布的 CEBX 数字阅读格式和行业标准技术，却并没有解决行业已有的乱象，或许正是因为既没有行业性数字版权管理平台发挥资源整合与共享作用，也缺少大型数字出版商的带头使用。国家强制要求的标准使用统一显然是不合乎市场规律的，因而由国家主持、行业组织施行，通过行业性数字版权管理平台进行自律，才是相对理想的办法。

三、构设行业性数字版权集体管理体制

行业性数字版权管理平台的作用不仅在于行业自律，它的功能还体现在具体的出版业务之中，特别是对于作为公众服务层面的数字内容版权的集体管理制度来说，行业性平台是良好的体系基础。

通过统一平台实现数字版权集体管理,是当前行业性版权使用问题的一种可行的解决办法。版权集体管理一般是为保障著作权人的利益,依照法律规定设立著作权集体管理组织,著作权人通过代理或者信托方式将权利委托给著作权集体管理组织,由组织代为向使用者授权许可,并转交版权报酬给著作权人。此外,通常著作权集体管理组织还负责处理著作权人的版权诉讼等问题。著作权集体管理是维护并代表著作权人利益的组织对著作权和邻接权的一种管理活动。这一活动主要包括三点内容:第一,监督被托管作品不被滥用;第二,与申请使用者协商版税率;第三,向使用者发放版权使用许可,代收相关费用。无论传统内容资源的数字化,还是社群网络平台上的用户创意制作,海量内容资源对版权系统管理、便捷交易、实时授权与快速维权的要求远远超过以往,整个出版行业亟待建立以数字版权管理平台为中心的数字版权集体管理体制,使整个过程和环节规范化和高效化。

版权集体管理的方式源自西方,而后传至我国,目前欧美国家均设有自己的版权集体管理制度。1777 年,在剧作家博马舍的倡议下,法国成立了法国戏剧作者与作曲者协会(SACD),它是目前已知世界上最早的著作权集体管理组织。1793 年,法国戏剧作者与作曲者协会转变为收取版税的代理机构,是版权集体管理的雏形。1850 年,世界上第一个管理音乐作品著作权的组织“音乐收费团体”由法国作曲家比才发起成立,它是我们现在见到的法国音乐作者作曲者出版者协会(SACEM)的前身。欧洲其他国家也跟随其脚步设立了自己的音乐版权集体管理制度。1926 年,具有国际联合意义的国际作者和作曲者协会联合会(CISAC)成立,内含 18 个国家的音乐作品集体管理组织;到 2008 年时,其组织成员发展到了 225 家,覆盖全球 118 个国家,为集体管理组织建构了全球性网络。由音乐向外延伸,其他媒介形式作品的著作权集体管理组织也陆续出现,例如德国美术作品协会、法国电影和电视制片人协会等。目前，著作权集体管理制度已覆盖音乐、电影、美术等诸多艺术领域，管理范围不仅包括表演权、复制权、广播权、出租权，还包括富有数字时代意义的信息网络传播权。20世纪90年代，我国也初步建立了相应的保护组织，拥有了自己的版权集体管理制度（参见表2－2）。

表2－2　法国、德国、美国、中国版权集体管理制度

国家	版权集体管制度
法国	法国的著作权事务没有专门的政府管理机构，而是由集体管理组织负责管理，再受到法国文化部的监管。 依据法国的法律，集体管理出版应该在组建之前拟定好章程草案和通用规定，交付于文化部部长。在这之后的两个月内，部长可以向大审法院提起诉讼，以正当理由反对其中的内容。法院负责审查此类机构创建者的职业资格、他们提出的为收取报酬与开发其作品所需的人力和物力需求，以及相关章程和规定是否与现行的法律法规相一致。 集体管理组织应将其年度账目通知文化部部长，并且在召开大会审议其章程修订草案、向权利所有人分配版税的一般规定或政策之前至少2个月，提请部长注意可能发生的变化。文化部部长如果有真实严肃的撤销某一集体管理组织的理由，可向法院提出起诉。 文化部下设的著作权高级理事会代表了法国众多相关行业协会与工会组织，负责向文化部部长提供有关文学和艺术产权的相关建议，协助各方解决在著作权及其他类似权利方面的争议，解答网络及数字技术的发展所带来的新问题，并为相关各方（作者、艺术家、制作人、出版商、广播机构、服务提供商、消费者及用户）的代表提供对话通道。 法国法律还规定了著作权的集体管理组织必须由民事公司组成，其成员也需要是作者、艺术表演者、录音或录像的制作者、出版商，或者著作权及其他相关权利的继受人。 法国目前有几十个著作权集体管理组织，有戏剧作者与作曲者协会、音乐作者作曲者与出版商协会、法国作家权益协会、电影和电视制片人协会等。

（续表）

国家	版权集体管理制度
德国	德国的集体管理组织是非营利组织，负责管理版权人的权利，主要是授予许可、收取许可费并分发给版权人。德国的集体管理组织主要由德国专利商标局负责监管。德国专利商标局还内设版权仲裁委员会，受理著作权集体管理组织与作品使用人之间作品使用费纠纷，且此种纠纷必须先经该仲裁委员会仲裁，才能提起民事诉讼。
美国	在美国，版权集体管理的施行主体并不一定是公共性社会团体，也可以是注册在案的公司，并且数量不唯一，因其成员不同，相互之间存在竞争关系。美国的著作权集体管理组织完全依照企业管理形制设立，通常设有会员大会、理事会、监事会，进行自我管理和运营。尽管美国没有专门面向版权集体管理组织的法律，但是司法部可以按照公司法和反垄断法的规定，来对著作权集体管理的案件进行监管和判决。 美国目前主要的著作权集体管理组织有美国作曲家、作家与出版商协会（ASCAP），广播音乐联合会（BMI）及欧洲舞台作者和作曲者协会（SESAC）等。
中国	我国的版权集体管理制度产生于 20 世纪 90 年代，1990 年我国颁布了《中华人民共和国著作权法》，1992 年成立的中国音乐著作协会是我国首个著作权相关的集体管理组织。2005 年《著作权集体管理条例》由国务院颁布实施，此后，依照条例，在中国国家版权局和民政部的努力下，先后批准成立了中国音像著作权集体管理协会、中国文字著作权协会、中国摄影著作权协会和中国电影著作权协会四个管理组织。 《著作权集体管理条例》第二条规定："本条例所称著作权集体管理，是指著作权集体管理组织经权利人授权，集中行使权利人的有关权利并以自己的名义进行的下列活动；（一）与使用者订立著作权或者与著作权有关的权利许可使用合同；（二）向使用者收取使用费；（三）向权利人转付使用费；（四）进行涉及著作权或者与著作权有关的权利的诉讼、仲裁等。"①

我国著作权集体管理组织属于非营利性社会团体，设置采取核准制，由国家版权局正式批准成立，受到《中华人民共和国著作权法》《著作权

① 《著作权集体管理条例》，中华人民共和国国务院令第 429 号，2004 年 12 月 28 日。

集体管理条例》《社会团体登记管理条例》的约束。我国现存的著作权集体管理组织有五家,分别是中国文字著作权协会、中国电影著作权协会、中国音乐著作权协会、中国摄影著作权协会和音像著作权集体管理协会,未被批准的其他主体均不得从事版权相关的集体管理活动。

我国著作权集体管理组织具有较强的行政管理色彩,对市场调节机制的重视程度较低;其由相应领域的著作权协会组织和相关国家职能部门共同组建,具有半公立性质。这种运行方式的优势能够得到官方的支持,节省前期成本,而且组织具有较强权威性,但它的缺点是形成了行业内版权管理组织的垄断,而且目前我国的著作权集体管理组织实行的收费模式是行政审批制,这阻碍了管理组织和版权交易市场的灵活对接,限制了这一模式的市场化运行。著作权集体管理组织进行版权授权许可等相关活动时,应当参照市场价值和法律规定,减少行政机关的审批干预。

现有著作权集体管理组织的问题也显而易见,行政性带来的垄断性也导致了管理上的落后。我国的著作权集体管理组织属于半官方性行业协会,接受行政部门的委托代管事项,在面对著作权人时带有指令性和强制性,而且由于其地位受到法律保护,行业内没有能与其竞争的其他组织,在制定版权管理费用标准时集体管理组织拥有强势话语权,著作权人的利益得不到充分尊重和保障,国外集体管理费率一般不超过15%,而我国的著作权人在扣除集体管理费用和其他各项费用之后所能得到的版权使用报酬份额不足50%。[①] 在版权使用授权许可收费问题上,著作权集体管理组织根据《著作权集体管理条例》第十三条规定的原则,综合考虑使用人对作品的依赖程度、产业的发展规模和收入指标、发放许可和收取费用操作的简繁程度、市场环境和消费指数、国际惯例等因素,决定著作权

① 车炎琪:《浅析我国著作权集体管理组织的管理模式缺陷——从著作权稿酬分配角度》,《现代物业(中旬刊)》2013年第5期。

使用的收费标准。但在实际操作中,各地区存在经济发展不均衡的状况,使用统一标准进行定价存在不合理的情形,因此集体管理组织应当根据地域状况和市场规律自行制定收费标准,向国家版权局报备审批。版权使用人和组织之间没有协商的空间,这也是这一制度目前的垄断性造成的。此外,职能定位不够明确、管理制度不够规范、运行机制老化、社会监督机制不健全等也是我国的著作权集体管理组织还面临着的问题,因此不能更好地为广大著作权人提供公平高效的版权集体管理服务。

在数字化时代,版权法律和集体版权授权方式的滞后同样造成了数字版权集体管理的实施困难。目前我国的著作权法和管理条例中关于版权集体管理的规定都还停留在原则性规范层面,而没有落实到可操作性的实践层面,版权集体管理工作缺乏足够的指导,开展进度较为缓慢。随着数字化技术的发展,数字版权的保护和管理成为一个新的领域,但是我国现有的法律还没有真正赋予著作权集体管理组织管控数字出版行业的权能,相关法律也未做出明确规定,当下的著作权集体管理组织还不能适应数字化时代的种种挑战。实现数字内容的集体管理需要著作权人合法授予集体管理组织版权许可,二者的关系有转让合同关系和信托合同关系两种,我国行业自律性的集体管理则适用后者。欧美国家依托于行业组织纷纷建立起全网开放的版权集体管理平台,大大缩减了版权交易授权的步骤。美国版权结算中心能够向用户提供简捷的版权许可服务,所有的数字版权交易活动都可以在在线的版权集体管理平台上即时完成,且内容和主体均无地域限制,对版权的全球合作有巨大推动作用。这样一种口径统一的版权交易渠道,又为一国的数字出版产业提供了制定和主导产业规则的契机。例如,作为版权在线交易公共服务网站的英国版权集成中心,与链接内容联盟(Linked Content Coalition)共同研究符合当下数字出版生产需求的数字版权标准语言,确立网络数据交换规则。因此,我国亟待以法律为依据建立自己的数字版权集体管理平台,来应对数字化带来的各项问题。

孤儿作品(orphan work)的署名和收益归属一直是版权授权中的一个问题,在社群网络阅读环境中,未有署名却广泛传播的孤儿作品更是愈发多见。孤儿作品指的是那些难以找到其著作权所有人的作品,网络空间中的不少内容均可以归属到孤儿作品的范畴之中。一方面,版权保护制度的存在和客观现实中完全落实版权保护制度的困难之间的矛盾导致了孤儿作品的产生。孤儿作品产生的一个重要原因就是版权制度的缺陷。第一,《伯尔尼公约》把作品版权自动保护作为一项保护原则,作品一旦生成其版权便自动受到保护,但版权受保护不需要登记,在实际的情形中,保护未知的著作权人是几乎做不到的。第二,《伯尔尼公约》规定的自然人作品保护期持续到作者死后的 50 年,部分国家把保护期延长到了 70 年,在这一漫长的保护期内,版权所有者的地址和其他通信方式多次更改,于是很可能导致无法联系版权所有者。第三,许多作品在发表时本身就是匿名发表的,更何况著作财产权不需要登记也可以实现转让、继承、继受,几经辗转,寻找原作真实的版权信息就十分不容易。[①] 此外,还存在因为存档或记录信息丢失导致的部分作品无法找到版权所有者信息的情况。另一方面,孤儿作品的著作权人难以寻找,就给孤儿作品的使用带来了问题。著作权人信息不明,或者难以联系到著作权人,也就意味着想要使用作品很难获得著作权人的版权使用许可,如果自行使用作品,则违反了版权保护原则,还需要面对潜在的著作权人起诉侵权的风险。如果因为著作权归属问题而完全放弃孤儿作品的使用是一种资源浪费,也不利于文化交流和创新,如何合理合法地对孤儿作品进行开发利用是一个值

---

① 王迁:《"孤儿作品"制度设计简论》,《中国版权》2013 年第 1 期。

得探讨的问题。

对孤儿作品的一致认识首先是确立使用的补偿机制。最典型的是国际出版者协会(IPA)和国际图书馆协会联合会(IFLA)提出的针对孤儿作品保护义务和有偿使用的五项原则:1.尽可能勤勉地搜索著作权的原始所有者;2.提供原始著作权人的相关信息;3.当著作权原始所有者出现时,给予合理的版权使用补偿;4.参考以往对特定孤儿作品的禁令和救济,尤其是公众、慈善性质的使用;5.孤儿作品是非排他性的。[①]"勤勉地搜索"指使用者在使用作品前对著作权人进行了充分的、尽力的寻找,但最终没有找到,那么可以免除使用者的侵权责任。除此之外,版权的实际使用者在使用的过程中,有责任和义务声明该作品的可能原始著作权人,对其人身著作权加以保护。合理的补偿金额应理解为作品权利人、有意购买人以及有意出售人在正常情况下通过各自的感受同意使用作品的预期利益金额,通常这一金额应接近作品的真实市场价值。这不同于法定赔偿,不是对恶意侵权行为的处罚,而是一种协商性补偿,只有在明确版权所有者之后出现的未经许可的使用才属于法定侵权行为。禁令救济是指通常在具有侵权事实的情况下,法院根据原告的请求,裁定被告停止侵权,即停止对原告作品的使用。同时,法律也保护版权使用者的原创性劳动,比如对原作进行了改编和翻译且确实是创新性的,即便孤儿作品的原始著作权人出现,法院也应当允许使用者继续使用作品而非禁令救济,对原始著作权人进行一定的补偿。[②]孤儿作品的使用不具有排他性是因为在版权归属不明的情况下,作品使用者无法和作品权利人签订独占性使用协议。当然,以上五项原则属于指导性建议,不具有法律效力,美国、欧盟、加拿大等在处理孤儿作品问题

① 中华人民共和国国家版权局:《国际出版者协会和图书馆协会确立孤儿作品使用原则》,2007 年 7 月 3 日,见 http://www.ncac.gov.cn/chinacopyright/contents/519/20088.html。

② 周艳敏、宋慧献:《版权制度下的"孤儿作品"问题》,《出版发行研究》2009 年第 6 期。

上根据本国的社会和文化背景进行了不同的法律实践。

孤儿作品的另一项重要保护措施就是版权的集体管理。20 世纪 60 年代北欧版权法的改革,规定了延伸性集体许可协议(Extended Collective Licensing),允许版权的许可效力可以延伸到未被代表的权利人,代行的集体管理组织则向未被代表的权利人分配相应的版权报酬。在丹麦,著作权集体管理组织可根据"集体组织事先授权+权利人复出后付费"的原则解决孤儿作品问题,随后通过"勤勉地搜索"原则、"合理补偿"原则、公益性使用免责、对禁令救济的限制等办法结算权利人复出之后所产生的版权费用。2012 年,欧盟颁布了《孤儿作品指令》,勒令著作权集体管理组织负责孤儿作品的授权许可和收费,如果一时难以寻得孤儿作品的著作权人,使用者必须向管理孤儿作品版权的许可中心提交申请,获得许可后方能使用。对此,美国就有人提出政府建立孤儿作品数据库的方案,但是延伸性集体许可存在与否应当由市场和权利人决定,行业组织的自律性管理显然才是上策,政府可以与行业性数据库联合建立自愿登记的制度。出版行业自律的数字版权集体管理体制对于网络上的孤儿作品也有较好的管理功能,即行业性数字版权管理平台进行整理、编校、登记和授权。

对包括孤儿作品在内的数字版权进行集体管理的优势是多方面的,首先就是对著作权人的尊重和对作品原创性的保护。在互联网环境中,每个人都可能随时发布具有原创价值的内容资源,其中许多是非功利性质却具有一定的可利用性的,例如社群平台上的诗句、摄影、小视频等。数字版权的特殊性质导致著作权人作为一个个体在行使自己的权利时会有一定困难。在许多情况下,对于一名作者来说,面对海量的互联网内容资源,不可能完全知道自己的作品在何时、何地被何人使用,作为广告或是变为他人作品的一部分。如果数字作品中包含多项权利,有多种用途,而且空间分布广泛,集体管理组织在为作者和使用者双向服务的层面上比两者自行解决要有效、专业得多。相对地,对作品使用者或者数字出版商来说,网络资源是经过反复转载分享的,往往源头出处难以考究,完全不可能亲自联系所有作品的著作权人,以获得出版作品所需的权利。个人对版权保护的局限性,催生了其对专业著作权集体管理组织代办的需求。如果数字版权集体管理体系被确立,即便作者对自己的原创作品没有版权保护的概念,制度也会自动将作品纳入保护的范围之内,作为作者“隐形的后盾”。

保护版权的最终目的是版权价值的开发利用,这对于数字版权亦是如此,数字版权的所有权可以通过数字版权集体管理模式实现一定的交换价值。在集体管理的形态中,版权的内容不再受收益权限制,著作权集体管理组织代替著作权人进行版权授权许可与收费。如果是数字版权,权利人的收益需要通过交易流转才能变现,存在一定的成本,单一的权利人在其实现过程中工作复杂又困难重重。通过权利管理和受益分离的版权集体管理方式,著作权人可授权给集体管理组织对其所有的版权进行管理运作,通过给予使用者许可,由集体管理组织和平台代收利益并转交给权利人。通过数字版权管理平台的多种功能,作者不仅享受由他的智慧成就所带来的巨大利益,还可以拓展版权授权转让的途径,使自己更加专注于作品创作。数字著作权集体管理组织和平台是作者和使用者之间的桥梁,通过一定的授权合同得以固定和细化,用户登记注册即视作加入了数字版权集体管理的约定之中。同时,集体管理组织应尽到管理人员的义务,认真监管,并且采用收益最大化的相关措施,保障代管信托对象的合法收益权利。

社会文化需求不断增加,无论传统版权还是数字版权,实施版权集体管理是协调著作权人、传播者与公众关系的可行办法。著作权集体管理组织完全是著作权人与作品使用者之间的中间人，不能偏袒任何一方，既要努力保护著作权人的合法权益，又要努力将版权授权于真正需要它的使用者，真正发挥内容的价值。更进一步讲，版权集体授权普遍结果的好坏关系到整个社会文化生产的效率高低，著作权集体管理组织协调作者与使用者的权利，实际上是周转于版权的私人权利与社会公共利益的平衡。加强版权保护不意味着为了保护其权利不受损害而限制公众对作品的使用，优秀作品应在社会风潮中得到广泛的接受和认可。版权既受到法律保护，又通过有效的集体管理模式使各领域利益平衡成为可能，使作品所处的社会环境更加有序、合法。

在理论设想上，数字版权集体管理平台是一个可容纳包括文字、音乐、多媒体等多种形式的作品本身或是作品版权信息，能够提供版权作品查询、版权授权洽谈、版权在线交易、版权作品使用等服务，可保障注册用户对作品进行发布发行、阅读支付、分享传播等多项权利的"一站式"大平台。数字版权管理平台的主要功能包括接受授权、发放许可、分配报酬、代理版权官司纠纷、保护版权、促进版权进出口等。出版企业和著作权人在加入著作权集体管理组织时，本着自愿原则，一般默认签订授权与收益代办协议，同意其对版权进行管理，或者根据法律的强制性规范进行管理，还有的是作品的人身精神权利和财产权两种情况的结合。[①] 数字版权集体管理平台接受著作权人的授权，获得使用许可，然后与作品使用者协商作品的使用期限、使用范围，以及支付的报酬等事项并签订协议，将使用许可发放给使用者。平台将作品使用许可发放给使用者，同时向使用者收取费用作为支付给著作权人的报酬。著作权人和数字版权集体管理平台之间的关系属于信托关系，当被托管的版权遭遇法律纠纷时，平台有

① 湛益祥：《论著作权集体管理》，《法学》2001 年第 9 期。

权进行诉讼和仲裁。

根据数字版权管理平台的库式、索引式、工具式的种类差异，数字版权集体管理平台也可分为传统的著作权集体管理组织模式、单一权利结算中心模式、窗口授权服务模式三种运营模式。传统的著作权集体管理组织模式中，平台需要提供大容量的内容资源库，接受著作权人的授权后直接将作品转移至库内保存，代表著作权人向作品使用人发放授权使用许可证，并根据规定的条约向使用人收取报酬，然后将报酬分配给著作权人，并且代表著作权人处理版权的侵权诉讼。单一权利结算中心模式接近于工具式数字版权管理平台，集体管理组织只承担版权交易结算功能，由著作权人自行制定作品的使用许可条件和应支付的报酬等事项，集体管理组织根据著作权人所制定的授权条件和使用报酬核发授权许可，然后收取和分配使用报酬。由于多媒体数字作品的出现，多媒体作品的制作者同时需要向文字、音乐、影视等不同行业的多个行业性的著作权人或集体管理组织取得不同形式作品的使用权，为了提高多次交易的效率，就产生了为不同类型作品版权使用者提供一个能够集中获得授权许可的窗口授权服务模式，它是索引式数字版权管理平台的翻版，平台本身难以保存所有媒体类型的数字内容版权，以收录完整版权信息的目录索引支持使用者和作者之间的授权交易。

数字版权集体管理平台的授权流程主要分为用户注册、内容登记、申请授权、交易支付、收益分配（参见图 2－12），侵权申诉和管理监控贯穿于整个流程。

1. 用户注册。与所有的数字版权管理平台一样，首先需要用户在平台上进行实名注册登记。注册时需要同意相应的规章协议，即平台的数字版权集体管理细则，注册对象包括个人、企业和组织机构。注册实名的意义在于侵权责任人和版权受益人的清晰，实名数据可以保存在平台内部,用户之间仍然只能看到网名。

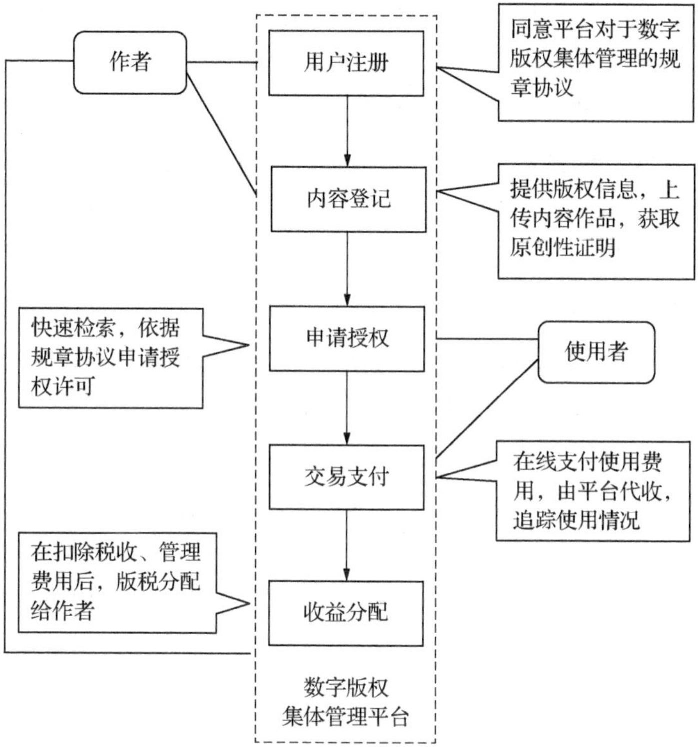

图 2－12　数字版权集体管理平台授权流程

2. 内容登记。内容登记就是用户上传作品内容信息以获取原创性证明,根据数字版权集体管理平台的功能类型差异有所区别。库式平台需要完整收录,因而平台要制定统一的标准格式对上传的内容进行加工,便于通过数据库和网络进行系统化管理;索引式平台则只需要用户提供详细的版权信息,以供平台制作完整索引目录进行数字化管理。

3. 申请授权。数字版权集体管理平台配以搜索引擎,使用者可以快速搜索目标作品,发出授权申请。平台的注册用户视作自觉加入了相应的版权集体管理约定,免除了反复的线下谈判,平台在受到使用者请求后会自动颁发作品许可证。平台化管理实现了大批量的版权使用授权。

4. 交易支付。平台作为作者的版权代理人,版权的使用者在线向平台支付费用,完成交易。数字版权集体管理平台能为作品版权使用提供统一的收费标准,降低了交易双方的交涉成本。收费的方式可以分为固定收费、比例收费和混合收费。固定收费即作品使用者按照使用作品的数量或者使用时长来支付固定费用;比例收费是使用者按照使用作品所获收入的一定比例付费;混合收费是在比例收费的基础上附加一个固定的最低费用。平台还能够对作品版权使用状况进行追踪和监控,及时获取作品版权的使用状况,甚至以明确的版权使用次数进行版税计算。

5. 收益分配。版权集体管理平台代替著作权人行使部分或全部经济权利,代为收取作品使用报酬,然后再对收到的报酬进行分配,在扣除运营管理成本的基础上,按照授权条约规定向著作权人支付版权使用报酬。版权集体管理平台的管理人员必须清楚海量作品的版权使用状况才能准确地向著作权人支付报酬。平台的交易结算系统根据分配规则将版税线上分配给作者。

侵权申诉和管理监控贯穿于整个授权流程。如果著作权人与著作权集体管理组织属于信托关系,那么当被托管的版权遭遇法律纠纷时,著作权集体管理组织有权进行诉讼和仲裁。数字版权集体管理平台的注册用户发现自己登记的内容在平台监管之外被使用的情形后,可以向平台申诉侵权行为,由平台设立的法律团队解决版权纠纷。另一方面,通过系统后台的数据监控,政府部门和管理人员可以通过数据库和网络平台掌控版权管理的各个环节,随时查询版权信息和作品使用状况。

现实中,自媒体数字内容版权的有效管理与授权使用亟待数字版权集体管理平台。数字版权集体管理平台的架构或是授权流程与自媒体版权管理平台非常相似，二者的功能存在较大的交叠部分。版权集体管理的原因是个人对于版权授权和保护的困难，这与自媒体版权境况是一样的，传统出版中的个人作品实际上也可以视为一种自媒体。但是与自媒体版权管理平台不同的是，数字版权集体管理平台是完全的版权中间人，对版权没有占有开发的权利，具有很强的行业公共服务性。可以考虑的做法是自媒体版权管理平台与数字版权集体管理平台的合作，在用户账号关联共享的前提下，自媒体平台作者将原创内容上传至数字版权集体管理平台登记，自媒体版权管理平台策划决定版权的授权对象，参与收益分成，数字版权集体管理平台仅作为资格认证和交易场所；或是任使用者自行选择版权，作者独立获得收益，自媒体版权管理平台不参与授权交易。像微博、微信、百度贴吧等自由度较高的社群平台上发布的数字内容，十分需要一个行业性数字版权集体管理平台用以登记版权信息，彻底整治自媒体版权使用乱象。

我国目前尚缺少以行业组织自律为基础、交易授权功能为主业的数字版权集体管理平台。我国的版权交易平台多为出版企业和维权公司建立，内容针对有限，影响力也较小。对于身份迥异的出版企业和作者个人，张小强就主张由“国家出面或者国家委托相关著作权集体管理组织来建设”[①]在线化的版权交易平台。但是，数字版权集体管理平台的局限在于，未在平台注册的作者、作品是否依法享有版权管理的权利，由国家出面委托行业组织建设平台可以有效配合相应的法律法规加以明确，把个人的著作权利上升为由国家公信力为支撑的公民权利。在数字版权管理相对混乱、不成熟的产业初期，与其交由市场缓慢竞争淘汰，国家正确的统一规划可以事半功倍。

---

① 张小强、田美芬：《自媒体版权的侵权、维权与治理》，《青年记者》2017 年第 6 期。

与集体管理和交易相对的是“弥散式”交易，是自媒体原创版权在线授权的另一种选择。“版权印”平台所使用的就是这种“弥散式”的微版权交易类型，即“将授权交易的入口植入各类媒体的网站、微信公众号、微博等内容发布平台上，媒体只需在发布内容的同时将‘版权印’的授权链接一起发布，就能获得一套完整的在线授权功能”[①]。当前在“版权印”平台注册的媒体用户超过10000家，它的基本工作原理是在原创作品中嵌入“版权印”标识（二维码、超链接、Meta标签、NFC），适用于数字报、微信公众号、新浪微博、新浪博客、今日头条、简书等媒体，通过内容中的“版权印”标识实现在线交易。“弥散式”版权交易平台是一种工具式的数字版权管理平台，自然缺失集中化管理的一些优势，例如全目录的索引、批量服务等，对孤儿作品“心有余而力不足”。所以，“弥散式”交易与集体管理存在结合互补的空间。

① 李婧：《版权印：自媒体有了“微版权”》，《中华文化报》，2016年1月30日。

第三章
面向社群网络的数字出版业态与版权运营模式

在数字版权管理平台的架构基础上，数字内容只有嵌入合适的运营模式之中，处于用户可使用的状态，出版商们才能真正实现盈利。根据数字内容的性质不同，以及出版商的主营业务差异，在面向社群网络之时，产生了与传统出版社、早期数字出版都不同的业态与运营模式，主要包括社群参与式的网络文学版权传播构想、学术社交网络资源重构与出版、基于互动分享的知识服务、教育资源重组与新型供给等。

第一节　社群参与式的网络文学版权传播构想与运营实践

我国网络文学发展至今已形成庞大的规模和完整的产业链，中国社会科学院发布的《2022 中国网络文学发展研究报告》显示，2022 年网络文学市场规模达 389.3 亿，同比增长 8.8%。[①] 网络文学版权传播的范围越来

① 中国社会科学院：《2022 中国网络文学发展研究报告》，2023 年 4 月 11 日，见 http://www.cssn.cn/wx/wx_xlzx/202304/t20230411_5619321.shtml。

越广，版权运营在产业收入中所占比重也越来越多。

网络文学的版权运营促进了版权传播，而版权传播模式的改变，又是版权运营革新的基础。网络文学版权产业的规模和争议是同在的，商业资本的盲目注入和文学网站之间的资源争夺加剧了现有秩序的不稳定性，版权开发在广度与深度上出现不平衡：涉及的主体、媒介、产业渐多，然而创意和策略却显得单薄。这也使得网络文学的口碑常处于“热”与“冷”的两极。只有对当前版权传播的新态有着清晰的认识，才能采取行之有效的运营策略，从而落以实践。社交媒体的在线社群重构了网络文学版权传播的版图，社群参与作为一种全新的视角，为网络文学版权运营提供了新的思路。

一、社群参与效应为网络文学版权运营创新注入驱动力

纵观全球文化娱乐产业，我国网络文学可以说是一枝独秀，没有哪个国家的网络文学——或者称之为在线创作文学能够像我国这般产业链完整、规模庞大。根据中国社会科学院发布的《2022 中国网络文学发展研究报告》，2022 年，包括出版、游戏、影视、动漫、音乐、音频等细分赛道在内的中国网络文学的 IP 全版权运营市场，整体影响规模超过 2520 亿元。[①] 自 2015 年被业界誉为 IP 元年以来，以影视、游戏改编为主的网络文学版权运营，愈发成为商业资本追逐的对象；单从受众影响力来说，版权改编的辐射范围甚至超过了网络小说的文本读者，把一部部网络文学变成每年的文化热点，比如 2015 年的《花千骨》《琅琊榜》，2016 年的《微微一笑很倾城》《法医秦明》，2017 年的《择天记》《三生三世十里桃花》；像《鬼吹灯》《盗墓笔记》《全职高手》这些网络文学作品，已经形成了可以

① 中国社会科学院：《2022 中国网络文学发展研究报告》，2023 年 4 月 11 日，见 http://www.cssn.cn/wx/wx_xlzx/202304/t20230411_5619321.shtml。

长期稳定开发利用的版权运营产业链。版权运营规模甚至成为一部网络文学作品是否出彩的标志。

尽管网络文学版权产业的规模不断扩大,但是与其有关的争议从未间断过。不光是网络文学市场的痼疾盗版问题,再者商业资本的盲目注入和文学网站之间的资源争夺加剧了现有秩序的不稳定性,产生了一些粗制滥造的文学文本和改编产品,让网络文学及其版权运营在人气和口碑方面始终处于"热"与"冷"的两极。当前,许多文学网站、出版商、数媒公司只是一味扩大网络文学版权运营的版图,图书、电视剧、电影、游戏、音乐、实体周边产品等无一落下,为了获取版权改编的利益,"急功近利",却只能通过"滥用流量小生""随意贩卖情怀""恶意博出位造势"等炒作营销手段吸引受众,不断增加版权运营的风险。这也折射出网络文学版权开发在广度与深度上的不平衡:网络文学版权运营所能涉及的主体、媒介、产业渐多,然而版权运营的创意和策略则显得单薄。对于那些本身具有很大开发空间的网络文学"潜力股"作品来说,用何种运营方式在作品质量和市场效益之间取得双赢,更是抉择的难题。网络文学亟待新的思路激活现有的版权运营模式,既能保证作品的改编水平和接受程度,又能最大限度地把内容转化为经济收益。

社交媒体改变了网络文学作品的传播模式,由其形成的用户社群作为重要的消费力量,愈发受到文化生产商的重视。凯度发布的《2017 中国社交媒体影响报告》指出:2017 年,社交媒体在各个年龄段(15—60 岁以上)的使用率均呈上涨趋势,尽管年轻人仍然是主要的使用者,中老年使用者的增速已经超过前者,"过去一年中新增的社交媒体用户以 40 岁以上人群为主"①。不仅是微信、微博、QQ 等专门的社交软件,具有社交

① 凯度:《2017 中国社交媒体影响报告》,2017 年 6 月 7 日,见 http://www.199it.com/archives/600059.html。

评论功能的生活应用、电商平台、直播软件（如大众点评、淘宝、斗鱼TV等）也从广义上拓宽了社交媒体的范围。社交媒体为网络文学版权传播与运营构建了一个全新的环境。首先，社交媒体具有庞大的用户基础，作为一种消费渠道，用户可以在上面阅读、购买作品和产品。其次，社交媒体的分享、评论、发布等功能使用户相互影响，易于出现以社群为单位的病毒式分享和集体消费行为。再次，网络文学改编作品常常会引起粉丝的巨大反应，例如影院包场、集会活动等，带动他人加入消费行列。最后，社交媒体作为交流的平台，为作者、编辑、制作、经纪人等资源的汇集整合创造了条件，对网络文学写作水平提升和版权运营机制完善均有潜在的促进可能。因此，在社交媒体改写网络文学版权传播模式的基础上，对版权运营进行针对性的创新，是值得文化生产者们积极试水的领域。

"参与文化"之于文化生产来说，更注重受众融入文化产品的生产过程和意义的构建，在这一层面上最终达到粉丝经济的商业目的。这意味着受众不仅仅是欣赏和评价，在社群之中，他们会对作品及其衍生产品进行定义和阐释、争执和维护、续写和补充，重新勾勒出他们认为并希望呈现的作品面貌。他们未必是在对生产者反馈，也许是私人性、小众化的自娱自乐，却是的的确确的参与。具体而言，这些参与行为包括官方路径下的小说阅读、影视观赏、游戏娱乐、周边购物，粉丝信件、在线打分、读者批评、微博互动、微信公众号推送、建立QQ群，各种签售会、读书会、展销会、联欢会等，以及剧情解读、文本创作、视频制作、游戏经验汇总、歌舞编排、绘图分享等社群原生内容产物。读者社群"参与"的结果在过去虽然存在，但是往往难以固化，费斯克（John Fiske）认为"它们或是在口头流传，或是体现在读者来信中，形成一种集体的而不是个体的反应"①。社

① John Fiske, *Television Culture*, Methuen, 1987, p.124.

群自发参与行为的规模庞大，以至于超越了作品官方的内容范畴，一些文本续写人和视频自制者还会在粉丝社群中享有极高的人气。尽管以作者为代表的作品官方往往希望拥有对作品的唯一解释权，但是考虑到受众参与背后巨大的经济效益，以及合理利用参与行为和参与成果对于作品水平和容量提升的可能性，他们应当对网络文学版权产业中的社群参与予以足够的重视。为受众打开参与之道，也是社交媒体的自我表达属性对文化产品生产者提出的要求。

将社群参与提高到网络文学版权运营的战略高度，本质上仍然是一种用户中心主义的商业理念。用户中心主义作为一种商业理念，至少可以分为三层：第一层，优化商品结构和交易形式，满足用户个性化的消费需求；第二层，Web 2.0 是社交媒体的时代，用户中心理念得到了更多出版商的认可，用户也因而拥有更加灵活多样的互动交流机制，例如微博、微信中的评价留言、分享转发、RSS 订阅、Tag 引导等功能；[①]第三层，网络文学版权运营中的社群参与是内容与用户精神面貌的契合，它是“发自内心”而非“数据提示”，能够充分反映用户的主动性、创造性。本质上说，三个层面都是从内容、技术、渠道、服务等各方面为用户提供最佳的阅读消费体验，但是网络文学作为一种精神文化产品，与一般商品相比，它必然会引发用户个人意志的外在投射。用户不仅可以便捷地读到好的作品，他们更希望能够在作品及其衍生产品中看到自己的身影，发出自己的声音，由此得以深入地沉浸到带有鲜明个性色彩、社群意识的作品世界。IP《全职高手》之所以能够异军突起，很大原因是小说的题材背景本身便是拥有巨大用户基础的电子竞技圈，网吧、战队、竞技是年轻网民用户既熟悉又陌生的内容；它的同名手游除了带领玩家重新体验小说剧情之外，

① 刘萍、望俊成、王亮、赵媛斌：《Web 2.0 环境对知识共享的影响分析》，《图书情报知识》2007 年第 6 期。

一定程度上还原了小说中的游戏《荣耀》，可以让玩家抛开故事享受游戏竞技的乐趣。这种“套中套”的游戏世界设定，极大地契合了用户深度参与的要求。但是另一方面，《全职高手》的粉丝屡次与其版权方阅文集团产生矛盾和冲突，原因多为粉丝感到阅文不能配合——甚至阻碍粉丝为偶像应援。针对小说人物这一虚拟偶像，有人认为：“虚拟偶像的最关键特征，就是粉丝投入偶像的创作和成长中去，产生巨大的参与感。”[①]尽管阅文有许多周边让粉丝花钱“供养”偶像，但是仍然无法满足粉丝过剩的热情，面对巨大的社群参与和粉丝经济趋势，其管理方式略显笨拙。

目前，从网络文学版权开发与社群参与的结合现状来看，版权的拥有者——网络文学网站与版权的改编者存在着巨大的断裂。像阅文旗下起点中文网允许读者以月票、打赏、讨论等方式与作者互动，在读者社群管理上可谓颇有心得；阅文集团现拥有超过 1000 万作品的版权，却将大量好作品的版权贱卖，其版权运营收益只占其总收入的 10%左右。2015 年底上映的电影《寻龙诀》改编自天下霸唱《鬼吹灯》，总票房 16.82 亿，“阅文集团却无法分得一杯羹”。[②] 相反，版权的改编者对广大受众，即读者、观众、玩家、听众、消费者乃至狂热粉丝并未从根本上给予重视，一味借助明星、名人、歌手、事件制造博人眼球的“噱头”。尤其是一些网络文学作品的影视改编，欲借着小说或是演员的人气快速获利，却因为制作质量低下反而影响了原著的口碑。小说《盗墓笔记》被多次授权改编为网剧、电影、话剧、漫画等衍生产品，不仅版权纠纷官司缠身，还因为改编者能力不足或是开发计划短浅，相关网剧、页游、手游制作粗糙，用户评价低下。所以，内容为王仍然是用户中心主义的核心，所有针对用户社群参与的版权

① 张家欣：《〈全职高手〉粉丝怒撕“经纪公司”阅文集团》，2017 年 6 月 1 日，见 http://chanye.07073.com/guonei/1623202.html。

② 鲍娴：《泛娱乐生态体系中的网络文学版权运营》，《中国出版》2017 年第 17 期。

运营设计，都应当紧紧围绕内容，走精品化路线。

二、社群参与式的网络文学版权运营梯级构想

社群参与对网络文学版权运营提出的要求，远远超出“用户反馈改变剧情走向”的传统认识，由于读者参与行为对作品意义的多样化构建，逐渐壮大为自主的甚至与原作方分庭抗礼的力量，形成一片与版权运营商的产业布局相对的版图，作者、出版商、运营商也不得不以此为基础重新审视读者的参与及创造，或将其作为重要的市场反馈，或将其视为可利用的出版资源。从结构来说，不管对于读者还是作者，内容核心概念永远是版权产业链的中心；现有的版权开发产业链则是内容核心概念下最主要的产品来源；读者的接受活动在版权产品传播之后，同时其参与行为中具有构建意义的批判、创作部分，正由隐至现，它们是版权开发产业链中非主流、非官方的产品源泉。官方产品和读者产品正如月亮的正反面，都是内容核心概念的具体表现，并且后者在读者与社会文化中的影响力越来越显著。由此，内容核心概念、版权产业链、读者参与和创造，勾勒出社群参与背景下网络文学版权运营的基本蓝图。

1. 作为版权运营中心的内容核心概念

网络文学版权运营将不再以现成的网络小说作为唯一的运营基点。一方面是版权运营对于制作投资的需要，较早地获得合作方的资金、技术支持有利于版权的全面同步开发；另一方面，由于受众范围的扩大，“只看电影不看小说”或是“只看小说不看电影”作为一种常态，能够拥有最庞大数量粉丝的是一种内容版权的概念，而非“一部小说”“一部电影”“一款游戏”。2014 年 8 月，纵横中文网作者方想的小说《不败王座》仅仅作为一个 IP 概念就被拍出了 810 万元的高价。从长远来看，在越来越成熟的版权运营模式的“护航”下，概念先行也许会是和读者选择同样重要的

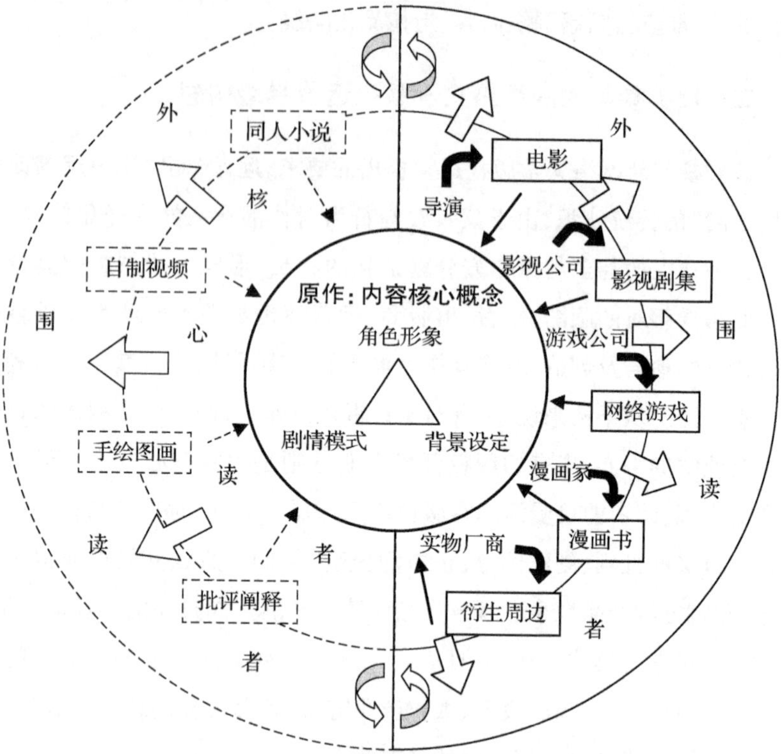

图 3－1 社群参与式的网络文学版权运营基本构想

人气网络文学作品生成法则。内容核心概念的形式可以是角色形象、剧情模式、背景设定，与 Tom 猫、Jerry 鼠的角色形象和《魔戒》的背景设定相比，我国网络文学长于剧情模式，类型文学想要吸引读者就必须在剧情模式上千变万化。例如言情小说的“多角虐恋”、盗墓小说的“大战复活僵尸”、武侠小说的“少年终成大侠”，甚至是遭人诟病的“霸道总裁爱上我”“玛丽苏”其实也有自己的读者市场。

内容核心概念是版权长期开发的必然要求，内容核心概念的深度决定了版权运营的广度以及粉丝社群的生命周期。《盗墓笔记》的版权产品十多年不断,粉丝社群稳固,不仅因为盗墓的剧情模式适合影视翻拍,角色人物吴邪、张起灵、王胖子的“铁三角”形象和逐步构建完善的故事历史背景也至关重要:分开而言,既能够发行带有人物形象的周边,又可以制作成探险解密类游戏;整体来说,人物角色和背景设定对于剧情的延续意义重大,《盗墓笔记》小说共 11 个故事,9 册书。一些宫斗小说的改编成为当年的“现象级”作品,除了小说细腻的宫斗剧情模式吸收观众,演员的出色演技功不可没;但同时也折射出角色形象和背景设定的软肋,版权运营周期短。我国网络文学版权运营若想像欧美版权帝国、日本 ACG(动画、漫画、游戏)文化那样形成持续数十年稳定的粉丝社群,在角色形象和背景设定上需要较多借鉴学习。

2. 版权产业链的生产主圈

版权产业链的生产主圈,就是我们通常见到的生产主体不断增加、产品形式不断多样的全媒体版权运营模式的主体架构。网络文学版权的拥有者文学网站主要以全版权 IP 入股、共同投资出品、系列工作室、反向 IP 定制四种方式,[①]将网络文学作品改编成影视、游戏、漫画、舞台剧、周边衍生产品等,形成完整的版权产业链。阅文集团在 2015 年推出“版权共赢合伙人制”,改变的只是出售版权的模式,与其他专业的开发制作团队合作,参与到整个版权的运营过程中。以动漫改编为例,由于中国的二次元市场并不成熟,阅文集团极力打造一种“全明星护航”模式,[②]将 IP 的授权改编、宣传发行统统交由行业最领军者负责。小说《择天记》动漫改编的总监制、制片人、动画制作、语言试听、后期制作、后期配音都交予业内顶级团队、知名人士负责。内容核心概念经由生产者主体,以多媒体衍生产

① 王潇墀:《网络文学版权运营分析——以“中文在线”为例》,《新闻传播》2016 年第 22 期。

② 刘锦宏、赵雨婷:《泛娱乐生态中网络文学全产业链生产和运营模式解析——以阅文集团旗下猫腻作品〈择天记〉为例》,《出版科学》2017 年第 1 期。

品延伸到受众圈层的路径越多、分支越多,即意味着粉丝社群的数量和规模越大。同时,不同媒体形式衍生产品的相关性、互补性越高,越容易使不同衍生产品的受众彼此转换,形成更大的粉丝社群。相反的情况是,网络文学原著和衍生产品差别过大,不满、批评的意见在粉丝社群中快速传播,粉丝产生相互抗拒的姿态,对于品牌积累和扩大消费是不利的。影视改编中的原著党和电视剧党就是改编幅度过大产生的粉丝群体分立,例如作品《花千骨》的原著党和电视剧党常常在百度贴吧社区中争吵,可以想见,未看过作品的人先看到两派的相互攻讦,对作品本身的期待自然受到影响。

3. 用户社群的外圈和参与创造的半边

在产业链圈层的最外围是数量最多的受众群体,靠近中央的是核心受众、忠实粉丝,远离中央的是边缘受众、普通用户。“内容核心概念—生产主体—作品—核心受众—边缘受众”的传播路径构成了官方期望营造的版权在社会文化中呈现的全部姿态,它包括内容的中心思想、具体作品和社会效应等。但是单向传播并不是当前版权运营的全部事实,即在官方的文本之外,还存在一个由粉丝社群意志产生的“元文本”,它是粉丝选取官方文本和自创同人文本的综合体,反映着大多数粉丝对于作品的理想化面貌。社交媒体是粉丝反馈生产者、讨论作品剧情、发布原创文本、发起集体活动的天然场所,与传统同人刊物、线下集会相比没有了出版和时空的限制,用户的主动参与行为必然更加活跃。

社群参与的形式是多样的,分类也不尽相同。例如,从渠道的归属来分,可以分为官方渠道和非官方渠道,前者以文学网站的读者评论区为代表,起点中文网上一些人气作品的读者留言达数百页并不罕见,后者主要是百度贴吧、豆瓣网、微博话题、QQ 粉丝群、微信粉丝公众号等公众社交媒体平台。按照互动参与的产物区分,可以分为对作品人物角色、剧情故事、背景设定的文本层面上的解读、讨论和批评，同人小说文本、自制视频短片、手绘图画等构成“元文本”的原创内容（参见图3－1）。如果以参与的人数为类，精英受众的个性化批评、创作和带有集群性质的消费行为、社会活动也是不一样的。

尽管“元文本”强调社群用户对内容文本的自决，但是这并不意味着社群用户的参与行为就必然是与官方对抗的。社群用户通过社交媒体的参与行为使网络文学作品及其衍生产品打上鲜明的粉丝烙印，其主题、人物、故事最终的文本意义和社会影响力得以重构。例如，上文提到的《全职高手》的主角叶修，粉丝不仅在微博话题榜为他庆生、热捧动画第一集叶修去过的杭州湖滨麦当劳，甚至以他的名义出资修路、捐助爱心免费午餐和图书，让叶修这一虚拟形象有了其他小说角色没有的现实社会意义。社群用户的参与行为与官方的版权运营传播路径呈反向，它从外部向内影响内容核心概念，与官方分享内容核心概念。

当前网络文学版权运营商对社群参与的重视普遍不够，社群参与如同月亮的背面一般，处于版权产业链的暗处；而“专业消费者”的存在，时常让社群参与的原创作品和参与产物达到与官方作品并驾齐驱的水准。例如哈利波特自制电影。在参与创造的半边中，越是靠近内容核心概念的忠实粉丝，其社群参与的力度越大，反之边缘用户相对弱势。

三、社群参与的广度与深度结合的运营实践

从社群参与式的网络文学版权传播入手，可以发现，版权运营的关键在于参与的主体广度与方式深度的结合。参与的主体，包括生产者、接受者和环境支持者；参与方式的深度，主要指依托数字技术、叙事模式与开发策略的创新，产生新型内容阅读和出版资源利用方式。参与广度与深度的结合，就是多方主体通过媒介融合、模式变革、资源共享等手段，提高

网络文学创作、传播以及版权运营的制作水平、参与精神和商业活力。按照文本创作、版权改编、发行营销的阶段划分，可分为传统创作和出版力量支持、前沿技术创新阅读体验、同人作品资源利用、跨媒体叙事开发策略、社群营销带动次级传播等五种运营实践。

1. 传统创作和出版力量支持

网络文学当前面临的一大问题就是整体质量不高，类型化有余而创新和深度不足。起点中文网上将网络文学作品分为玄幻、奇幻、武侠、仙侠、都市、现实、军事、历史、游戏、体育、科幻、灵异、二次元，每种分类下又分多种子类，分众阅读之势蔚为大观。但是每种类型的佳作难出，过于明确的作品定位和读者预设，反而制约了网络文学作品的深刻性和复杂性。除了东方玄幻、都市职场、校园爱情、游戏、宫斗类型出现了一些“现象级”的网络文学作品 IP，像军事、历史、科幻、现实等门类的优秀作品和版权产业，仍然多出自传统文学创作路径。例如谍战题材的《风筝》《北平无战事》《和平饭店》、历史题材的《大秦帝国》、科幻题材的《三体》、现实题材的《人民的名义》等，作者均为传统文学作家。究其原因，传统文学创作与出版机制和网络文学发布有着巨大差别：传统出版社出于口碑品牌和成本风险的考虑，会对出版作品的选择严格把关；网络文学的作者多为非专业的“草根”写手，他们在发布作品时文学网站一般不会有过多限制，“文学网站编辑的职业重点不在于内容把关，而在于签约作者，提醒作者更新，以及内容发布与推荐等”①。网络文学研究者禹建湘认为，网络文学的排行榜并非只是作品目录，更是“参与主体要广泛，形成读者、读者群、写手、写手群、编辑、编辑群的集合体”②，其实网络文学的创作也是一样，

① 周百义、胡娟：《出版集团开展网络文学出版刍议》，《编辑之友》2013 年第 5 期。

② 禹建湘：《产业化背景下的文学网站景观》，《中南大学学报（社会科学版）》2012 年第 2 期。

传统创作和出版力量也可以成为一种主体参与到网络文学创作与版权运营之中，正契合了社群参与对于参与主体广度的要求。

网络文学很早就开始吸收传统文学的资源。2008 年侯小强从盛大文学空降起点中文网担任 CEO 后，就采用 30 省作协擂台赛、韩寒与网络作家 PK 等方式吸引传统文学作家加盟起点中文网。此外，盛大文学还有一对一辅导、网络培训、编辑访谈、写作训练营、“新人主题写作季”等活动，发挥传统文学作家、专业出版编辑“提携”网络文学新人的功效；在文学批评方面，盛大文学用招募“白金书评人”的形式“招安”专业统文学书评人。创世中文网则采用网络讲堂、作家培训班、推荐作协等方式。文学网站的运营者显然意识到，网络文学如果一味依赖草根写手进行内容创作，瓶颈显而易见，必须从传统文学中汲取其向精品、经典发展的养料。

传统出版社的审核与评价体系，以及传统文学作家的专业技巧和人文精神，将成为网络文学产业健康发展的有益引导。积极参与网络文学创作与版权运营，对于传统作家和传统出版社也同样有所收益。网络文学每年向纸质书出版输送了大量新书种类，传统作家尝试网络写作亦是一种新的创作体验。像作家金宇澄在网上连载创作了《繁花》，其积极意义在于“不再迷信于个人的写作经验，每日根据读者的评语进行修改与审度，不断调整写作方向，无论在作品内容的厚重度还是消费者的交互体验上，《繁花》都为严肃文学的创作提供了一个新的模式”[①]。由于传统文学作家、传统出版社、专业资深编辑等越来越多地出现在社交媒体之上，在社群参与环境的渐染之下，网络文学与传统文学走向交融，后者将在网络文学的作品创作与版权运营中发挥越来越重要的作用。

2. 前沿技术创新阅读体验

网络文学中传统意义上的阅读体验，一般包括网民读者打开文学网

① 茅硕：《商业化背景下的网络文学发展现状与前景》，《科技与出版》2016 年第 10 期。

站获取小说资源的途径渠道、阅读浏览的整体界面、文字文本的编辑排版、可供查看和发布的留言评论、消费支付的手段方式等,以试图模拟、再现纸书阅读或是超越纸书阅读外在的形式为主,好坏主要取决于商家的服务意识。社群参与中的阅读体验,除了给读者提供优良的外在环境之外,强调为读者创造深度浸入网络文学世界、介入人物命运走向和主旨精神阐释的机会,读者能够在文学阅读中看到"我"。此时,商家的创新意识显得至关重要。在实体书和实体书店领域出现的多功能图书和复合型书店、体验型书店,就是一种刷新读者阅读体验的方式,尤其是后者甚至被视为将曾经颓势的书店行业带向复兴的不二法门。网络文学的优势正在于它生于网络、长于网络,它的在线阅读与出版机制相比传统纸质书出版,与新兴技术有着更强的贴合能力。对于网络文学阅读和版权运营来说,以技术为支持的数字化阅读体验,将大大提高读者用户的参与性,成为未来文学阅读的主流。在这其中,以 VR 技术和人工智能最为典型。

在当前的阅读市场中,VR 阅读是数字技术支持下高强度参与性阅读的一种代表。2016 年被称为全球的 VR 元年。在当年的北京图书订货会上,《大开眼界:恐龙世界大冒险》作为国内第一部 VR 科普读物与读者见面,阅读时读者仿佛身临侏罗纪世界,与恐龙近距离接触。VR 阅读对于网络文学也有着很高的适应性,读者从二维平面阅读进入三维世界,全方位调动视、听、嗅、触觉,与书中人物角色发生互动,"这种接触式'阅读'将能给读者带来一种'真实'的亲身体验和超乎寻常的'穿越'乐趣,从而更易于加深印象和提升理解力"[①]。在 2017 年 8 月举办的"网络文学+"大会上,《花千骨》《三生三世十里桃花》等网络文学影视作品已经试推出 VR 版供用户体验。网络文学的庞大容量和用户基础,技术与内容的结合

① 郑甜:《"VR 阅读"颠覆传统阅读模式》,2016 年 9 月 9 日,见 http://www.cssn.cn/ts/ts_wxsh/201609/t20160909_3196375_1.shtml。

也正契合了VR推广需要。随着VR技术的成熟和VR设备成本的降低，VR阅读作为网络文学作品的一种呈现形式，必然成为用户享受网络文学精彩内容的日常选择之一。

此外，人工智能同样能够从阅读形式和内容建构上为网络文学读者带来不一样的阅读体验。有研究者认为，人工智能在数字阅读中的应用场景主要包括“协助作者撰写文章”“代替人工进行校稿”“模仿某人声音读文章”“语音识别转成文字”“精准推送文章给读者”“即时、智能的名词解释”。[①] 2017年4月举办的“数字阅读+智能峰会”上，咪咕数媒与科大讯飞联合发布的人工智能语音合成技术，可以个性化定制朗读声音，体验“明星大咖为你读书”的感觉。交互式的人工智能，较多地出现在引导读者阅读，以说书人、出版商、资深编辑、书评人的形象出现。人工智能可以凭借大数据库，分析用户阅读习惯、兴趣喜好，选择作品和章节，甚至“量身定做”故事剧情。例如，微软人工智能“小冰”已经能够模仿人类创作诗歌《阳光失了玻璃窗》。也许在不久的将来，人工智能可以像“私人作者”一般为读者创作个性化的文学故事，与原作官方与粉丝社群的内容核心概念相互共享又相互独立。

新兴数字技术同样适用于网络文学版权运营的其他衍生产品，特别是一些交互类的影视欣赏和改编游戏，它们的中心理念都不外乎“身体力行+亲近内容”，调动用户的主动参与性，把分散的注意力重新聚集到产品上。目前，无论VR阅读还是人工智能，其生产和消费成本均过高，直接导致受众人群有限。因而有的开发商采用一般产品和技术加持产品并行发售的策略。但是随着技术的成熟，生产成本和消费价格必然向大众倾斜，数字阅读无疑面临革命的新态。网络文学版权运营商紧跟技术的风

---

① 陈永东：《基于AI及AR的数字阅读未来前景》，《数字营销》2017年第6期。

向，积极做有益的尝试，也是为下一轮出版转型未雨绸缪。

3. 同人作品资源利用

得益于专业制作软件的普及和社交媒体平台的发布功能，带有自媒体倾向的粉丝原创媒体和同人原创作品，从规模到品质都有大幅度增长。目前，网络文学的同人文创作多集中于文学网站的同人频道和百度贴吧，自制视频、影片多发布于B站，自制同人游戏则以橙光游戏网的文字冒险游戏为主。在粉丝社群中，围绕一些高产的同人发布者，又形成了若干“圈中圈”。一方面，当各式各样的自发性同人创作以非作品粉丝作为传播对象时，它们无疑起到了宣传推广和形象树立作用。《盗墓笔记》的女粉丝录制广播剧、剪辑MV、续写同人文、绘制漫画，声势甚至盖过原作。但是另一方面，同人作品和同人作者的涌现，消解了原著作者、文学网站的官方权威，造成了官方和粉丝社群的紧张关系。天下霸唱就因为反感同人创造，而不认可同人网剧《摸金符》。社交媒体时代，同人创作作为社群参与的一种有效手段，符合用户个性表达的需求，可以说是“宜疏不宜堵”。重塑官方与同人之间的关系，化同人为己用，能够为网络文学版权运营打开新的渠道。

将同人创作纳入商业化版权运营体系，作为版权开发的一种资源，从生产的角度来说，其优势体现在内容质量、版权成本、作者培养方面。首先，与从事多部版权改编的专业编剧相比，同人作者多年紧跟网络文学的连载，对作品背景、人物、剧情、思想的理解并不会亚于前者，非忠实读者难以驾驭超级IP的巨大容量，同人作品反而能够更加契合原作本身的设定和逻辑。其次，由于同人创作尚未形成商业运作产业链，作者身价和作品稿酬都较低，与动辄几十万的知名编剧薪资相比，以同人作品作为衍生产品的开发蓝本，能大大降低版权运营的成本。成本的降低意味着投资风险的减小，可开发数量的增加，在长尾效应的作用下，批量级的“小投入、小制作、小回报”比单一的“大投入、大制作、大回报”显得更为稳健。最后，网络文学是一种读者与作者相互转换的空间场所和文学生态，扶持同人创作商业化，可以加速读者向作者的转化效率，发现和培养优秀的网络文学新人。例如，南派三叔最早是《鬼吹灯》的读者，《盗墓笔记》就是他发表于百度贴吧的同人文。同人创作版权运营可以视作完全自主自由的粉丝社群亚文化与超级版权产业链之间的过渡，同时也是超级版权的孵化器。

在社群参与方面，同人作品本身贴近粉丝社群喜好，还原了粉丝社群对于作品的认知定性，也就更容易受到用户的认同。这种认同建立在官方对于粉丝个人付出和粉丝社群对作品意义阐释权的承认，粉丝创作同人作品怀着对原作的热爱，以同人作品为版权开发基础，是版权方对粉丝参与实践的正面回应。阿里影业前副总裁徐远翔认为，面对一部受到众人追捧的网络小说——甚至粉丝已经为其写下百万字的同人文，如果出版商给予这些同人作品足够的关注，助其出版成书、衍生改编，既是一种创新，也是对作品和读者的最大尊重。[①] 由于同人作品的受众主要是网络文学的忠实读者，当同人作品被版权方改编时，这些接受者的消费黏性也比一般接受者大，在此基础上的粉丝经济收益不可小觑。

同人创作版权运营一方面要求版权拥有者对于作品开放的气度和对于读者的重视，在理念上接受网络文学的文本意义是作者与读者共享共建的；另一方面，版权运营者与同人作者的合作共识需要专业的作者/读者服务结构加以制度化、常态化，增强同人作者对于版权运营者的信赖，构建一种和谐关系。像百度贴吧中的“申精”制度，就是一种社群自发的原创内容选拔机制，加之百度贴吧本身又是作品粉丝和同人创作的重要

① 娱乐资本论：《被阿里影业话题带热的“同人作者”到底是个什么鬼?》，2015 年 11 月 30 日，见 http://www.tmtpost.com/1483036.html。

聚集地,若能将网络文学同人创作的"精品"标签与一般"精品"帖子区别,辅之以编辑引导和读者评价体系,会使一大批优秀的同人创作脱颖而出。当然,合作的前提是管理方给予粉丝社群足够的尊重和自由,而非粗暴严苛的限制。粉丝社群的创作力还包括一些精美的绘图、自剪辑的视频、自编自导的短片、自录的歌曲等,同样适用于同人创作的版权改编。可以预见的是:随着社群参与在网络文学构建中的影响愈发显现,同人创作大规模进入版权运营的视野几乎是必然趋势,在这一方面抢占先机,就等于抢占了网络文学版权运营的先机。

4. 跨媒体叙事开发策略

跨媒体叙事原本是詹金斯总结提出的一种叙事策略,主要指"用不同的传播渠道,按照一定的系统性来讲述小说的各个元素,为的是创造出协调统一的娱乐体验;不同的媒介载体对故事的展开有其独特的价值"[①]。它的写作和生产实践其实早于理论而存在,作为版权运营的一种方式,常常与原著改编、续集创作相伴出现。具体来说,一般是在一部游戏、电影、小说取得巨大市场反响之后,版权方以不同于第一部的媒介形式制作续集或是前传。例如,故事的第一部是电影,第二部是舞台剧,第三部和番外是小说(参见图 3 - 2)。与同媒体的续集创作和同剧情的原著改编相比,跨媒体叙事更强调产品之间的关联性和文本的延展性,接受者必须通过不同媒体形式的作品中的信息碎片,拼凑出叙事者没有明说的内容和秘密。例如詹金斯在论述中所列举的《黑客帝国》,没有看过电影的人是无法打通其游戏产品的,没有玩过游戏的人,也无法全面理解电影的一些细节。从社群参与度角度来分析,它一方面要求接受者仔细阅读文本,观察作品中出现的每一个细节,不放过一丝一毫的线索;另一方面,粉丝社

① Henry Jenkins, *Transmedia Storytelling* 101.2007 - 03 - 22(2016 - 06 - 05),http://henryjenkins.org/2007/03/transmedia_storytelling_101.html#more - 1317.

群不单单是"喜爱的共同体",社群成了公共学习空间,社群的信息交换对于受众理解作品有着重要作用。如果接受者希望了解故事的全貌,不得不阅读、消费不同媒体形式的作品和衍生产品,难以分成所谓"原著党""电视剧党"和"游戏党",所有的受众用户被强制融合在一起,所有人都是"原著党"。因此,所有的作品和衍生产品都是面向所有的受众用户,在一定程度上创造了一个比一般原著改编版范围更广的用户群体。

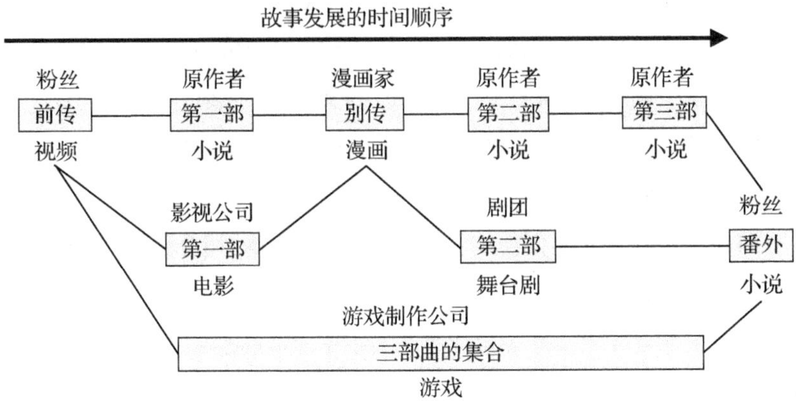

图 3－2　跨媒体叙事的作品生产序列

在跨媒体叙事的版权运营中,内容核心概念中的背景设定居于首位,故事所处背景世界的容量决定了版权开发的广度。在国外,通常是大型文化传媒公司掌握着内容核心概念的背景设定,将小说、影视剧外包给专业作者和拍摄者,给予他们一定的对于人物、剧情的创作自由,但又不至于违逆背景设定的逻辑。国内的情形往往是:开发商在拿到网络文学作品的改编权后,改编就成为其独立的行为,对于原作背景设定的弃置带来了许多人物性格分裂和剧情漏洞矛盾,引起粉丝社群的强烈不满。当前,虽然大大小小文学网站、传媒公司都提出了全版权运营的战略,但他们的"运营"无非是一种版权"出卖",而不是真正意义上的"运营"。正是面对这样“恶劣”的改编环境，小说《全职高手》的粉丝社群才会向阅文集团发出“不要改编”的诉求，小说《鬼吹灯》的作者天下霸唱才会对“面目全非”的电影改编提起诉讼。粉丝社群的口碑是累积与叠加的，粗暴“贱卖”版权“套现”的行为，只会使得粉丝与版权运营方的对立愈发严重，在社交媒体时代，这样的做法显然是不可取的，也不利于版权的长远开发。国外跨媒体叙事的成功运营案例对于国内的版权运营商当是有所借鉴的，像漫威、迪士尼、暴雪、型月等版权运营商能够在全球具有强大的文化影响力，与其对自己内容核心概念的珍视和衍生开发的谨慎有关。因此，在网络文学的版权运营中，作为版权“经纪人”的文学网站，除了需要善于发现有这样潜质的作品，也可以尝试与作者达成某种意义上的“协同创作”，在自上而下版权运营的半圆中保持内容核心概念的稳定。

回头再看网络文学创作本身，跨媒体叙事注重“用合适的媒介讲述相应的故事”，这正是当前网络文学创作面对读者市场难以达到的标准。为了不断吸引读者眼光、满足读者趣味，网络文学的连载创作被迫高潮迭起、悬念丛生，一些情节舒张的部分若使得作品的阅读量下降，对作者的压力是巨大的。连续高潮有时是以违背文学内在规律为前提的，乃至造成了网络文学普遍存在的浅薄、套路等弊病。因此，在真正的跨媒体叙事中，叙事的节奏应当是不同媒介相互配合的，在小说文本方面更注重文字的深邃性，更集中笔力抒写作者最深切希望通过文字传达的内容。同时，不同媒介的接受体验，反过来也可以加深受众的参与度，出于了解故事完整性的需要，观看电影、享受游戏也成为读者阅读小说的另类组成部分。

5. 社群营销带动次级传播

大众传播模式是由点及面的，传播经过的路线越长，效力就越有限。在社群参与中，核心用户能够作为版权方和外围用户之间的桥梁，自觉将改编作品的内容核心概念传向后者。社群营销带动次级传播，就是通过非大众向的、面向用户社群的营销，形成互动组团关系，再由他们向外围用户扩散，实现版权的再传播（参见图 3－3）。借助社群网络传播中的组群信任因素，达到更好的作品推介效果。例如，百度贴吧中一些 IP 类贴吧之间的"外交关系"，当某一 IP 发布重大作品时，该贴吧成员会到具有"外交关系"的贴吧中发帖宣传该作品，这便形成了次级传播。社群营销带动次级传播注重把资源集中投入核心用户的营销中，版权官方与核心用户建立长期的伙伴关系，寻找用户社群中的意见领袖作为其代理人。

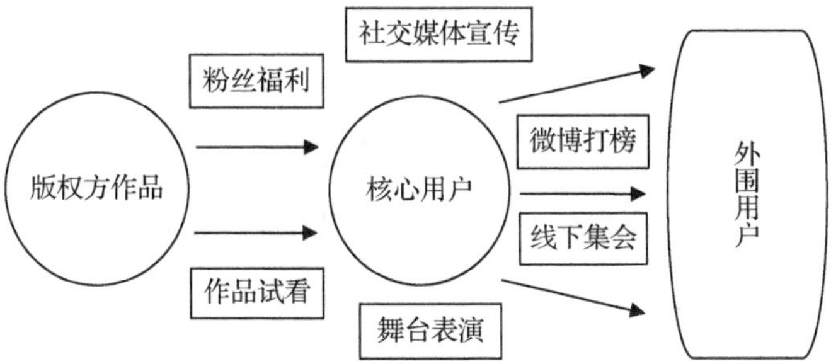

图 3－3　社群营销带动次级传播的主要方式

目前这种社群化的次级传播往往是粉丝自发的，但是版权运营者也可以有计划、可持续地对其进行组织引导。社群营销的具体方式有很多：作品的试看，比如漫威电影《复仇者联盟 3》在上海的首映（早于大陆正式上映 3 周）"刷屏"了当天的社交圈；以"粉丝福利"的方式给予特定读者群体优待，吸引外围用户加入核心用户行列；授权用户社群组织线上、线下活动，例如粉丝自发的 cosplay（角色扮演）表演、文学虚拟偶像"纹"上公交车等。总的来说，就是要用粉丝的"有爱"引起普通用户对作品的关注，扩大受众范围。① 同时，公众也会通过粉丝群体呈现的形象评判作品的价值。这一过程显示了亚文化被主流文化吸纳的途径。

---

① 邵燕君：《面对网络文学：学院派的态度和方法》，《南方文坛》2011 年第 6 期。

社群参与式的网络文学版权运营梯级构想仍是初级的,面对复杂的媒介融合现实,版权保护、资本逐利、资源争夺等问题依然突出。当前网络文学创作越来越鲜明的"共建"特征,意味着版权运营者与用户社群互动关系的多样化、多元化。除了文化与经济固有的矛盾,版权官方主导的写作方向、改编策划、专业制作与社群参与的集体反馈、原创作品、自我建构之间的平衡,以及合作模式下的利益分配,将会是今后网络文学版权运营研究与讨论的重点,运营者的服务理念和角色定位,需要更多理性、漫长的思考。

第二节 面向学者社群的学术社交网络资源重构与出版应用

学术社交作为互联网于 1969 年诞生的原初动力,就是为了方便大学教授们之间的学术交流。在发展过程中,针对学者的社交功能逐渐被淡化。直到 2008 年,研究之门(ResearchGate)重新提出学术社交的概念并成为第一款学术社交网络,使得面向学者的社交功能被单独平台化开发。在发展过程中,其他不同的学术社交网络纷纷涌现,如孟特利(Mendeley)、学术界网(Academia.edu),以及我国的壹学者、学术圈、答魔社区等。不同于大众社交的单纯社交目的和图文分享的简单社交方式,学者社交往往伴随着科研生产的全部过程,因此,学术社交网络会在社交基本功能上围绕科研过程开发出不同的功能模块,如文献资料库、成果分享、学术帮助之类。从出版的生产链视角来看,就是帮助学者进行成果学习、成果生产、同行联系、成果传播。从这个角度来说,学术社交网络当下的主要功能一是学者社交,二是学术出版。

从目前的学术社交网络的发展来看，学者社交功能和学术出版功能都不算太突出，反而是围绕着文献的学术资源分享功能成为其唯一的亮点。其原因在于作为一款面向学者的“新新媒介”，并未激活用户的社交活力，同时由于其用户活力并未激活，在出版方面的应用也受到限制。有鉴于此，需要对当下学术社交网络的运行现状进行梳理，进而对运行中存在的问题进行分析，提出建设学术社交网络的重构建议，最后对学术社交网络与出版的结合运用进行设想，以期为学术出版提供新的思路和方法。

一、“平台驱动型”的学术社交网络出版服务

当前学术社交网络建构的主要理念是“平台驱动，用户参与”。在学术研究中，学者以发表学术论著为学术生产的主要方式，具有数据搜集与管理、学术拓展与交流、知识获取与更新、成果评价与提升、知识出版与推介等多种需求。为了吸引更多用户，平台们围绕学者的需求基于“平台驱动，用户参与”理念分别搭建了各自的运营架构。这体现在提升社交可靠性、提供学术帮助、集成学术资源等方面的作为。这种“平台驱动，用户参与”的主动构建模式在为学者创造社交机会、提供学术帮助、方便学术资料获取方面发挥了一定作用。

一是推行实名制学术社交。当前的学术社交网络鼓励实名制注册，科研之友在个人主页登录页面就是不同的真实学者的论文。壹学者就在PC端首页贴出了各位著名学者的头像及基本信息，在注册时提倡实名制，不实名的用户有使用限制。实名注册内容包括真实姓名、所在单位、头衔、学科领域、研究方向、教育经历、任职情况、联系方式。认证时需要用户上传个人身份证件、和头衔有关的证书照片，充分保证用户资料的真实性。通过认证的用户会在头像右下角显示认证标记；平台还会自动搜取认证者在《中国人民大学复印期刊资料》收录的论文来“佐证”学者的

真实身份,作为一种高端的身份标签。实名制一反一般社交平台的用户隐私保护规则,营造了真实肃穆的学术交流氛围,杜绝了非实名制可能带来的非理性"狂欢",可以吸引一批学者。

二是开展学术帮助。学者们深耕本学科领域的同时,对相关领域的学术会议信息、著作出版等方面相对来说不太了解,对各种学术检索、数据调研、图表制作、调研方法、著作出版、成果推广等不太擅长。为学者们提供直观、快捷、方便的学术帮助是学术社交网络运营商考虑的一个切入点。壹学者推出的科研工具涵括了丰富多元的、有针对性的服务内容,以期增强平台在学术生活中的渗透性,加强学者对平台的依赖性。壹学者的科研工具包括:文献检索、学术资讯、思政荐稿、核心期刊、调研分析、课题分析、学术会议、学术文库等。可以看出,平台的学术帮助主要围绕知识的生产过程,具有很强的针对性。平台还搭建了网络社区,分为精选、话题、小组等三种空间模式,可以根据不同的学科分类创建小组,以期挖掘学者互帮互助的潜力。

三是提供学术资料。资料在学术研究中占有基础性的地位。学者要通过基础性资料搜集数据,还要通过阅读他人的成果,了解和吸收本领域最新进展,继而开展自己的研究。但是海量的资料占用了学者大量的查找时间。科研之友鼓励学者们上传自己的研究成果,其他用户可以通过平台直接下载这位学者的最新成果。在帮助学者迅速找到本领域的权威研究成果的目录、摘要及全文方面,壹学者有所着力。壹学者的学术资料主要是两块,一是人大复印库,这是建立在我国"四大索引"之一的《中国人民大学复印报刊资料》基础上的数据库。在人大复印库里,通过全文数据、数字期刊、报刊摘要、报刊索引、目录索引、专题研究等条块呈现了人大复印报刊资料的内容。二是核心期刊。通过部分试读+收费阅读的方式开放了一些其他人文社科核心期刊的内容。

二、转向“社群驱动型”的学术社交网络资源重构

作为面向学者的“新新媒介”，学术社交网络最大的问题在于用户的活跃度普遍较低。在一项对研究之门、孟特利、学术界网和学术圈四个学术社交网络上长江学者的使用情况进行的调查研究中显示，长江学者在四个平台中的整体注册率低，反映活跃度的文献上传率这一指标更是低。“有很大一部分用户仅仅因尝鲜试用了一下，而后便束之高阁。”①另一项研究以2017年研究之门平台的南京大学用户为研究对象，从用户活跃度、用户使用行为关系、用户合作网络等三个维度的用户行为指标进行了分析探究，发现来自南京大学的用户从总体上来看尽管呈现较为活跃的状态，但活跃度指数中一半以上的用户为0，高活跃度用户和低活跃度用户在活跃度上的极差巨大，说明大部分的用户处于0活跃度的状态，其高活跃度表象只是依靠几个高活跃度用户支撑。② 很明显，当前“社群驱动型”的运营思路有很大的问题。

学术社交网络的劣势极大制约了学术出版的发展，基于大数据和人工智能技术的学术热点追踪、用户行为分析、学术话题牵引、学术成果推荐等功能无法发挥真实的作用，影响力的大小自然也极大地影响着学术成果的及时传播。

针对这种情况，有必要通过扩大学术社交网络的用户数量、提升其用户活跃度来最大化学术社交网络的出版应用价值。可以借用亨利·詹金斯曾在《文本盗猎者》一书提出的“参与式文化”的概念来解决此问题。

---

① 张耀坤、张维嘉、胡方丹：《中国高影响力学者对学术社交网站的使用行为调查——以教育部长江学者为例》，《情报资料工作》2017年第3期。

② 耿斌、孙建军：《在线学术社交平台的用户行为研究——以ResearchGate平台南京大学用户为例》，《图书与情报》2017年第5期。

根据亨利·詹金斯对“参与式文化”的定义，这种文化更加注重给用户搭建“自由、平等、公开、包容、共享”的沟通空间，用户可以在这一空间平台中和志同道合的人一起挥洒智慧，创造“媒介文本”，生成新内容。如果把普通社交网络上的包括博文、评论、提问、回答、网文作品等“用户生成的内容”看成是大众的“创作媒介文本”，那么对于学术社交网络来说，学术社交网络上的一些文本，如评论、提问、回答、学术成果等就是学者的“创作媒介文本”。社交网络之于普通大众等于学术社交网络之于学者社群，学术社交网络需要积极构建“学者参与式”的平台，要激活学术社交网络社交活跃度。具体路径上，按照“扩容社群—激发表达”的思路，用“社群驱动型”理念对平台进行重构。

用户社群是学术社交网络得以激活的首要因素，第一需要做的是扩容用户社群。从当前的学者人数来看，学术社交网络的用户红利还远未得到吸纳。根据教育部公布的历年《教育发展统计公报》以及全国博士后管委会办公室公布的历年博士后进站人数，每年进入科学研究领域的人数呈增长趋势（参见表 3－1），即将达到百万级，而我国科技工作者数量在 1 亿人左右。2018 年，按折合全时工作量计算的全国科学工作者总量为 419 万人年，[①]已连续 6 年在全球各国中居首位。我国用户最多的学术社交网络科研之友的注册用户仅达到 250 万，仅占科技工作者总量的 2.5%。[②]可见我国学者的可挖掘用户极多。目前需要对学术社交网络进行扩容，才能激发学术社交网络的最大价值。在具体做法方面，可以从软性吸引和硬性注册两个层面着手。

---

① 谷业凯：《我国科技实力实现历史性跨越》，《人民日报》，2019 年 8 月 5 日。

② 许志敏：《提高我国学术社交网络的国际传播能力——基于 ResearchGate 与“科研之友”等的比较研究》，《科技与出版》2018 年第 7 期。

表 3-1　2009—2018 年我国硕士生招生、博士生招生、博士后在站人数统计(万人)①

类别	年份									
	2009	2010	2011	2012	2013	2014	2015	2016	2017	2018
硕士生招生人数	44.90	47.44	49.46	52.13	54.09	54.87	57.06	58.98	72.22	76.25
博士生招生人数	6.19	6.38	6.56	6.84	7.05	7.26	7.44	7.73	8.39	9.55
博士后进站人数	1.01	1.06	1.15	1.25	1.37	1.50	1.67	1.82	1.80	2.16
合计	52.10	54.88	57.17	60.22	62.51	63.63	66.17	68.53	82.41	87.96
同比增长率		5.34%	4.17%	5.33%	3.80%	1.79%	3.99%	3.57%	20.25%	6.73%

一是基于 C 端的软性需求建立起业务。为满足学者对资料的需求，通过集成海量的优质内容和信息完成以学术文献、学术信息管理为核心的资料式建构。如研究之门集中了美国国家医学图书馆期刊文献检索系统、电气和电子工程师学会文献系统、引见者文献系统(CiteSeer)、经济研究论文系统(RePEc)、生物医药中心文献系统等索引数据库;学术界网集合了克劳斯瑞文献系统(Crossref)、微软 AS 系统(Microsoft AS)、艾泽夫文献系统(ArXiv)等索引数据库。由于海量资料的存在,学者们不得不通过注册去获取相关资料。学术社交网络自身的兴起,也是基于 2008 年以来开放存取运动在欧美等国的兴起。其目的就是通过学者的资料分享以获得用户的注册,进而产生流量。我国的壹学者也可以归为这一类。

为了吸引更多的用户,学术社交网络运营商可以在集成海量数据方面

① 数据资料来源于中华人民共和国教育部、全国博士后管委会办公室官方网站公开资料。参见中华人民共和国教育部:《教育发展统计公报》,见 http://www.moe.gov.cn/jyb_sjzl/sjzl_fztjgb;全国博士后管委会办公室:《各年度博士后研究人员进站人数统计》,见 http://www.chinapostdoctor.org.cn/content/details55_660.html。

着力。我国的出版机制是一种基于行政归属的主管制，自身是一种由政治资本支撑的文化资本。运营商可以通过争取政治资本支持，或者效仿国际出版业巨头利用经济资本的做法，聚拢出版单位游散的文化资本，形成文化资本力量，满足学者对优质学术资料的需求，同时开展知识服务，继而吸收大量的用户，以数据带动流量，在世界学术社交网络竞争中取得优势。

二是基于B端为核心建立起服务平台，进而让B端的机构来刚性要求各自的员工加入学术社交网络。像科研之友主打2B的运营策略，与15万余家科研机构进行了合作，类型涵盖高校、研究中心、企业、协会、医院等，极大地增加了用户数量。而像钉钉这样的社交APP一旦获得单位的认可，便成为单位全员需要加入的平台。

学术社交网络运营商可以从这一领域入手。当前，数字化已经成为不可逆转的潮流。从外部环境来说，国家出台《中国制造2025》《国务院关于积极推进“互联网+”行动的指导意见》，数字经济进入政府工作报告，以及2019年，我国数字经济总量超31万亿元，占GDP比重达34.8%并将持续增长；从内部技术条件来说，物联网、云计算、大数据、区块链、5G等技术驱动企事业单位数字化。基于此，数字化营销、数字化客户体验、数字化运营、产品服务等领域将成为今后企事业单位数字化的着力点。[①] 学术社交网络的运营商面对科研院所、高校、医院等科研人才聚集的B端，将大有可为。学术社交网络运营商一方面可以针对这些单位的数字化环节制定合适的解决方案，提供企业内部的数字化运营方案，像当前的钉钉和企业微信都是致力于为各企业内部的数字化运营服务，以此吸引用户注册。另一方面，可以针对学术出版商，提供完善的OA出版平台聚合。当前我国学术期刊的OA出版往往采取自建门户的模式，资源分

---

① 工信部：《数字经济规模占GDP比重超三分之一》，见 http://www.xinhuanet.com/video/2019-12/27/c_1210413997.htm。

散,用户需要注册各个不同的平台。学术社交网络运营商如能针对各学术期刊,进行集成式 B 端平台建设,可以吸引大量核心的学者用户。

在吸收用户的基础上,学术社交网络要激活用户的活跃度,激发成员互动。其思路是满足学者的交流需求。保罗·莱文森认为“新新媒介的固有属性是使个人的表达最大化”,意思就是社交媒介的属性是让用户进行表达,以充分释放用户在社群中的表达欲望。学术社交网络对于学术圈来说,就是一种“新新媒介”,是学者的一种新的社交方式。[①] 激活社群成员表达,就是激活用户创造内容的积极性。

但是当前学术社交网络鼓励的实名制在一定程度上限制了学术社交的活跃度。其包括欧美和国内的很多主张实名制注册、在首页也彰显实名制的社交网络。实名制的一个好处就是可以通过著名学者身份的彰显来吸引对其仰慕或者有诉求的学术圈人士进入。但是实名制亦是一把“双刃剑”,实名制给学术社交网络的用户——学者贴上了真实的身份标签。实名制营造了学术社交网络的学术性和严肃性特质,但无形中给一些准学术新人造成了学术社交壁垒。学术社交网络账号只是真实学者身份的延伸,学术社交网络成了现实学术圈的翻版。学术界有自己的人际交往方式,如师承关系、学术会议同行、编辑作者关系等,往往是基于一定的熟人关系。学术社交网络需要用户真实认证,从这个意义上来说,其就是现实人际关系的网络版平移,只是把平台变成一个陈列个人真实学术身份的展架,学者们很难抛开真实身份去进行交流。很多不成熟观点和非正式话题无法在学术社交网络进行表达和交流。如果说把学者大致分为两类:意见领袖型学者(主要是在自己专业领域具有特色、带有一定规模的科研团队的学者人群)、学术新人(包括刚刚毕业进入科研单位的人

---

① 保罗·莱文森:《新新媒介》,何道宽译,复旦大学出版社 2013 年版,第 49 页。

群和预考研考博的人群)。那么由于实名制,学术新人偏于不去将自己的问题公布到学术社交网络。在实名制的阻碍下,学术社交网络恰恰失去了最具活力社群成员的自创内容。现有的学术社交网络通过实名制,试图通过给现实制造网络上的翻版来吸引学者抛弃现有的线上沟通渠道(微信等社交网络),转而使用学术社交网络,这一思路恰恰阻碍了自身的发展。如果一个社群缺乏用户的相互沟通,那么它将沦为用户头像的展架,迟早会落满灰尘。

学术社交网络需要在营造"异质性"沟通的环境上下功夫,以激活不同受众之间的沟通。罗杰斯(E. M. Rogers)把沟通个体之间相似度高的沟通称为同质性沟通,把相似度低的沟通称为异质性沟通。尽管同质性沟通在提升沟通效率上发挥了很大的作用,然而,"同质性沟通虽然加速了扩散的过程,但也限制了扩散的对象,创新的扩散必须透过某种程度的异质性沟通"①。异质性沟通具有一种特殊的信息潜力,在传递创新信息方面起着非常重要的作用,在创新的扩散上比同质性沟通要重要很多。如果说原来的实名制学者之间的沟通具有"同质性"的话,那么理想型学术社交网络需要在"异质性"沟通环境方面着力。米哈伊尔·乔尔内认为"学术的交流方式可以分为正式交流过程和非正式交流过程"②,这种"异质性"沟通就是对非正式交流过程的加强。

一是不鼓励实名制 ID 认证。ID 的实名制使得学术社交网络恰如显示社交的翻版,用户碍于自己的真实身份,无法畅所欲言,最终使得平台的活跃度大大降低。资历较浅的科研人员对学术社交网站的使用更为活跃。③ 像

① E. M. 罗杰斯:《创新的扩散:第五版》,唐兴通、郑常青、张延臣译,电子工业出版社 2016 年版,第 326 页。

② A. H. 米哈依洛夫等:《科学交流与情报学》,徐新民等译,科学技术文献出版社 1980 年版,第 49—61 页。

③ 张耀坤、张维嘉、胡方丹:《中国高影响力学者对学术社交网站的使用行为调查——以教育部长江学者为例》,《情报资料工作》2017 年第 3 期。

小木虫考研社区之所以可以获得持久的人气，就是在匿名制下，准学术新人可以不断发问，通过匿名用户之间的互动激发社群的用户积极性。

二是对学者的话题进行适当引领。建设社群主导型的学术社交网络，除了要释放社群的社交活力，在供给侧改革传统的资源分享方式，变主动提供为解决需求，还要注重在平台中通过制造话题，激发社群成员开展讨论。以微博为例，其主要运营模式让用户来生产每日的话题，通过分享、评论、点赞等方式实现热度的延续。在这种用户制造内容的模式中，嵌入一些话题模块，以热门微博、热门视频、热搜榜、热门话题、头条文章等来激发用户对这些话题的参与。学术社交网络要制定针对用户特点的话题，当前中国正前所未有地站在世界的中心，随之产生了一系列由我国主导的全人类共同关注的主题，如“一带一路”倡议、“人类命运共同体”、体现中国装备制造业顶尖成就的“大国重器”、中国力主推动的全球治理和国际减贫、中国科协发布的 60 个重大科学前沿问题。

三是加强意见领袖型学者与学术新人之间的沟通。通过发布高校研究生招考计划、博后计划、夏令营计划等交流机会，学术社交网络公布自己的团队招募计划（包括招考信息），为学术新人提供加入团队的机会，提供学术咨询帮助；以“学者进校园”、学术讲座等线上线下互动融合的方式，活跃学术互动氛围，形成意见领袖型学者+学术新人并存互动的意见沟通生态场，激发社群的活力，形成充分的异质性沟通局面。当前，学者网在这方面有所着力，它在首页就公布学术快讯、招生招聘、会议征稿等方面的信息，为学术新人和学者之间进行沟通搭建了渠道。

四是加强学术新人之间的沟通与交流，主要目的是加强学术新人们的话题讨论。有两种模式可以借鉴，其一是参考小木虫的学术论坛模式。小木虫是国内著名的考研论坛，主要面向有考研、考博需求的准学术新人。学术社交网络可以将这一模块嵌入，实现学术新人们的交流互动。

其二是参考万维书刊网的模式。万维书刊网主要是向学术新人提供交流书报刊投稿心得的机会。两种模式的目的在于使得用户通过匿名的方式建立起自由的交流氛围,通过提问解答、资源分享等方式实现了用户充分的互动。

三、借助社群参与效应增值学术出版价值链

从生产的角度来说,学术出版是一种由学者创造内容、出版机构把关内容、发行机构归档分发内容、学者阅读内容的过程。在学术社交网络中,社群成员高度集中,社群力量在内容生产者汇聚、出版产业链覆盖、沟通去中介化这些方面都具有很强的优势。

内容生产者汇聚的人力优势。出版活动是人的活动,整个出版生产链的参与者主要是具有相当学历的用户。我国学术社交网络深耕各自领域,并已经积累了大量的用户。壹学者面向人文社会科学领域的学者开展科研服务,其用户注册量在百万左右;科研之友运营策略是面向机构和面向个人并重,目前已经与 15 万余家科研机构进行了合作,类型涵盖高校、研究中心、企业、协会、医院等科研单位和部门,注册用户有 250 万;答魔社区成立于 2016 年,以研究之门为对标企业,主打科研答疑、论文分享、科研资讯、数据服务,目前所汇集的科研人员有将近 30 万个,集中于生命科学、细胞生物学、医学等领域的博士及以上学历人群。如前所述,每年进入科研机构的人近百万。这些人不是学术生产的创造者,就是把关者,抑或是评审者和消费者。利用学术社交网络去建构出版平台,可以找到出版生产链各个环节的参与者,具有强大的用户社群优势。

沟通去中介化的时间优势。学术出版和其他生产活动有一个共同点,就是需要把人和人进行衔接,进而实现沟通交流。这种沟通交流能否顺畅实现的关键在于沟通的渠道是否打通。学术社交网络就是能把出版

生产链的各个环节打通，实现“去中介化”的效果。科研活动的原材料提供者、过程管理者、成果生产者、把关者、消费者都以虚拟在线的方式同时集中在学术社交网络上。不同环节的参与者集中在一个平台中，平台成为唯一的“中介”，大大缩短了学术生产各个环节的沟通对接成本。“找钢网”就是找准了钢业受制于交易环节过长这一痛点，提供了“在线撮合”①服务，缩短了交易环节，节省了大量交易成本，从而获得市场认可，其于2012年成立后，在短短6年内便于2018年上市。这种“去中介化”的交流环境，产生了“使市场交易摆脱了对空间上的邻近中介及其传递交易的依赖性，可以直接将任意的两个位置或场所连接起来”②的效果，大大节省了可信赖合作方的寻找与出版过程中的沟通时间。

由于学术社交网络在出版方面的用户优势和渠道优势与学术出版生产链具有高度的契合作用，将极大提升出版价值链。具体从学术出版的沟通协同核心和生产链的上游、中游、下游等环节进行提升（参见图3－4）。

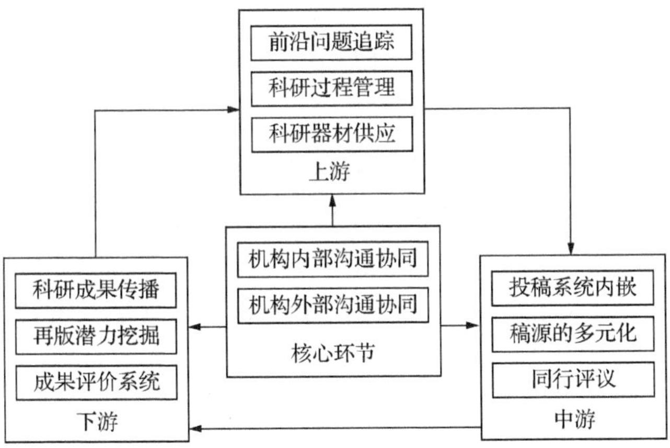

图3－4　学术社交网络的学术出版价值链增值示意图

① 吴兵：《找钢网：链接钢铁产业链的一切》，《互联网经济》2018年第7期。
② 张兆曙：《“互联网+”的技术红利与非预期后果》，《天津社会科学》2017年第5期。

1. 作为核心的沟通协同增值。社群驱动的学术社交网络的最大要点在于打通沟通渠道。所以沟通协同成为重要的核心功能。对于科研机构来说,其包含内部的沟通协同场域和外部的沟通协同场域,学术社交网络需要在这两个沟通协同方面做好服务。

内部沟通协同。主要面向平台入驻机构的内部沟通,实现信息的内部交流。像阿里巴巴、腾讯等互联网巨头已经在机构的内部沟通协同方面有所布局,分别推出了钉钉、企业微信提供机构内部沟通协同服务。同时,通过嵌入OA办公系统,实现办公的管理规范化和信息规范化,降低科研机构运营成本。以浙江大学为例,其就在钉钉内嵌入了全套的OA办公系统,浙江大学数万师生仅在钉钉内就能实现几乎所有的在线办公和授课。

外部沟通协同。主要面向机构之间的沟通协同,实现信息的对外交流,为不同机构之间搭建可以联系的平台。用户可以方便地将来自本机构外的诸如学术资讯、论文链接、科研过程等一系列科研生产数字化范畴内的信息直接推送到内部沟通协同系统内,而无须进行页面的跳转,实现更快捷高效的信息共享。同时,在学术社交网络内的跨机构在线协作,如成果外审、学术会议、在线讲座、在线招聘等也可以实现。

2. 出版生产链上游的增值。出版生产链的上游是学者进行学术生产的环节。学术社交网络面对学者进行运营,需要在帮助其开展学术研究方面做好工作。可以从前沿问题追踪、科研过程管理、科研器材供应等方面进行增值。

前沿问题追踪。理想化的学术社交网络是学者群体进行充分交流的平台,他们上传自己的学术成果、科研数据,并进行充分的学术讨论。学术社交网络可以通过大数据技术对资源下载、文章上传、话题热度等学科数据内容进行分析,帮助出版单位制定选题计划。像“中国人民大学书报资料中心”发布的《2019年度中国十大学术热点》就来自壹学者的数据支持。[①] 而学术出版机构可以根据学术社交网络的大数据追踪前沿问题，进而获得自己的选题方向。而孟特利在帮助科研人员跟踪行业研究趋势方面有所着力。

科研过程管理。学术生产是学术出版的始发环节，帮助好学者进行学术生产将提升出版的质量。随着数字技术在科研过程中的应用，科研过程的全程数字化管理对物联网、5G、云计算等技术要求非常高，目前在中国知网上有关于这方面的论文非常少，可见是一个具有较大难度和潜力的领域。随着这些数字技术的成熟，远端的实验过程管理成为各科研机构的科研着力点。像华东理工大学运用云计算设计了“具有较好开放性和可扩展性的过程控制云实验平台，将现有的一些分散的不同形式的远程实验资源更新为虚拟化共享资源池，从而构成统一管理和调度的实验云”，已经实现每学期3000余人次开展远程实验教学。[②] 因为实验过程有极大的个性化特点，所以学术社交网络如何在实现科研过程管理的数字化中，提炼出兼具个性化和普适化操作的平台，是这一领域的难点。

科研器材供应。科研器材是学术生产的材料来源，学术社交网络可以在这一方面提供相应的服务。科研器材的交易按照器材采购价格水平分为自采和招标两种方式，前者是一种B2C的模式，后者是一种B2B2C的模式，但是其源头都是科研机构。学术社交网络可以建立以需求端为中心的，或是按照自采模式建立B2C式的网上交易平台，或是按照招标模式建立B2B2C式的招标服务网上交易平台，吸引供应商进驻学术社交网

---

① 光明日报理论部、学术月刊编辑部、中国人民大学书报资料中心：《2019年度中国十大学术热点》，《光明日报》，2020年1月10日。

② 王华忠等：《基于云计算的过程控制远程实验系统》，《实验室研究与探索》2015年第4期。

络。由于有区块链技术的支持，学术社交网络内的交易将具有透明、高效的特点。

3. 出版生产链中游的增值。出版生产链的中游是出版机构的把关和编审过程。出版机构需要进驻学术社交网络，在稿源寻找、作者投稿、专家审稿方面着力。

投稿系统内嵌。投稿环节是学者进行成果从产出到公开的重要环节。我国学术期刊的投稿方式各有不同：有完善的数字化投稿系统，有邮箱投稿、纸质投稿等方式，呈现出散而乱的特点。即使有的学术期刊有数字化投稿系统，作者和评议专家不得不在不同的投稿系统中进行注册，填写相同的个人信息内容，像基于腾云期刊协同采编系统、勤云采编系统的不同期刊系统之间就并未打通这一用户注册阻隔。对于编辑来说，也需要跳转平台去查询作者的相关前期成果。繁复的操作使得学者和编辑工作量大增。学术社交网络设置的投稿系统将打通信息阻隔，极大地简化作者、评议专家、编辑各方的工作时间。同时，学术社交网络可以嵌入大数据应用模块，为科研机构和学者个人提供精准的投稿指南、审稿专家推荐、一稿多投检测等服务。建于学术社交网络之中的投稿系统将比其他采编系统更为集约化与智能化。

稿源的多元化。稿源来自不同的学术生产者。学术社交网络存在于互联网空间，凌驾于国与国之间的地理隔绝，使得不同国家的作者可以汇聚于此。借助学术社交网络，出版机构可以轻松联系到学术生产者。所以对于出版机构，尤其对于学术期刊机构来说，来自不同领域、不同国家的专家学者可以迅速与实现对接，获得更多元的稿源。当下的跨学科研究是学术界热门的研究路径，出版机构在学术社交网络找到合适的作者，进而约稿，实现自身质量的提升。

同行评议。同行评议是学术界保持“纯粹性”的重要机制，也是学术出版把关的关键环节。传统的同行评议人是在出版机构的社交圈内进行筛选的。由于出版机构自身社交圈的有限性,无法将人选范围扩大到更为庞大的学者圈,而学术社交网络一旦获得大量的学者用户之后,出版机构就可以通过大数据筛选,仅仅在学术社交网络内部实现评议人的筛选,所筛选出来的人可以为内容价值、学术规范、成果前沿性判断方面提出专业意见,同时也避免了传统学术评议方面出现的"熟人评议"可能带来的学术腐败。在一些OA学术期刊的编校过程中,已经开始尝试通过吸收科学社群参与到论文的评审中。

4. 出版生产链下游的增值。出版生产链的下游包括成果的发行环节,决定着成果的传播范围和后续反馈。所以这一环节可以从发行、再版、评价等方面进行探讨。

科研成果传播。传播是科研生产的最终环节。基于学术社交网络所建设的学术文献阅读服务平台可以实现更快捷的传播速度和更广泛的推送范围。在这方面,学术社交网络有较多的建设经验。如前文所述的研究之门和学术界网的系统和数据库建设;壹学者的主要运营商是我国"四大索引"之一的《中国人民大学复印报刊资料》主办者——中国人民大学书报资料中心,拥有独特的学术地位,并且不断开拓资料库,收录其他核心学术期刊的论文。这些学术社交网络主要提供论文文献的阅读服务。基于学术社交网络的学术文献阅读服务平台可以拓展其他的学术资源,如图书文献资料服务平台、图书销售平台、图书借阅平台、科研数据出版平台,建设一站式的各类文献资料在线取阅服务。

再版潜力挖掘。出版机构通过再版实现旧资源的新价值。学术社交网络中搭建的学者社群往往是基于同好聚合。不同于大众出版,很久以前出版的学术著作往往在很长一段时间后也被读者所需求。但是经过漫长的时间,有些图书已经很难买到,所以学术著作的再版往往是出版机构利用著作盈利的第二次机会。如何获得需要再版的图书信息成了关键。为了获得绝版的资料，学者们以学术资料分享为目的，组建社交组群或者社区，如微信群、QQ 群等。用户通过加入各种组群搜求绝版的学术著作和古籍。学术社交网络整合了大量活跃的用户之后，可以搜集组群内学者需要的相关信息，通过大数据技术对其中学者的需求进行分析，获得具有再版潜力的图书。多年前的一份涵括了 150 本人文社会科学领域专著的"绝迹好书"书单通过书友群传播，获得了 10 万+的阅读量，而其中的不少作品，在近年已经陆续重版了。①

成果评价系统。成果评价模块是成果出版后的一种后发式评价方式。学术社交网络可面向海量的学术人群建立学术论著评价平台，比如豆瓣图书，建立论著的页面，包括出版信息、内容简介、短评、获取渠道、相关论著、评分等内容，然后把成果推送给相关领域的学者专家，发动社群的学术评价能力，给成果做出中正客观的评价，同时，填补专业论著社群评价这一市场空白。而当下学术评价领域的"代表作制度"或许可以通过此办法得以建立。

我国政府在推进数字化方面的力度前所未有。《中国制造 2025》《国务院关于积极推进"互联网+"行动的指导意见》明确提出了"促进制造业数字化网络化智能化"的要求，在宏观层面上把大量科研人员进行数字化学术生产纳入了国家的政策。自 2017 年起，"数字经济"连续进入政府工作报告，将数字化作为党中央国务院持续推动的大计固定下来。2017 年的《大数据产业发展规划（2016—2020 年）》指出，推动大数据深度应用，促进大数据在包括科研、出版领域中的创新应用，更是启发众多科研和出版单位在数字化方面发展朝着生产链的各个环节深化。2019 年 11 月，中

① 理想国 imaginist（微信公众号）：《2020 年初的 150 本"绝迹"好书》，2020 年 1 月 28 日。

国政府冲破重重阻力，实现 5G 技术的正式商用，为全社会的数字化发展助力。学者作为将实现全部在线的群体，其用户人口红利还远远未被“吃”尽，学术社交网络在当下需调整战略，把握好这一契机，为学术界提供好出版服务，发展自身，在学术出版领域方面将大有可为。

第三节　基于互动分享的知识服务版权模式

人类文明的传承离不开知识的传播与共享，传递知识向来是出版业的职责与使命所在。于知识本身而言，其作为一种抽象的思维产物离不开特定的传播媒介，反过来媒介的变迁也会影响知识的表达方式。在口头传播时代，信息转瞬即逝，难以被固定下来，因而传播的范围也十分有限。印刷文明出现之后，大规模、批量化的生产传播成为可能，知识被印刷商以一种标准化的文本形式记录下来，建立起相对完整并且成体系的知识谱系，从而塑造了人们全新的知识结构与思维模式。进入电子传播时代，有形的实体媒介不再是知识分享的唯一选择，围绕知识的生产传播、利用方式也更加灵活。尽管介质不同、内容各异，但出版的本质始终在于以一种更合适的方式将有价值的知识传递给更多人，近年来不断兴起的知识服务正是这种追求的集中体现。

知识服务作为一种商业形态已初具规模，成为出版热点所在。近年来，以“得到”、知乎、分答、喜马拉雅 FM 付费音频为代表的各类“知识付费”产品在互联网兴起，展现出“知识服务”在市场方面的巨大潜力。2016 年被称为知识付费元年，互联网用户对于知识付费更为接纳与理解、移动支付更加普及且便捷、版权环境逐渐改善和优化，在诸多因素的共同作用之下，在线知识付费迎来井喷式发展。艾媒咨询发布的相关资讯显示,2021年中国知识付费市场规模达675.0亿元,较2015年增长约42倍,预计2023年市场规模将突破1800亿元。[①] 知识服务作为一种全新的知识共享传播模式,对出版业的转型升级与创新变革具有深刻意义。

一、社群参与成为知识服务升级的重要推动力

互联网的迅速发展使得信息交换的频率大幅度提升,知识的体量也与日俱增,但在无形中催生了人们对于知识的焦虑。在瞬息万变的信息社会中,内容的无穷性与时间的有限性是一对永远存在的矛盾,对于知识的焦虑不仅在于如何获取自己需要的知识,更在于如何在有限的时间中吸收知识。曾有研究者归纳出五种知识服务模式,分别是知识资源数据库模式、知识获取终端设备模式、社交媒体知识分享模式、开放式知识众编模式和知识付费订阅模式。[②] 伴随知识生产利用的效率越来越高,用户的能动性越来越受到重视,以往传统出版业一对多的撒网式知识传播模式已经不再适用,知识服务的逻辑正在从传播者主导转向受众中心主义。基于相似知识需求、兴趣爱好、价值取向的人们更易组成社群,影响知识服务的传播效果。因此,在知识分享的基础上,知识服务的转型升级离不开对社群力量的吸收借鉴,社群参与正在成为知识服务的重要推动力量。

首先,社群参与改变了知识分享的传播模式。不断普及的社交媒体日益成为一股举足轻重的文化力量,对人们的消费决策施加更为广泛深入的影响力。凯度发布的《2018年度中国社交媒体影响报告》指出,社交媒体的整体生态趋向多元,越来越多的中国消费者对社交媒体所带来的

---

① 艾媒咨询:《2022年中国知识付费行业报告》,2022年5月16日,见http//baijiahao.baidu.com/s? id=1732971555412050773&wfr=spider&for=pc。

② 郭亚军、刚榕限、黄圣洁:《大数据环境下数字出版知识服务主要模式研究》,《现代情报》2018年第11期。

积极影响表示认同。积极影响指数在2017年是79.8，这一数字在2018年已经上升至80.6。人们越来越认同社交媒体能够帮助自己做出更好的购物决策，多元化的用户，多样化的平台、个性化的用户群体以及多元化的消费需求，都将成为中国社交媒体行业的发展趋势。[①] 老牌社交媒体巨头如微信和微博的渗透率已相当高。报告也指出，不同平台的KOL(Key Opinion Leader，关键意见领袖)分化程度不一，以发展最为成熟的微信和微博平台为例，仅有泛娱乐品类的KOL能够实现与粉丝达到较高水平的交流互动。由以上报告内容可见，社交媒体对民众生活的渗透率已达到相当高的程度。社交媒体改变了知识服务的传播模式，其诞生之初就已被注入平等的互联网基因，知识不再是少数人的特权，习得知识的方式更加自主，个人可以根据自身需要选择适合自己的知识服务，并且充分利用碎片化时间，实现随时随地为自己充电，这也是对现代社会竞争加剧的一种回应方式。

其次，社群参与能够最大程度实现知识的价值变现。从社群的本身构成基础来看，社群成员之间具有不同程度的同质性，分享相近的兴趣爱好，社群的建立过程也就意味着对潜在消费对象的初步筛选凝结，为后续的精准营销提供前提。技术赋权使用户从原子化的分散个体转向组织化的社群，个体在社群互动中获得情感归属与价值实现，由此建立起社群内部的信任依赖。麦克卢汉曾经指出，新媒介的诞生将会催化出全新的文化现象，对人们的思考方式也产生深刻影响。在互联网未诞生之前，知识获取受限于单一的线性文本，崇尚理性，学习活动具有某种程度的被动与消极。如今在互联网的迅猛发展之下，在线学习平台的井喷式发展成为现实，人们获取知识的途径更加多元，更加注重场景需求，体现出用户中

---

① 郭敏：《2018年凯度中国社交媒体影响报告》，2018年11月7日，见https://cn.kantar.com/媒体动态/社交/2018/2018年凯度中国社交媒体影响报告/。

心的特点。在获取知识的同时,个体对娱乐、消遣、释压等需求也不容忽视,这些知识性需求背后也附加上了众多个性化需求。知识本身就是一种文化资本,通过知识的生成与分享,社群成员可以形成自己在社群内部的威望与影响力,将文化资本转化为社会资本。当这些知识内容作为生产要素进入生产环节之中,最终以经济资本的方式呈现出来。由此可知,社群成员之间可以通过协作互助,来促进资本的流通转化,最终为知识的价值变现提供便利。

最后,社群参与有助于实现知识生产的可持续输出。纵观当下的知识服务平台,以 UGC 产出为主的各大主流知识服务平台大多面临内容同质化、优质内容生产难以持续、用户复购率增长有限等运营难题。知识服务涉及多元主体,针对知识本身的深度加工固然必要,但除此之外,对于知识生产者与知识传播者以及用户个体的关注亦不容忽视。诞生于互联网商业经济中的知识付费平台在一开始就离不开社群力量的支持,在推介知识付费产品时,借助 KOL 背书、激活社群人际传播等手段来吸引消费群体已是众多知识服务平台深谙的手段,用户不仅仅是付费方,也是营销推广的参与者,甚至是内容生产者,社群运营能将个体力量进行整合,继而为知识分享的各环节重新赋能。知识服务依赖于分享行为,其传播途径不再是线性单向的,而是以人为传播节点,围绕知识分享形成网状连接与架构,为用户提供精准的知识付费产品与后续服务。通过借力社群网络,知识服务将扩大传播与变现的渠道,为内容的可持续生产提供破解之道。社群参与作为一种全新的视角,意味着社群力量将全方位地参与知识分享的内容生产、传播营销与反馈互动等系列过程。

社群参与实现了人与人的实时互动连接,用户参与成了知识生产传播中的活跃因素,形成知识场域构建过程中的新动力,有望成为知识服务升级的重要驱动力量,为知识服务下一步谋篇布局提供重要推动。

二、知识服务的链式升级

知识付费行业如今进入高速车道，所涵盖的品类愈发丰富，推出的知识服务产品更加体系化、趋向成熟。从知识服务的供应端来看，知识服务本身正处于发展完善的过程之中，主要体现在多样性的知识服务产品和多元化的市场竞争主体两方面。伴随社交媒体的不断深入发展，知识服务的玩法更加多样，但万变不离其宗，对于用户需求的敏锐观察力始终是知识服务的重要基石。

1. 垂直纵深的知识服务需求

目前知识服务市场上的产品大多走小而精的路线，从而满足用户的个性化需求。大致可分成以下具有典型性的三种类别：第一类是付费课程。这些涵盖各行业、各领域的知识付费课程近年来层出不穷，课程体量大小不一，体系化程度高，制作门槛也相应较高，需要长期的精心打磨，生产周期比较长，实时互动性相对薄弱一些。第二类是“讲书”服务。通过将书籍要点进行拆分讲解，将原本复杂庞大的体系化知识转化为相对浅显易懂的产品形式，为处于“信息焦虑”中的用户提供便利。不少知识服务平台，如喜马拉雅 FM、懒人听书等相继推出名牌讲书栏目，邀请明星讲书人解读经典书籍，制作了类似《得到·每天一本书》《采铜·好书精读》《孙思远·精读全球好书》等栏目，知识付费中的用户并不只是为知识付费，同时也是在为知识的解读服务付费。可见，知识在二次传播中具有广阔的变现空间，原创知识的潜力是不可限量的。尽管这种知识服务产品具有良好的发展前景，但是这种解读式的知识服务背后涉及版权问题的模糊地带，关乎原版作品的许可问题。第三类是知识问答。知乎、Quora等问答社群都遵循此种模式。此类知识社区通常会推出实时活动，用户在付费之后进入某个话题的讨论之中，由意见领袖进行主持和回答。问答模式的优势在于个体针对性强，有利于知识社交关系的建立与沉淀，但建设门槛较低，知识内容的质量参差不齐。

知识服务主体呈现出多元融合之态势，知识服务活动由单一的出版单位内部完成，转变为多个主体协同合作，呈现出“大出版业”的态势。[①] 以“得到”、知乎、吴晓波频道、樊登读书等为典型代表的互联网平台，在创立之初便推出知识服务，并借此开始发家，各自的内容定位都有所侧重。另一类是基于主营业务对知识服务领域进行垂直布局的跨界玩家，此类平台玩家在看到知识付费的红利之后，立足自身的主营业务优势进行垂直跨界。此举不仅能完善自身的业务生态，同时也能释放内容价值，实现价值变现。比如喜马拉雅 FM 和网易云音乐最初提供音频和音乐服务，之后渐渐凭借原生优势进行声音领域的知识服务布局；又如宝宝树、脉脉、Keep、下厨房、马蜂窝等社交平台，广泛覆盖了商业、求职、健康、母婴等多个行业，对现有知识服务业态进行补充的同时，也极大拓展了知识服务对垂直领域的覆盖能力。一些流量平台也嗅到了知识服务的商机，纷纷搭建起独立的知识服务平台，比如网易公开课、爱奇艺旗下的爱奇艺知识。

内容垂直细分是知识付费发展的内在要求。浅尝辄止的好奇式消费无法为用户带来价值满足，知识服务要想留住用户，根本上还是得深耕内容资源，以知识价值打动消费用户。知识付费产业建立核心优势的前提是要实现内容质量的全面升级，满足用户垂直纵深的多元需求。目前国内一些头部平台对于质量的控制把关已经日趋重视，比如喜马拉雅 FM 深入参与知识服务的课程打造，在前期的课程定位、内容设计、体系构建等方面投入大量精力，在精加工、严要求的理念支持下打磨产品质量，赢

① 万安伦、胡晓、王剑飞：《论 5G 时代虚拟出版的发展进路与盈利模式》，《出版科学》2020 年第 1 期。

得消费者青睐。再以知乎推出的私家课程为例,在课程推出之前,主讲人会反复推敲授课细节,和产品制作团队就选题可行性与执行内容进行商定与完善,严格把控各环节,生产出质量过硬且干货满满的知识产品。知识服务的主体不再是传统的出版社,在线平台的崛起打通了知识分享的各个触点,形形色色的知识汇聚于此,对知识的加工与分类是必不可少的重要环节。知识服务不仅仅需要优质内容作为保障,也要以产品思维进行深加工,在品控标准上、服务运营处下功夫。

提供垂直纵深的内容服务是对用户多元需求的积极回应。知识的内涵与外延在数字时代不断被更新,知识服务也因此正在向更丰富的细分领域拓展。传统出版产业积累了大量知识资源,在以往的出版生产活动中,往往遵循着单向度的线性流程,知识内容被封存在印刷物之中,追求标准化和规模化生产,从而实现更大的盈利空间,是典型的制造业逻辑。但数字技术打破了传统出版业的单一线性价值链,将知识用户的消费需求放在首位。用户的消费需求不再局限于对某种实体的迷恋,而是基于知识本身的个性化服务。用户需求"逐渐从知识信息内容简单的量的占有向稀缺性、定制化的方向过渡"①。与此同时,以往那些过于个性化而无法受到重视的需求,通过互联网的传递与放大效应,完成了某种程度上的同类聚集,形成了不容忽视的长尾市场。知识服务需要转换思路,由制造业逻辑转换为服务业逻辑,聚焦用户的多元化、个性化需求,提供最有价值的知识服务方案,帮助用户实现对知识的理解、吸收与内化,这也意味着知识服务往往不是单次的,而是要求知识服务提供商与用户建立起长久的、值得信赖的良好关系。

---

① 黄先蓉、张窈:《我国出版社知识服务转型的内在变化与传统版权制度冲突的思考》,《科技与出版》2020 年第 2 期。

2. 圈层化社交的传播体系

数字技术的进步与知识生产的变革,为知识传播赋予了全新的动能机制。在前互联网时代,知识作为一种稀有的文化产品常常遵循以知识领袖为起点的单向传播路径,用户位于知识传播的下游,难以实现真正的主动性。传统出版遵循固定的出版流程,知识的生产不可避免地带有一定滞后性。知识从生产端到读者端的传递依赖出版者的推动,读者往往只能被动接受,难以发挥其能动性。从传播的有效性来看,源自出版商的内容宣传难以准确到达读者,这种广撒网式的大面积传播成本高且效益低。如今,社交媒体即时传播与多元互动的特性实现了对用户的技术赋权,从用户出发的传播路径构建成为可能,用户从以往被动地接收知识,逐渐转变为主动地搜索和获取知识。同时,围绕知识内容开展的互动与分享成为知识扩散传播的重要动力,私人化、内省式的学习正在向公开化、协作式的知识吸收转变。

为了实现知识内容的有机整合与高效分发,知识服务趋向于构建圈层化的传播体系,并以社群效应为核心实现受众的聚集与扩散。着眼于知识从生成加工到传播吸收的全过程,可以由内至外梳理出知识服务的三维圈层,分别是以价值共创为核心的内容圈层、以整合增值为旨归的服务圈层和以互动共传为依托的推介圈层。圈层之间彼此联动统一,共同推动知识服务的有效铺展,以社群为中心实现知识服务的效益最大化。

以价值共创为核心的内容圈层,其内涵体现在内容创造的全民性转向。出版社作为典型的内容资源提供方,拥有大量且优质的存量资源,若单纯以传统业务进行内容输出,并不能发挥出内容资源的优势,因而也无法满足日益增长的个性化知识需求。另一方面,知识的实时更新成为一种常态,增量知识的更新速度非常迅速,出版社的内容生产存在滞后性,难以契合用户瞬息万变的动态性知识需求。因此,以价值共创为核心的内容生产方式即意味着将多元主体纳入生产场域之中,建立起面向知识创造的价值认同体系,将存量知识的重塑与增量知识的培育并举,双管齐下。在一个知识社群内部,成员间有着基本的角色分工,知识 KOL 引领知识创作,产出优质 PGC,普通用户的点赞、浏览、转发、评论等行为不仅仅反映了个人的喜好,更蕴含着各自对知识的渴求与期待,对内容生产有着重要的指导与借鉴意义。与此同时,UGC 成为一股不容小觑的内容资源,草根力量的内容制作水平依靠技术与媒体的赋权,甚至可以与专业制作水平相匹敌。对于出版社而言,布局知识服务,不仅仅是将已有的存量知识进行加工转化,也要加强内容版权资源的运作,为更多草根创作者提供可以二次加工的内容资源,以更完善的方式加强内容资源的利用与更新,以价值共创的方式吸收多元化创作力量,更有利于知识服务资源的共享与互促。例如知乎社区在垂直细分领域之下开辟多个话题栏目,用户可自由进行知识分享,交流各自的观点,碰撞思维火花。用户自主选择"顶"或者"踩"来表明自己的态度,得到社群用户认同的高赞回答会被官方推荐至首页,进一步激励用户的创造热情,完成社区内部的价值共创。

以整合增值为旨归的服务圈层,强调的是出版社从内容提供商向知识服务运营商的转变。知识变现,强调的不只是内容本身的价值,在海量信息中如何快速筛选有价值的内容、为用户提供精准的个性化知识服务成了最具有价值的一环。纵观目前的知识服务领域,内容方、技术方、平台方等多元主体共同入场,以存量内容见长的出版商在技术与平台上处于劣势,但在内容把控与选题策划方面有积累优势。对知识服务运营者而言,内容资源是开展知识服务的重要基石,更是版权开发利用的根本起点。对于内容资源的开发利用成为制胜之门,服务能力和服务质量将成为真正的壁垒所在。传统出版业若始终拘泥在制造业的生产逻辑之中,仍关注内容的批量分发而疏于服务的个性定制,将会面临被淘汰的风险。

从知识付费向知识服务的转变，虽然本质都是知识变现，但前者强调以单次交付的形式完成知识产品的售卖，重心仍放在知识产品的分发上，并未完全摆脱制造业的逻辑束缚。后者将落脚点放在“服务”二字，愈发强调以服务取胜，不再满足于知识产品的单次交付，而是引导用户建立起长期的信赖关系，最终形成可持续的消费习惯。许多知识服务平台在售出课程之后，没有跟踪用户的学习与吸收行为，用户体验难以真正落地，长此以往，势必影响到口碑。因此，随着社群组建的盛行与内容价值的回归，知识服务的盈利空间更多将转向内容运营与服务升级，在对核心内容的精心布局基础上挖掘细分领域的用户社群流量，最大限度地发挥知识生产与发布的作用。例如英国卫报所打造的知识服务平台 Guardian Live 专注于核心内容的 IP 化运营，尽可能地延伸社群服务产业链，挖掘更大的流量缺口，组建了三类付费会员社群——“支持者”“好伙伴”“老主顾”，拉近社群成员彼此之间的距离，建立一种平等分享的社群氛围。与此同时，为了增强数字内容的清晰度、可读性和可理解性，Guardian Live 充分利用数字出版开放共享的技术优势，推出 Guardian Crosswords 新闻机器人，本质上是基于作者资源所开发的一项人格化产品，内容的生产与发布趋于同步，更能满足用户对即时信息服务的需求。[①]

以互动共传为依托的推介圈层，呼吁的是解放社群用户的自传播能力，将其作为官方引导的宣传力量的重要补充。技术赋权下的用户拥有了难以想象的传播潜力，成为一股不容小觑的潜在洪流。从入口端来看，当前社交媒体日益成为人们获取信息的重要渠道，基于情感与互动体验的传播方式越来越被人们接受，这不仅大大增加了传播效率，也在很大程度上拓展了知识传播扩散的边界。基于相同或类似知识需求的人更有机

① 郭靖雅：《内容付费时代数字出版与知识服务的协同共赢研究》，《出版广角》2018 年第 19 期。

会被吸引到一起，志趣相同、兴趣相似的人更容易聚集成社群，这也契合了麦克卢汉提出的“重回部落化”的预言。于社群内部而言，伴随社群规模的不断扩大，自上而下的社群管理模式已不适应于日益扩大的社群用户，因此需要知识服务商构筑起一个面向学习者的互动交流空间来加强用户彼此之间的交互感。需要注意的是，这个空间并不是封闭的，社群成员可以通过对内容的推介吸引外部成员的加入，比如对优质内容的转发点评，借助其他社交媒体平台的二次宣发来吸引新用户加入，又如用户将自己的创作内容通过多渠道进行展示，从而表明自己的立场、观点、智识与兴趣所在，在无形之中也是对该知识社群的一种有效宣传。知识服务正在变以往自上而下的单向管理为官方引导与社群自治相结合的管理模式，更易引起关注。赞的多少从侧面反映出分享内容的受关注程度，高赞回答也会被社群用户自发转发到豆瓣、微博、朋友圈等其他社交平台扩大影响力。

诚然，用户的分享行为可能会涉及版权问题，比如“百度文库侵权门”爆发的导火索是“免费阅读”“众传资料”的无序传播，在内容免费的狂欢浪潮中背离了对知识的尊重与对版权的敬畏。因此对于知识服务商而言，极有必要制定一套有利于维护知识创造和知识分享之间动态平衡的秩序规则，这不仅涉及平台与创作者之间如何平衡利益，更关乎社群用户之间的分享行为如何被规范化。数字技术的进步不断降低传播复制的低成本，知识服务平台在做好侵权风险防范之余，正在积极探索发展多层次、多形式的版权合作与分享机制，对内容转载行为做出明确规定，使得用户的互动共传行为走向规范化与有序化。

3. 重反馈互动的服务链延伸

出版其实是对知识的一种社会化运作，而盛放知识的容器决定了知识的呈现方式，也随之影响到人们对于知识的感知与吸收。数字时代下的知识产品正在不断颠覆承载知识的容器,知识的传递方式正在进行着迭代与更新,从以往实体形式的书籍纸张,到数字形式的内容迁移,再到凭借技术革新出现的诸如音频、视频等媒介融合的全新形态,不断涌现的知识产品为知识的呈现方式提供了更多样的可能,在对内容精心打造的基础上,服务链的长度也在不断延展,媒介融合的程度也在不断加深,跨界合作成为新的大势所趋。出版不再是传统出版商一家独大的垄断生意,跨界玩家正在积极布局知识服务领域,围绕知识内容的服务链延伸成为新的盈利增长点。

当知识的流动性增强,成为一种更为灵活的资源,知识服务新增了两个突出的盈利点。其一,内容加工环节,即围绕知识资源展开策划与运作,从而更好地找到所契合的用户。其二,衍生服务环节,即开发系统的知识服务,从而更好地留存忠实的用户。如果说前者满足的是用户的即时性需求,后者则是使用户消费行为成为一种习惯,将即时性需求上升为一种持续性需求,以实用性的功利消费转变至提升自我的价值导向性消费,这也是知识服务实现可持续盈利的关键所在。

在知识共享的热潮之下,传统出版机构积极布局知识服务领域,推出数字阅读 APP、打造网络知识社区、整合线上线下资源等。大致来看,主要有三种参与形式,其中包括内容授权服务形式、多元主体合作形式和自建一体化综合平台形式。① 在内容授权服务形式中,出版机构将内容资源授权给互联网知识服务平台,由第三方机构进行内容的开发与改编。不少出版社都在这方面积极尝试。比如上海译文出版社和中信出版集团授权喜马拉雅 FM 等平台进行有声内容改编;又如商务印书馆向“得到”APP 出售了“汉译世界学术名著”系列图书的电子版权。对于这种版权

① 张利洁、张艳彬:《传统出版知识服务转型探究》,《编辑之友》2020 年第 1 期。

合作模式而言,出版商其实以内容换取流量,盈利空间并不是很大,最主要的目的还是在于做内容推广,借助平台收集用户反馈信息。在多元主体合作形式中,出版社在平台上开辟专属频道或者栏目,对内容的运作策划空间更大一些,从兜售内容转向加工内容,是服务思维的一个进阶,比如四川人民出版社在入驻喜马拉雅 FM 之后,打造出“盐道街 3 号书院”电台,陆续制作发布了“马可波罗”“讲给孩子们的唐宋诗”等 18 个专辑。出版社在自建一体化综合平台的尝试方面,则主要集中在教育出版领域,比如浙江教育出版社推出了在线教育服务平台“青云端”试水知识付费服务。山东教育出版社亦走在前列,针对青少年群体的个性特征,打造了“小荷读书”这一有声读物出版阅读平台。其下创设了诸如传统文化、文学佳作、考级课程、家庭教育等 19 个特色鲜明的栏目版块,进一步联结了读者,并受到广泛好评。

当然,内容是吸引用户的第一步,如何留存用户则成为知识服务制胜的关键。对于出版业而言,不仅要整合并筛选最有价值的内容资源,更要提供系列知识服务帮助用户吸收知识。以樊登读书会为例,其以会员制筛选用户群体,每周更新一本优质图书的精华解读,综合了视频、音频、图文等多种形式,引导读者建立起阅读的习惯,将书中的精华内容最快效率地传递给读者,在共读的群体行为中建立起信赖关系与情感认同。再如外研社打造的 Uniplus 平台,是一款将再现课堂、外语训练、读者互动相结合的知识服务平台。平台内设置了“U 讲堂”板块,以再现课堂的形式着力提升教师教学与科研能力。“晚安电台”“板块设计”“为你而读”“卧谈会”“晚安吻”等专题,由平台专栏读者选取书籍、电影等片段进行朗读,平台设置了相关问答板块积极与读者互动。[1]

---

① 张艳彬、张利洁:《基于交互的定制化增值服务模式——传统出版企业知识服务创新实践探究》,《科技与出版》2019 年第 12 期。

技术创新驱使知识产品的形态更加优化,知识付费产品与服务载体形式将走向更多元化的媒介融合趋势。以网络直播、音视频、游戏、虚拟现实等新形式为载体的知识产品将层出不穷。内容与用户的双边匹配机制将更加完善,利用大数据技术进行的用户画像也将更加精准,这些革新都将为确定用户群体、组建社群提供准备。原始内容文本作为起点,面向用户则成为可供拆解的全文本,出版机构要以知识场景的需要与用户的个性化需求提供有针对性的知识解决方案,从而拓展服务的价值链条。

三、以社交增强为核心的知识服务版权构建模式

互联网催生了异常发达的知识网络,知识的生产日益突破媒介壁垒,向多主体共同协作的局面转变。与此同时,知识更新迭代的速度将前所未有,知识的稳定性与标准化被逐渐打破,取而代之的是处于更新与变化之中的动态知识。数字技术所推动实现的信息解放,使得信息的生产传播效率大大提升,被解放的信息被打散、聚合、重组形成知识,弥漫在整个社会环境之中,被人们泛在化地吸收利用。知识被实时生产出来,并被不断捕捉和利用,如同戴维·温伯格(David Weinberger)所言,"知识作品是在不断编辑、阅读、审议、讨论、修改这种连续的、周而复始的过程中协商产生"[①]。精英作者在内容创造上的地位被撼动,越来越多的普通人参与到知识生产的网络之中,全民创作成为一种趋势。

1. 平台管理:打造筛选与评价机制

在互联网环境下,知识场域由相对封闭走向持续开放,一方面,移动互联环境下知识生产传播体现出即时性、互动性特征,海量信息的实时更新为知识的遴选增加了难度。另一方面,商业资本的涌入炒热了知识付

---

① 戴维·温伯格:《知识的边界》,胡泳、高美译,山西人民出版社2014年版。

费市场,但内容参差不齐,泛娱乐化与庸俗化倾向明显,且创新能力明显不足,优质内容的可持续性生产成为难题。以往单纯依赖专业编辑守门的方式已不再适用,平台亟待制定相应的规则来构筑良性的知识服务生态场域。

首先,搭建合理的内容审核体系。优质的内容始终是知识服务的前提所在,知识服务在经历前期的热潮之后,如今已趋于理性,在繁杂的信息中完成优质内容的筛选与评价,或将成为知识付费产业接下来的重点所在。单纯依赖平台所进行内容筛选,只是浅层次的,并不能很好地提高内容过滤的效率与质量。目前的互联网知识服务总体缺乏专业性与体系化,为了赚取短期流量,内容容易流于浅薄,不仅流失了用户,也损害了自身口碑。传统出版力量可与服务平台展开合作,回归到内容审核与筛选的环节之中,以其专业性与权威性优势,在内容发掘、产品策划、文稿打磨、质量管理等环节进行把关,防范知识内容的过度自由化与泛滥化弊端。知识服务平台建立起更为成熟的内容评价体系,更好地帮助用户判断内容优劣。比如知乎推出了海盐计划,从"基础信用、内容创作、友善互动、遵守规范、社区建设"五大维度来推动用户的全方位成长,维护知乎社区的公共秩序。针对知识内容的过度自由化与把关人缺位的现状,基于大数据算法的内容筛选机制与基于专业能力的出版内容把关应结合起来,建立起更为合理的内容筛选评价体系,为用户提供优质高效的内容服务。

其次,建立实时互动的用户反馈机制。互动频次的高低反映了用户的参与热情,是社群用户黏性高低的直观体现。用户的在线阅读、购买行为与互动评价等都积累了大量的个性化数据,可视作对知识服务的一种反馈,对服务的改进有着不可忽视的指导作用。对于知识服务提供商而言,知识服务永远是进行时,而非完成时,因为它需要根据用户的实时反馈不断做出调整，以用户需求为导向，实现个性化的推荐机制，引导用户完成可持续性的知识消费。一个知识付费产品刚诞生的状态并不是完美的，它需要实时根据用户反馈进行调整与打磨，使其内容更加丰富、更加具有价值。用户在知识分享与互动反馈中所产生的集体智慧，上升凝结为社群意志，有助于知识服务迭代升级。另一方面，线上与线下的协同互动更易建立起社群用户间的情感认同。由线上虚拟场景走向线下实际场景，能进一步筛选核心用户，有利于社群的良性构建与长期发展。

2. 专业内容的保质生产

经历了初期的井喷式发展，知识服务依旧处于探索阶段，内容呈现出碎片化、泡沫化、同质化、娱乐化等倾向，在短期流量变现的功利思维影响之下，知识内容的专业性与体系性难以保证，这些都制约了知识服务的进一步发展。随着用户对于知识消费的日趋理性，优质的内容资源成为核心竞争力所在。在 PGC 生产方面，知识付费平台吸引知识 KOL 入驻，汇集各专业领域的知名专家学者合力打造优质内容，推行会员制、付费专栏订阅、知识付费课程、讲书服务等形式拓展盈利渠道。出版机构积累了丰富作者资源与优质存量内容，可尝试联合多样的知识付费平台，进行知识分享，从而为用户提供更为个性化的知识付费产品与多元化服务。知更社区是广西师范大学出版社旗下的第三方知识服务平台，在知识付费课程的打造上有着自己的心得体会；在挑选作者方面，形成了一套自己的用人标准——“终身学习、行业高手、高度配合、系统思维以及结构输出”①。在内容创作阶段，知更社区在对用户消费特征有一定把握之后，为作者提供创作大纲、提供必要资料等，从而保障内容的优质呈现。

从长远来看，知识付费用户的消费习惯将更加理性，知识付费产品的

① 出版商务周报（微信公众号）：《出版社胆子小、平台方不专业，他们认为知识付费应该这样做》，2017 年 12 月 12 日。

井喷式发展,加速了知识内容的过滤与沉淀,内容本身的价值将成为知识付费产业的核心优势。因此,知识服务必须在质量的品控问题上严加把关。这不仅关乎自身品牌与荣誉,更是决定用户能否完成复购的前提。比如,"得到"APP在打造知识产品时,对每一步的策划流程都极为上心,"每天听本书"栏目上线之前,要经历起码150个小时的细节打磨;知乎的私家课,主讲人需要与制作团队反复沟通选题细节,从而保障知识的专业性;喜马拉雅FM会在进行大量市场调研的基础上,明确课程定位,不断完善课程的内容规划与体系设计。在精加工、严标准、高要求的内容打磨机制下,知识产品才能建立起内容优势,在竞争激烈的知识付费市场中脱颖而出。

反观当下的传统出版机构,对于知识服务的探索相对保守,缺乏创新意识,多数出版社仅仅是授予纸书版权,由第三方机构进行内容改编创作,缺乏对内容的多层次、多维度的开发。知识服务成了内容推介的平台,搜集用户数据,最后反哺纸书销售,总体的盈利空间十分有限。互联网知识平台现已具备商业化的土壤,用户的消费习惯也逐渐形成,对于出版社而言,知识服务不仅仅是营销窗口,更应该是一种行之有效的商业模式,要建立更为清晰的内容变现途径和立体化的商业模式,根据内容的不同选择有针对性的知识服务模式,采取更为精细化的内容运营。比如对体系化明显的内容可以采取付费课程的形式进行改造,对故事性强的内容采取音视频方式来呈现等。三联生活周刊旗下的"中读"APP,依托出版社的内容资源,积极试水知识服务,陆续发布了《中国群星闪耀时》《了不起的文明现场》《宋朝美学十讲》等精品课程。以《中国群星闪耀时》为例,其课程讲述了蔡元培、钱锺书、沈从文、胡适等现当代文化巨匠,以近十万字的一手调研资料和后人采访录音为创作素材,并且由《三联生活周刊》资深主笔人撰稿、国内一线媒体人和主持人进行领读,可谓是精心制作的典范。“中读”的成功之道在于将出版社的头部资源进行深入开发，体现出精细化、专业化的内容制作水平。

3. 草根力量的选择性吸收

移动互联网与数字技术实现了对用户的赋权，用户的主动性与参与性成为知识场域构建过程中不容忽视的关键因素，在知识共享的热潮之下，内容生产格局更加开放自由，越来越多的用户参与到内容的生产和传播过程中，UGC 成为不容小觑的出版资源，在知识服务的内容生成端中占据重要位置。克莱·舍基指出：“渴望成为群体的一员，在群体中与他人共享、合作、协调一致地行动，是人的基础本能，而此前它一直受到交易成本的限制。”[①]在互联网平台上，用户自主制作或参与二次制作的行为越来越普遍。用户参与知识生产传播是社交媒体时代知识服务的重要特征，但并不意味着专业人员与用户平等地分享“知识把关人”的职能，而是通过部分知识话语权的让渡，在两者之间形成一种互动对话的传播范式。[②]

法国经济学家多米尼克·弗瑞在《知识经济学》中提出利用知识的 4 个条件：社区规模的大小、共享知识的成本、被共享知识的明晰性以及文化规范。[③] 知识共享重塑了知识传播的网状格局，个人声音通过社交媒体的放大效应，得以传输至社群内部，继而获得成员之间的回应与共鸣。UGC 存在程度不一的无序、混乱、模糊等特点，内容质量良莠不齐，需要专业力量的适当引导。知乎正在从问答社区向一站式知识服务平台转型，作为以 UGC 起家的知识服务平台，知乎对创作者进行了必要的管理，比

---

① 克莱·舍基：《未来是湿的》，胡泳、沈满琳译，中国人民大学出版社 2009 年版，第 34 页。

② 孙佳、严定友：《知识创造：社交媒体时代出版社知识服务的范式转向》，《中国出版》2020 年 5 期。

③ 克莱·舍基：《认知盈余》，胡泳、哈丽丝译，中国人民大学出版社 2012 年版，第 156 页。

如设置各类专业徽章进行奖励，获赞数高的回答将有机会推荐至首页。知乎综合评估用户的回答质量、内容影响力以及创作活跃度等因素，得出用户成长等级分值，以激励用户创作高质量的回答。再如“碳 9 学社”作为一个创业者社群，以深度社交为特色，每个月都会举办一次高强度的课程，采用翻转课堂、同伴阅读、探究式学习等形式，将用户成员间的知识分享上升为体现社群意志的集体智慧。

用户对内容资源的二次加工行为可能存在版权隐患，UGC 的侵权问题层出不穷。与国内大部分音频平台类似，喜马拉雅 FM 最早是通过打造 UGC 模式发展起来的，近年来，喜马拉雅 FM 转向实施 PUGC 战略，在头部内容版权上进行重点布局，平台主要由 PGC、UGC 和独家版权三大板块构成。2018 年 4 月份，作家曹鹏宇通过微博平台控诉喜马拉雅 FM 平台在未经授权的情况下发布了自己的新书《世上有颗后悔药》的全部有声内容。平台用户甚至可以免费下载，并且打赏主播，这一行为直接影响到了正版有声书的发布，给作者本人造成的直接经济损失达 14 万。继曹鹏宇之后，更多控诉的声音此起彼伏。作者唐小饭、蔡春猪、编剧张瑶等陆续表示，喜马拉雅 FM 平台上有用户擅自将自己的作品内容制作成有声书从而发布，对自己的合理权益构成侵犯。这场版权风波愈演愈烈，喜马拉雅 FM 最后在微博发布《关于版权投诉的公告》，并对波及的相关作者公开致歉。

知识服务涉及多元主体，用户的不确定因素加剧了内容生产的复杂性。一方面，知识服务平台应为草根创作力量提供良好的创作环境，完善内容评价与筛选机制，突出用户之间的交互与共享，在知识的碰撞与交流中、激励与竞争中提升内容创作质量。另一方面，也要制定明晰的社群分享规则，构建大众参与创新的良性知识场域，完善版权监管措施，从根本上明确版权所属及侵权风险。

4. 知识 IP 的运营开发

IP 运营是最具潜力的商业盈利模式,但市场的逐利性与资本的盲目性往往会使得优质 IP 开发呈现粗放式、快餐式的特点,造成优质内容资源的浪费。目前,IP 开发常见于影视、游戏领域,知识 IP 的打造仍处于起步阶段,缺乏专业化、系统化的运作。优质内容版权还停留在标准化的产品形式,缺乏多层次、立体化开发的意识。随着粉丝经济的盛行与内容价值的回归,知识 IP 的运营打造势必将成为知识服务下一阶段的重中之重。

以知识 KOL 为中心的 IP 打造。社群中的意见领袖是成员信任的基础,也是构成知识社群的关键人物,有潜力的个人 IP 能够吸引社群成员进行持续性消费。知识服务资源向头部集中,知识付费平台依托知识网红和意见领袖等打造明星化和品牌化的"头部"产品成为一种常态,这些知识 KOL 某种程度上就是一个个鲜活的 IP。IP 作为品牌的重要潜在资产,高质量的内容保障与高辨识度的人格化特征是其重要特质,樊登读书会的创始人樊登、罗辑思维创始人罗胖(罗振宇)是其中的典型,他们凭借各自的人格魅力成为知识社群中当之无愧的 KOL,并且上升为一种 IP 象征,在社群成员中受到追捧,具有极高的商业与文化价值。

以内容品牌为中心的 IP 打造。品牌的打造需要一定的内容积累以及用户基础,是一个长期孵化的过程。以"看理想"为例,它以打造"知识剧场"为宗旨,业已形成一个初具规模的知识 IP。分享知识、交流观点,打造出了《圆桌派》《一千零一夜》《局部》等一系列的音视频栏目,以其特有的人文关怀与有温度的生活趣味吸引了大批受众。对于传统出版机构而言,应树立起品牌意识,将原有品牌逐步转移至新兴的知识服务市场,以纸书为内容起点,进行内容的多渠道整合与分发,变单一的产品出售为多形态、立体化的知识服务,最大限度地实现内容与服务增值,从而在知识服务生态中赢得主动地位。

以互动分享为特质的知识服务平台契合了社群经济的内在要求，具有广阔的发展空间。知识服务与出版有着密不可分的亲缘关系，出版始终是知识获取的重要方式，而知识服务可视作对传统知识获取方式的一种延续与补充，是对用户日益多样化、个性化、梯度化的知识需求的积极回应。知识服务对传统出版业的生产逻辑既有颠覆，也有启发。出版业应打破原有的封闭格局，积极构建用户社群，促进优质内容的整合与分发，拓展更加多元的知识服务形式，从而建立起更为清晰的商业模式。

第四节　围绕社群经济展开的教育资源重组与新型供给方式

教育出版是大众出版与专业出版的中间物，它注重阅读的目的性、实用性和效率性，但又强调阅读体验和学习过程，因此教育出版在数字化转型中往往最鲜明地呈现出传统出版与数字出版的融合特征。教育出版资源的多元化，包括纸质图书、PC、电子阅读器、智能手机和其他教学器材，涉及授课、习题、实验、考试、实践等多个环节。此外，现代教育的趋势之一就是按照每个学生的特殊情况展开对应的个性化教育，数字教育又在这一方面有着独特优势。数字教育打破了传统教育的时空限制，它的本质是教育资源的重新分配，以数字版权管理平台发展教育出版的核心问题就是一套教育资源再分配的解决方案，使多元化的教育出版资源合理、科学地对接到每一个学习者身上。在社群网络的视域下，数字教育资源通过在线教育社群提供给受教育者，在线教育社群具有教育资源开放共享的特性，带来了新的教育资源分配和供给方式。

一、教育类版权资源特性引发的知识生产与传播新态

教育信息随着二进制数字信息传播方式的应用，具有了可转换性、强传播性的特点，教育活动的时空限制被打破，导致了原有的教育出版生产链和各个环节被重新洗牌，被迫开始数字化转型。随着教育出版的数字化转型，其在内容上呈现出版权种类多元化的趋势，在形式上展现出学习形式多样化的特征。

版权种类多元化的趋势主要体现在教育出版的内容组成越发多种多样，除了以传统纸书形式出现的教材以外，还涵盖了视频、音频、互动游戏、题库等多种媒体内容资源。与以往单一的纸质产品、文字信息相区别，多元化的内容种类使得用户需要眼、耳、口、手等多器官的配合，降低单一文字与平面图案带来的视觉疲劳，摆脱了“填鸭式”单向教育的输入模式，为用户提供了立体化的学习体验和反馈、交流的双向渠道。以高等教育出版社为例，其产品信息检索系统能够检索图书产品、数字化产品、期刊产品和会议信息，其中数字化产品的资源类型包括数字化独立产品、电子教案、试题库、资源库、教学课件、网络课程等。所以，教育出版有时会比大众出版和专业出版更显远离“图书出版”的概念，这是教育出版资源多元化的结果。

学习形式在环境、对象、内容、方式上都有了极大的改变。环境上，从单一课堂转变为丰富多彩的“虚拟教室”。传统的学习环境通常是在教室等较为单一与集中的地点、时间通过课本获取所需知识，而教育出版数字化转型后，真正打破了时间、地点的局限，只要拥有网络，无论在家里、路上，还是在白天、黑夜，用户随时随地能够通过网络公开课、远程专家辅导等各种形式获取教育服务。教育的对象包括施教者和受教者都发生了改变，多对一、一对一、多对多辅导是传统一对多授课模式所不能想象的，甚

至还有人工智能教学。近年来数字教育出版发展迅速，教学内容不再是书本，出现了以立体化教材、移动教材、电子书包、开放式教材等出版物形式。此外，仿真化的在线模拟操作代替了传统的线下实践课程。真人面对面是传统教学的主要特征，但是通过互联网，学生们可以在指定网站上线上接收老师远程发来的知识。①

教育类版权资源数字化的本质是教育资源的再分配。版权种类多元化和学习形式多样化造成了原有课堂学习场景的瓦解，教学主体、对象、内容、空间随着学习形式的不同而重组。例如，在线课堂需要讲课视频、个人终端、录制教师、学习平台的相互配合，假如个人未购买个人终端或是平台权限，那么讲课视频、录制教师便不能成为用户可享的多元教育资源。这时，数字化生产方式的程度决定了个人获得数字化多元教育资源的门槛和渠道。将数字版权管理平台引入教育出版，是期望以体系化的指标对教育出版资源进行重组与分配，从而提高资源利用率，在满足用户需求的同时创收。

在当前的网络环境中，学习者在学习环境方面对于教育平台有了更高的个性化要求：随时、随地在任何情况下进行学习，由此至少需要考虑数字出版的流程再造问题以及内容与形式的标准化问题。所以，学习内容的生产者要更多地揣度产品以何种形态产生、如何以多媒介的方式发行等一系列问题，以求达到“一次生产、多次发布”的目的。在学习内容上，有必要构建标准化教育资源库，以供用户检索和使用。一些在线教育服务商推出了用户需求个性定制服务，将多元教育出版资源按照用户的个性要求重新组合成新的教材、授课方式和学习计划，参考因素通常是个人的兴趣、学习的目的、个人的学习能力等。此种个性化定制体现在四个

① 徐晨岷：《以技术赋能促进融合教育出版》，《科技与出版》2019年第1期。

需求层面：一是借助全媒体出版形成个性化的学习环境，二是利用定制出版生产个性化的学习内容，三是以双向互动合作发现与解决学习过程中展现的个性问题，四是按照科学的学习评价对学习成果进行测验。例如“得到”APP 推出的场景模式课程形式，既有单独使用视觉的电子书产品，也有满足解放双眼、双手需要的听书产品，自然也不乏视听结合的视频课程。不同的课程形式，满足使用者在不同学习场景下的需求。

互联网时代数字化教育飞速发展，在线教育逐渐得到人们的认可和接受，在线教育资源的种类和数量都急速膨胀，学习者的选择范围越来越广。传统的课堂教学体系中一门课程的学时通常很长，信息内容承载量比较大，而使用在线教育平台的学习者往往进行“碎片化”的学习，他们的学习时间并不固定，对于学习内容的选择也相对自由。因此，整体而言，强随机性是这种学习行为的主要特征。要求在短时间内快速获取简洁明了的信息，因此他们需要篇幅简短、要点突出的教育资源。为此，用户可以按照自己的学习要求，合理地拆分庞大的知识结构，使之成为一个个相对独立又相互联系的知识模块，模块又下分诸多知识点，层层组成完整的知识主题。一个知识点所需的学习时间并不多，由此学习者便可以把学习安插进碎片化的时间里，完成个性化的学习。在线教育与传统教育最大的区别在于将单向接收式学习转变为主动选择式学习，学习者自己掌握学习进程，使学习过程更加自主化、个性化。①

在教育资源模块化的基础上进行的教育学习内容聚合指的是将多元化的教育版权资源深度聚合，随后进行分类重组，形成规模化的产品栏目。数字化的课程资源储备十分驳杂，内容和形式各有不同。高效使用资源的第一步，就是要按照主题、难易度或是费用把它们聚合在一起重新

---

① 王民、徐和祥、张世明：《知识模块化的资源制作模式研究》，《中国电化教育》2013 年第 10 期。

分门别类地汇编。在当今的数字出版领域中,各种资源内容的重组、分类、聚合、推送显得尤为重要。一些在线教育平台的内容来源于编辑主动采编、审阅、上传,另一些平台则是通过 RSS 技术自动抓取同类内容而后加工,还有的平台则依托已有的内容资源,打造一个全新的在线教育平台,再将深度聚合和分类重组的内容资源提供给不同需求的用户。对内容的每一次深度聚合都会发生一种知识的再次组织和多维生产。在线教育服务商需要将所有已有资源进行深度聚合后,按照学科或者特定主题,打造具有特色的知识模块。

对现有教育出版数字化商业模式和平台案例的实践分析,彰显了基于数字版权管理平台的多元教育出版资源对接个性定制服务究竟有何优势,以及构建的核心要素。贺子岳等学者在《数字教育出版模式综论》中对现有的数字教育出版商业模式进行总结,归纳出立体化教材出版模式、移动教材出版模式、电子书包模式、开放式教材出版、电子教材租赁模式、在线教育服务模式等六种模式。①

前五种数字教育出版商业模式都是基于传统教育资源的数字化开展的,而在线教育服务模式的不同之处在于,这是一种依托于在线教育平台开展的新型数字化教育出版模式。在线网络的教育平台的实质是面向全国的资源共享、是零距离的全新交流方式,在线教育平台模式将教学资源、教学管理等融为一体,它将多媒体预习资料、网络课堂、线上作业、练习题库、反馈测评等教学环节和内容有机组合为一体。在线教育平台通过个性定制向用户提供多种知识服务业务,打造与受众需求匹配的全套产品,从而与出版产业相连。具体的产品有配套纸本教材及电子教材、教学视频、数字题库以及其他相关的教学辅导产品。在线教育平台是一个

① 贺子岳、陈文倩、丁嘉佳:《数字教育出版模式综论》,《出版科学》2013 年第 2 期。

具有先进网络技术、海量内容资源、高效教学反馈机制的综合型服务平台,它将教学培训、学习评测、学习资料下载、交流互动等多种功能集于一身,从而重新优化教学资源的分配。

对于教育产品的消费者来说,在线教育给了他们一种新的选择,即不用出门就可以选择全世界更好的教师、更灵活的教学模式、更低廉的教材费用,这将对他们深具吸引力。在线教育和传统教育共同的目标都是培养人的知识和技能,线下教育长久存在的重要原因是通过强制性课表和授课,加上教师管理和同学环境,解决了个人学习自律性不足的问题。在线教育的自由灵活性导致不够自律的学习者集中度下降,学习效果较差。将社群网络引入在线教育为这一问题提供了解决方案,学习者在社群中共同学习、相互督促,在网络中构建一个类似于线下课堂的虚拟环境,提升学习者对于在线教育活动的参与度和专注度,改善学习效果。

社群网络的介入同时引起了教育传播方式的改变,在线教育社区的成员能够共享知识和教育资源,一方面能降低传播成本,另一方面在互动交流中能创造新的价值。传统教育中的单向传播模式被改变,每个社群成员都可以同时具有教师和学生的双重身份。在以学习者为中心的教育时代,个人对知识的获取和获得自愿使个性化学习成为可能。互联网技术的广泛应用,让网络教育中的自由选择变得十分普遍,与之相比,传统教育的时间地点、内容方式都显得比较固定。网络虚拟性和匿名性可以减少人们的顾虑,让人们敢于发表自己的想法,这极大地提高了网络社区的参与度和交互性。社区成员渴望参与讨论,并与他人分享自己的信息和意见,这些信息和意见又会产生新的信息。社群当中的互动氛围可能会形成一定的群体效应,影响到社群中每个个体的态度和行为。在自主探索、自主决策的过程中,学习者归属感和能动性都得到了提高。加强学习者的自主性和对学习过程的控制权,增强互动学习的反馈,为学习者之间的互动协作提供渠道,提供拓展观点和交流想法的空间。在网络社群空间中,成员们可以有充分的自由去选择自己想要接触的信息,而且会充分发挥自己的能动性以处理所接触到的信息,继而输出新的信息。在这一网络世界中,人们开展自主性和个性化的学习,不断丰富知识以及提高知识的生产能力,权利变得去集中化,处于分散的状态,知识创造行为变得迅捷,并呈现出流动的状态。

二、在线教育社群的功能定位与服务模式

互联网社群是在互联网上的虚拟空间中出现的社会集合体,社群成员因共同的兴趣、利益、目的等聚集,围绕某一话题,社群成员能够自由发言讨论,在沟通与交流中增进情感与信赖,逐步形成新的人际关系网。在线教育网站面向的是专门领域的社群,在教育领域细分的情况下,共同进行一个领域或者一门课程的学习的用户就能组成一个社群,学习者在参与在线教育移动学习的过程中通过社群与其他成员和课程提供者产生互动。

在线教育社群的构建将提升人们在线上开展学习的效率。在线教育社群时间和空间的限制变得微乎其微,将一个自由开放的学习空间提供给学习者。在这一空间中,获取优质教育资源的门槛大大降低了,学习者可以平等地获取丰富的数字学习资源,他们需要进行主动寻找和筛选,在这个过程中他们的自主学习能力得到提升,学习从被动地接收信息变为主动构建知识网络。便利的信息沟通渠道能够促进知识共享和理解,学习者之间能进行更高频率的交流,人们可以在在线教育社群营造的活跃学习氛围中发挥更大的主观能动性,用户间会产生强烈的合作意识,并付诸行动,同时协作学习能力得以提升,与之相应地,学习者的思考能力和个人表现能力也将得到进一步发展,问题解决能力得到全面提升。在在

线教育社群中，学习者通过与社群成员的交流亦可以获得前人的个性化指导，且这种指导更具针对性。在交流中形成和谐的社群成员关系，原先处于原子状的个人成员的孤独感将大大降低。这意味着，在一个协调运转的在线教育社群中，学员的参与感与社群内部的凝聚力得益于优质的在线教育活动，这一良性的学习模式将对学员的学习体验、质量、成绩等大有裨益。

以目前国内最大的外语在线教育网站沪江网为例，沪江网的“沪江小组”和“沪江社团”就是典型的在线学习社群。沪江网上的各类小组数量超过7000个，按照“英语”“日语”“小语种”等标签分类，以不同的语言门类学习内容作为划分标准。小组可由网站运营官方发起组建，也可以由用户自行发起组建，一个小组最多可以容纳两万人。不管该小组的组建性质是官方的还是其他模式，小组内部均可构建自身的管理队伍，制定一些组内规则，组织各种小组内部活动。小组成员可以互相分享学习资源、交流学习心得、进行协作学习。“沪江社团”是沪江网的另一个功能模块，与“沪江小组”的模式稍有类似，但涉及的领域更加广泛，包括“语言”“学习”“生活”“娱乐”“人文”“其他”等一系列种类，从语言学习到其他技能的学习，从日常生活到文化娱乐，无所不有，单个社团的人数也从几十人到上万人不等。“组队学习”模式在社团中颇为流行，一般情况下，活动组织者会发布“学习计划”来吸纳成员，在成功组建队伍之后，成员有必要根据“学习计划”来完成学习任务，如果没有按时完成则会“出局”。譬如“从零开始学日语”社团率先创立了这种学习小组模式，并取得了良好的成绩，也收获了用户的青睐，这种良好的学习模式随后被其他社团所模仿，逐渐推广开来。组队学习的方式能让社群成员互相监督、互相激励，产生良性的群体效应。

从在线教育服务商的角度来说，社群的存在有利于吸引潜在生源、巩固产品口碑。用户在购买教育产品后在学习社群中交流学习心得，会增强其他社群成员对产品的信赖度，带动其他社群成员购入产品，同时借助社群促销报名，效果会胜过其他渠道，而且精准可控。当然，前提是社群得到良好的运营，教育产品和服务口碑得到大多数用户的认可。对于用户来说，优秀的学习社群不仅可以是激励自己努力学习的精神源泉，还能在其中寻找志同道合的伙伴，这对于学习质量以外的学习满意度的提升，也大有助益。

在线教育社群的服务模式是重新定义教育者（出版者）和受教育者（用户）的角色位置，以精准满足社群成员需要作为服务的主要内容和目的，在业务的设计架构上采取多样化、去权威化的形态。

1. 作为分享信息和资源中心的教育者

在线教育社群中的教育者角色，并非仅仅囿于教学知识的传播者，更是教学知识的创作者。在社群传播中，教育者向学习者提供信息知识和学习资源，他们无疑是这一系统的中心。与此同时，教育者也要随时依照学习者在具体学习中所反馈的结果，对教学计划和方式进行灵活调整，这样才能真正实现个性化教育。在自由灵活的社群结构中，教育者和受教育者的身份也不是固定的，社群成员根据自身的需求和能力交流信息，分享知识，产生创造性的观点和见解。社群中的教育知识带来的收益与价值，也会进一步激发教育者创造信息的积极性，在循环生产的过程中提高社群的活跃度和价值。

2. 进行碎片化学习的受教育者

移动终端的发展为学习者利用碎片化时间学习提供了便利，使得在线教育社群成为用户获取知识信息的重要来源之一，社群用户的黏性不断增强。移动网络空间中的信息交互本就是不固定的，只要教育者在服务器上发布了知识和资源，并提前分割为一个个小的知识点，学习者可以根据自己的时间安排选择学习时段。于是,原本难以利用的碎片时间便可用于学习知识点,日积月累,受教育者逐渐完成整个模块的学习任务。[①]

3. 精准满足社群成员需求的教育内容

教育内容是教学过程中的核心,教育内容与教育社群是相互促进的,基于教育内容产生以学习兴趣为导向的社群。在学习者的需求多元化、个性化的背景下,教育内容提供者需要根据学习者的具体情况,准确定位学习者的需求,实行精准推送。教育资源的模块化处理就是为了便于通过标签对教育内容进行识别分类,构建完整、精细的课程体系,为社群中的学习者提供系统化的课程体系,便于学习者自由选择节点进行学习。

4. 内容生产传播主体的多样化、去权威化

在线教育社群为受教育者的自我表达提供了空间和便利的途径,教育过程从受教育者的单向被动接受转变为受教育主动参与的双向互动。不同于传统教育课堂的单一、独立情境,在线教育平台提供创设的是更加真实、多元、开放、迅速,能够加深传受双方对信息理解与吸收的情境。社群中的成员具有集群、自我组织化与合作的本能,并希望能在社群中满足自己的某种需要,社群经济产生于群体中的交流互动以及互动循环中逐渐形成的人际关系。在线教育的过程具有个性化和信息共享的特点,在这个过程中教育者和受教育者的身份是流动的,是一种多维的交互过程。在身份转换的过程中,教育者作为知识信息输出方的强势地位被弱化,受教育者的主动参与意识被激发,双方构建了平等的协作空间,知识的传播和接受成为一种信息共享活动而不是单向传输行为。

① 王红春:《微信社群中教育传播的特征与价值》,《青年记者》2019 年第 5 期。

三、数字教育资源版权的开放型管理

大型在线开放课程平台运行模式的最典型代表是慕课(MOOC, Massive Open Online Course),是在开放式远程教育(ODE, Open and Distance Education)的基础上发展而来的,慕课和开放式远程教育一样是面向公众的开放型教育形式,和早期的开放式远程教育相比,慕课的优势在于互动性的加强,而不仅是教学资源的发布。首先,学习者数量不再受到教室空间的限制,在网上,成千上万的学习者可以同时在一个平台共时学习,这就是“大规模”;其次,这种教学活动只能通过虚拟化的网络实现,故曰“在线”;最后,进入网络课堂学习可以不限制准入条件,或是设置十分低的门槛,几乎所有对课程本身感兴趣的人都能加入,目前许多大学的慕课都是免费课程,实践中不做校外人员和校内学生的区分。[①] 也就是说,慕课能够提供更多样的课程选择、允许更多数量学习者同时参与学习,以及提供更加便捷的选课和上课操作。根据慕课的定义,开放性和大规模是其两大特征,既能够覆盖极广范围的学习人群,又不依赖如入学考试、亲历校园等硬条件。[②] 根据美国 Chronicle of Higher Education 对 103 名开设慕课的大学教授的调查数据结果,每门课的平均注册人数均超过了三万,他们来自全国各个地方,大大超过了线下课堂模式能容纳的学生数量的几百倍[③]。慕课的大规模特征有两个维度上的表现:在数量维度上,课程种类多、参与课程开发制作与授课的高校和教师数量多、参与学

---

① 樊文强:《基于关联主义的大规模网络开放课程(MOOC)及其学习支持》,《远程教育杂志》2012 年第 3 期。

② 王颖、张金磊、张宝辉:《大规模网络开放课程(MOOC)典型项目特征分析及启示》,《远程教育杂志》2013 年第 4 期。

③ Steve Kolowich, *Additional Results from the Chronicle's Survey*, http://chroniclc.com/article/The-Profess orsors-Behind-the-MOOC/137905/#id=results, 2013.

习的人数多;在空间维度上,参与课程的人员地区分布广。慕课作为一种在线课程,教师与学生通过互联网进行教学资源发布和课程学习,挣脱了传统线下课堂来自教学时间和地点的束缚。

慕课开放性的特征主要体现在其灵活的学习方式所带来的对学校围墙的突破和课程体系的解构上,上课环境的变化必然会带来教学方式和学习方式的变化,开放意味着学习者拥有更多的自主选择权,学习者可以出于自身意志选择以何种方式、采用何种技术来建立学习空间。与传统学习方式相比,绝大多数的慕课是免费的,仅有部分属于收费课程,学习对象可以根据自身需求选择适合自己的课程内容和付费方式,在体会共享知识的同时实现自由选择。基于关联主义的慕课设计进一步实现了教学层面的开放,其核心在于教师角色的解体,教学网络和学习网络高度一体化和扁平化。同时也是学习内容的开放,学习者拥有自己的空间,并对课程内容做贡献。学习内容由学习者共享产生,碎片化呈现,且大部分为生成性的内容。

慕课的开放性和在线性使得教学过程中的互动性与传统网络课程相比得到提升。与传统网络课程相比,慕课具有更加完整的课程结构和学习引导。在课程开始前,授课教授可以通过慕课平台提前告知上课前需要的学习准备和课程的教学计划,并按照教学计划逐步发布课程材料和学习要求,让学习者能够及时获得课程动态和学习资源,循序渐进地引导学习者充分参与教学过程。

在学习效果反馈方面,慕课系统采用基于视频的嵌入式测试和单元测试的方式对学生的学习状况进行检测,然后利用机器测评的方式及时反馈测评结果,学生可以根据测评结果及时了解自己的学习水平。学生在学习过程中,定时完成阶段性测试,作为学习成果的反映反馈,成为教师用于调整学习计划方案的依据,实现个性化教育。比如杜克大学的艾瑞里(Dan Ariely)开设的"非理性行为学"(A Beginuer's Guide to irrotiouol Behavior)课程,学生可向教师提出问题,后者则把相关回答录制成讲座视频,供学生自己观看。①

除了提供课程资源和在线答疑外,慕课平台还为学习者提供各种用户交互性社区,用户能在社区内进行自由讨论交流,鼓励学习者之间相互辅导、相互支持,提升学习者的体验。来自不同的地域、拥有不同文化背景的学习者出于对某一主题的共同兴趣加入一项课程的学习群体,在学习与交流中,每个人的观念和见解都在影响着学习群体中的其他人,知识、观点在交流共享中得到拓展和深化。在以线上课程为核心的知识教授,以及学员互评互动的内容共享中,学习者的知识结构体系得到扩充优化。平台群体间信息的交互流通,以及每位学员基于以往学习生活获得的认知积累,都有利于新知识的学习与掌握,学员能够通过阶段性慕课学习来有效增长见闻、拓展知识。慕课平台借助超越时间、空间的网络技术的支持,为学习者建立了一个知识信息互动共享的网络社群空间。

在慕课大规模推广普及的过程中,大量慕课资源的传播使用不断引起多方利益纠葛,使得慕课领域的版权问题日益凸显:慕课的基本理念在于知识共享,其开放性、自由性与著作权保护的排他性和限制性是一组天然悖论;慕课面向大规模受众与合理使用制度约定小规模复制授课之间的矛盾;慕课产生的各种版权问题责任人落实困难问题。②

版权的专有性和排他性与慕课的开放共享理念是矛盾的。版权的本

① 王颖、张金磊、张宝辉:《大规模网络开放课程(MOOC)典型项目特征分析及启示》,《远程教育杂志》2013年第4期。

② 周小康、郝群、张立彬:《国内外图书馆MOOC版权服务研究综述》,《图书馆学研究》2017年第20期。

质是一种私权，是作者或著作权人依法对某一著作物所享有的一种民事权利，著作权法对他人使用著作物的行为做出了限制，使用作品需要得到著作权人的许可，并且需要支付报酬，未经许可使用他人作品属于侵权行为。慕课是一种大规模开放性课程，慕课所倡导的理念是最大限度地突破时间空间的限制，让更多的人可以获得优质的教育资源。

慕课是慕课创作者的智力劳动成果，符合著作权法中“作品”的定义，慕课创作者的利益理应受到版权法的保护。信息网络的高速发展使知识的传播更加方便，但另一方面也大大降低了侵权成本，也正是这种方便和轻松的技术环境带来了数字版权问题。由于慕课的本质特征是开放性和共享性，大规模的开放性传播必然会导致版权保护难以落实。从根本上来说，慕课资源开放共享降低获得优质教育资源的门槛，促进教育公平，有利于社会公益，这与保护慕课版权并不相悖。阻止出于谋取私利目的而进行的侵权行为是为了保护慕课创作者的正当权益，让慕课创作能够良性发展，产出更多优质的慕课教育资源。

保护版权是为了使创作者的权益得到尊重，使创作生产能够良性发展，如果没有版权限制，慕课课程资源开发者的正当权益得不到保障，将会不利于慕课课程资源开发者的持续创造，慕课的开放共享理念也很难完全实现。慕课版权得到保障，意味着创作者付出的劳动得到尊重，有利于促进智力劳动的良性再生产。版权问题是慕课发展过程中不能忽视的重要问题，需要慕课管理平台、课程提供者、课程参与者等多方面共同协调，慕课的版权保护和开放共享达到合理的平衡，才能使慕课走上可持续发展的良性道路。

慕课模式中版权管理的开放特质，给“合理使用”这一规则带来了新的问题。“合理使用”的范畴就包括在教学实践中对他人作品的合理引用。[①]《中华人民共和国著作权法》将课堂教学使用他人作品列为“合理使用”的原因有两点：其一，从立法原则来说，《中华人民共和国著作权法》要兼顾作者私益和社会公益的平衡，并不是纯粹保护作者个人私益，所以在社会教育公益和作者私益之间产生矛盾时，作者私益要向社会公益做适当让步；其二，从正义性角度来说，“合理使用”规则尽管牺牲了部分作者私益，但仍然是符合正义的，因为“合理使用”规则在使用程度、使用规模、使用场所等方面都有所限制，尽量将对作者版权权益的损害降到最低。[②] 这并不是我国的个例，在别的国家也能找到参照，对他人作品的合理引用这一行为如果发生在课程教学过程中，那么是被允许的，而不会被认定为侵权。例如美国版权法中的“课堂豁免”制度。《中华人民共和国著作权法》第 22 条规定，出于学校课堂教学目的而少量复制已发表作品属于合理使用范围，而当下的慕课教育模式则与“学校课堂教学”和“少量复制”的限定产生冲突：首先，线下课堂教学通常是面向数量有限的本校学生，而慕课则向各省市、高校甚至各职业、各年龄群体开放，因而课堂教学的定义已发生迁移；其次，将著作权作品搬至网络，其面对的必然是大规模的海量复制传播，复制量成为不可控因素。

综上，“合理使用”规则应用于慕课资源建设是否合理就成为有待商榷的问题。慕课模式中的数字类资源版权存在明显的主体问题：一是慕课教学资源归属问题。在高校和授课教师之间，慕课的课程内容建设以

---

① 一般情况下，未经著作权人许可而使用其作品的，就构成侵权，但为了保护公共利益，一些对著作权危害不大的行为，著作权法不将其视为侵权行为，这些行为在理论上被称为“合理使用”(Fair use)。现行《中华人民共和国著作权法》第 22 条规定，“为个人学习、研究”，“为学校课堂教学或者科学研究，翻译或者少量复制已经发表的作品，供教学或者科研人员使用”，可以不经著作权人许可，不向其支付报酬。

② 袁博：《关于慕课的三个版权问题》，《中国新闻出版广电报》，2017 年 9 月 7 日。

教师的工作单位即高校提供的文字材料、物理设施、拍摄空间及制作经费为基础，同时学校的总体任务工作计划和对本课程学科建设的规划也是慕课内容建设的重要依据。按照现行《中华人民共和国著作权法》关于职务作品的定义，对于主要利用高校的物质技术支持，并由高校承担责任的课件，相关的开发者只有署名权，其他著作权由高校享有；对于其他情形的，著作权由开发者（一般是教师）享有，但所属高校有权在其业务范围内优先使用。在高校和慕课平台之间，高校是慕课资源的提供者，平台是慕课的传播者，二者通过合同授权慕课资源的使用范围，在授权协议还不够完善的情况下，可能就使用限度和范围，以及发生第三方侵权时由何者进行追责等问题产生纠纷。二是慕课参与者创造的内容版权归属问题。在慕课课程的学习中，学习者需要发言互动，并需要在线提交作业。慕课课程参与者在慕课平台上提交的课程作业、发布的留言都属于其思想劳动的成果，如若将之视为作品，那么著作权归属何方？针对这种情况，当下的慕课平台通常以合同条款的形式做了比较清晰的规定。现下具有代表意义的慕课平台的合约条例可以作为参考，慕课课程的学员需要同意授权慕课出品方对学员在学习中的发言和作业等智力创造成果进行各种利用，才能参与慕课学习。

慕课的开放性和版权保护要求之间的矛盾是慕课版权管理必须解决的问题。现行的合理使用法律制度在慕课这一新兴领域受到了挑战，合理使用规则的尺度和范围值得进一步商榷。我国目前出台的《中华人民共和国知识产权保护法》《中华人民共和国著作权法》《中华人民共和国侵权责任法》等涉及版权、知识产权的法律法规中尚未针对慕课这样的开放性网络资源版权进行详细规定，国外一般通过调整法律、签订知识共享许可协议等合同来规范此类作品的版权归属。[①] 慕课版权管理制度要有相应的法律法规作为依据，这需要国家立法机构、政府知识产权管理部门尽快完善相关法律法规，使慕课版权管理有法可依。此外，慕课版权问题牵涉多方利益，慕课的生产和传播环节中涉及资源提供方、研发机构、开发人员、运营和维护平台、传播渠道、用户等多个方面，相应权利的归属、授权范围、使用权限、保护范畴、利益分配、违规追责、侵权补偿等尚未明确。与传统课堂不同，目前慕课运营过程面临的困境主要由其开放特质与虚拟性，还有经济效益和社会效益两者之间的矛盾带来的。按照目前合理使用制度约定的适应范围和权益归属方式已无法解决，因此在完善法律法规的基础上，还需要相关机构进行协商，共同建设行业规范体系。完善慕课版权管理制度应当协调各方利益，兼顾开放共享和版权保护，以促进慕课长期良性发展，推动教育公平和社会进步为长远目标，并且充分尊重人的创造性，保护慕课版权，让慕课的生产、传播、使用过程处于合理有序状态。我们需要在维护社会公共利益、尊重相关各方权益诉求的基础上，建设公正合理的慕课版权管理制度。

四、社群网络环境下的智慧共享型教育服务供给方式

在线教育社群的理念转变与慕课的开放式版权管理实践带来的启示在于，当前的教育出版者需要以社群网络环境为背景构建在线教育服务平台，进行长期的在线教育社群运营，同时创新开放共享条件下的教育资源版权保护策略。

在线教育服务平台建设一是要重视教学资源，开发系统化学习体系；二是要优化平台功能，提升消费者使用体验。在线教育平台的核心是提

① 方春平、陈思达、万超凡等：《慕课知识产权保护的发展策略探讨》，《医学教育研究与实践》2017 年第 5 期。

供教育服务，在网络环境之下，科技不断进步发展，因材施教的个性化教育不再只是一种想象。在线教育服务平台需要扩大教育资源储备量，并对教育资源进行模块化处理，以满足用户多样化、个性化的学习需求。与传统教育模式相比，在线教育的开放性带来的弊端是学习过程的碎片化，在线教育服务平台需要对教育资源进行合理编排，开发系统化学习体系，提升用户的学习体验和学习效果，增强用户对本品牌的黏着度。在互联网环境下，在线平台的系统稳定性和便捷性会直接影响用户的学习体验。在线教育服务平台需要不断完善系统功能，诸如推荐、搜索、下载、播放、记录等，为用户提供方便的、人性化的交互功能。在社群互动方面，在线教育服务平台需要重视用户的互动需求，为用户建立在线互动空间，使用户可以便捷地进行发言、评论、交流。在增值服务方面，在线教育服务平台可以为每一项高品质的教育资源提供相应的增值服务，通过自动答疑和人工服务相结合的方式，及时为用户提供课程答疑以及系统操作问题。

在线教育社群运营的重心在于用户理念、个性服务与社群黏性。社群因成员的共同需求和共同价值观而存在，是群体意志的共同体现和集大成者，因此社群成员聚集的前提是共同的目标或理念。社群的运营者需要提供一种明确的理念或价值观，来吸引具有相同价值取向的潜在用户，建立用户对品牌的认同感。在线教育社群在提供具体的教育产品以满足用户需求的基础上，需要通过宣言在线教育的意义来获得用户在精神层面上对于教育消费行为的价值确认。例如沪江网的标语“学习，成为更好的自己”，传递的是将学习外语作为自我提升手段的理念；网易云课堂的标语是“我的职业课堂”，宣传通过学习提升职业技能的重要性。提供优质产品是满足社群成员需求的根本，在线教育作为教育服务的一种，具有教育行业本身具有的长期双向互动的特点，而不是一项单纯的电子商务产品售卖活动。在线教育服务商在将教育资源售卖给用户之后，还需要对用户的学习状况进行跟进，为用户提供定制化课程答疑服务，并能够根据用户的学习反馈对课程安排进行调整，为了更好满足不同用户的实际需求，有针对性地制定个性化的学习方案。此外，运营方也可以通过策划丰富多样的线上社群活动，从而鼓励并引导用户参与讨论。针对目的性明确的学习社群，运营方可以组织一些相关学习主题的活动，比如作业互评、成绩比拼等，从而更好地激发每位社群成员的学习兴趣，进一步优化学习体验并提升学习效果。针对偏重社交互动的社群，运营方需要尽可能发挥创意，组织丰富多彩的特色活动，不仅仅局限于学习主题，还可以适当引入一些维系社群运营的常规化活动，比如以签到、抢楼、抽奖等小活动来保持社群成员的日常活跃度，进而营造积极活跃的社群氛围。

面对教育资源的开放共享趋势，教育出版者更应当制定行之有效、针对性强的版权保护策略。在线教育平台必须满足实用、快捷、广泛传播的要求，同时也要对教育资源的版权进行保护。平台如果提高教育资源的共享权限开放程度，会更有利于传播，对用户来说也更加便利，但高开放程度也会使侵权成本降低、创作者权益受损的风险升高，课程平台对创作者的吸引力也会受损；如果对版权的限制太多，会造成用户正常使用的不便。如何在版权开放和保护的矛盾中找到平衡、如何兼顾开放共享和版权保护是在线教育版权问题的关键。为了便于进行版权管理，在线教育平台需要对教育的版权归属和权限控制进行确认。确定版权归属意味着需要对课程资源本体及其附属内容的所有权和使用权制定相应的版权归属协议，在教育资源提供者、在线教育服务平台、用户，以及其他使用者之间明确版权归属作为权益分配的基础。权限控制是指在版权授权的过程中制定版权共享协议，明确版权共享的范围，对版权使用范围做出限定，明确侵权界限和责任。在制定了版权协议之后，在线教育平台还需要对发生的侵权问题进行处理。课程资源遇到版权问题时，课程平台需要及时处理，根据平台和作者、用户等各方签署的版权归属和版权使用协议出具版权证明，声明版权归属，要求侵权方停止违规使用、公开道歉以及赔偿损失。对于大部分非法律专业的版权人来说，如果课程平台能够在侵权事件出现时及时提供法律支持服务，保护版权人合法权益，将会提升平台对版权人的吸引力。①

随着在线教育产业不断发展，版权问题的重要性不言自明，目前最常见的方式就是签订版权协议，约定好权益归属和使用范围以及利益分配等方面的条款，以及在出现版权问题时及时处理，依照法律维护版权人的合法权益。

① 林传峰、谢宇威、应鑫迪：《在线教育中的版权保护——开放与保护的平衡》，《中国教育网络》2015 年第 11 期。

第四章
社群参与效应催生的传统出版融合发展策略

社群参与效应在数字出版业态与运营实践中的影响，不止发生在数字出版领域。数字内容生产导向的改变、用户阅读与消费方式的跟进，以及由此带来的新旧媒体的融合，同样激活了传统出版。在产业链上游，有声书的移动出版需要传统出版提供充足优质的原创内容资源；在中下游营销推广环节中，社群网络与相应的商业模式给纸质图书的销售创造了新的契机；在实体出版与移动阅读上，数字出版与传统出版存在互动互促的空间。即便是出版生产中十分特殊的书展，也可以通过线上线下的联动，扩大自己的受众面。社群参与效应不断地催生着数字出版与传统出版融合发展的策略。

第一节　移动有声书出版及其平台的社群化发展

移动互联网在当下的快速发展可谓是一场新的“数字音频革命”。根据第二十次全国国民阅读调查结果，2022 年，我国有三成以上（35.5%）的成年国民有听书习惯，较2021年的平均水平(32.7%)提高了2.8个百分点。[①] 这表明，移动终端的有声书应用逐渐超过了电子阅读器、听书网站，成为人们听书阅读的首选方式。中国网络视听节目服务协会的《2021年中国网络视听发展研究报告》指出，音频节目的用户黏性相对较强，在过去半年使用过网络音频的用户中，38.2%的人会每天收听网络音频节目，喜马拉雅FM平台一枝独秀，61.3%的用户表示喜马拉雅FM是自己最喜欢的网络音频平台。[②] 乘着移动网络和智能终端的普及与发展之风，移动听书APP以其碎片化、伴随性、情感性、互动性等特点为大众喜爱，5G的普及更将在技术上推动声音经济走向春天。

与此同时，随着各种社交软件的流行，个人化的网络社群生存方式已经成为人们现实生活的重要组成部分。与传统社区相比，社群是打造人与人强关系的媒介。具有相同价值观的人，突破时空的限制，基于共同的主题或目标聚合在一起而形成圈子。在数字出版领域，“社群网络效应在于单个用户行为通过人际交互指数式放大，产生一种符合多数成员心理的社群意志，它对上指导出版生产，对下更易于引发群体消费”[③]。而较为全面的社交性是喜马拉雅FM在众多移动听书APP中脱颖而出的突出优势之一。它以移动电台起家，在拓宽布局的同时，致力于社群式发展，打造较强的实时参与和及时反馈，并从自身平台拓展到微信、微博、QQ等社交平台来引流推广，增强用户黏性，探索着有声书产业发展的可能性。

---

① 中国新闻出版研究院：《第二十次全国国民阅读调查成果发布》，2023年4月23日，见http://www.nationalreading.gov.cn/wzzt/dejqmyddhzq/cgfb/202304/t20230423_713063.html。

② 中国网络视听节目服务协会：《2021年中国网络视听发展研究报告》，2021年6月5日，见http://www.cnsa.cn/attach/0/2112271351275360.pdf。

③ 陈洁、吴申伦：《发挥社群网络效应构建新型参与式出版》，《浙江大学学报(人文社会科学版)》2018年第4期。

一、声音媒介与参与式文化

传统有声读物一般指的是将纸质文本以念白的形式表达，通过磁带、光盘等载体记录，再在电视、广播、录音机上播放声音的一种信息接收方式。例如，评书人将小说念读出来，刻录成磁带后，便可在便携式录音机上播放，供人收听。在移动互联网的时代，移动有声 APP 成为有声书的重要载体，虽然不具备视频带来的视觉盛宴，但有声书仍在市场上占据一席之地，越来越受大众欢迎。这在很大程度上得归因于声音媒介的独特性质。第一，具有伴随性的声音媒介对听众的参与度要求很低，解放了双手与双眼，使得有声书适用于多场景和碎片化时间，为读者获取内容提供了更便捷的途径，既增添趣味又便于用户合理利用时间。碎片化并非毫无规律地将原文本拆成小块，讲求的是以合乎文本的方式分解成片段，读者在多次听书后依然能够把握原文的总体结构。第二，声音媒介更富有情感性和想象性。相比于文字，声音带来主讲人在场的错觉，具有陪伴属性且传递更多情感与个人特质。相比于视频，声音减少了信息加工的过程。离开画面，人能更集中在声音的情感与内容，经过想象的加工也更具神秘性。根据喜马拉雅 FM 官方的 2019 有声书年度盘点得知，夜间 10 时至 11 时达到收听人数的最高峰，还有相当一部分群体在凌晨 2 时至 4 时同样活跃。[①] 孤独是现代人的情感常态，有声书为人们带来一份温暖的"耳边陪伴"。第三，声音媒介也突破识字能力的局限，降低了阅读门槛。喜马拉雅 FM 作为综合在线音频平台将全年龄段的读者纳入目标对象，从最早的评书和单人朗读有声书，演变出有声剧、拆书、讲书、知识专栏等多种形式，满足不同读者的不同需求。第四，听书更意味着"精准化"，更

---

① 喜马拉雅:《2019 有声书年度报告》，2020 年 4 月 26 日，见 https://www.chainnews.com/articles/308770646518.htm。

具有细节的力量。移动互联网带来的海量内容使得读者养成了快餐式的阅读习惯。而在听书时，读者不得不跟随着主播的步调前进，以获得舒适的耳朵享受。数字碎片化时代的有声慢阅读提供了碎片化与深度阅读相融合的可能性，与短视频相比，有声书有更强的知识性、完整性、连续性。此外，仅以声音为媒介的形式使得读者将注意力从外貌转移到内容本身，缓解了创作者与读者双方的颜值焦虑。

如何在坚持用户创造内容的同时提升内容质量，是有声书产业在内容生产中需要探索的路径。基于此，喜马拉雅 FM 内容源包含 UGC、PGC，同时还拥有独家版权，形成了有层次感的 PUGC 生态。UGC 负责内容广度，主要贡献流量与参与度，PGC 维持内容的深度，树立品牌、创造价值。

与 PGC、UGC 模式不同，PUGC 模式依然以用户生产为中心，但生产内容的主体细分为专业用户，如蔡康永、陈果、郭德纲等加入喜马拉雅 FM，再有中国之声的青音、河北交广的小强等直接在喜马拉雅 FM 开办频道，还有易烊千玺、邓伦等超 500 位明星在喜马拉雅 FM 开设原创音频节目。精良的团队制作与优质的原创内容，很好地解决了 UGC 平台质量普遍不高的问题，打造了宝贵的原创精品。知识明星自带的粉丝也通过喜马拉雅 FM 平台实现了粉丝间以及粉丝与知识主讲人之间的交流互动，形成了独特的社群文化。同时，平台会从草根有声书主播中选拔一些优秀主播，邀请有潜力的主播与官方签约，帮助主播运营内容和粉丝，并进行演播培训与流量扶持。如平台有声书主播 Top1“有声的紫襟”正是非科班出身，凭借兴趣与努力而成长为专业有声书主播。平台还面向全国高校推出“新声计划”，为高校学生成长为实力有声书主播提供全方位资源扶持。在有声书主播的确立上，喜马拉雅 FM 使用的是“加 V 系统”，平台主播可申请“加 V”以获得配套资助和推广，前提条件是节目的内容与人气都达到了平台的规定要求。因此,“加 V 系统”在内容质量方面起到了过滤和沉淀的作用。

此外,与阅文集团等企业、腾讯视频等平台,以及知名出版机构、图书公司达成的合作使得喜马拉雅 FM 拥有了其他音频平台不可匹敌的有声书内容版权的强大优势,为用户参与内容生产提供强大保障。而且,喜马拉雅 FM 采取“先审后播”的原则,在加强人工审核的同时,联合科大讯飞专业开发语音识别技术,提高智能审核效率,以规范用户有序参与内容生产,避免平台受版权问题困扰。

在平台的搭建中,用户的力量是不可或缺的存在,UGC 模式可以很好地提高用户的活跃度,增强用户的黏性,用户间的互动分享也能帮助提升平台的知名度。除了专业主播之外,喜马拉雅 FM 的用户也是生产者,平台鼓励每位用户录制、发布自己的声音,创建私人电台节目。正如詹金斯在《面向参与式文化的挑战:21 世纪的媒介教育》中所说,在参与式文化的语境下,用户个人进行内容创作和分享传播的门槛非常之低,包括注册发布的资格和多媒体制作的技术要求两个方面,这能够创造学习氛围,成员相信在参与式文化中付出是有用的,并在意他人对自己创造的内容的想法与评价。[①] 喜马拉雅 FM 为用户提供了十分便捷的 UGC 生成功能,只需点击“我要录音”,便可以添加喜爱的文稿进行朗读录制,或打卡推荐短文,与数亿用户共同朗读。用户可以轻松完成音频的录制、剪辑、降噪等工作,还可以加入个性化的旁白台词、背景音乐、特效声音、声音变化等,由此带来海量作品的产出。易于上手的操作与丰富的音频资源极大降低了有声书录制的门槛,为普通人提供了展示自我的空间,而且用户还能通过点赞、评论、关注、标记、收藏、分享等功能进行互动。同时,官方推

① Henry. Jenkins, *Confronting the Challenges of Participatory Culture: Media Education for the 21st Century*, The MIT Press, 2009, p.7.

出一系列创作活动,如寻找“全民阅读传承人”(分享阅读故事与阅读感悟),“音频创意挑战赛”等有奖活动激发用户的创作欲望与参与意识,并推出草根主播培养与扶持计划,帮助素人实现梦想,又为自身挖掘、积累了优秀资源。

在喜马拉雅 FM 有声书用户中,Z 世代占比第一,同比 2018 年增长 15%,25 岁到 30 岁的用户人群排名第二,80 后和 70 后的用户人群紧随其后。① 作为互联网主力军的青年在互联网中找到了一个安全又富有思考性的声音空间,他们通过创建网络私人电台,通过团队自主录制、编辑音频成一部部有声剧或读书类、科普类、采访类、综艺类的节目。他们中的大多数人出自社交目的、个人表达需求而不是为获取金钱来从事纯分享、非盈利的创作。平等的话语权给予他们充分认识自我、表达自我、实现自我的机会。为实现平台的可持续发展,用户的力量是不可缺少的存在,用户不仅参与到内容文本的生产中,而且作为发声的主体在社群圈子中积极互动。

二、喜马拉雅 FM 强社交发展趋势的特点

喜马拉雅 FM 早期版本走轻社交路线,只有简单的点赞和评论,之后走向强社交发展趋势。用户关系既包括基于各种关联而新建的用户之间的弱关系,也包括现实生活中真实的人际关系映射的强关系。喜马拉雅 FM 用户可以绑定、关注手机好友、微博好友,并向微信好友发送邀请,向熟人分享喜爱的音频,与之共享收听记录,通过 VIP 首月打 3 折仅需 6 元、推荐好友可获 20 元优惠券等方式引导用户拉新进行裂变式推广。同时,用户可以通过音频个性签名,以声交友,或基于兴趣爱好搜索、关注其

---

① 喜马拉雅:《2019 有声书年度报告》,2020 年 4 月 26 日,见 https://www.chainnews.com/articles/308770646518.htm。

他用户,平台也会根据用户的使用数据向其推荐可能感兴趣的人,从而形成强弱关系相交织的“朋友圈”。为了尊重用户的隐私,平台提供私密收听功能,用户可选择收听记录是与好友共享,还是仅为自己可见。

“发现”区类似朋友圈,包括关注、推荐、趣配音、小视频板块。在关注板块,关注的用户的动态、自己发布的动态和加入的“圈子”在此汇总,支持文字、图片、音频、视频等多种形式。而圈子内部的社交更加紧密,用户可以根据自己的兴趣搜索并加入多个圈子或者自己创建圈子,圈子细分为热门、教育、小说、娱乐、情感、人文、历史、儿童、生活、明星等类型,同时平台也会推荐用户可能感兴趣的圈子。在圈子中,圈主与管理员设定圈规,重要内容设为置顶帖,活跃的圈子往往会设置每日话题,并细分出不同板块,如“喜马有声剧”圈子设置了热门、最新、精华、视频、活动 & 福利、签到互粉、安利主播、好书推荐、日常分享、建议意见等板块。成员在圈子里发布帖子、点赞、评论、分享,在同好互动中获得趣味,成为内容创作者。在听书功能上,除了评论互动外,读者可以实时发布弹幕,标注精彩音频,并分享至微信、QQ、微博等社交平台,支持直接截取 5—30 秒精彩片段以及直接生成海报的个性化分享方式,实现与文字画线分享同样的便捷,不仅使成员间的互动更有趣、更丰富,而且也促进以信任为基础、以个体为节点的裂变式传播。

此外,平台还重视新媒体的“朋友圈”运营,官方微博主要负责专辑宣传、活动宣传、公益活动、抽奖活动、互动福利等,粉丝数达 924 万(截至 2023 年 5 月 1 日)。微信公众号则负责人气主播采访、活动预告、开售专辑介绍、热点话题追踪等,头条平均阅读量约为 3 万。并发布“社群攻略”,引导用户建立 QQ、微信等听友群,有利于将读者间的弱关系培养为强关系,使他们从陌生人升级为朋友。

在平台调性上,喜马拉雅 FM 偏向于知识付费,其语音直播一开始定位于“泛知识大咖直播”，但业务团队很快发现，泛知识不适合直播，更适合录播，同时邀请大咖直播的成本也更高。于是，团队快速调整，从泛知识转变为泛娱乐。喜马拉雅 FM 官方曾说，如果把它当作一个图书馆或者学校，那么在学校或图书馆门口去做游乐场，是一种刚需的场景。自 2017 年上线以来，喜马拉雅 FM 直播业务收入已实现翻倍增长，2020 年 4 月对外发布直播“春生计划”，携 10 亿流量入场。

对于有声书或节目型主播来说，直播提供了另一种与粉丝互动、增强粉丝黏性的方式，更具有陪伴属性，而且以往作品积累的播放量和粉丝很容易导流到直播间。主播在直播间中展现出的更生活、更现实的一面，又吸引了更多的粉丝，其中有直播粉，也有被直播吸引而去收听其演播的有声书的粉丝。用户可以选择付费加入该主播的粉丝团，获得粉丝团专属勋章与礼物。根据是否有同款勋章，用户能瞬间辨别出具有共同爱好的人，获取身份认同。同时，粉丝勋章的等级与收听该主播直播的时长相挂钩，时长越长，等级越高，反之越低，这有利于调动粉丝的积极性，也有利于筛选铁杆粉丝。对于听众来说，以文字、表情、礼物等形式参与互动，并有机会连麦，与主播、其他听众直接进行声音交流，互动的实时反馈极大满足了参与感，情感连接也进一步加强，不仅是粉丝与主播的连接，也是粉丝之间的连接。摆脱外貌的约束，有声书主播的百变声线为听众带来更大的想象空间。

“阑珊梦 Dboy”为喜马拉雅 FM 2019 十大人气主播之一，在 2019 年收割 40 万粉丝。白天，他在某公司做与演播无关的工作，晚上下班后开始录书与直播。和他一样保留自己本职工作的有声书主播并不少见，移动电台的发展给予他们在不同身份转换间实现生活与兴趣平衡的机会，也带来部分额外收入。语音直播提供了许多创意互动方式，在语音直播间中，“阑珊梦 Dboy”现场录书、吐槽剧情，与粉丝聊天、玩游戏、打辩论、送福利、共同过节与庆祝生日，以及与其他主播对戏、宣传新书，幕后的多维度展现塑造了血肉丰满的主播形象。现实生活中的后台区域以情感表演的形式呈现在直播间前台，在真实信息得到保护的前提下，彼此间熟悉的陌生人身份更有助于进行深入的交流，主播与每位听众成为在夜晚相互陪伴、情感倾诉的朋友。粉丝也会将主播播演的有声书、直播回放等音频资源进行剪辑、录制，创作出富有创意的衍生节目，为主播进行宣传推广。此外，平台不定期推出主播打榜、排名赛等活动，鼓励粉丝自发为喜爱的主播宣传与投票，增强了粉丝的归属感、参与感与荣誉感。

线上社群的黏性远不如线下社群的黏性，在现实生活中，用户更容易发展稳定的社交关系。喜马拉雅 FM 在线上布局的同时，关注线下场景的突破与探索，大致存在两种方式：第一，面对具有相同兴趣的同城用户，围绕某本书或某个主题，开展线下读书会，或邀请大咖名家与读者面对面；第二，打造线下知识体验店，通过打造线下 IP，建立一条能够有效对话用户的内容通道，并为城市用户打造一个交流互动、创造分享的聚集地，产生规模效应。如 2019 年落户西安的万物有声线下门店，分为咖啡文创区、亲子区、阶梯剧场区域，集合有声故事咖啡、畅销图书、音频传情礼物、沙龙课堂、专业直播间等多种功能，既提供社交空间，又提供富有创意的社交活动。而且，在店里连接 Wi-Fi 可免费收听喜马拉雅 FM 线上的数千个精品付费课程。处于虚拟环境下，用户归属感较弱，参与意识不强，大多为个体单独接受与思考的行为，而在现实环境中，用户交流意愿更强烈，线上与线下体验的相结合，强化了社群里人与人的连接，而不只是知识与人的连接。

根据用户在不同生活场景中的需求，平台推出“上班途中”“下午时光”“晚安电台”“开车听”“运动时光”“私人 FM”等专辑，播放页面显示共有几人正在收听，消息互动类似群聊界面，可随时发布消息，浏览并点赞、评论,不限于好友,而是所有正在收听此专辑的用户。处于相同场景下的用户在身体与心理上都容易产生相同的感受,交流互动会更感同身受,为独自浏览的状态增添陪伴感。同时,官方建立“失眠拯救联盟”“情感树洞圈”等针对用户不同场景需求的圈子。场景不仅能够迎合用户在不同实时状态下的习惯,也可以提高对用户生活与情感的关注度,情感比利益更能增强用户黏性。喜马拉雅 FM 也依托以车联网、智能家居、AI 音箱为代表的线下智能领域,渗入用户生活场景,抢占用户使用时间,但在通过线下智能发展用户关系,强化社群效应的方面缺少关注。

三、喜马拉雅 FM 有声书社群的主要构建方式

粉丝经济是喜马拉雅 FM 致力打造的流量变现方式之一,如平台推出打赏模式。打赏模式往往基于粉丝经济,基本特征是“先消费后付费”、全自愿、对内容生产者的忠诚度和付费意愿要求高。品牌社群是粉丝经济的本质,它以某个特定品牌或品牌产品为中心,是由对某一品牌或品牌产品具有归属感的群体进行持续性互动而形成的社会关系网络。在参与式文化的时代,品牌社群逐渐从中心化、单向化走向去中心化、圈层化,愈加人格化的品牌官方与社群成员们建立了平等关系,从粉丝升级为朋友。同时,成员间不断互动分享、自主创造,协同互助,建立了良好的社交关系。

在喜马拉雅 FM 付费精品中,按照类目进行分类,分别是历史人文、个人提升、有声书、商业财经、外语、亲子儿童。下面以播放量为标准,选取各类别中播放量最高的付费精品,观察它们的社群构建方式与效果(参见表 4 - 1,截至 2020 年 6 月 10 日):

表 4-1　喜马拉雅 FM 各类别最高付费精品社群建构方式与效果

类别	付费精品名称（播放量最高）	播放量与集数	介绍词	价格	社群构建方式与效果
历史人文	明朝那些事儿（当年明月著　王更新演播）	3.3 亿 268 集	诙谐轻松再现明朝三百年的兴衰历史	有声书： 20 元开会员包月，全集免费听；0.3 元/集，全集购买 89.7 元，支持分集购买 纸质书：共 7 册，定价 245 元，当当售价 122.5 元	方式：评论、点赞、回复，主播王更新的粉丝圈“因为历史我们成为朋友” 效果：专辑评价数达 999＋，每集评论数三四百，内容主要是赞美主播、分享听书感悟，主播积极回复；主播优秀的演播功底吸引了对历史感兴趣的众多粉丝，圈子板块依据历史分为战国春秋、大秦帝国、大汉长歌等，成员间分享历史知识，并设有意见收集箱，共有 24000 多名成员，活跃度高
个人提升	蔡康永的 201 堂情商课（蔡康永主讲）	1.2 亿 239 集	情商，是人应对一切关系的能力总和	全集购买 198 元，会员价 158.4 元，不支持分集购买	方式：评论、点赞、回复，课堂问答与练习（选取用户的热门留言进行答疑） 效果：专辑评价数达 3000，每集评论数两三百，内容主要是课堂练习与感悟；由于课程由米未与蔡康永共同研发，米未主播管理用户评论，积极回复；问答与练习的每周穿插，实现了实时互动与及时反馈，课程结束后，用户参与的内容与课程内容一起构成整个专辑
网络文学	超品相师（丸子演播）	29.8 亿 2073 集	偶获诸葛亮生前的玄学传承，混迹都市	20 元开会员包月，全集免费听；0.2 元/集，全集购买 390.8 元，支持分集购买	方式：评论、点赞、回复，主播粉丝圈“丸子讲故事” 效果：专辑评价数达 999＋，每集评论数五六百，内容主要是讨论剧情、向主播催更，主播基本无回复；圈子成员 47000 多人，帖子数 2500 多个，但活跃度较低、规划粗糙、主播基本不参与

（续表）

类别	付费精品名称（播放量最高）	播放量与集数	介绍词	价格	社群构建方式与效果
商业财经	冯仑商业私房话（冯仑主讲）	2537.6 万 113 集	帮你搞定人、搞定钱、搞定规则	全集购买 199 元，会员价 159.2 元，不支持分集购买	方式：评论、回复、点赞 效果：专辑评价数近 100，每集评论数不到 10，交流互动较少
外语	赖世雄旅游口语从头学—讲解音频	1192 万 81 集	Johnny 吴纪维带你轻松用英语去旅游	有声书：全集购买 19.9 元，会员价 15.92 元，不支持分集购买 纸质书：定价 39.8 元，当当售价 24 元，配套视频	方式：评论、回复、点赞，主播粉丝圈“英语干货帮” 效果：评论互动较少；圈子中，主播与成员常交流分享英语干货，活跃度较高
亲子教育	米小圈上学记·四年级	1.2 亿 70 集	上学趣事一箩筐，轻轻松松搞定写日记	20 元开会员包月，全集免费听；非会员全集购买 69 元，不支持分集购买	方式：评论、回复、点赞，米小圈粉丝俱乐部、米小圈官方电台、米小圈微信公众号 效果：专辑评价数 7000，每集评论数两三千；圈子成员数 9 万多，帖子数 3 万多，活跃度较高，主要是宣传与售卖米小圈书籍与周边文具；米小圈官方电台 315.9 万粉丝，汇总米小圈系列专辑；公众号头条平均阅读量为三四万，定位为育儿经验分享，设置漫画、脑力、成语、听书、每日一笑等趣味栏目

总的来看，喜马拉雅 FM 播放量较多的是亲子教育、网络文学、历史人文，其次才是个人提升、商业财经、外语。在亲子教育领域，米小圈、小猪佩奇、姜小牙等大 IP 吸引了学生与家长用户，圈子、官方电台、公众号等共同发力、相互引流；又推出了一系列衍生音频节目，如《米小圈三国演义》《米小圈快乐成语》《米小圈悦读名著〈小王子〉》等，通过米小圈陪伴阅读与学习的方式来吸引孩子，知识性与趣味性相结合，好评如潮，但在与用户交流互动方面仍需加强。可以挑出其中的精品留言或帖子，整理分享，或发起米小圈故事征文大赛、音频大赛、配音大赛，打造热度、增强互动感。在历史人文领域，虽然故事性强、通俗度高的网络文学长篇小说受众更广泛，但用户收听经典名著的热情逐渐上涨。除了《明朝那些事儿》作品本身外，演播员受到用户的喜爱，创建的关于历史的圈子也能很好吸引历史爱好者，分享历史故事与知识，与作品定位相符。《百年孤独》阅读难度公认极高，但上线首日播放量便突破 10 万，目前总播放量近 800 万。富有感情的演播、后期音效和音乐有助于帮助读者理解内容。此外，新经典会为新发布的作品提供宣传发行服务，比如体裁各样的软文推送、多个平台同时投放，降低普通读者阅读大部头经典作品的畏惧感，组建书友群，定时分享读书心得，从而打造独特的互动阅读圈子。

从长期来看，平台关注受众文化资本的积累，与功利性拉开距离，也是一个平台型文化企业高标配的生存指南和社会担当。在个人提升、商业财经、外语领域，主讲人个人的魅力与专业度是吸引读者的关键因素之一，课程中关注读者的留言、提供答疑，较好地实现了与读者的互动，读者之间也能互帮互助，用户参与的内容与课程内容一起构成整个专辑。但在课程结束后，如何保持与购买此专辑的新读者的互动，以及确保原来的读者热情不会因为课程结束而消退值得进一步优化，比如建立读者圈，读者的不断反馈与互动热点也能成为课程升级的重要参考。

通过对围绕精品有声书形成的社群的分析,可以发现,它们大多会涉及围绕主播形成的社群,特别是围绕喜马拉雅 FM 签约的人气有声书主播形成的社群,在社群运营上已积累较多的经验。粉丝往往会因为喜欢一个主播而去收听其所有作品。“有声的紫襟”为平台有声书主播 Top 1,擅长演播恐怖、悬疑题材,粉丝数千万,2019 年总收听时长达到 12 亿小时,约等于 13.7 万年。其代表演播作品《摸金天师》共 1134 集,总播放量过亿,总评论数超百万。圈子是主播与粉丝互动的主要场景,也会建立 QQ、微信听友群发展强社交关系。“紫襟故事吧”圈子共有 8 个板块,分别为热门、最新、店铺、精华、听友风采、听友故事、听友推荐、推理题,圈子的管理员从铁杆粉丝中选拔,不定期发布话题活跃圈子气氛。称主播为“纸巾大大”的粉丝们在圈子中不仅相互交流与推荐紫襟演播的有声书,也分享着各自的日常生活动态,加上紫襟主播频繁发布动态,包括作品宣传、日常生活分享、创意短音频与录音短视频分享,并频繁与粉丝互动,形成了良好的社群氛围。主播与听众、听众与听众之间在连接上处于平等、民主的关系,易于倾听和互动,关系发展从利益层面向情感层面深化。

四、我国出版单位构建有声书新业态的启示与反思

读者用户只有切实感受到了文化品牌蕴含的价值理念,才能对品牌和社群产生强烈归属感。出版机构往往以其长期积淀的品牌文化吸引着一大批读者群体。在从纸质书向有声书等数字出版形态转型与融合中,读者对出版机构有着天然的信赖,愿意为其产品买单。在有声书平台领域,巨头垄断市场的格局已经形成,出版机构独立进入的难度较大。当然也有一些出版机构凭借雄厚的实力,或由于小众而精品的优势、独特的品牌文化与稳定的粉丝基础而开发自己的平台,前者如中国出版集团公司的“去听”APP;后者如传播精品文化的人文类书籍出版机构“理想国”的

“看理想”。随着自制文化内容的不断丰富而推出的独立平台——看理想APP,用音频内容打造知识剧场,吸引了一大批文艺青年,鼓励用户积极参与评论与讨论,形成良好的用户互动氛围。以《八分》节目为例,主讲人梁文道会回答很多用户的提问,以交朋友的态度与听众相处,注重用户的反馈。但与“理想国”有同等号召力的品牌稀少,大部分出版机构也没有足够的资金、技术支持独立制作有声书并建立自己的平台,这时选择与喜马拉雅 FM 等第三方平台合作性价比最高。而如何在充满竞争力的第三方平台上建立自己的社群,吸引、留存用户、提高用户活跃度,发挥社群效应优势,是值得探索的方向。总的来说,在喜马拉雅 FM 上注册账号的出版机构数量不少,如人民文学出版社、北京科学技术出版社、读客文化、紫图图书,但鲜有出版机构建立、运营自己的读者圈,粉丝数量普遍较少。可见,出版机构在喜马拉雅 FM 上推出的有声书因其高质量而深受听众喜爱,但是对于在平台上进行自身有声书品牌社群的构建与发展缺少关注。针对此,本文提出以下建议。

1. 品牌人格化,读者圈子化

在规模生产、规模营销和大众媒体时代到来之前,顾客消费的对象已经不仅仅是商品本身,还包括商品背后的制造者,如顾客都熟悉他们经常消费的商家,读者也会因对作者的喜爱而购买书籍。随着互联网与生产技术的发展,规模生产与规模营销到来,顾客面对眼花缭乱的商品选择时,对机构品牌更具有信任度。读者购买某一类型的书籍时会特意选择这一领域表现出色的出版机构。而随着社交平台的出现、社群网络的发展,顾客对机构品牌的信任度逐渐降低,对人格化品牌更为青睐。“罗辑思维”自媒体和“得到”APP 广受读者喜爱的原因之一在于品牌实现人格化,用创始人形象做背书,具有高辨识度。罗振宇的自身魅力与特色营销吸引一大批具有相同价值观的读者。品牌人格化的最终目的,是让品牌与用户处于平等地位,实现两方有效沟通。因此,出版机构在喜马拉雅FM社群运营上要突出自身的特色,无论构建虚拟形象,还是制作电台节目、培养优质主播,都要注入自身的态度、温情、个性,放下身段来与读者交朋友,从冷冰冰的灌输转变为富有人情味的服务。

同时,出版机构要重视社群运营实现读者圈子化,通过管理规划、板块设置、话题设计、日常直播等方式提高听友圈活跃度。要以人格化的形象,站在读者的位置,以与读者相同的语气、情感积极参与互动,利用出版机构的资源优势策划有创意的互动环节。如利用音频节目制作较简便、碎片化与伴随性的优势,收集读者的阅读分享或书籍推荐音频,并制作每集时长较短的微读书类节目;在声音直播中,邀请作家分享写作故事,编辑讲述出版历程,演播人聊声音技巧,大咖聊出版、聊文化,注重话题打造,与读者进行文字的实时互动或直接连麦的声音交流、抽奖福利活动;利用直播音频素材进行二次传播。既加强读者与出版机构间的联结,又注重读者与读者间的联结,在线上互动的基础上举办线下的听友会活动,社群成员通过创造和交换文化从而增强集体利益,打造有特色、有温度、黏性强、活跃度高的品牌社群。

2. 细分读者群体,优化PUGC模式

社群网络时代,营销逐渐向窄众和深度发展,出版机构在喜马拉雅FM社群的打造过程中,要根据年龄、职业、爱好和需求对读者细分定位,在读者画像的基础上创建多个小众社群,并根据书籍的特点选择合适的演播员进行录制。在大数据技术的支持下,充分利用读者的收听记录、点赞、评论、关注,甚至读者在某段使用倍速或快进、在某段重复收听并剪辑分享等数据,精准给读者群体画像并有效推荐有声书,这些数据也可成为有声书选题策划的参考依据。同时,尝试多渠道引流,在微博、微信公众号、苹果播客等平台分享音频,创建微信与QQ听友群,吸引零散于各平台上的目标读者,深化社交体验。

此外,出版机构的有声化产业要尝试从 PGC 模式向 PUGC 模式转变。在有声书演播员的确定上,出版机构几乎都会选择科班出身的专业演播员来保证质量。其聘请国家专业级播音员一般为 100 元/分钟,制作一本优秀的有声书,需要一个月到一个半月,制作成本较高。在版权成本方面,50 元/分钟的音频版权费,占据了制作成本的大部分支出。[①]

在经典书籍的有声化上,选用专业级播音员是最稳妥的,但在玄幻、悬疑、言情、情感等类型书籍的演播上可以采用专业创作和读者录制相结合的方式,鼓励读者参与内容演播,特别与由草根主播成长起来的人气有声书主播或社团合作,根据对方自身的粉丝群体画像与演播实力,从中选拔最合适的声音,既降低成本,又利用主播的人气来吸引更多的读者。为加强读者的参与感,出版机构可围绕某本书、某个作家或某个主题举办音频创作大赛或配音趣味活动。

3. 深耕场景消费,提供更精准的场景服务

针对有声书适合碎片时间下多种场景的独特优势,场景消费已成为各大音频平台的重要布局对象。各平台收集整合用户习惯的数据,深层次挖掘用户在不同情境下的心理状态和习性偏好,形成有规律可循的用户场景画像,基于此为用户提供精准的场景服务,再通过用户不断地体验反馈,实时对用户场景画像进行修改调整。依托以车联网、智能家居为代表的线下智能领域,移动音频厂商已开始逐渐布局,渗入用户生活场景。

如今越来越多的出版机构配套推出纸质书、电子书、有声书三种形态,对应用户的不同使用场景。有声书能在一定程度上带动纸质书销售,喜马拉雅 FM 目前也在发力电商版块,它提供"Ta 的店铺"功能,并在音频

① 王小平:《有声书开启图书阅读新方式——以有声文学图书为例》,《出版广角》2017 年第 19 期。

下附上购买链接,给予用户直接下单路径,方便用户体验。然而,数字出版的发展模式不是内容在技术层面上的简单搬运,而需要两者深度融合。由于自身技术与资金的限制,出版机构与已积聚技术实力、用户规模的音频平台合作,不失为高性价比的选择。2016 年起,喜马拉雅 FM 与中信出版集团、中南出版集团、上海译文出版社、果麦文化、企鹅兰登等一线出版机构在有声改编、IP 孵化、版权保护等方面逐渐达成深度战略合作。在合作中,出版机构可以尝试提供有创意的有声书改编方案、适合有声阅读场景的选题策划,将优质内容以定制、植入等创意组合方式推送到不同场景需求之下的用户,用户既能够按照话题创作录制音频,又可以自由发布到网上,参与作品的分享宣传。或者在特定的空间提供免费收听服务,如地铁、公交,为疲于奔波的人们带来“文学上的逃生”。此外,出版机构可以利用资源优势与平台合作,布局智能音箱终端,如中信出版社与百度的合作,用户只要说“小度小度,打开中信书院”,“小度在家”智能视频音箱就会打开“中信书院”的书籍列表。当人们不需要借助手机,而通过智能音箱等硬件便能实现互动交流,会出现更丰富更有趣的社交场景,加强人与人的连接。未来打造场景生态、实现“内容+场景+社交”的高契合度,将是场景消费的重点发展方向。

第二节 纸质图书出版销售与线下书店的场景式营销

数字技术、互联网技术的迅猛发展促进了数字出版产业的创新发展,电子阅读器的兴起、电子读物的丰富多样都折射出数字阅读收获了来自市场与读者的青睐。在此背景下,传统纸质图书出版在很大程度上遭受了来自数字出版的蚕食与挑战，呈现出纸质图书难以适应市场、线下书店"无人问津"或者读者"只看不买"等严峻现象。面对此种境遇，传统纸质出版机构与线下书店经营者需要寻获解决路径，在坚守自身优势的同时，积极寻找创新性的发展路径，譬如纸质图书出版机构可以发挥纸质书籍专业性强、适合深度阅读的优势。同时借助数字技术对书籍进行宣传、推广，拓宽纸质图书的市场空间；线下书店可以利用自身"身临其境"的空间优势，为读者构建安静、舒适的读书空间，以便更好地反哺读者。诚然，纸质图书与线下书店在数字化时代遭受了危机，但也有新的发展机遇和前景，在数字时代媒体融合过程中，纸质图书和线下书店可以充分利用自身优势及互联网技术、新新媒介的力量，激活发展、实现繁荣，实现自身的独特价值。

一、社群网络激活纸质图书与线下书店经营

在印刷时代，纸质图书与线下书店拥有较为稳定的读者，有着较为良性的发展状态，而到了数字时代，各种数字阅读器、线上书店、数字读物等应运而生，吸纳了大批读者，相比之下，传统纸质图书与线下书店遭受了生存的"寒冬"，显示出"疲惫"的发展状态。移动互联网技术的迅猛发展与社交软件的普及催生了各式各样的在线社群，社群成员因共同的爱好、旨趣等汇聚起来，形成社群网络，在新的出版语境下，纸质图书与线下书店借助社群网络改变发展困境，试图朝向精品化、数字化、个性化等优质方向发展，基于社群网络的纸质图书出版与线下书店发展，以较为精准的目标用户为中心，在出版内容、书店建设方面注重把握社群成员的诉求，并利用社群进行传播、营销，改变以往较为单一的传播模式，实现纸质图书、线下书店与社群成员的良性互动，为纸质图书与线下书店的发展提供了新的路径。

1. 数字时代纸质图书面临的发展困境

“实体书店面临读者阅读时间被抢夺、阅读习惯流失,图书消费比重快速下滑、网络阅读的兴起对其产生的多重冲击等问题。”[①]首先,数字阅读普及之下纸质图书难以满足读者的需要。在印刷时代,纸质图书在制作过程中一般会经过专家作者的写作、专业编辑的编辑加工制作,在作品内容的精确度上占据很大的优势,但是,与数字出版物相比,其在内容的时效性、创新度、视觉效果、趣味性等方面呈现出相对的劣势。数字时代,随着数字产品的发展丰富,读者的阅读方式由“读书”向“读屏”转移,对于作品内容的新颖性、趣味性和视听化等需求日益凸显,纸质图书难以满足读者这方面的诉求。在数字化浪潮之下,人们的阅读方式也在发生巨大的变化,移动阅读器开始存在于大众的日常生活之中,新新媒介不断发展壮大,数字阅读不断普及,纸质图书阅读率下降,压缩了传统纸质图书阅读的发展空间。尽管,传统纸质图书拥有众多优质内容,却无法精准对接目标受众,产品思维与服务意识显得滞后,在转型过程中困难重重。

其次,在互联网信息技术迅猛发展的背景下,人们很容易对作品进行精准的复制,甚至能够对其中的字句进行甄别与选取,与此同时,这也在很大程度上对作品的版权造成了威胁,出现了较大范围的盗版问题。于是,我们可以看到,在互联网上出现了各种形式的盗版现象。在这样盗版现象严重的大背景下,有很多之前依靠私自印刷图书的盗版书店都面临倒闭的威胁。对于大多数的读者而言,他们真正在意的并不是书籍的真假与否,而是作品的内容价值,这样一来,那些价格低廉甚至“免费”的“高水平的盗版”就有了广泛的市场。我们知道,传统的图书防盗版技术仅仅可以区别正版和盗版,起到鉴定的作用,却难以解决盗版的根本问

① 谭宇菲、赵茹:《从空间体验到文化理性:实体书店经营转型的发展进路》,《编辑之友》2019 年第 11 期。

题。此外,现在由于图书出版人的品牌价值较为薄弱,以往的出版机构与出版人多数是在背后默默奉献的角色,当一部书籍或是作品受到广泛好评之时,人们往往会想起作者,却忽视了出版机构与出版人,但是,如果一部书籍有出版问题,首先受到责难与冲击的却是出版机构与出版者。长此以往,传统出版机构与编辑必须在书籍与作者、读者之间做大量重复性的沟通协调工作。

最后,纸质图书网络社群建设较为滞后,读者资源有待发掘。数字出版的高效、便捷、共享等优势对传统纸质出版产生了重要的影响,尤其体现在读者层面。在印刷时代的读者往往处于被动的接受地位,在数字时代,读者对阅读内容有着较大的选择权,甚至可以左右作品的出版,这就要求出版单位要重视读者的需求。社群网络传播与人际传播较为广泛,而传统纸质图书出版在读者意见反馈上较为迟缓,作者、编辑与读者之间的交流较为闭塞。在数字时代,纸质图书出版可以借助新新媒介,为编辑、作者、读者搭建沟通交流的社群网络平台,从而更好地为读者提供优质的图书。

2. 线下书店的经营困境

首先,线上书店对线下书店市场空间的蚕食。长期以来,线下书店主要经营纸质图书并为读者提供阅读的场所,是本土的文化地标,担负着传播文化的重要使命。然而,近些年来,读者大众对于书店中的书籍只看不买的现象较为明显,如此一来,线下书店似乎便成了阅读的体验店,究其缘由不外乎物数字阅读的兴起,各类移动阅读器琳琅满目,数字阅读凭借其价格低、方便快捷等优势,得到了众多读者的青睐,在此过程中,数字阅读的崛起也在潜移默化中改变了读者的阅读习惯、期待视野等。从读者角度来看,网上购书较为便捷,且不受时空限制,甚至可以在网络上进行价格对比,此外大部分读者认为线下书店新书上架率低,更加偏向在网上购书。与当当、京东、亚马逊等平台书籍价格低廉、选购快捷方便等优势相比,线下书店并没有太多优势,大批线下书店陷入生存困境,甚至直接倒闭。线上书店不断完善,成为人们购买纸质图书的重要渠道,相比较为昂贵的线下书店书籍,读者开始把目光投向了网络书店,由于网络书店在书籍价格、种类、便捷度等方面具备优势,慢慢地吸纳了众多的读者。在国内目前行业中,当当网的图书销售模式较为优质,通过线上经营逐步打开了国内的图书销售市场,抢占了线下书店大量的市场份额,对传统书店经营带来了较大程度的冲击。

其次,数字阅读的盛行更改了读者的阅读习惯。数字阅读行业纷纷抢占读者市场份额,在一定程度上加剧了线下书店的运营困境。21 世纪以降,我国的线下书店经历了较为严峻的倒闭危机。不言而喻,互联网时代电子书的横空出世在很大程度上解构了传统书籍以纸张为载体的传播方式,电子书的迅猛发展也成为加速线下书店衰败的重要一环。通常意义上,电子书一般具有两种含义:一是指单纯的电子书,它以电子文档的形式储存,可以说是纸质书的代替品或者纸质书的电子化产品,读者可以通过网络下载等方式阅读;二是指电子书阅读器,相对于移动手持阅读设备,其能够支持网络购买电子书和下载数字化的图书。与以往的纸质书籍相比,我们可以发现电子书在价格上具有相对的优势,但是因为其载体脱离了纸张,所以必须寻求电子阅读器作为依托。在当前数字化时代,各种高科技的电子阅读器都能满足读者的阅读需求,最显而易见的比如智能手机都具备数字阅读的功能,读者获取电子书更加容易,数字阅读也较为方便、快捷,在此背景下,读者的阅读习惯也随之改变,这对以纸质图书为主要销售读物的线下书店造成了前所未有的冲击。

最后,从线下书店内部来看,经营成本高、书店功能模糊也是阻碍其发展的重要原因。对于线下书店而言,除却图书经营成本之外,房屋的租金、员工的薪水等都是重要的开支，线下书店必须有较为稳定的经济来源方可维持，对于一些中小型自营书店而言，经济压力较大、入不敷出的情况屡见不鲜。尽管目前国家陆续出台对线下书店的扶持政策，但是由于线下书店经营成本不断上升，经济压力难以得到有效的缓解。另一方面，线下书店的功能定位不准确将会导致其销售观念落后，书店宣传推广缺乏技术手段便难以吸纳读者。线下书店在发展转型过程中虽然催生了方所、言又几、西西弗等知名书店，但是为数不少的线下书店仍然面临着转型的困境，其原因在于书店自身的功能定位较为模糊，缺乏自身核心特质与核心竞争力。时下，网络购书明显要比在线下书店购书方便、快捷得多，在很大程度上节省了时间成本，而且读者可以在网络上对书籍进行对比后再选择。此外，网络购书价格相对低廉，而且网上书店经常采取超低价格促销或再配以“满×减×”的促销模式，吸引更多的读者选择网络购书而非线下购书；虽然线下书店通过 O2O 模式实现了服务升级，但是由于受到物理空间影响，在书籍种类方面较为有限，难以与网络书店相较，大部分民营线下书店没有有效利用物理空间进行多元经营或是复合经营，难以满足读者的要求，便很难留住读者。不言而喻，线下书店不仅是经营图书的场所，更是文化的聚集地。在数字化时代，面对生存困境，线下书店需要实现转型发展、调整经营思路、创新发展模式，把握机遇，有效地拓展线下书店的功能，力图将读者流量变现，增进书店收益。这样努力推动线下书店的转型发展，有助于其进入良性健康的发展轨道，也有助于弘扬优秀文化。

3. 社群网络对纸质图书与线下书店的激活

新世纪以降，互联网技术迅猛发展，新新媒介、社交 APP 应运而生并渗透至大众日常生活之中，时下，社交软件已然成为人们沟通交流、阅读信息的重要平台，以新新媒介、社交软件为平台搭建的社群网络愈来愈多。纸质图书可以借助社群网络，重塑以往传统的传播方式。社群网络的崛起以及电商社群建构对纸质图书业的发展起到了重要的作用。在社群营销中，关键的是读者认同，也称为用户的认同。社群中的成员因共同的旨趣、爱好等聚集在一起，在彼此交流互动的过程中会产生一定的跨界与衍生，有助于社群内部的商业内容，受众之间的相互传播有助于促使消费行为，在较为密切的交流互动下更容易产生多元化的营销效应，不同个体的职业、性格、选择等都是不相同的，但是如果把他们放置于统一群体内，那么他们之间的思考、感受以及行为方式都会与平时有较为显著的不同，因此，社会化商业是指把社交与商业结合在一起，这样能够更好地促进消费，比如社群电商的核心就是把具备相同兴趣的人聚合在一起，根据他们的兴趣、爱好，创造让人们能够相互告知的产品，并且在了解之后，人们能够有比较的对象与选择的空间，能够实现购买的选择自由。如果受众之间的关系是朋友，彼此观之，可以获得自身价值，那么这样的社群才能够称之为真正意义上的社群，换言之，社群是有两两相交的网状关系，用户服务并满足其他用户。社群营销是在社群基础上建立的一种营销模式，充分发挥社群成员的网状性沟通，在此过程中发掘社群及内部成员的诉求，并根据这些信息做好分析以便为成员提供更多更优质的服务。

早期的社群大多属于精神层面的汇聚，甚至带有一点精神洁癖的性质，并不欢迎广告或营销类内容，但随着社群设立的门槛越来越低、用户基数越来越大、用户网络消费习惯不断形成等多方面的原因，社群的商业属性也逐渐被接受。社群网络下的图书营销，则是根据图书的特色来吸纳目标读者，之后通过社群进一步了解成员的需求，进而打造满足这些目标人群需要的产品，也就是满足“读者阅读期待”，进而创作这些满足群体中多数需求的图书，商业变现中至关重要的是社群成员传播。比如，时下较为成熟的图书社群也在积极地与互联网合作，寻找各种线上分享，并制造线下见面的机会，通过这些形式各样的活动，在此过程中，大家的资源可以相互分享，也就是说，社群成员既是资源的拥有者也是参与者，这在很大程度上，都是为二次营销提供了机会。总体观之，这些创新的社群营销是在遵循用户需求的基础上建立的，打破了传统纸质图书出版的思维定式，有效地激活了纸质图书的运营模式。

线下书店在社群网络环境下正趋于重构“公共文化空间”。相较线上书店的虚拟化，线下书店具备更加明显的体验感，容易营造出良好的阅读氛围，为人们提供一个轻松且舒适的阅读环境，促进本土的文化发展，从某种意义上说，一个具备特色的线下书店也是一座城市的文化坐标。线下书店一方面作为文化休闲场所备受瞩目，另一方面也发挥着文化价值。

不难发现，积极为广大读者提供一个舒适、安静的阅读环境是线下书店重要的功能和价值所在。因此，线下书店在经营过程中，可以积极从书店的文化方面着手，做好文化建设，营造一个良好的阅读空间。此外，线下书店是社群文化精神交流的空间。在功能方面，线下书店担负着传播文化与思想的价值与使命，这一点也体现在书店组织当代文化活动方面，优质的线下书店在运营过程中，积极拓展文化营销策略，既能拓展书店的影响力和号召力，同时也能够为当地的社区构建良好的公共阅读空间，并赢得读者的青睐与好评。譬如读易洞书店在 2011 年发起了读书会活动，便吸纳了众多读者，活动内容富有特色且有趣，极大地调动读者的热情，有一定的影响力。由此可见，线下书店通过开展读书会，赢得了较多的关注度和喜爱度，同时也使广大市民参与其中，构建了一种“参与式”的文化氛围。读者在此期间相互交流，分享自己的阅读体会，亦推动了线下书店的构建与发展。除此之外，书店也可以根据自身特色及所在城市的文化背景举办文化沙龙，如新书发布会、作品展、童书展等活动，为促进公共文化交流与公益事业助力。

线下书店又可以围绕文化地标形象致力于城市文化的建构与传播。书店不仅为人们提供了一个读书的场所，同时也在城市的文化建构中扮演着重要的角色，可以说是一个城市的文化地标，担负着传递文化价值的使命，这样一来，书店不仅是文化的倡导者，也是这个城市的文化建构者与传扬者。国内有南京的先锋书店、台北的文化消费殿堂诚品书店等，国外有美国旧金山的城市之光书店、巴黎的莎士比亚书店等，这些各具特色的线下书店，不仅聚集了当地的读书人，同时也担负着重要的文化意义。

二、社群营销理念重构纸质图书生产流程

在互联网时代，传统纸质图书的营销方式更加多样化。要想在数字时代继续生存、发展下去，线下书店不得不改变现状，以谋求新的发展机遇。在发展过程中，纸质图书的出版机构不仅要坚守传统出版的优质特色，同时也要积极与时俱进，借助时下互联网的思维重新构建书籍的供应体系和新的书籍销售模式，在数字化阅读的大背景下，积极升级转型，运用并发挥"互联网+"之下的图书数字化、便捷化、交互性的经营发展模式，构建以媒体融合为核心的纸质图书商业生态模式，巩固并加强核心竞争力。在此过程中，纸质图书出版发行机构需要审视图书市场环境，做到有的放矢，凸显图书内容价值，打造体验服务功能。从图书产品本身出发，出版发行要从选题策划的来源、方式、定位等顺应市场发展潮流，满足受众的阅读诉求，更好地服务广大读者，积极调动各方面的力量，可以发挥网络众筹、定制出版等模式，根据时下媒体传播特质与渠道销售等视角来打造书籍，做好选题策划等工作，力图为读者推介优质化、个性化、特色的书籍。不言而喻，出版的外部环境对于出版业而言具有重要的形塑作用，纸质图书营销外部环境的发展动态在相当大的程度上也决定了出版业界发展的趋势。"出版社能够通过大数据技术将图书市场与读者群体

进行更加详细的划分,缩小目标读者范围,为读者更加精准地推送符合他们品位的图书"[①],图书出版发行行业可以积极利用新新媒介的推广优势,同时也要在书籍的价格、营销方式和上架时间等方面做好规划和统筹工作,此外,内容营销也是重中之重,出版机构需要在发展过程中与时俱进、开拓创新,积极为纸质书籍产品提供更多维的推广。最后,适时建立出版发行业网络营销平台。具体而言,社群营销对纸质图书生产流程的重构主要发生在营销思维、传播互动和跨界融合层面。

1. 转变图书社群营销的思维:从内容到平台

图书社群营销并不鲜见,早在数字化出版未渗透大众日常生活之前便已有之。例如传统的读者群、作家新书发布会(签名售书)、作家演讲、作家访谈、书籍评论会等多种方式,这些都是早期通过图书社群营销的方式。在图书出版领域,根据图书内容的不同,也有不同的分类,例如教育(教辅材料)出版、文艺出版、大众出版等。纸质图书出版单位可以整合前期积累的内容资源与读者资源,确立自身清晰的图书定位并分析稳定的读者群体,比如在业界已经有较好口碑的出版社可以根据前期的耕耘搭建自身的网络社群,譬如广西师范大学出版社的"理想国"网站便是较为典型的案例。值得注意的是,无论出版社自建社群网络,还是与第三方社群合作,出版机构都应注重作品的内容质量,努力挖掘其特质。图书社群营销转向的前提是要转变思想,即从以产品为主,转为以市场为主,进而再转向以用户为主。早期图书营销以产品为主,这样的着眼点是在图书本身,归属于产品思维。而从用户思维出发更多的是考察用户、读者本身,透视出"以人为本"的人文主义思想,是以用户需求为目标的模式。这样一来,用户的需求、审美倾向、爱好等都是出版过程中重要的参考元素,

---

① 倪敏:《互联网+图书社群营销创新探析》,《新媒体研究》2018 年第 21 期。

也势必对作家创作、图书的选题策划等产生一定的影响。因而,出版单位在出版过程中需要依据社群用户的需求进行个性化的定制服务,也要重视出版的精品度与价值。

2. 从单向到互动:图书社群营销的传播转向

不言自明的是出版传播在社会生活中扮演着重要的角色和使命。传播过程也不仅仅意味着信息的转换,更象征着知识与文化的传递与共享,在出版传播过程中更是一种新型关系的构建与情感的缔结,诚如唐·舒尔茨(Don E. Schultz)教授营销传播理论"营销即传播,传播即影响"所言。由此,我们不难发现营销与传播有着重要的联系,二者关系十分紧密。出版发行机构在图书营销的传播转向过程中,应该充分发挥互动的功能与作用,积极从以往较为单一的传播模式转为互动性模式。换句话说,就是建立读者的社群网络,以此作为品牌的延伸与发展。在此基础上,有助于服务读者,也能更好地跟进读者,将品牌价值传递到社群网络之中,有效地增强成员对社群的黏性。社群网络依托互联网平台,诸如微信、微博、论坛、网络直播等,将拥有共同兴趣、爱好的人聚集在一起,产生社群效应,打破了年龄、地域、职业等界限。互联网时代,拥有相关爱好、阅读兴趣等共同点的读者逐步聚集,逐步依托网络而建立联系,呈现出基于网络的部落化、社群化的特征。所以,图书社群营销可以借助 QQ、微博、微信等社交媒体搭建社群网络,进行传播与沟通,这些社交软件拥有较为广泛且庞大的用户,为社群成员的沟通交流提供了平台。王潇的《女人明白要趁早》和她打造的"趁早"品牌,通过垂直细分,制定目标受众,吸引"志同道合的人",这样一来,成员不仅是参与者,更是主动的建构者。因而,有效激活社群网络内部的人际传播便是重要的一环。社群内部成员对于社群本身的归属感极为重要,这是维系社群关系的精神纽带。纸质图书出版机构可以用户为中心,充分考虑成员的诉求,并努力提升用户的价值认同和参与度，“一个成功的社群在成员活跃度、凝聚力、对外影响力方面都是出色的”。[①] 诸如“年糕妈妈”“罗辑思维”等社群便较早开始了社群网络成员的运营，并且积累了较为稳定且庞大的受众群体。在数字化时代，纸质图书网络社群营销主要是将传统的单向传播升级为以用户为中心的网状互动式传播，由此增强与受众之间的黏性，并激发社群成员的参与积极性，增加图书的销量。

3. 从单独到跨界的融合：图书社群的主题转向

数字时代，图书销售也发生了翻天覆地的变化。图书社群营销由单独营销到跨界的统合，也就是积极发挥社群融合行业的资源，利用自身的资源与优势，将产业链进行延伸，发挥社群的商业模式。在社群运营机制上，图书营销主题也不应仅仅局限于图书出版企业，应更多地关注多元跨界，谋求共赢。例如，图书《400 次——女生必看的大姨妈圣经》营销的成功案例，其旗下的 APP 也成了书籍内容的重要提供者，在一定意义上也是主要的策划者，可以负责相关的主流媒体平台、自媒体大 V 等宣传和推广。不难察觉的是，数字时代新媒介发展方兴未艾，更多的新新媒介、平台参与到了图书社群的营销中来，这也势必给传统出版运营带来颠覆性的影响。

4. 借助微信多群直播的图书营销模式

毋庸置疑，纸质图书出版单位在进行图书的策划、编辑与发行时，理所应当要以作品质量为中心，同时也要积极开掘多渠道的融合发展模式，如借助微信多群直播的图书营销模式。多群直播技术使得分类图书营销有了新的经营平台，能够最大限度地勾连销售方与受众，增进二者的联系，这有助于重构传统较为单一的营销关系。此外，通过微信多群直播营

① 王悦彤：《图书社群营销自运营生态模式的结构转换》，《出版发行研究》2017 年第 7 期。

销可以直接涉足纸质图书的发行、销售工作，在传统的纸质图书出版过程中，出版机构只有邮寄服务部门会直接将书籍邮寄给读者，而大部分图书的销售工作则是由第三方完成的，这也意味着传统出版机构与读者的关系较为疏离。我们发现其他商业项目中用户往往被视为重要的资源，而在传统图书出版领域，出版机构难以构建与用户沟通的平台。时下，微信多群直播可以化解这方面的困境，加强图书出版机构与读者、作者之间的沟通与联系，促进多方面互惠互利的发展模式。在此过程中，出版单位与作者可以直接面对目标读者，在降低营销成本的同时，也扩大了出版品牌的影响力。对于社群成员而言，不仅可以获得丰富的信息，还能够获得免费赠书等福利，这些都加强了成员对社群的归属感。

此外，尽管互联网缔结了很多网民汇聚于线上，朝向大众化方向发展，其本质也是“去中心化”的，这对于图书的分销商而言是一种不小的危机。然而，数字化的蓬勃发展，带来了直播技术，其中多群直播技术能够促进中间商的发展，增加其收益，这也为出版机构的转型升级提供了指导意义。传统的出版机构现在可以利用原有的品牌优势，借助多群直播的销售模式实现身份的转变，同时将之前积累的读者资源进行整合分析，做细化管理，打破以往较为刻板的出版环节，在积极扮演好图书营销角色的基础上，与电商平台合作，积极推广。这样一来，多群直播的过程不仅仅是一次合作与销售的过程，更能持续不断地吸纳潜在受众，由此也有利于串联起更多的相关社群，并在社群中推介自己的品牌。通过多群直播，出版机构不仅能够提升自身的收益与竞争力，同时能够吸纳更多的优质作者与潜在读者群体。这对出版机构的发展将是十分有必要的。

三、线下书店的场景式营销与多元化经营模式

信息的传播与接收呈现碎片化的特征可以说是数字时代的突出特

色。在此背景下，线下书店可以把握好当前碎片化的传播特质，利用之前积累的读者资源，发挥社群网络的作用，将书店的信息有效地传递给读者。此外，线下书店可以拓展书店功能，以往线下书店的功能可能较为单一，仅仅可供买书卖书，而数字化时代，线下书店可以结合自身特色优势，扩展书店的功能，搭建场景式营销与多元化经营模式。

1. 融合式营销：线上延伸服务，线下加强体验

将线上服务延伸至线下，需要改变线下书店的时间与空间格局。搭建带有设计感与阅读场景的空间。如果线下书店可以根据自身书店特色，打造符合自身设计概念的格局，将会吸引更多的受众。时下，线下书店雷同现象较多，因此高辨识度的书店环境不仅能够吸引读者的目光，也在无形中传递了书店自身的价值理念与人文情怀。例如，位于北京的篱苑书屋便另辟蹊径地将地址选在郊区，营造出一种世外桃源的氛围，达到了人与自然和谐共处的效果，以此吸纳了更多的目标读者。此外，书店内部还需要提供相应的配套设施，提供更加人性化的服务，在空间布局上，可以试图满足一定数量的群体交往的需求，比如设置玄关，保证一定的隐私性，在细节方面，也可以提供一些较为舒适的座椅、护眼的灯光等。线下书店在营业时间、空间上的限度，使其与读者无法直接互动。构筑融合式的营销显得尤为重要，延展书店的线上服务，弥补线下书店时间、空间的限制，读者既可以通过线上软件浏览书店实时信息，亦可通过书店社群与社群内其他成员进行沟通、联系。线下书店可以定制在线社群，形成自己的社群、读者（粉丝），并展开联系。线下书店在延伸线上服务时，可进行内容的指引，例如对电子图书进行导读并提供免费试读。互联网技术的快速发展使得多元化购书方式已经形成，线下书店可以充分利用实体书店与网上运营的优势，如依托线上支付，可以使用支付宝等方式进行快捷支付，缩短购买时间，较为快捷且不受时间、空间的束缚，可以消解线下

书店、书城服务的局限性。线下书店可以积极拓宽销售渠道,借助互联网加强品牌宣传,建设书店的网站、公众号或借助第三方的力量增强书店的宣传力度。

线下书店还可以通过举办线下活动,加强用户体验。对于线下书店而言,利用社群参与效应就需要积极推广特色文化活动来引流读者。丰富多样的文化活动是线下书店经营的特色,聚集众多读者,在此过程中也有利于吸纳潜在的读者。线下书店依托自身实体店面,根据自身优势特色,举办相应的文化活动。谈及书店的活动,较为普遍的便是作家活动,这也是书店活动中比较重要的一环,线下书店可以凭借作家的人气和声望,举办一些围绕作家作品的活动,诸如新书发布会、作家讲座等,吸纳读者参加。譬如字里行间书店曾举办过一些学者、作家的文化活动,邀请了周国平、冯唐、李银河等作家、学者,通过这些文化活动,使得作家与作家之间、作家与读者之间、读者与读者之间有了更加深入的交流,在此过程中,提升了书店的品牌形象,扩大了书店的影响,也激励书店为读者提供更多的文化盛宴。在潜移默化中,增进了读者、作家与书店之间的关系,在获取经济收益的同时,也获得了社会效益。

2. 打造“书店+模式”:利用文化体验活动增强读者黏性

线下书店可以实现品质升级,探寻“书店+模式”的发展道路,努力创新经营理念,延伸书店的文化服务功能。线下书店需要转变经营理念,借助互联网与数字化技术,提升书店的文化体验与附加值,做好自身定位,提升读者满意度,改善书店的环境,增强书店与读者之间的黏性,走复合经营之路。互联网环境容易衍生出一种多元化的经营模式,线下书店不仅可以销售书籍,还可以经营文创产品等其他类别的商品,以及举办一些特色的文化活动等,书店在为读者提供文化服务的过程,也是吸纳读者的过程。在时下多元化的发展经营模式之下,书店对于读者而言,并不是简单的销售书籍的场所，而是融汇书籍销售、文化交流、阅读的文化空间，而读者对于书店而言，也超越了以往意义上的读者，更像是用户或者消费者。多元化的经营模式将会满足更多的读者，也会吸纳更加广泛的受众群体参与其中，以此增加书店的经营收益。

2015 年，"互联网+行动计划"在我国政府工作报告中被首次提出，之后，各行各业也开始积极探索新的发展思路，借助"互联网+"思维积极加速发展，线下书店也不例外。近年来，线下书店纷纷转型升级，不再是单单售卖书籍的场所。"书店+"模式是对精神体验满足于生活方式建构的深化。线下书店搭建场景式的空间为读者提供了一个舒适的环境。此外，还应该借助空间的设计传递书店的人文情怀、价值理念和审美倾向。也就是说，书店要从传统的卖书转型，从空间体验转向精神体验。因此，线下书店可以以图书的展示为基石，让书籍与阅读成为人们阅读的中介，使读者获取更加深入的心灵交流、精神方面的满足。基于此，一些线下书店逐渐向文化综合体方面转向。

3. 从前台内容到后台社群，建构专业特色品牌

"移动互联网不断发展的今天，图书市场形势也在不断变化，流量电商正在被社群电商代替，社交和人成为新的流量变现通路。"[①]在社群网络的环境中，书店品牌注重前台内容与后台社群的紧密联系。线下书店在运营过程中不仅需要重视产品的内容，同时也要积极地关注后台社群，要努力将前台的内容制作与后台的社群紧密相连，以寻求更好的发展。力图以更加优质、多样的内容去反哺广大受众，在此过程中，吸纳更多的受众参与，建立良性的关系。我们不妨看看一些成功的案例，例如松社书店的公众号就是其强项之一，有着自身的特色，依托

① 李舒格、王一鸣、袁小群：《自媒体时代图书社群营销的发展逻辑及策略》，《编辑之友》2017 年第 5 期。

书店自身优势，为广大受众提供了更多有价值的信息；杭州纯真年代书吧公众号经常发布一些有水准的推文，或者将文化沙龙、新书发布会等做成内容整合，向读者推送出去，这些都在一定程度上吸纳了更多的受众。

此外，线下书店在内容的创作、发布方面也应审慎思考，不能局限于发布平台传播的文字图片等信息，要思索其延伸产品，以此来维系社群，传递书店的价值理念，为书店寻获更多的读者，也为读者寻找更加优质的书籍资源。书店也可以借助自身优势，积极打造衍生书籍与产品，在这一点上，单向空间与广西师范大学出版社联合出版的《单读》便是很好的例子，二者合力，积极做好书籍内容制作，并找准自身的定位，推介思想文化类、艺术类作品及非虚构报道等，因其作品质量高、有深度且水准高，得到了不少读者的青睐与好评。此外，也有一些线下书店创新理念，在视频制作方面下功夫，通过平台播放，吸引了大批读者。这些书店创新经营发展模式，积极展示自身的优势，不仅扩大了书店的知名度，更为书店迎来了众多的受众群体。线下书店若想在众多书店中脱颖而出，需要建构书店自身的“魅力人格体”，在社群运营过程中，线下书店重要的是做得“精致”，有吸引力的空间。在运营过程中，无论线上推广，还是线下交流等活动，都包含着自身的价值理念与文化观念。这个态度和主张也是自身的“魅力人格体”，这样才可以吸引更多的读者，粉丝也容易融入其中，并形成品牌社群。“魅力融合”最早出现于罗振宇，其创建了个人品牌“罗辑思维”，同时将个人的人格形象与个人魅力相融合，比如幽默、知识面广、逻辑能力强等，这些都是吸引观众的地方。这同样适用于线下书店的运营，比如，书店也可以借助这点打造“魅力人格体”，让社群成员对书店建立更加深厚的认同感。

数字化时代，琳琅满目的阅读画卷呈现在人们面前，时至今日，人们面临的并非信息匮乏的困境，而是信息爆棚所导致的注意力难以集中的问题，因而及时有效地吸引读者的注意力便显得尤为重要。线下书店可以打造场景式营销，构建适合阅读的环境，唤起用户的感知与消费热情。在数字技术迅猛发展的当下，线下书店在打造传统的实体场景营销过程中，也可以拓展到数字化的虚拟场景，从线下到线上，"双管齐下"，媒介融合互为补充。在线上购书平台高速发展的当下，线下书店仍然有着自身难以割舍的特质与优势，比如线下书店所营造的安逸的阅读环境、举办的读书活动等等，无不传递着文化的气息与韵味。作为文化传播阵地的线下书店发挥着巨大的作用。纸质图书具备社交、收藏、审美等价值，有助于线下书店打造沉浸式场景、参与式场景、阅读式场景等。

第三节　移动终端阅读社群兴起下的图书营销思维转向

麦克卢汉指出社会的主导媒介和技术会产生惯用模式，并且这些模式会渗透进社会经济结构，直至在其中达到饱和。移动互联网技术不仅以其技术本身伴生了信息的高速流通和实时传递，更以一种新型数字媒介形态推动了文化产业的革新。在图书阅读领域，移动互联网技术缔造了新的图书产品，新的图书产品又在改变人们的阅读行为方式，进而再对整个图书生产模式链进行解构与重构。移动终端在技术支撑下的普及，为知识的承载、更新与实时可得提供了可能，根据第二十次全国国民阅读调查结果，2022 年我国成年国民包括书报刊和数字出版物在内的各种媒介的综合阅读率为81.8%。[①] 移动终端阅读在所有阅读方式中的占比呈现上升趋势,并在不同媒介中逐步占据优势。而基于移动终端的数字阅读模式,在社群网络的潮流下又产生了以“阅读”为主题、以“交互”为特质的社交生态,阅读社群兴起并蔓延,成为数字化阅读的重要衍生品。

移动终端阅读社群的兴起,在于移动互联的技术维系,也在于其本质是对个体价值需求的关照。移动互联网时代个体被激活,用户的个性化需求被放大,并逐渐成为出版的中心,近年来,定制出版、按需出版这些新型出版方式的出现便是对聚焦读者个性化需求的诠释;将个体置于群体之中,身处互联网去中心化时代,个体寻找自我存在感,常常表现为社会参与及在其中自我价值的实现,一方面通过个体剩余价值的输出及其群体共振来满足自身更深入的价值需求,另一方面则潜在影响与调整着新一轮文化内容生产的方向,在宗利永等人基于扎根理论和质性分析软件NVivo建构出的线上阅读社群内容生产影响因素模型中,“用户需求”已成为社群内容生产最重要的因素。[②] 因此,终端阅读社群已逐渐成为一种容纳、呈现与增值个体价值需求的高效典型载体。

对用户需求的关照愈发成为图书出版产业发展的牵引力,由此,图书营销思维亦需顺应时势而转向。早期的图书营销以图书本身为着眼点,以产品定向找市场,并且书店为避开存书风险,倾向于进销保护性或易售出的图书[③],体现为重销售、轻读者的产品思维;在图书出版行业市场化改革之后,图书出版与营销更注重面向市场,在市场调研中切分细化市场需

① 中国新闻出版研究院:《第二十次全国国民阅读调查成果发布》,2023年4月23日,见http://www.nationalreading.gov.cn/wzzt/dejqmyddhzq/cgfb/202304/t20230423_713063.html。

② 宗利永、明蔚:《基于扎根理论的线上阅读社群内容生产影响因素研究》,《图书情报导刊》2018年第10期。

③ 黎昌福:《强化一般图书营销的几点思考》,《出版发行研究》1997年第3期。

求，主要体现为基于市场分析的市场思维。而相较于前两者，新时代的出版更强调以用户/读者为中心的经营服务，因此图书营销转向“用户思维”也成为适应当下出版市场发展需求的必然要求和创新所在。移动终端阅读社群作为用户需求反馈与增值的有效载体，以其为导向进行的图书营销正是用户思维的重要体现与落实。

一、移动终端阅读群的社群认同性交互范式

移动终端阅读较之传统纸质阅读，不只在于阅读载体的差异，更在于超文本与信息分享所形成的知识延展，其中信息分享具有交互性，“交互”为阅读社群的产生提供条件，使用户的社交需求得以满足。社群网络是基于互联网技术提供的虚拟赛博空间而形成的一种人际交往模式，其作为一种成熟的社交模式，为终端阅读群的生成与发展提供了表达范式。

1. 强关系网实现用户自我表达

“强关系”与“弱关系”是美国社会学家格兰诺维特（M. S. Granovetter）在其人际关系理论中提出的两种分类，用以说明人际关系的强度，而关系强度又以时间长度、情感强度、亲密度和相互服务维度及其组合进行衡量。相关维度在具体衡量中所占权重需要后续实证研究，但这些维度都统一指向了人际的“联系”。格兰诺维特在《弱联系的力量》一文中也认为，经验证据表明，两个人之间的联系越紧密，他们在各方面就越相似[①]，而强关系意味着人际关系、职业领域和掌握的资讯相似的用户群体，他们之间存在很大的共性。由此强关系网的主要特征可表现为联系的紧密性与群体的同质性，而同质性又成为互联网陌生环境下社群建立的前提与成员维系的纽带。以微博群组为例，最初的建立无论官方

---

① M. S. Granovetter, “The Strength of Weak Ties”, *Social Networks*, 1977, pp. 347 - 367.

主导还是用户自发,其成员的吸纳过程都离不开对群组主话题的关照,同一兴趣爱好或关注热点是成员聚集与交流的共性引导力。

移动终端阅读社群是以图书内容阅读为主旨而形成的知识分享社群,以终端阅读平台为支撑,以各式社交平台为载体,建构起相对稳定的群体环境与关系。进入同一终端阅读社群的成员往往具备相似倾向的阅读爱好与阅读习惯,具有与社群主题相关的基本知识储备或现实需求,尤其对于专业性图书阅读来说,阅读者所处社会环境、所具备的社会资源多呈现同一性的特征,定位越精细化的阅读社群越易在同质性的基础上对其他成员产生心理与身份认同。以樊登读书会为例,其致力于将知识内容打造成产品,再以知识付费的形式传递给用户,其整体目标受众,面向的是现代社会缺乏阅读时间或自我阅读习惯并承受着相关知识匮乏痛点而产生知识焦虑的群体。通过市场调查,25—45 岁的中产阶级人群是樊登读书会的主要用户群体,同时创始人樊登表示事业、家庭、心理这三方面是樊登读书会的主要切入点,“25—45 岁正是目标用户事业上升的关键期,同时也是养育孩子、照顾父母的生活负重期”,①知识产品主题与用户由此形成了紧密的契合关系,用户之间也易因多层的同质性及归属的稳定性,彼此联系不断增强,而逐渐形成强关系网。

在个体与群体关系的社会心理学研究中,社会认同理论是该领域影响最大的理论之一,该理论由塔吉菲尔(H. Tajfel)和特纳(J. C. Turner)于 20 世纪 70 年代末提出。社会认同是社会群体与个体的相对关系,群体包含个体,个体从群体中获取情感和价值回馈。即成员基于对自身社会情境的认知,通过范畴划分将自己归入特定的群体中,并在群体归属中积极寻求自我概念,因而“自我概念”也是在群体和群体关系中获得的。因为

① 杨金花:《善读书与善推广:樊登读书会运营模式探析》,《出版发行研究》2018 年第 2 期。

群体认同会影响到自我评价,而个体又倾向寻求积极的自我概念,所以个体会努力通过行动表达来不断强化群体对自身的评价与认同。在社群网络中,群主、管理、主持以及意见领袖通常是群体评价/认同较高的人,这往往是他们正向主动的行为表达带来的结果。因而在移动终端阅读社群中,用户实现自我表达通常有两种触发点:一是强关系网提供了基于彼此身份认同的平等去中心化环境,减弱了彼此根本性言论价值冲突的可能性,从而进一步给予个体自由言论表达的意愿与欲望,终端阅读社群作为社群网络发展中影响衍生的一种新主题的同质群体关系,将个体已形成的面向群体的表达意愿与习惯引入图书阅读中,从而也更易实现传统纸质阅读时个人性笔记的"公开";二是用户渴望以自发表达的方式增强社群对自身的认同,进而可有助于自我积极概念的建立。在移动终端阅读平台中,边阅读边进行想法标注的功能已极为普遍,并且用户画线标注的想法可对所有阅读该书的读者公开或隐藏,除了主观意见的表达,也有部分标注是专业名词或专业性知识的注释与解读,有助于其他读者在阅读时加强对图书内容的理解,若得到多数读者对自我的认同,表达者接收到积极自我概念的讯号则会加深同类表达的欲望,实现进一步产出。在阅读社群中,这类正向自我表达的效果持续性叠加也就通常成为社群内意见领袖影响力的形成过程,进而促成良性闭环,不断增强个体自我表达的动力。

2. 群体交互产生共振效应

自我表达是产生社会交互的前提,而个体表达的交互既作为一种信息交流的客观结果,也是一种主观希望达到的预期。依据乔治·霍曼斯(George Homans)在 20 世纪 60 年代创立的社会交换理论,社群内信息与情感的表达不只在于强关系网下个体纯粹的表达欲,其背后的推动力量是"自我利益"。"从事社会交互的个人,包括通过内容发布和分享与他人进行直接或间接交互的在线用户，其行为通常都基于对相应行为可能带来的回报的预期”①，在进入认知交换理论阶段，这类交互行为中的回报预期与代价被具体细分为外源因素和内源因素，外源因素指来自直接互动行为之外的因素，包括个体需要和能力、社会价值取向和态度、互动情境等。② 其中个体需要通常成为社群中交互行为回报预期的核心，而互惠与群体效应也成为基于前者的附加产物。

以个体需要为中心进行的信息交互又可满足多层次的自我利益，包括个体发展、实用动机、享乐、社会归属、声誉等，③而个体利益的实现也自然成为良好社群效应的基础。在终端阅读社群中，用户进行自我表达时带有寻求积极自我概念的目的，并能通过交互等社群反馈的方式获得对社群深入的认知，希望得到积极的群际区分，以自身所处社群的相对优越性而安于当前所处社群，并从中增强对社群的归属感，因而群体交互带来的信息反馈成为增强社群黏性的重要渠道。在阅读社群中，阅读疑难与见地的发出，对疑难的解答与观点的讨论，互动的双方或多方都在无意或有意中获得知识、信息和情感的回报。认知交换理论中的社会价值取向和态度这一因素指出，拥有相似价值观和态度的人更易成为彼此互动的选择对象，这为深度社群互动的进行提供了维系条件，而互动情境中的资源互补则直接表明互动中的双方能够提供对方需要而又难以实现的资源。在社群网络中，部分社群在建立之初并未产生明确的主题，社群存在的价值只是以成员同质性为基础的各类资源的公开分享，对信息的需求

① 廖望、刘于思、金兼斌：《社会媒体时代用户内容生产的激励机制》，《新闻与传播研究》2013 年第 12 期。

② 金鑫、朱亮亮：《移动阅读 APP 用户社交互动行为的驱动力研究——基于认知倾向的社会交换理论的启示》，《科技与出版》2017 年第 4 期。

③ 金鑫、朱亮亮：《移动阅读 APP 用户社交互动行为的驱动力研究——基于认知倾向的社会交换理论的启示》，《科技与出版》2017 年第 4 期。

成为社群维系的根本因素。同样的模式下，在终端阅读社群内的多方对话中，伴随着更多个体资源的公开共享、更多意见表达的交流碰撞，能够形成群体内对同一话题观点的交互共振，在共鸣与驳斥的不断转换中，有利于信息资源广度与深度的拓展。在此过程中，个体疑难与发展问题得到解决，实用动机得到满足，群体互惠也得以实现，深入讨论和资源共享既带来知识与社群价值的提升，又有助于增强群体内黏性，由同一话题的观点共振上升至社群价值观念的共振，因而群体交互是实现个体发展与社群建设相统一的重要元素。

3. 数据沉淀挖掘同质特征

社群网络进一步满足了互联网时代个体的社交需求，也使个体发展和实用动机得到实现，“自我利益”作为推动力量，使社群网络从人际交往模式向社群经济商业模式过渡，社群逐渐成为新经济模式的载体。大数据时代，经济发展对于数据提出了更高要求，数据的充分性、及时性、准确性是做出利好决策的基础，其中数据样本容量又是影响数据准确率与说服力的要素，因而社群网络发展对用户基数的要求越来越高。在阅读社群的建设经营中，终端阅读平台的地位逐渐突出。近年来，各类阅读 APP 与听书 APP 层出不穷，建立相对独立完备的场景、逐步完善推出新功能、借助用户引流，以持续吸纳与稳定用户。比如天猫读书 APP 基于淘宝平台，与淘宝商家合作，在购买纸质图书后以免费赠送电子书的形式引导买家下载 APP，借助淘宝庞大的用户基数优势辅助自身进行用户拓展；微信读书则是明确基于微信关系链的官方阅读应用，在以提供图书阅读服务的同时，更以朋友圈书籍阅读推荐、微信好友读书状态分享与讨论来打造自身特色，借助微信使其“阅读+社交”定位中的“社交”有充分实现的条件，但是目前微信读书与微信相关联的社交功能有待进一步开发与完善（详见附录四）。

用户拓展与核心用户的增长，是社群内部生产力增值的过程，激发创造能力与深度表达，也成为数据分析的素材资源。对于终端阅读社群来说，数据沉淀分析首先对社群本身的经营与长久发展有着启示意义，用户同质特征的得出是把握多数用户偏好、对症经营的着力点，许多社群网络的发展路径呈现出抛物线特征，经过一段时间的蓄力到达社群价值的峰值，但又因后期经营不善、管理陈旧、新鲜感下降、市场信息转向而造成社群用户的流失与关系僵化，导致社群社交与商业价值的同步终结。社群经营向商品化转向，须具备人脉价值、信息价值和服务价值中的一项或多项，[①]阅读社群以情感与知识信息获取为主旨，信息价值在其中多占据主导地位，而互联网时代的信息价值不单在于信息提供量，还在于重视筛选的信息与成员的匹配度，“提供有针对性的信息，那么就会让成员有一种获得让渡价值的感受”[②]。这种针对性需要来自社群的不断垂直细分以及实时性的社群数据分析，灵活掌握社群用户随环境而变化的同质需求。根据用户数据而改变，调整经营方向与方式，切入社群成员的需求要点，只有社群提供的价值高于用户预期，才能持续性地维系成员对社群的新鲜感与忠实度。

社群的阅读动态侧面反映国民的阅读状态，对新一轮内容生产的市场调查起到参照作用，读者对各图书主题的阅读量及其增减趋势、社群热议图书与话题、成员讨论热点与活跃度等可成为图书策划的重要参照与素材。当前阅读社群仍在探索发展中，各阅读社群之间联系微弱，数据的共通与整合反馈尚难实现，因此在达成国民阅读状态反馈之前，需要加强社群之间的横向关联与合作。格兰诺维特在《弱联系的力量》中强调强联

---

① 程海燕：《基于社群经济的出版企业商业模式创新研究》，《出版发行研究》2017年第12期。

② 王丹丹：《出版类社群变现的五种策略》，《出版发行研究》2019年第7期。

系有助于探讨小的、明确的群体，而弱联系有助于讨论群体之间的关系，能跨越更大的社会距离，通过某种关系网络，小规模的互动转化为大规模的模式，而这些模式又反过来反馈给小群体。①

因此，由具体社群到规模性社群网络，弱联系能起到连接与反馈的作用，数据统计分析得到的社群现象与特质，可以其同质性与另一社群形成弱连接，促成社群联合与平台合作，以价值升级来扩大稳固用户基数。2018 年掌阅跨领域联合了 40+品牌共同推广“阅读的力量”主题活动，其中掌阅数字阅读主题与简书、中国作家富豪榜、喜马拉雅 FM 和蜻蜓 FM 等品牌同质性最高，蜻蜓 FM 设有掌阅听书专栏，由掌阅提供图书资源，蜻蜓 FM 提供平台与服务，蜻蜓 FM 小说类中听众点击量最大与点击频率最高的图书类型与主题，为掌阅由文字到音频资源的筛选与打造提供依据，平台的合作既共同增加了双方的流量，又为新文化产品的打造提供市场依据。掌阅的目标人群逐步年轻化，在品牌联合中，芒果 TV、ZAKER、途牛旅游网等系列品牌同具有年轻化的特质，以此为弱联系，青年人的时尚需求、潮流热点、文化情结所形成的同质典型，能为品牌在各自打造中提供参照讯息。

根据纵向产业组织理论，在移动终端阅读 APP 产业链中，内容生产者包括出版机构与网络文学网站处于产业链上游，进行资源整合与平台运营的企业处于中游，其中 APP 上的畅销书与搜索热榜向上游反馈市场的阅读需求，但是这种中上游数据共享的方式仍是割裂、破碎和表面化的，出版单位无法充分准确地获取更详细的用户信息，社群包含的不只是购买量、阅读量等数字数据，大数据的特性之一是可视性，对于其中的文字数据，可根据使用频次放大为文字云。② 在移动终端阅读链中，出版类

---

① M. S. Granovetter, “The Strength of Weak Ties”, *Social Networks*, 1977, pp. 347 – 367.

② 高端训：《刷新品牌——用大数据重塑营销模式》，中信出版社 2019 年版，第 53 页。

与阅读类社群早已在产业中构建起联系，但是真正命运共同体的形成需要进一步的数据合作，两者的联系不单是来自供需关系，其同质性在于他们共同面向的是日益注重个性需求的读者市场。

二、以终端社群为导向构建图书营销多维模式链

新的阅读方式与阅读习惯的形成，需要图书出版与营销模式的调整来与之相配合。在终端阅读社群的典型特质中，涉及个体、用户关系、群体三个层面，自我表达、群体交互、数据沉淀进阶性的形成反映了一个社群的阅读需求与阅读特征，这些特征一方面有利于开展以读者需求为核心的按需出版，另一方面为新图书营销模式的构建提供了导向与支撑。

1. 基于社群反馈的体验式营销

在信息冗杂、供过于求的移动互联网时代，个体需求与图书价值成为图书选购的重要标准，亚马逊发布的2019全民阅读报告中近九成受访者主要基于个人内在需求购书，其中"了解别人以及探索外面的世界""学习新东西新技能"和"试图解决自身遇到的关于人生、情感等的问题"三个不同层次的个人需求分别居于阅读目的的前三位。[①] 图书作为一种特殊的商品，只有具备对读者个体有效的使用价值，才能实现其本身的文化价值。经典的4C(Customer、Cost、Convenience、Communication)营销理论就以消费者需求为导向，其中的Customer、Cost主要针对消费者的产品选择，成本对象分为企业与顾客，后者包含货币支出，为此耗费的时间、精力与购买风险。为降低购买成本，消费者常常会货比三家，但是图书是一种文化内容产品，其效用无法定量或定性，同一本书对不同个体的购买风险是不一致的，在这种情况下，对个体来说，能降低风险的有效方式是个性

---

① 新华网:《亚马逊发布"2019全民阅读报告":近半读者年阅读超10本》,2019年4月23日,见 http://www.xinhuanet.com/book/2019-04/23/c_1210116819.htm。

化的使用体验。其可行性主要依托于两方面,第一是图书体验成本的下降,第二是阅读社群和阅读平台为读者表达提供环境与载体。

纸质图书试读成本高,同时受限于地理距离,移动数字阅读的发展以其低成本与在线性为试读的广泛推行提供条件。以图书试读进行营销的方式已普遍化,主要有图书限定章节免费阅读、部分图书限时免费、赠送限时会员或书币等,可以使更多优质图书向读者开放,但同时也存在不足之处。这类方式虽然向读者提供了阅读准入门槛,但是对图书的选取与反馈存在零散与被动的问题,对图书营销的推进作用微弱。并且对于在图书选购中有方向而尚无明确目标的读者,试读时间与精力是顾客购买成本的一部分,针对限时免费图书不符合读者口味、限时会员与读者图书择取困难等矛盾,如果在内容匹配推荐基础上进行自觉性、精确化试读,能更大程度地减少读者在无序大范围中试读所耗费的时间精力,而保留对图书与平台良好的心理预期。这也正符合了4I(Interesting、Interests、Interaction、Individuality)理论以目标用户需求为出发点的方法论,整合网络资源,利用大数据进行低投入、精准化个性营销①,契合了用户因移动互联成为隐性营销推手,继而使得用户的“体验感”成为营销平台重点关注的产业背景。

以个体为单位的体验反馈需要通过阅读APP,以对用户个人数据的抓取分析,了解用户阅读偏好、阅读时段及其相应图书形式、总体阅读频率与周期等相关信息。根据用户阅读偏好,进行第一轮匹配内容的筛选,再根据图书主题、品类(语言风格、叙述精略、立足专业解读或科普等)进行第二轮分区、排序和标注,继而推向用户;分析用户整体阅读时段,如工作日工作或学习时间、上下班时段碎片时间及午晚间休闲时间,在各时间

① 徐斌、王晓冬、林丽:《大数据管理:企业转型升级与竞争力重塑之道》,人民邮电出版社2016年版,第246页。

分区里通常选择的图书形式如电子书、有声书、讲书等,从而通过场景预测用户的时段差异化阅读需求,进行多时段多形式的图书体验推介;用户的阅读频率与周期则同时关联图书推介与体验数据反馈,临近阅读周期尾声,平台要加强图书推介与试读工作,并引导用户自主完成对已阅读书籍的个人评分反馈,包容多样化评分评论,而反馈行为本身的质量可与下一本图书的体验试读权益相挂钩,既有利于评分数据库建设,又能加强用户的平台参与及黏性。以个体数据为基础的整理、推送、体验,使用户能更快更准确做出选择,获取与预期更吻合的产品,实现最大化与最优化的图书内容体验,而这种方式形成的自我反馈,一方面会直接决定用户的购买意愿,另一方面个体的阅读反馈会积累成群体性的反馈数据,从而又作为一种间接的体验反馈方式为其他读者在图书选购中提供参考和依据。

豆瓣是一个典型的提供书影音等作品信息的社区平台,其内容评论信息采用了 UGC 模式,豆瓣评分以其用户基数、活跃度、新作品信息更新及评分数据库等,已成为诸多个体进行作品选择的依据。豆瓣读书作为其中一个版块,主要以数字与文字两种形式提供图书阅读反馈数据。数字数据主要为作品的综合评分,以及评分人数,读过、在读、想读人数,后者既能体现综合评分是否具有大众代表性与数据效力,又能表现该图书作品的读者热度。文字数据包括用户的书评、讨论、读书笔记与图书片段内容摘录,其中书评主要为基于用户个人视角与感受的短评,但近年来部分作者、专业机构、KOL 等也参与其中,如东野圭吾作品《沉默的巡游》,新经典的长评就占据了热门评论;而图书精彩片段摘录按热度与页码两种形式在评分平台呈现,摘录内容由用户自行选择提供,这在提高用户平台参与的同时,也为流动用户的片段式体验提供便利,以高热度与高感染力片段引发用户对整本图书的阅读兴趣。豆瓣在图书评分平台中最具代表性,此外还有各知识服务、图书阅读平台也推出了图书反馈功能,但可能因其平台定位而在图书反馈方面着眼相对有限。

掌阅 APP 的图书短评在更新度、数量上都有所局限；知乎作为一个“问答社区+知识付费”平台，其开设的“读书会”版块包含主编推荐与书榜等，书榜主要为热门图书排名榜单，包含用户短评，但功能较为有限，其特色主要在于其榜单中包含大量的讲书内容，而这与其知识付费的主题相契合。因此，各图书平台可依据性质定位与图书品类来建设自身评分反馈功能，并可拓宽图书阅读反馈渠道，综合利用自身阅读平台以及热门渠道如社交软件、短视频等，用以更好地服务、吸引并稳定自己的成员用户。

终端阅读社群具有同质性特征，以社群为单位的内容匹配，相较个体更具规模性、实施性与统计意义。因此终端阅读平台与图书销售平台需要开展与阅读社群之间的合作。每个阅读社群都是书商与读者间的连接单点，阅读平台与图书销售方需要针对各连接单点的阅读差异与特质，定期向其推送经过筛选与匹配的体验书单与体验内容，让渡部分优质资源使其向社群成员开放，形成对读者的吸引力，同时可结合价格、链接等多种方式进一步促进图书营销；阅读社群方在接收图书体验权利时，需要负责收集与形成所有成员的阅读信息反馈，包括图书销售数据、阅读评价、意见问题等，一方面保持与合作方的数据畅通，便于内容及时更新与工作调整，始终以优质图书体验为基础提升读者的购买力，另一方面将社群的图书反馈数据通过特定的集成平台予以发布，并通过这个平台形成各个社群之间的数据连接与累积，以反馈的规模性与丰富性汇集流量和口碑，实现以优质图书内容为保障的体验式营销。

2. 基于社群黏度的传导式营销

以内容体验为基础、以优质反馈为保障的体验式营销是构建营销模式链的第一环。在亚马逊 2019 全民阅读报告中，受“他人推荐”而购书的细化调查显示，朋友、同事、作家或名人的推荐力远大于微信或微博 KOL，这间接反映出读者对部分 KOL 及其推荐的低信服甚至反感，这种被破坏的关系也使得 KOL 本身失去了其意见效力。[①] 信任的重建需要 KOL 和社群管理者反思与调整自身的定位，使其提供服务的文化属性超越商业属性，以连续的优质内容替代话语包装成为中介来培养与读者的关系。因此“内容”是社群及成员关系维稳的基础环和关键环，也是加强社群黏度为传导式营销铺垫的必要步骤。

在 2020 年新冠肺炎疫情期间，通过多种方式主动连接用户成为线下书店应对客流下滑、变现自救的重要途径。部分门店通过建立微信读者群进行销售，中信书店在疫情期间上线了“信书单”推荐图书。在特殊时期或短期内，流量能成为销量的保障，但是流量池具有流动性，不能保证长期稳定的流量转化，在广告营销中，明星代言是提供流量的一种常见方式，但是其流量很难转化成为产品本身的流量，往往伴随合约到期而大量流失，因此实现从流量池向用户池的转化是营销成功的重要衡量与体现。

用户传导营销需要庞大用户群作为基础，通过开展合作聚集用户，增加产品曝光度，并从合作之初注重培养两个群体之间的黏度，吸纳新一批用户融入另一方社群，从而使其能转化成自身营销资源的一部分。两个社群之间黏度的培养需要寻找与搭建彼此的联系，现下的明星代言在参考流量之外，更加注重挖掘与表现代言人与产品之间的内在共性点，以其为中介不仅能快速拉近双方距离，而且能提升最终越过代言人、将流量吸收为自身忠实用户的概率。

掌阅与王俊凯的合作可以算是一个示例。2018 年王俊凯成为掌阅品牌代言人，年轻化、青春、文艺、活力能成为两者的共同标签，将流动的粉

① 新华网：《亚马逊发布“2019 全民阅读报告”：近半读者年阅读超 10 本》，2019 年 4 月 23 日，见 http://www.xinhuanet.com/book/2019-04/23/c_1210116819.htm。

丝变成永久的用户,最重要的是新用户对产品的活跃使用和反馈。掌阅作为一款阅读 APP,培养社群间黏度时始终以本方图书产品为中心和重点,而非以简单边缘的抽赠周边形式联笼双方,比如通过掌阅平台实行明星和粉丝之间的双向荐书,一方面调动了用户在掌阅 APP 中的活跃度,另一方面以荐书的形式直接有力地进行了一系列有效果的图书营销;此外,粉丝推书活动通过调动粉丝在活动页面的故事撰写,逐渐达成用户情感寄托的转移,加强用户与掌阅平台的捆绑,将更多用户融入平台的阅读社群中。因此,通过合作来培养两个不同社群之间的黏度,以运转和依赖社群黏度的方式进行传导式营销,能以流量拓展用户池,得到短期与长期销量的保证。掌阅科技 2018 年年度报告显示,公司其他收入增长主要系拓展与行业客户及品牌客户的合作。[①]《2018 掌阅数字阅读报告》详细介绍了 00 后用户在掌阅占比 28%,超过 80 后成为第二大阅读群体;王俊凯的《十九岁的时差》位列掌阅 2018 年最受欢迎出版书榜单的前五名,其读者中 00 后占比 75.7%,这些数据也侧面说明群体合作对于扩充和培养用户、社群间黏度,以及对于推动传导式营销的力量是巨大的。[②]

聚焦到一个社群内部,实现传导式营销对社群内黏度提出了很高的要求,主要表现为成员之间的黏度。多数书店微信群缺少系统性的管理与输入,日常联系多建立在成员与书店之间,而成员间相对独立与陌生,因而对于图书销售推广,彼此连锁性的推介与传导能力较弱。相比书店微信群,终端阅读社群由于同质性和由群体交互产生的共振效应,相互之间已形成一定的黏度,因而推动传导式营销就是对已有黏度的不断加强。

---

① 掌阅科技:《掌阅科技股份有限公司 2018 年年度报告》,2019 年 4 月 19 日,见 http://quotes.money.163.com/f10/ggmx_603533_5222762.html。

② 中国日报网:《掌阅发布 2018 数字阅读报告,00 后成为第二大阅读群体》,2019 年 1 月 17 日,见 https://baijiahao.baidu.com/s? id=1622896949720101763&wfr=spider&for=pc。

高黏度的社群需要以高频的更新作为生命力，包括成员的更新与信息的更新。社群在建设之初要提高对成员同质性的要求，以阅读需求、阅读能力、阅读效率、思考表达能力等多方面进行筛选与划分，提高社群区分精度，设置与社群定位相符的准入门槛，并定期根据成员的阅读状态和输出成果更新社群，以类似的奖惩机制保持成员的高活跃和强联系。信息的更新来自两方：社群经营者的输入与成员的输出，成员输出又有阅读反馈、信息分享、主题讨论、个性推荐等多种形式。通过准入门槛而进入的成员，自身能接触的资源及对所接触资源的层次划分与质量筛选都具有一定要求，因此其信息分享与意见表达，能对其他用户的实用发展产生实际效用。由此成员之间黏度的强化不只来自长期的相处互动，更来自其分享推荐内容的价值，价值已部分替代人成为成员依赖与信任的主要对象。

阅读社群读品研习社包含文艺社科、实用充电、亲子教育三个社群类型，其特色在于社群招揽了许多编辑与读者，并标有“让小众书见光”的标签，其社群又分为纯交流性质的读书群与“三日一书”读书群。在社群质量与实效的打造上，运营者与成员都必须保持定期的有效产出。作为社群运营者，读品研习社公众号为读书编辑开辟了专栏科普书业干货，以写书评、发活动、做书单作为社群价值输入的方式，并会不定期推出运营手记，以运营细节与体悟的分享加强与读品成员的黏性；阅读群成员主要为“三日一书”读书群成员，每周三，该阅读社群群友需要提交两本书的阅读记录，包括简要的阅读感想，如果不能如期提交，则会被移出群，因此通过成员的阅读图书与书评积累，能保证每周发布一篇读品测评，其中平均包含 30 本图书。在图书题材与篇幅倡导多元的基础上，来自成员的每周 30 份左右的图书选取与书评输出，再加上读品群内不允许开展与书无关的闲聊，能保证群内的成员交互始终以图书为中心与连接点，并能从彼此交互中汲取各自所需的优质观点与有效内容。因此,在每周的读品测评中,多数图书的内容介绍与成员书评分享之后,都会直接附上相对应的购书跳转链接以促进读品群内成员已阅读图书的营销。当更新活跃度和有质量的输出成为社群的亮点,那么该社群中用户彼此的黏度会远超出一般社群,每个成员都作为有特定磁性的传播单点存在,其认可或关注的图书与内容会通过成员之间传导的方式产生更大的辐射力,拉动社群内部的图书营销。

3. 基于社群品牌的整合式营销

早在20世纪90年代唐·舒尔茨提出的4R(Relevance、Reaction、Relationship、Reward)营销理论中,Relation(关系)这一层面就表明企业与消费者的关系已发生本质变化,企业经营从交易变成责任,强调与顾客建立长期友好的合作关系,从满足需求转向为顾客创造价值。从基于内容反馈的体验式营销,到基于社群间黏度与社群内黏度的传导式营销,都是社群建设与社群营销的同步进行,是以内容为核心、以联系为枢纽进行用户培养与信任建立的过程,而口碑的积累与用户池的拓展都是为品牌树立及与读者建立长期合作服务的。因此,社群品牌的树立已是一种初步长期关系形成的成果,但同时也是要与更多用户建立并继续深化合作关系的新开端。图书不是迭代升级的体验型产品,无法以前一版的标准得出下一本图书的市场接受度,因此图书品牌的用户池相较其他物质产品具有更大的流动性。品牌社群的整合营销是应对整个用户池进行更主动反馈的阶段,综合协调各种资源与渠道,以"各种形式的传播方式,以统一的目标和统一的传播形象,传递一致的产品信息"①,品牌核心理念与产品特色的传播成为营销的重要组成部分,同时产品本身给予用户的使用价

① 本刊编辑部:《整合营销先行者 专访网易传媒华北销售中心总经理胡君芳》,《声屏世界·广告人》2018年第12期。

值,需要契合由宣传带来的预期,并能超越需求去主动打开用户更多的可能性,与顾客建立多点的网状联系,加强以价值为中心的捆绑,维护与稳定用户。

整合各媒介平台与形态,开展全场域的多形态营销。2016 年底阿里巴巴提出了全新的数据赋能的营销方法论“Uni Marketing 全域营销”,通过阿里的数据基础设施,在“正确的时间找到正确的人,通过正确的沟通做正确的连接”①,在营销实践上可以具体表现为以不重不漏的覆盖渠道以及在不同渠道上采用与其相适应的方法来连接与影响目标用户。以业务拓展进行渠道延伸:社群可以阅读为起点与中心,在发展中期进行业务拓展,推出如视频课程、图书出版、数字化融媒体图书建设等系列项目,以音视频形式做内容补充延展,建立配套数字资源,一方面能充分利用自身资源,基于社群内容与成员的再创造,为新一轮生产服务,从而形成内容资源补给的内在动力与支撑,另一方面这些新项目新平台又代表着新的媒介渠道与一部分新的目标用户,会成为社群延伸的新触角。借助新兴技术渠道保障受众流量,并寻找相适应的语言定位:在新冠肺炎疫情期间,在线下宣传渠道闭塞的困境中,许多书店为自救将宣传营销重心转移到线上平台,直播成为危机中增加图书与书店曝光度的主要方式,比如上海钟书阁首先尝试的淘宝直播,单向空间联合淘宝直播与人气主播共同发起的“保卫独立书店”直播企划,并以盲袋的形式推动图书销售。然而这次直播转向更多是被动的,只有品牌社群或书店更自觉地拓展各场域渠道,才不会使其在失去一种渠道时迅速陷入危机与绝境。

新兴营销渠道代表着与更庞大用户群体接触的机遇,在“向流量低头”的各式批评背后,人气与直播只是图书营销的表面形式,图书产品本

① 陆弢:《阿里巴巴:全域营销 Uni Marketing》,《成功营销》2018 年第 Z1 期。

身始终是能否与顾客建立长期友好关系的根本因素，而想要更好地宣传图书内容以影响相对应的目标用户群，只有找到与对应渠道相适宜的叙述语言及风格，才算真正实现了营销渠道的拓展。当直播、短视频、Vlog这类宣传与分享方式成为网民的主要选择，根据各渠道用户群特点以相似的叙述语言推出与之吻合的图书产品，可能实现图书营销最大化，例如生活、旅游、美食类图书可侧重Vlog渠道，亲子教育、健康养生、社会热点类图书可借助短视频渠道，情感、心理疗愈类图书可尝试音乐、电台渠道，当然其中会有交叉重合的部分存在。第51次《中国互联网络发展状况统计报告》显示，截至2022年12月，我国短视频用户规模达10.12亿。[①] 抖音、快手、西瓜视频、梨视频等已成为国内用户数领先的短视频平台，无论快手的社会各阶层普通大众的平民定位，还是抖音以捧红内容为中心的年轻化定位，其用户群体与短视频影响力能覆盖二、三、四线城市，关注面向市场下沉，与此同时，伴随国民度的提高，其基础设施建设日趋成熟，例如对于产品的销售带货已开通购物车与商品橱窗功能，抖音、快手可与天猫、京东打通跳转，实现平台与产业融合。

随着国内短视频市场的火热，各出版社与图书公司深入对短视频作为图书宣传端口的探索，其与平台的融合主要涉及两方面，一是在于如何在下沉市场中寻找、开拓与把握潜在的目标用户，二是如何利用短视频这一动态图像媒介补充以往图书宣传的局限并打造其独特的推广优势。以面向下沉市场的短视频平台作为图书推广分销渠道，面临图书产品如何与下沉市场用户做好对接的问题，平台的消费群体、现实需求和消费理念都可能与所选择的图书产品定位立意产生分歧。因此，需探索契合与拉拢目标用户的方式：出版机构与图书销售商要依据用户群体特征制定相

① 中国互联网络信息中心：《中国互联网络发展状况统计报告》，2023年3月2日，见https://cnnic.cn/NMediaFile/2023/0322/MAIN16794576367190GBA2HA1KQ.pdf。

应图书宣传方案,在图书主题、种类、装帧、价格、推广文案及策略上向下沉市场有所倾斜,同时可通过与平台合作,借助平台支持,从而推动平台本身的适当上浮,帮助引导与吸引用户;短视频平台本身的内容推荐机制实则也构建了用户个性化的网络社会空间,以用户感兴趣的浏览内容为依据形成算法推荐,客观上有利于图书产品目标用户的确定与稳固,并在图书出版与销售商长期的内容更新中形成逐步扩大的目标用户群。

果麦文化开设的"果麦书单"截至2023年4月底已在抖音积累起157万粉丝;人民文学出版社开通抖音账号并保持活跃更新,其短视频制作愈发借助时事热点、热词热剧、名曲名诗、名人等为切入点来引入图书宣传,再辅助短视频的动态画面,更有助于为浏览用户构建特定场景,从而调动情绪,提升产品与用户之间的契合度。例如邀请《应物兄》作者李洱,以茅盾文学奖得主的书单为切入,以短视频作为直播预告,以知名作家及其书单推荐吸引浏览用户加入直播;以热剧《甄嬛传》中"小山重叠金明灭,鬓云欲度香腮雪"一曲引入讲述温庭筠词作,配合剪辑的影视剧画面和音乐伴奏,解释"小山"一词含义,介绍中国文学背景常识,呈现自身出版形象。不同内容定位的图书需要进行宣传渠道划分,并建立与各场域相适宜的营销矩阵,不能在所有渠道上一概涌入,否则会因与渠道用户群冲突而造成营销失败。

整合图书系列,实行捆绑推介的营销方案。社群品牌具有由内容体验和成员黏度树立起的强大推介力,也易形成在其特有内容定位上的影响力,根据社群主题,推出图书系列的捆绑优惠营销方案,主动打开成员的阅读需求与阅读能力,例如以"想象力启蒙经典"为主题,推出汤米·温格尔(Tomi Ungerer)系列绘本12册精装套装营销,以作者形成系列;以"经典外文小说"为主题,如《人间失格》《罗生门》《我是猫》套装,以经典与地域形成系列;此外还可以内容主题、叙述风格、社会热点、时间节点等为系列开展整合营销。对阅读品牌社群来说，图书整合营销也是与成员建立长期合作关系的方式，因此完成图书营销第一步后，还需后续跟进与规划读者的阅读过程，进行各类购买者的再分群，完成诸如阅读打卡、问题交流、进度跟进及评价反馈等工作，并可根据实际情况以线下、直播等形式开展以作者、编者、名人等为主讲的研讨交流会，以实质性报酬激励成员的书评撰写与二次创造，通过系列的深度融合活动，既使读者能切实从图书系列的整合营销中获取对等的知识价值与情感价值，又在该过程中持续扩大了图书与社群品牌的影响力，不断服务下一次的图书整合营销活动。

三、适配社群用户需求的内容与渠道一体化图书营销

以终端阅读社群为导向构建的图书营销模式，要求对图书营销的促进与对阅读社群的经营同步进行，并且一种新的营销模式得以推行，需要更加优化的用户群及外在设施与之相适配，因此在上文图书营销要求完成的社群工作基础上，阅读社群仍需在“内容”与“渠道”两个主要方面加强建设。社群成员的价值输出和信息交互可成为新一轮内容生产的依据甚至内容本身，同时也成为内容传播与营销的渠道，信息分享在社群介入后实现了出版流程中内容渠道的一体化。

1. 加强去中心化结构下的主导力

社群的去中心结构为用户自我表达提供了开放包容的环境，但也会因缺少中心的吸附，容易使成员逐渐走向边缘化，因此社群若想保持长期的生命力，需要适当发挥聚拢成员的牵引力，可借鉴粉丝经济的中心化结构，借用 KOL 和品牌强化社群的凝聚力和向心力。

在流量红利逐渐消退、质量思维更加突出的社媒环境中，用户对 KOL 的信任来自长期的合作互惠，即 KOL 为用户推荐满意的产品，用户回馈

KOL 以资本与影响力。终端阅读社群引入 KOL 有两种方式,一是与相关领域的 KOL 合作,二是培养自己的 KOL。KOL 要在具体的阅读社群中形成图书推介力与成员向心力,首先且关键的是呈现出自身的内容推介价值。这就要求其与个性化的社群完成结合,以应对成员提出定制化、针对性、高质量的关键意见,让成员关注其内容并从中受用。因此对于阅读社群来说,意见领袖必须具备相应的专业素养与知识广度,需要在内容发布上表现出色。在艾瑞发布的 2019 年中国 KOL 营销策略白皮书中,新浪微博偏重明星 KOL 资源,抖音、映客以泛娱乐 KOL 为主,微信为综合类,喜马拉雅 FM 则以垂直领域专业 KOL 为主,尤其是垂直领域的腰部 KOL。①

结合微播易与中国传媒大学联合撰写的《小个体大势能——2020 年中腰部 KOL 营销发展报告》,中腰部 KOL 的内容在垂直领域的针对性更强,中腰部的粉丝对于介绍的产品本身会有更高的注重度,粉丝评论中有 23%与产品相关,高于头部账号的 9%。② 以上数据辅助反馈出终端阅读社群的 KOL 选择与能力,一是需要具备垂直领域的专业性,二是可尝试中腰部 KOL,图书阅读产品的内容是其价值的主要构成,因此需要且能被粉丝与成员关注的始终是内容本身而非头部,这样才会保持成员对社群的融入初心和忠诚度,再者图书的推广分销需始终权衡成本与收益之间的关系,与头部 KOL 的合作在带来可观销量与码洋的同时,需要支付高成本的合作费用,不适合作为图书日常与长期推广的方式。网易蜗牛读书引入了“领读人”机制推动社群阅读,领读人可包括名人名家、专业领域代表以及在 APP 中持续产出优质内容并具有良好阅读习惯的贡献用户,

① 艾瑞咨询:《2019 年中国 KOL 营销策略白皮书》,2019 年 3 月 18 日,见 http://report.iresearch.cn/report/201903/3346.shtml。

② 微播易:《小个体大势能——2020 年中腰部 KOL 营销发展报告》,2019 年 10 月 28 日,见 https://wby-download-storage.oss-cn-beijing.aliyuncs.com/weiboyi/marketing/2_20191028.pdf。

这些贡献用户以长期的内容意见影响与行为表示而逐渐积累起平台用户信任。如以“一只普通的、写代码的喵。什么书都读”为标签的“喵叔”，由普通用户成长为贡献用户并形成一定的粉丝人气，其会定期设置一段阅读周期与人数容量而发起某一推荐图书的共读，多能得到其他用户的积极回应，并且还会基于某一共读图书，发布相关书评或话题内容，调动相关用户讨论，在提升共读图书热度的同时，保持自身及粉丝活跃度，提高彼此黏性。

在内容影响力之外，社交影响力也是KOL与成员建立密切关系的重要方式，意见领袖需要维持在社群内的活跃度与知名度，最大程度与所有成员产生联系，从而能加强号召力并减少成员流失。活跃度的直观体现是KOL的信息内容更新频率，这需要关照成员的现实状况，施行限度平衡原则，以成员的整体内容消化程度与速度为参考，频率过低会影响成员对社群的价值考量，过高则会引发对信息过剩的排斥。知名度在社群内表现为KOL与成员建立的联系，包括直接联系与间接联系，间接联系可来自成员从KOL一方的推介内容中获得了实际价值，直接联系可来自双向互动，例如定期针对性的答疑交流、双向推介与反馈等。

品牌是社群特色与价值的代名词，相比于KOL以关键意见提供的凝聚力，品牌起到选择导向的作用。加入社群是用户自我范畴划分的直接表现，同时用户会在群体归属中积极地寻求自我概念，因此社群品牌的打造与形成，就是给予成员以积极的自我暗示，在社群比较中，因为自我所处社群的优越性，所以会选择继续留在该社群并更主动地投入社群互动中。品牌是帮助成员定期衡量其自我价值的标杆，鉴于品牌的这一作用，社群需要定期结合每位成员的现实状况给予明确而相当的阶段性价值评价与确认，帮助其以实质价值成果获得更优的自我概念。

2. 架构垂直圈层和价值闭环

同质性是社群的主要特征，同质性越强，成员的行为情境与资源诉求就越相似，因而社群的不断细分与垂直圈层架构，能有助于更好的社群管理与特色显现，也能实施更精准的社群营销，群体关系越集中，群体边界也越清晰。圈层的准入门槛应考虑社群定位、经营理念及初级社群成员的现实状况来设置，如根据付费会员制，根据成员的阅读及反馈状况等，使筛选标准与之后的管理方式相吻合。圈层边界应当是量化清晰的，但圈层分化是循序渐进、逐步完成的，成员最初因相似的阅读倾向与知识需求而相聚，社群的存在能为其提供相当的资源与共鸣环境，但是一个出色的社群还应具有追求更高价值的引导与辅助作用，从而在价值需求提升的过程中完成垂直圈层架构。以知识社群"罗辑思维"为示例，其发展阶段从初级到高级，成员特征从共同兴趣和价值观发展到初级价值欲望，最后上升至高级价值需求，而"罗辑思维"也从最初的话题关注到提供初始社群产品，再至提供高级付费产品[①]，在生产为消费创造动力与消费反作用于生产的相互关系中，实现了知识价值在供应与需求上的共同提高，也完成了成员的精准划分。价值追求的提升意味着社群与成员的共同进步，社群在垂直圈层中实现产品与品牌增值，而成员通过获取更优质的内容来完成良好自我概念的确认。

社群价值供应代表着价值输入的一环，除了社群经营者本身及通过引进联合 KOL、作者等来能动提供内容产品并做好高质量原创内容外，加强数字阅读图书资源与版权建设管理也尤为重要。尤其对主要以终端阅读平台为依托建立起的阅读社群来说，图书电子资源的缺失，如部分经典畅销著作难以获取版权、新书上架不及时、电子版与纸质版质量不一等问

① 李曜嫄:《互联网时代知识社群经济商业模式研究——以"罗辑思维"为例》,《经营与管理》2019 年第 3 期。

题，会影响读者的使用与阅读体验，进而降低社群黏度。因此阅读平台需要根据定位加强版权服务，定向补充引进优质资源。诸如掌阅实现由技术型企业向版权运营和发行商角色的转变，[①]每年投入大量经费用于优秀内容正版版权引入，如 2017 年斥资 100 万元拿下《围城》独家数字版权，2018 年首发上架全球正式授权的《百年孤独》简体中文电子书，掌阅版权总监吴赉表示"2020 年掌阅会全方位参与到内容行业，开展涵盖出版、K12 教育、有声、网文等领域更深入的版权合作"[②]。健全的数字图书内容与独家版权优势，是吸引稳定平台用户的关键要素，也是社群价值输入不可或缺的一部分。

用户输出是构成社群价值闭环的另一部分，是用户参与群体互动的表现，也是补给社群新一轮内容生产的素材，社群以价值输入满足与提升用户，用户以价值输出回馈社群并将阶段性学习成果化，构建的流动闭环能更好稳定与强化双方关系。用户输出可具有多种形式，如社群互动答疑、图书内容再创作、主题活动个性化撰写及专业学习作品提交等。而要激励与保证用户的有质量输出就需要在最初设置相宜的准入门槛与运行要求，并通过后期社群环境营造，如激励、淘汰、分层等能动形式，调动成员创作积极性，使成员输出常态化。知名的在线教育内容提供社群秋叶社群实行"强制性"成员输出，每位成员都需提交一个高质量输出，否则就会面临淘汰，这紧密契合了其准入门槛与管理方式，即群人数不超过 69 人，人人都可进群，但必须要有才能，并根据才能合理分工促进其高质输出。[③] 用户输出的程度取决于社群定位与所处垂直圈层的部位，两者应达

---

① 孟晖、黄瑚：《移动互联环境下阅读类 APP 的现状及问题研究》，《编辑之友》2018 年第 1 期。

② 肖旭：《掌阅科技的 2019 年：坚守品质阅读版权运营、短视频"带书"成亮点》，2020 年 1 月 6 日，见 http://news.163.com/20/0106/14/F27CK7OU000189DG.html。

③ 薛庞娟：《知识社群商业模式研究》，《管理观察》2017 年第 26 期。

到平衡，适度的价值输出才有利于达成成员与社群间的双向连接，以及社群与成员的共赢发展。

3. 促进平台辐射与人际传播

实现用户基数增加与产品品牌辐射范围扩大，需要以社群与已有成员为中心向外围加强链接，而社交媒体平台以其庞大的用户群及相较其他类型 APP 领先的用户使用频次与有效使用时间，[①]成为阅读平台与社群跨平台扩大影响力的最佳选择。然而，现有阅读平台多注重内部生态打造，平台之间的辐射维系微弱，部分阅读 APP 虽具有多个向外链接分享的渠道，但是阅读感想的互动多表现为浅层次的交流，未能形成较为深入、专业与系统的交互，使得对社交平台上新用户的吸引力不佳。因此阅读平台需要有计划与引导地加强内容对外传播的全面性与专业性。相较于阅读平台，阅读社群欠缺直接的分享渠道，但能在跨平台时借助平台的某种中介，达到增加热度与专业深度的目的。例如微博平台可通过带相关话题、超话的方式增加分享热度，并以此汇集话题相关的用户群以实现进一步交互，微信平台可借助公众号作为分享中介，近年来微信公众号的内容篇幅与专业深度都呈增长趋势，因此可应对现有阅读交流浅层、破碎的问题。平台与社群辐射时需要注重内容的打造与整合，将日渐增加的信息链接端口与专业深度的图书内容紧密融合，不仅有利于阅读社群优质内容与形象的传播，也有利于浏览者系统性内容的获取。

在移动互联的网状信息体系中，每个网民个体都携带着信息传播潜力，相较传统大众传播注重单向灌输而容易造成受众看客心理，形成集体无意识的问题，阅读社群的建设与推广可侧重依靠成员的人际传播，用以

① 艾瑞咨询：《中国 KOL 营销策略白皮书》，2019 年 3 月 18 日，见 http://report.iresearch.cn/report/201903/3346.shtml。

打破官方推广式的距离感。[①] 人际传播形式分为两人间传播、小群体传播和公众传播，前两种形式可与成员的现有传播圈紧密挂钩。对于新建群体的推广或群体二次扩充，基于已有成员向其相关群体发出链接，例如给予已有用户邀请新用户奖励已成为市场推广的常用方式，已有成员基数及连锁传播的次数影响着新增用户数量，就渠道而言，其在传播速度与链接人数上颇有成效；对于社群稳定后的日常推广，成员的社交传播圈仍是分享产品信息最便捷与广泛的渠道，作为以内容为中心的阅读社群，需要严格把握分享频率与质量，拒绝强制打卡诱导营销引发的审美疲劳与负面效应，以质量替代数量，社群可以预先对成员的输出价值进行反馈与评估，能动鼓励与帮助成员实现有个体独特性并兼具质量的阶段性成果分享。

第四节　书展与社群出版的互动构想

社群是人们在社会交往中不可规避的基本社会联系，其概念和聚合特点往往随着媒介的发展而发生改变。在互联网出现的早期，平台与平台之间界限明确，用户通过不同的兴趣情感被平台分成不同的社群，但这时候的网络社群之间联系并不紧密，要发展到线下也十分困难。后来随着社交媒体的出现，各平台之间被联系起来，网络社群呈喷井状态，一下子涌现了许多大大小小的社群。这时候的社群表现出去中心化的特点，社群成员之间的关系更加紧密，社群与社群之间的边界也因社交关系的

---

① 唐兴通：《引爆社群：移动互联网时代的新4C法则》，机械工业出版社2015年版，第139页。

复杂化而减弱。

信息传播技术的发展和移动端的普及模糊了线上线下的边界,使得社群进一步发生转变。在移动互联网时期,基于社交媒体和各大平台形成的社群发展基本稳定下来,社群更多向加深成员之间的联系、增加凝聚力的方向发展。线上社群是人们爱好相同、情感共鸣的一个共同体,而移动端的普及能够让用户随时随地上网,参与到网络社群交流活动中来。更不用说平台以及社群管理者在后面的推波助澜,用品牌、营销等手段引导社群成员,进一步加强成员的活跃度和成员之间的凝聚力。此外,网络社群对人们的生活方式也进行了重塑,尤其是在消费习惯、社交模式等方面。身份证绑定与实名制上网、社交软件与手机通讯录联通、线上交易平台等等手段,通过将线下部分人际关系转移到线上社群中,使得虚拟的线上社群与线下结合得愈发紧密。随着互联网的发展成熟,它的规则也在一点点完善,越来越受到政治、经济、法律等因素的影响,其生态环境正在向线下的真实社会靠拢,社群网络中线上线下的关系正在进一步模糊。

我国书展虽然起步较晚,但经过40年的发展,其功能和定位已经不仅仅局限于出版销售的一个环节,而是得到了进一步的拓展和强化。有学者总结书展的功能为图书展销、版权交易、文化传播、形象展示、信息集散交流、新技术的推出。[①] 书展所拥有的独特的功能与定位使得其逐渐发展出引流线上资源的趋势。线上社群的成员因为共同的兴趣爱好汇集到一起,在交流之余也会进行一些创作,这就使得线上社群拥有庞大的内容资源。这种“庞大”表现在很多方面,比如创作形式非常多样,有视频剪辑、图画、文章、配音等;创作主题也十分丰富,汇集了各种主流非主流文化,包括一些独有的网络文化;作为创作者的成员人数也十分庞大,并包

① 焦娇:《当前我国书展的功能、问题与对策》,上海大学影视技术学院工作办公室:《首届长三角影视传媒研究生学术论坛文集》,2015年,第122—127页。

括各行各业，这些创作有些是集体智慧的结晶，有些是个人天才的创造……展销新图书、引入新版权、传播新文化，随着出版全行业的进步，书展的具体功能也在探索中不断拓展。

因此，可以通过书展这一平台，将线上社群的原创内容引入展会，并为其提供出版平台。同时，利用社群效应进行场景化的营销宣传，进一步丰富展会内容、拓展展会形式，将线上社群的活动范围拓展至线下，并将书展中形成的新社群引流线上。在线上、线下的全方位社群活动中，每一位参会者都成为书展的主角。书展与社群之间的良性互动实现双方的共赢，并为出版业产提供启示。

一、书展拓展线上线下社群的联通渠道

由于网络社会的开放性与匿名性，线上社群的成员在网络中可以比较自然地释放自己的个性，能够更自由、更完全地与其他人交往，展现自己的爱好与创作。但同时，隔着网络，人与人在交往时往往会无法判断对方的真实情况和感情，总有一种虚假和陌生感，而线下的社群在交流时，会显得更亲切真实。所以，从这方面来说，实现社群成员网络与现实的互补是很有必要的，只有打通线上线下的藩篱，才能使社群成员保持亲密的关系和自由的天性，从而实现线上与线下之间的平衡。因此，减弱或消弭社群边界，进而沟通线上线下会是社群发展的一个重要方向，而书展在这个过程中可以作为桥梁起到一定的促进作用。

1. 线上社群转化成线下社群

线上的社群转化成线下的社群，往往意味着更稳定的联系。而要达到这一步，需要很多因素的集合，比如说成员之间有一定的信任，或者社群有足够的凝聚力，还要有一个合适的转换契机等。而书展就能够为线上社群的转换提供一个好的时机。

举办线上社群创作的线下专区展览。传统的书展,往往是按照出版社或者图书种类进行展区的划分,忽视线上的创作资源,而线上社群的线下专区展览,就是对这种情况做一个补充。在线上社群线下展览集合专区,将以社群来划分展位,比如说豆瓣展区,知乎展区,B 站展区。这些线上规模比较大的社群,则将自己的原创或同人作品,放到展区展览,比如说由知乎独立策划完成制作的纸质书《大学四年:我多想在入校前就知道的事》、知乎和出版机构合作出版的《创业时,我们在知乎聊什么?》、豆瓣为你做的第一本书《温德先生》等。这些作品的形式不一定是成品的书籍,也可以是画册、海报、视频等,对网上独特又丰富的文化内容做一个宣传,让更多人了解网络亚文化以及线上社群独特的经营组织方式,扩大社群影响力。此外,相关展区的工作人员、志愿者等都可以从社群里招募,比如说该社群的管理人员、社群展示作品的创作者、平时在社群中活跃度比较高的社群成员。通过对这些人的招募,可以将这个线下的专区展览会当作社群的一次线下活动,社群成员向其他参展人员介绍自己所在的社群展区,有利于他们加强对自己社群的了解,增强成员之间的认同感和凝聚力。同时,这也可以为参展人员提供更好的服务,提高社群对外印象分,避免工作人员与志愿者因展方临时招募,匆匆培训之后就上岗,未深入参与展区工作,对展区的图书不感兴趣,也没有相应的知识素养,在服务中经常出现一问三不知的问题。

书展或者出版社也可以在这些线上社群中设立自己的书展专区、出版社专区,作为相关人士在这些社群中的根据地,进行线上的运营,从而实现互设专区以加强交流,互通信息、资源。所以,这实际上是以书展为平台媒介,线上线下的社群互设专区,彼此渗透,打破两者之间泾渭分明的界限,更好地实现社群的交融和创新。

当然,书展在引入线上社群内容创作时要注意标准的设立。线上社群创作门槛低，人员水平参差不齐，内容主题也五花八门，因此在选择作品时要注意作品质量以及是否有不健康、不符合社会主义核心价值观的内容和描写。现在网上创作乱象频出，抄袭事件时有发生，在选择展览作品时，不仅要留意作品的热度和人气，也要关注作品是否涉及抄袭等问题。

2. 线下社群转换成线上社群

在传统出版模式下，出版单位和用户是无法直接进行交流沟通的，所以出版社对读者的喜好和需求没有足够的认识，再加上读者的需求和喜好也会随着时间和社会环境的变化而变化，如果没有足够的把控，出版社所掌握的优质内容资源无法投送到有需要的人手里，是很大的浪费。实际上，如何精准服务、投递资源，这也是当前出版行业面临的难题。消弭线上线下的社群边界，进一步加强消息的流通，实行精准化出版正是解决这个难题的尝试。

当书展模式演变为线上线下结合，如能整合两方的社群，建立大数据库，就可以更加自由地实现社群的转换，定位服务人群。

利用 RAYS 系统对书展的参展人群进行线上社群划分就是一个值得借鉴的例子，该系统是武汉理工数字传播工程有限公司研发的一款出版融合大数据平台。与平台合作联动的每本纸质图书都配有二维码供读者扫描，读者可以获取额外的信息服务。同时服务器后台会记录读者的阅读行为，经过算法分析后形成不同的读者画像，平台可据此向读者精准推送相关书籍，乃至进行更深层次的知识服务，形成与读者的互动。[①] 书展可以借助这一技术，为读者在书展期间提供个性化的引导，打造基于纸书和线下书展的线上社群。参展人员在书展上遇见自己心仪的书时，可以

① 刘永坚、白立华、施其明等：《新技术引领的出版融合模式创新——以 RAYS 系统为例》，《中国传媒科技》2020 年第 3 期。

扫描纸质书上的智能二维码，进入相应的社群，后续 RAYS 系统会根据读者的动态触发更多的社群自动运营服务、资源填充，并将相关的社群数据沉淀保留。

参加书展的人群一般都是比较固定的，要么是居住地在书展所在地的省市或者邻近处的人；要么是喜欢阅读，爱好参与书展的人；要么是从事书展相关职业的专业人士。这些线下社群，在扫描智能二维码时，因为对某一种类纸书的爱好，被重新分类，组合成新的线上社群，实现了从线下到线上的社群重组。当然，在这个过程中，分析读者喜好这一点很重要，"因对信息、知识的共同需求和相同兴趣而相聚，在持续互动的过程中进行价值观的匹配，成功匹配者将形成对社群的文化认同和情感联结，继而在情感的驱动下进行更深层次的社会交往"①。尤其是这种通过系统分析，将参展人员分成不同的社群，如果在分配社群成员时没有正确捕捉到读者的喜好，就无法使得成员之间产生互动，更不用说接下来的价值观匹配、情感转化与联结以及更深层次的社会交往。因此，只有正确分析读者的阅读标签，才能使社群"活"起来，有足够的活跃度和参与度。此外，还要注重分类的细致性。通过细分群体更有利于实现社群的目标定位，产生长尾效应。群体划分的越是细致，就越能满足不同社群的不同需求。亚马逊每年都有二成到五成的收入，来源于其独家提供的内容产品，正逐渐形成它们自己的品牌效应。②

对于出版社来说，通过社群成员的数量以及其他社群数据，就可以提前试探出市场的反应，找到比较受欢迎的图书类型，收集读者的反映信息，减少因出版选题决策失误带来的损失。此外，出版社还可以进一步运营这个临时性的书展社群，提供各种知识服务，将这个书展临时的读书社

---

① 蔡骐：《网络社群传播与社会化阅读的发展》，《新闻记者》2016 年第 10 期。

② 克里斯·安德森：《长尾理论》，乔江涛译，中信出版社 2006 年版，第 13 页。

群打造成比较有凝聚力的出版社书友群，扩大自己的影响力。对于参展人员来说，这不仅为他们提供了一些有着共同爱好的书友，还根据他们的读书喜好，为他们推荐了一条稳定的推书阅读渠道和资讯平台。

而书展在这个过程中，仍作为一个平台，实现线上线下的社群转换，以及给读者和出版机构提供一个直接沟通的渠道，使得出版业的源头和末端在这里汇集，出版社能够即时地、没有损耗地看到市场的反映。

此外，会展活动的入口社群化，也是一个将社群从线下转化到线上的可操作性方法。要举办一场书展，前期是有很多环节的，比如说前期策划、传播推广、现场注册、凭证制作、门禁入场等，这些步骤比较烦琐，且又与社群息息相关，如果将这些环节也直接接入会展社群化管理平台，可以大大提高会展活动主办方的工作效率、提升组织流畅体验，而且通过这种人人在线的智能交互技术，可以很好地将参会人员按照地域、职业等方式构建线上社群，首先将线下社群向线上社群转换。在这个过程中，会展主办方作为组织者，有能力将一个大型书展活动细分成多个小型活动，并通过定期举办的小型活动增加社群成员的黏性，使得一个临时的工作群成为书展同好的交流群。

二、书展提供社群内容出版的平台

在数字化时代，按需出版、众筹出版等概念都早已不再陌生。早在2009年，第十六届北京国际图书博览会就适时推出“按需出版及印刷精品展区”，在展区内设置了用户体验区、流程展出区与按需出版物印刷精品展区，[①]参会者可以在此直接接触出版物的纸张、油墨、装帧材料等耗材，直接感受按需出版的技术及解决方案。次年，“按需出版与印刷展区”

---

① 《“按需出版”成为图博会新看点——第十六届北京国际图书博览会推出“按需出版及印刷精品展区”》，《今日印刷》2009年第10期。

和“数字出版专业展区”合计达2000平方米，数字出版、按需出版都成为出版行业发展趋势的关键词。一些新技术、新模式的推出常借书展这一实体平台进行发布或推广，书展也因此不断创新、丰富自身内容，宣告整个行业的发展趋势。当下，“社群网络和社群网络效应将是数字出版下个阶段发展的核心动力之一”[①]，在上文所述的提供线上线下聚合空间之后，书展可以在已有的展出按需出版流程及其出版物的基础上，直接为社群提供出版的平台。

1. 丰富社群内容与稀缺出版机会的不适配

“对出版业来说，稀缺经济时代最丰饶的是同质化产品的数量，最稀缺的是读者的选择权；丰饶经济时代最丰饶的是读者选择权，最稀缺的是读者选择的有效性。”[②]传统出版业曾在生产资料与稀缺资源的调配整合上展开竞争，但随着供大于求逐渐成为出版业的常态，产业稀缺经济被丰饶经济取代，能够满足读者多样化的需求、提供满足个性化的产品，才可能有效占据长远的图书市场。在图书市场呈现相对饱和状态的同时，在移动阅读时代，读者获取信息的渠道、获取信息的数量也极为丰富。读者已经完全摆脱了被动接受，有的甚至不再满足于从丰富的图书市场中挑选图书，而是在主动筛选、整合各种信息的基础上发挥主观能动性。而社群的聚合更是汇聚个体成员如繁星散布的创作灵感，就如詹金斯所阐述的，社群内部也在发生“个性化和人性化的媒体消费向网络化实践式的消费变迁”。[③] 社群的聚合与分类正顺应了当下图书消费由批量化到个性

---

① 陈洁、吴申伦：《发挥社群网络效应 构建新型参与式出版》，《浙江大学学报(人文社会科学版)》2018年第4期。

② 刘伯根：《图书榜单与阅读趣味》，2015年11月8日，见 http//www.cnpubg.com/news/2015/1108/26506.shtml。

③ 亨利·詹金斯：《融合文化：新媒体和旧媒体的冲突地带》，杜永明译，商务印书馆2012年版，第335页。

化、定量化的趋势。但同时，基于社群尤其是小众社群所生产的内容，包括社群成员独立完成的、主要受众为社群内部的作品，社群集体创作的集合，以及社群交流过程中产生的碎片化成果或选题灵感等，除了在数字出版平台上"自助出版"，仍然难以得到实体化的出版。

一方面，与习惯于网络自助出版的网络文学相似，基于"人人可出书"全民出版理念的社群创作必然与精英写作不同，存在数量庞大但质优者少的状况。但在另一方面，由于社群创作主要面向本社群，小众主题的优秀作品也难以被出版商发掘，或被社群之外的潜在读者看到。虽然已经有许多小众的图书——它们引起某一特点群体的共鸣，特别是诗集，如"一个底层打工诗人的遗著：许立志《新的一天》""余秀华情诗集珍藏版《我们爱过又忘记》"等——通过"众筹出版"的方式成功出版，但相对来说，它们缺乏社群的黏性，图书的生命力也几乎全数爆发在出版成功的短暂瞬间。此外，这些能够众筹成功的项目毕竟只是少数。根据"众筹家"公布的《2016 年中国众筹行业发展年报》，在各平台共计 2296 项图书、音乐、游戏众筹出版项目中，成功出版的仅有不达半数的 1145 项（参见图 4－1）。

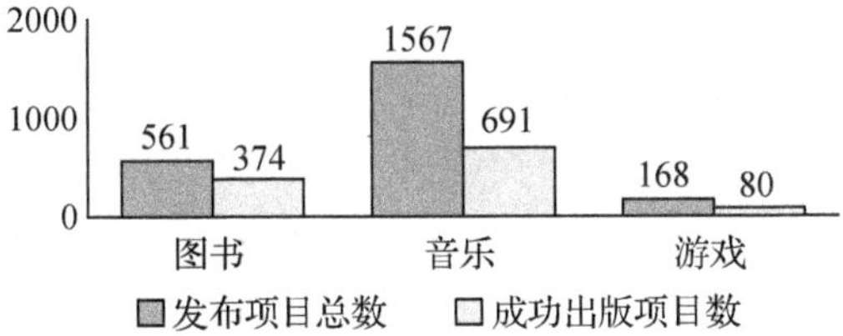

图 4－1　2016 年出版类众筹项目情况①

2. 书展联通社群出版的具体方式

联结线上、线下的书展则可以为这些无从将内容变现的社群提供出

① 数据来源于众筹家网网站，见 http://www.zhongchoujia.com/data/27000.html，访问日期：2020 年 7 月 1 日。

版平台。首先,可以开设社群直接与出版机构对话的平台。据产生方式可以将目前图书出版领域的社群大致分为四类:出版机构自建的社群、围绕自媒体产生的社群、基于共同爱好产生的社群、围绕书影音产生的“粉丝”社群。出版机构自建的粉丝社群很容易与出版机构对话,自媒体社群也可以通过自媒体这一中心与中介与出版商取得联系,但后两者更难获得与出版机构取得交流途径。

书展可以设置社群内容的展示专区,各类社群提前将本社群生产的内容甚至仅是选题灵感在线上发送给书展主办方,书展主办方根据投稿的实际情况来初步筛选可以获得展出的社群内容,书展进行时可以将专区再根据其成熟度划分为内容简介、成品、碎片灵感等板块进行展览。出版机构的编辑可以在展览区挑选,如有相中的社群内容,则可以联系独立创作的社群成员,或集体创作的社群代表,并让在场工作人员将其所选的内容撤出展览。除了凭借编辑自身的行业嗅觉,还可以设置投票区,让参与书展的大众为其感兴趣的社群内容投票。虽然社群出版物主要面向本社群,但能否在“小众生产”的初衷下获得“大众化”推广也必是出版机构考虑的要素之一,这关系到出版物能否在市场中长远地立足。

“实时性”是书展长盛不衰的一大因素。法兰克福书展设置了“版权交易区”,出版人士在此面对面交谈,每年在此达成的版权交易超过当年世界版权交易总额的75%。除了编辑单向地在展区选择社群内容,书展还可以设置答辩区与讨论区,充分发挥书展的实时功效。答辩区是社群的主场,鼓励社群成员主动报名,以口头阐述、表演等多样化的形式将其内容直观、完整、精确地展示给编辑与其他参与者。而观众、编辑们的提问与建议又能完善社群内容,或给他们提供新的灵感。讨论区则提供社群与出版机构近距离、一对一交流的平台,在这里,社群成员可以进一步阐述社群生产的内容以及他们对出版的一些希望,出版商也能更好地判断此社群内容是否值得形成新的策划方案，在此基础上促进双方最终达成协议。

相较于诸如余秀华诗集《摇摇晃晃的人间》《月光落在左手上》等出版机构通过“网友‘倒逼’”[①]，从外部接入社群网络的形式，这种以书展为平台，直接对接社群与出版机构的形式使得提供出版服务的出版机构、提供内容或创意的社群都拥有了出版活动中的主动权，也更能促进社群主动生产的积极性，进而还能加强社群黏性。以传统的方式出版小众选题时，未形成一定规模的社群，读者处于分散、不稳定的状态，编辑往往需要慎重考量出版活动的可实施性以及风险，读者群的分散与不稳定还会影响到图书长远的市场表现。但在书展上，社群内容的出版直接面向本社群内部成员，社群通过整体性或个体性的宣传，又能吸引潜在的个体或社群。书展本身也为其宣传蓄势：书展的参与者、关注者也可能在书展结束后继续跟进社群内容的出版进度，尤其是在展区参观过、甚至参与投票的参会者，很可能会产生类似“众筹出版”中筹资人的心态，对社群内容的出版抱有希冀。此外，书展主办方在社交媒体上的后续跟进也能在“书展粉丝”这一大社群内提高曝光度。

3. 效果与可行性分析：基于小众出版的活力

根据中国产业信息网公布的近几年的数据，在图书消费领域，全国图书零售市场保持着两位数的增长率，“二八定律”与“长尾现象”同时存在：一方面，2014 年至 2019 年，销量在前 5%的畅销书品种为零售市场贡献了 65%左右的图书销售码洋，销售码洋前 1%和前 5%的图书码洋贡献率分别上升了 13.9%和 11%，单品种盈利能力仍在持续上升；另一方面，图书动销品种数逐年增加，2012 年到 2017 年这五年间，从 128 万种增加

① 陈守湖：《全媒体时代图书策划的传媒化探索——以余秀华诗集出版为例》，《出版广角》2016 年第 12 期。

到189万种,同时增速趋于平缓。[①] 这反映出图书行业的创新能力与活力仍非常充沛,盲目地追求扩大品种数量,粗放、低效的增长模式让位于精细、高效的质量导向模式。在满足阅读多元与个性的同时,无数建立于小众需求的图书及相关出版物所共同构成的"长尾",也可以成为图书市场中充满发展潜能的后起之秀。同时,按需出版、个性化定制出版的逐渐成熟也分别能够减少社群内容出版的成本风险、提高市场对出版物的接受度。

所以,在书展上提供社群与出版机构交流的平台,不仅能丰富书展环节,为基于社群的内容生产提供变现机会,为出版机构提供创造性的选题或内容,更是顺应了图书市场的规律,为"小众"内容挣得出版的平台,也为小众内容走向大众化提供契机,在此基础上为"全民阅读"提供新的发展思路。有人据此认为:"正是众多的小众阅读,汇成了全社会的大众阅读,汇成了全民阅读;而全民阅读的推进,才是国民整体素质的提升之道,才是出版企业践行文化使命、做细做优做大做强之道。"[②]

三、书展丰富场景化的社群营销模式

书展包罗万象,将出版物、出版社、各界嘉宾、各式社群、个体用户汇聚在同一片屋檐下,图书展销、新书发布、文化沙龙、作者签售、文艺节目……书展的主角不再只是图书,其功能也完全突破了传统的图书展销、版权交易等,而是成了一个立体的"场景",为参会者提供全方位的"体验"。罗辑思维联合创始人吴声提出:"实现营销与需求的无缝连接。利

① 数据来源于中国产业信息网统计资料,见 http://www.chyxx.com/industry/qikantushu/,访问日期:2020 年 7 月 5 日。

② 刘伯根:《图书榜单与阅读趣味》,2015 年 11 月 8 日,见 http://www.cnpubg.com/news/2015/1108/26506.shtml。

用互联网的平台功能，将线上、线下有效地融合起来，构建新的体验场景。”[①]书展正是这样一个能够有效链接线上、线下社群的“场景”，它越来越注重用户的体验感与参与感，为社群内部以及不同社群之间提供增黏剂，并能通过大数据对用户精准画像，其中也蕴含了罗伯特·斯考伯（Robert Scoble）在《即将到来的场景时代》中提出的五大技术力量及其联通效应。

书展应当更加发扬这种现成的能沟通线上与线下的场景化优势，将社群效应的力量转化为市场力量。在2018年天津春季书展上，书法家田蕴章开展主题讲座，与书法爱好者分享临摹书法知识，以此促进对应字帖与图书的售卖；在推销童书《万物小历史》时，编辑丁胜杰不仅当场举例讲述了书中的知识与故事，更与到场儿童一起制作手工艺品，营造融洽氛围；“当当网书展线上展场”同步与线下书展进行打折活动，便利用户的同时，突破了现实与网络场景之间的壁垒。这些场景在无形中实际上都依托一个尚未完全进化成“社群”的“群体”：书法爱好者、儿童、当当网用户。所以，书展可以从进一步加强书展与社群之间的联系入手，以为参会者提供更好的服务为宗旨，营造线上线下相互联通的体验场景。

1. 书展大数据+场景

上文提到，通过RAYS等大数据处理系统，对个体在其线上、线下行为的采集与分析，可以自动为其形成“私人订制”的参展流程与推荐书单。线上，拥有相似轨迹与爱好的个体被自动划分、邀请进入一个社群；线下，拥有相似参展流程的个体也容易在多次相遇中取得交流，形成一个社交场景，在成员之间的交流与推荐中促进出版物产品的消费。

所以，书展需要建立与社群社交场景相适配的消费场景。线下，可以

① 吴声：《场景革命：重构人与商业的连接》，机械工业出版社2015年版，第51页。

就近在展销区设置方便用户集中推荐的讨论区,还可以进一步将整个讨论按照出版物主题内容、形式等分成若干板块,方便用户根据自己的需要进入讨论区分享交流。并考虑这一社交场景中参会者的潜在需求,在此区域适当设置小型的餐饮区、纪念品销售区等,既将此社交场景无限贴近用户所熟悉的日常社交场景,又为附加消费提供增长空间。

线上,可以建立书展专属的实时评论、线上下单的平台。展销区的每一部出版物旁附上前端二维码,参会者扫描二维码,可以进入书展的"线上场景"。在这里,有个体读者对出版物的评价、参会者对出版物的直观感受,也有基于出版机构、自媒体、兴趣爱好的社群从不同于个体参会者的视角对出版物的看法。除了评价,还可以建立完善直接线上消费的平台,天津春季书展与当当网的联合取得了较好的成效。书展可以顺此思路,结合社群消费习惯继续创新,如推出社群"团购折扣"、拥有社群特色的专属定制的个性化赠品等。在促进书展消费转化的同时,通过消费这一记忆点强的方式增强个体在社群内部的参与感。至于消费的平台,书展可以学习天津春季书展的方式,与传统电商平台合作,而与特定电商品牌稳定长久的合作也更容易在熟悉的基础上加强特定社群对此方式的信任,继而又通过社群宣传扩大"书展+电商"品牌的共赢。

此外,当当、京东、亚马逊等传统电商平台不断发展创新的同时,各类新媒体平台也纷纷推出自助商城服务。书展也可以考虑直接联合出版社,打造属于书展自身的电商平台,这种自建平台则更具灵活度,能够自主根据书展需求进行调整。自助平台可以更直接地沟通社群,社群的集体消费需求可以在非展览时期也在此实现,小众社群的出版物也可通过这一平台进行发布推广,出版商可以借助书展大数据库预测评估印数。基于社群的出版物借助书展平台,能够拥有多元化的流动渠道与更长的流通周期、更短的流通成本,这符合"长尾理论"的发展趋势,也证明小众出版存在更广阔的发展空间。书展期间，参会者可以自主选择线上下单—线下提货的方式，减少因线下购物排队等对参会者与书展秩序带来的不便；也可以选择线上下单—配送到家的方式，顺应习惯网购人士的消费需求。未能直接参与书展的读者用户也能通过此平台的直播挑选心仪的产品。

无论哪种方式，都打通了书展“线上—线下”交互的消费场景，增加了个体与社群行为的痕迹，为之后大数据的建立与分析提供参考。消费又是评估偏好最有力的证据之一，这也能加强数据的可靠性。但是，正如罗伯特·斯考伯所说，大数据时代的“隐私”已经逐渐变为一个过时的词。大数据在提供便捷、人性化、个性化的参会、消费场景的同时，也可能在无形之中给人以压迫感。正如我们常常讶异于淘宝“猜你喜欢”的准确性，新闻、视频等网络平台相关推送的针对性，有时也会因此产生隐私被窥探的不适感。大数据过度地“贴心”有时会产生物极必反的效果。因此，在利用大数据为书展参会者提供更好的参展体验与消费场景的同时，要更多地尊重他们对自我行为与隐私的态度，可以让他们自主选择是否要体验大数据为其打造的个性化参展路线与推荐书单的功能。即使他们同意体验，也最好将其主动选择与大数据分析结合，让他们体会到参展的主动感，感受到最适中的场景化服务体验。

2. 书展社交平台+场景

书展期间，各大书展都在社交平台上建立话题与参会者进行互动，但从国内书展来看，这些互动在广度、深度上都十分有限。截至 2023 年 5 月，“上海书展”“北京国际图书博览会”新浪微博分别仅有不到 5.9 万、1.7 万的粉丝数，书展与粉丝互动的阵地主要在“书香上海”“书香北京”等官方机构运营的账号，这些账号的粉丝数量也并不可观，书展期间粉丝的评论与转发更是寥寥无几。相反，一些定时举办的地方漫展拥有更高的粉丝量、更固定的“铁粉”群体，以及更频繁的粉丝互动。它在建立自营账号的基础上，依托二次元爱好者这一亚文化社群，除了在展会前后发布相关资讯与现场情况、积极与粉丝互动，平时也会经营账号，原创微博，或转载一些 ACG 相关的资讯评论，或粉丝的优秀作品等，以二次元爱好者所偏好的语气和说话方式与粉丝互动。

“大众传播模式是由点及面的，传播经过的路线越长，效力就越有限。”[①]书展在建设社交平台时也可以借鉴漫展的方式，与各类社群建立稳定、持续的互动关系。通过建立话题等形式，帮助社群在初建时期实现线上交流的常态化，进而促进小社群主动为书展关注者这一大的社群提供讨论交流的主题，并逐渐将这一社群从书展关注者扩展为阅读爱好者，通过围绕书展、与书展建立长期互动关系的核心社群，带动外围的用户与社群，最终形成既有互动深度又有覆盖广度的书展受众。

通过上述方式，书展社交平台的受众广度得以拓宽，但也不能忽视具有针对性的社群互动。心理学家格雷格·巴荣阐述了一种“旁观者效应”，即旁观者的数量会影响突发事件中亲社会反应的可能性。将其运用到场景营销领域，当书展的对外社交平台（如新浪微博）发布针对特定社群的动态时，虽然这条动态会造成其他社群与用户的“不在场”，却更容易让相关社群的成员参与到互动场景中。面向不同社群时，也可以针对性地使用不同语气、形式的表达方式，通过“人格化”的形式使交流更具亲和力。书展通过有点有面地发布面向整体或不同社群相关的动态资讯，能够建设更有黏性的社交平台，培养更具互动活力的社群，赢得更有层次的受众。

3. 书展活动+场景

书展中拥有无数个以优质内容为依托的文化活动，这些活动既是一个

① 陈洁、吴申伦：《社群参与式的网络文学版权构建模式构想与运营实践》，《出版发行研究》2019 年第 10 期。

个小的场景,也共同构成书展的文化与消费场景。在传统的书展活动如发布会、沙龙中,社群成员的互动往往较为平面、浅层、被动,很难形成一个摆脱严肃、静态氛围的立体场景。书展可以借鉴出版营销与其他营销活动中的一些互动方式,借助与出版行业息息相关的新技术,构建新型活动场景。

2016 年,张悦然在推广自己于人民文学出版社出版的新书《茧》时,开展了一场“开往童年的火车”直播活动。活动总共吸引了 25 人参加,作者张悦然与所有读者一起“乘坐火车”,一边享受风景、聊天畅谈,一边诉说图书《茧》的成书过程。4 小时的“火车旅程”取得了巨大成功,新书得到有效宣传,人文社的品牌口碑也在社群传播中提升。书展的一些活动如签售会,无形之中聚集了作者或大 IP 出版物的粉丝社群,简单的签售难以充分发挥这一社群优势。不如将签售现场分隔成小区域,打造不同氛围的场景。如针对类似《盗墓笔记》《全职高手》等已经具备相对成熟粉丝社群的图书,可以将区域环境也布置成盗墓、电竞等相关主题风格,配合一些互动活动,或还原书中场景的拍照“打卡”点,让参会者主动参与互动。在征求原作者、出版社同意的基础上,还可以在此进行一些同人作品、周边产品的展出,设置分发“物料”的摊位等,在保证内容质量的基础上,以多种方式延伸展出与消费场景。

书展还可以有意识地构建不同社群的聚集场景。杭州的晓风书屋开设在浙江省人民医院住院楼一楼,却少有医疗书籍,多文艺历史社科类图书与多种类型的童书,“医院+书屋”的新型阅读场景让用户直呼“医院楼下还有治愈的书店,真神奇!”①针对医院病患这一十分特殊的阅读群体,晓风书屋仔细构建其阅读消费场景,既强调人文关怀的抚慰效果,也达成自身的分享与营销。书展可以借此打造融合图书艺术品位与生活需求的

① 张玲:《这家书店可边打点滴边看书 盘点杭州个性书店》,2016 年 3 月 7 日,见 http://i.cztv.com/view/11946545.html。

场景,从而促进社区消费的转化。如在菜谱书等美食相关的出版物展区内,邀请作者、厨师在此依照图书内容进行实景烹饪教学,爱好美食的社群聚集于此,被邀请与专家一同烹调、品尝食物,还可以在一旁小型的餐饮店内进行社群交流,既能促进对出版物的消费,也能促进从餐饮等书展的延伸消费,共同构造参会者喜闻乐见的场景。

随着 VR 等新技术的成熟,五感的盛宴还能通过虚拟现实技术来实现,线上线下的用户通过 VR 图书,也能获得相似的场景体验。虚拟场景不受时空的制约,能让社群内更多成员直接参与。新奇的视、听、嗅、触觉体验又促进蜂窝式的信息传达至社群网络,打通潜在的新一轮传播链。相应地,社群用户对新技术的接受度还能反哺新型融媒出版物,为其发展改良提供市场参考。

"场景之道,不仅贵在企业的不断推陈出新,强化用户的体验感,也贵在让用户基于移动互联网的力量而成为真正的主人。"[①]书展在强化场景的过程中,丰富了书展形式,充分发挥社群效应,增强用户参与感,也顺应了书展的"服务"转型,在沟通线上线下两个维度的基础上,让每个参与者都成为书展主人。

书展作为出版行业的一环,朝着链接全行业的趋势发展,与社群的互动为出版业带来诸多启示。

其一,打通线上线下的藩篱。各环节社群网络在出版中的影响越来越大,书展作为出版的一环,必然受到其影响。因此,想要进一步发挥书展的作用,扩大其功能,就要充分利用社群的资源。打通线上线下边界是社群发展中非常重要的一点。社群本就是一个无所谓线上线下的概念,只是人们根据其表现出来的不同特点以及存在环境人为地分成两部分。

---

① 陈禹安:《场景革命》,《中国服饰》2016 年第 2 期。

线下的社群虽然受到地域、时空等物理条件的限制，但社群内成员联系更紧密，而线上社群虽然比较松散，但是在方便和即时性上占有优势。只有将这两者结合起来，互通有无、取长补短，才能够充分完善社群网络，合理利用各方资源，促进书展和社群出版的发展。

其二，“参与式”文化已渗透至出版各环节，要进一步加强用户主体性。从选题策划、内容生产、编辑制作到市场营销，每一个环节都不再只是出版商的苦心经营，而是用户与社群共同参与的狂欢：用户影响或直接参与选题，创造内容，在个性化定制出版中还决定性地影响出版物最终呈现的形态；个体通过社群系联起来，在现实与网络空间内自主地交流、推荐。用户被动选择让位于主动参与，在以主体姿态进行文化创造、传播、消费的过程中，促进出版行业涌动着活力，展现多元化、个性化的发展趋势。

其三，在技术发展的同时，“场景”的构建成为出版产业的重要议题。基于媒介融合技术的阅读内容场景、现实环境与出版物内容互动的阅读场景、多样化的营销宣传场景与消费场景，都从浅层平面走向多维立体。在分析用户需求、充分利用技术的基础上构建个性化的场景，为用户提供基于场景的知识服务是出版场景化探索的重要方向。场景的具体利用还能倒逼技术的发展，为虚拟现实技术、移动终端的改良发展等提供参考。

总之，书展无论通过哪种方式与社群互动，都体现着书展的内在功能朝着“服务”转向，参会用户、社群以主体姿态深入地参与到书展的各环节。书展作为出版行业的一环，也逐渐通过社群参与沟通着全产业链，从中折射出出版行业的服务功能不断在深度上和广度上拓展。

第五章
面向社群网络的内容创作与数字出版发展支持路径

面向社群网络的数字版权管理平台的构建与运营离不开国家法律法规、政府红利政策创造的外部出版市场环境。尤其是我国的社群网络相关数字版权商业应用正处于探索阶段,商业模式和行业规范尚未确立,存在许多名誉和利益的矛盾摩擦,数字版权侵权案件时有发生。旧有的版权管理制度针对的是固定实体出版物,数字出版产业兴起后,虚拟的数字出版物也需要相应的版权认证。我国虽然进行了一些改制措施,例如国家版权局运行的国家版权登记门户网,用自创的 DCI 体系线上办理版权登记业务,但是其功能主要面向相对集中的著作权人,社群网络环境下的微小版权海量授权则是新的挑战。它一方面有赖于更加灵活、自动的数字版权监管系统,著作权人和使用者可以完全凭借计算机自助解决数字版权的认证、存档、授权、交易、追踪等步骤,省去烦琐的人工审核操作;另一方面,社群网络中版权的流转泛用必然会产生有关合理使用的问题,数字版权管理平台又理应比作为内容创造者的用户本身承担更多的权责,然而我国法律对于中间服务商(Service Provider)的规范始终有所欠缺。与之相比,欧洲国家往往对服务商有严格的要求。因此,本章前两节从多级联动数字版权监督平台、数字版权管理平台权责两个角度,论述社群网络内容创作所需的管理制度与法律规范。最后一节是以全球大范围的视角，探讨我国如何利用数字版权管理平台推动优秀内容走出国门，走向世界，同时也是数字版权利用率提升的条件。

第一节　构建国家层面多级联动的数字版权监督平台

近年来，我国的新闻出版管理机构进行了一系列改革调整以适应不断变化的数字出版产业，但是应对富媒体、泛阅读的实际情形和大量产出的数字内容资源，行政管理一时难以跟上脚步。为此，依托自营性数字版权管理平台和行业性数字版权管理平台，可进一步向上打造由国家运营管控的统一监管平台。国家版权登记门户网——中国版权保护中心的DCI登记体系取得了初步的成效，可在此之上重建或是扩大专门的数字版权监督平台，对数字内容版权信息进行存目和备案，形成多级联动的数字版权监督体系。

一、产业变革引发管理转型与结构重组

出版产业的数字化变革引发了政府管理部门的管理转型与结构重组。从较长的历史眼光来看，数字出版是计算机技术普及后的新兴事物，因而在数字出版兴起之后，政府管理必然发生一系列的调整、转型乃至结构重组。工业与信息化部、文化和旅游部、国家广播电视总局、国家知识产权局等都对出版产业的行政管理有所涉及。在改革开放后的很长一段时间里，我国出版事业主要由新闻出版总署和国家版权局“一个机构两块牌子”进行管理；2013年，当时的新闻出版总署和广播电影电视总局进行

了合并,由此成立了国家新闻出版广播电影电视总局;2018 年 3 月 13 日推行实施的国务院机构改革方案,又将国家新闻出版广电总局改组为国家广播电视总局,取消"国家新闻出版广电总局"的设置,新闻出版和电影从中分离出去。国家管理机构的频发变动一方面说明了数字出版产业的日新月异,另一方面,也使数字出版管理更加困难。

从目的上说,政府部门所有的管理转型与结构重组为的都是更好地管理出版产业,推动其良性发展。但是,从结果而言,中央内部的职责划分和各省地级新闻出版部门面临重新洗牌,由此也引发出版行业的局部变动。泛阅读和富媒体使得用户阅读的数字内容背后其实存在多个潜在的管理部门,国家新闻出版广电总局下设的电影局、电视剧司、网络视听节目管理司、数字出版司、版权管理司等在很多现实场景中,其职能是存在重叠的。例如,一名网络主播在主播平台播放被称为互动游戏影视剧又自称主旋律电子出版物的《隐形守护者》,那么上述管理部门几乎都有管辖的空间,却都不全然确定。所以,各个部门权责不明是当前政府对数字出版产业管理的一个明显问题。尤其是缺少统一的数字版权监督平台,一直是数字出版行政管理中灰色、边缘地带时现的重要原因。各个管理部门掌握的产业信息有限,版权资源又无相互共享的机制,造成的直接后果有以下三个。

第一,信息不共享导致管理部门对数字内容版权市场难有完整、科学的认知,数字化的文化娱乐市场已经逐渐连成一体,各部门单位却只掌握单一媒体形式的市场信息,决策部门无法做出最正确的决断,例如对同一主题的各类统计报告时常存在口径不一的状况。

第二,在部门组织的调整中,许多政企合作项目资料遗失、无人管理,导致"烂尾",有始无终,例如 2018 年新闻出版相关机构的改革致使许多基层一线项目只能暂时终止,对正在进行项目的出版企业来说无疑是一种损失。

第三,上下管理体系层层分级却又不畅通,自上而下的行政干预不到位,自下而上的申诉维权渠道模糊,版权被侵害者在行政维权受阻后法律维权的成本消耗巨大。

当然,政府管理部门的机构重组和职能改革是一个漫长的过程,在此期间,我们需要一个数字版权监督平台作为过渡性的解决方案。政府直属的数字版权管理平台提供的版权资源库、版权目录索引和出版服务功能,既能够向所有管理部门共享版权信息,又可以向民众提供行政服务。相关部门在平台操作即可实现远程直接管理,例如添加、删除、标记特定的数字内容版权。后台记录所有处理信息和资料在案,随时处于可监控的环境内,又为之后的行政施法行为提供必要的证据支持。总之,它以版权市场信息为核心勾连上层管理部门和下层出版企业、作者个人。

二、我国现有的数字版权监督平台与存在问题

目前我国政府方面的数字版权监督平台,主要有中国版权保护中心、全国作品登记信息数据库管理平台。中国版权保护中心是国家版权登记门户网,目前为国内仅此一家的计算机软件著作权在线登记机关,用于数字内容版权登记的下设机构是数字作品版权登记部(另有软件登记部和著作权登记部)。数字版权登记采用DCI体系,该体系通过为数字版权发放DCI码、DCI标、作品登记证书对数字版权进行登记、收费、监测,是"通过系统化的集成应用平台构建的数字版权公共服务体系"[①]除此之外,网站也提供第三方版权费结算和网络版权监测与快速维权(参见表5-1)。所以,它实质上与索引式、工具式的数字版权管理平台是一致的。它的作

---

① 中国版权保护中心:《DCI体系》,见https://www.ccopyright.com.cn/mobile/index.php?optionid=1325#。

品保管平台和艺术品保真数字信息数据库等则具有库式数字版权管理平台的性质。全国作品登记信息数据库管理平台也归中国版权保护中心所有,目前仅支持已登记的版权信息查询。

表 5-1 以 DCI 体系为核心的数字版权服务

业务内容	业务详情	业务部门
数字作品版权登记	用户主要为大型互联网版权运营机构,可提供 DCI 数字版权登记、授权备案等专业服务	数字作品版权登记部
第三方版权费结算	(1)面向大型互联网版权运营机构及大客户提供基于 DCI 体系的版权费结算基础支撑服务,推动建立版权产业的“事前利益分享机制”	数字作品版权登记部
	(2)运营每日阅享(CACC 数字阅读版权分发与费用结算服务平台)第三方版权费用结算平台,汇集海内外电子书、音频书等数字作品版权,提供数字作品版权交易、管理以及版税结算等服务	
	(3)合作运营“华云音乐”平台,为音乐作品权利人提供版权分销(包括互联网传播平台、电信运营商等)和费用结算等一站式服务	
网络版权监测与快速维权	对网络环境中的图片、文字、音频、视频等多媒体作品实时监控,随时接受著作权人的申诉,向涉嫌侵权的个人和网站发送删除通知函,并监督其确实、彻底地删除了侵权使用的内容部分	法律部

该平台和 DCI 体系是国家版权登记工作向数字化、线上化迈出的重要一步,但是也存在不足之处。首先,平台提供的版权服务依然有很大比例依赖于线下流程,例如非 DCI 的作品登记、作品保管、全国作品登记信息数据库等服务需要不少线下纸质材料递交、现场勘验和审批的步骤。其次,DCI 登记业务的应用对象是与 DCI 体系合作的内容平台,该平台相对于产业而言不可避免地显出自我封闭性。尽管为移动 APP 第三方证

书签名与版权登记联合服务平台、“云莱坞”影视剧本版权交易平台、MF+妹夫家平台等用户提供了极大的版权登记便利(参见图 5－1),但是尚未与出版产业的生产主体形成联动体系,市场中的大部分数字版权游离在政府的实际管辖之外。下一步的工作,应当是改进或新建数字版权监督平台,出台相应的规章政策,要求出版企业和行业组织提供自己的数字版权资源库的目录索引,在平台联动的技术实现方面积极配合政府部门,并以此作为自检自查的有效渠道。

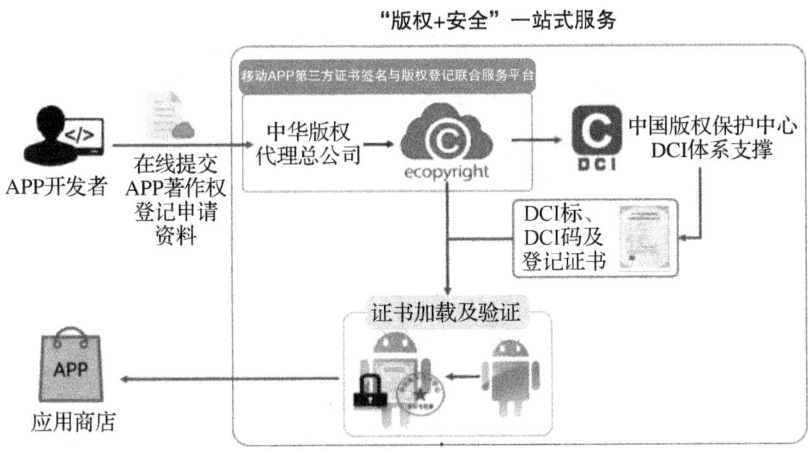

图 5－1　第三方平台 DCI 体系登记流程[①]

三、多层级联动的数字版权监督体系

数字出版产业的日新月异同样要求政府管理部门结构和职能的转变,在出版企业的自营性和行业性数字版权管理平台之上,政府部门应当

① 资料来源:中国版权保护中心:《DCI 体系创新应用再突破:移动 APP 第三方证书签名与版权登记联合服务平台上线》,2016 年 8 月 19 日,见 https://www.ccopyright.com.cn/index.php? optionid=999&method=view&optionid=999&auto_id=111。

具备一整套版权监管方案，在给予前两者充分自主性的前提下，具有高度的覆盖性。中国版权保护中心的DCI体系与合作内容平台的联动登记业务已经做了很大的示范，这种合作模式在国内具有很强的推广空间。政府部门可以建立一个索引式的数字版权监督平台，或者进一步扩大国家版权登记门户网的合作对象，与国内主要的大型数字版权管理平台联动，由此形成国家数字版权监督平台与各个自营性数字版权管理平台联动的多层级数字版权监督体系。

多层级数字版权监督体系由国家数字版权监督平台、行业性数字版权管理平台和自营性数字版权管理平台共同构成。自营性数字版权管理平台在行业性平台处形成一份版权目录索引，上报至国家平台。政府部门也可以通过这些目录索引对整个市场中的数字版权存量进行检索、分析和控制，用作政策决定的参考。国家平台设有版权资源库，对目录索引中的数字内容版权进行备案库存。出版企业的自营性版权管理平台往往会因为内部升级或是兼并重组产生资料遗失，一旦发生侵权争议便有据可查。时任国家新闻出版广电总局报刊司副司长农涛表示，总局的数字产品资源库从一开始便非常重视版权保护的功能性，在设计上为入库报刊社的知识产权提供证据。这一系统目前计划让600家报刊入库，长远目标是实现所有报刊全部入库。对于违反法律、扰乱市场的行为，监督平台拥有一定的权限能够直接对出版企业的自营性版权管理平台进行必要的介入，通告删除或是直接封禁作品。自营性版权管理平台中的用户个人可以通过国家数字版权监督平台直接进行申诉维权举报。构建国家层面多级联动的数字版权监督平台，目的就在于对各个产业主体所拥有的数字版权进行目录索引的整合，以实现自上而下直通的管理，各级平台分工明确，并且直指内容（参见图5-2）。

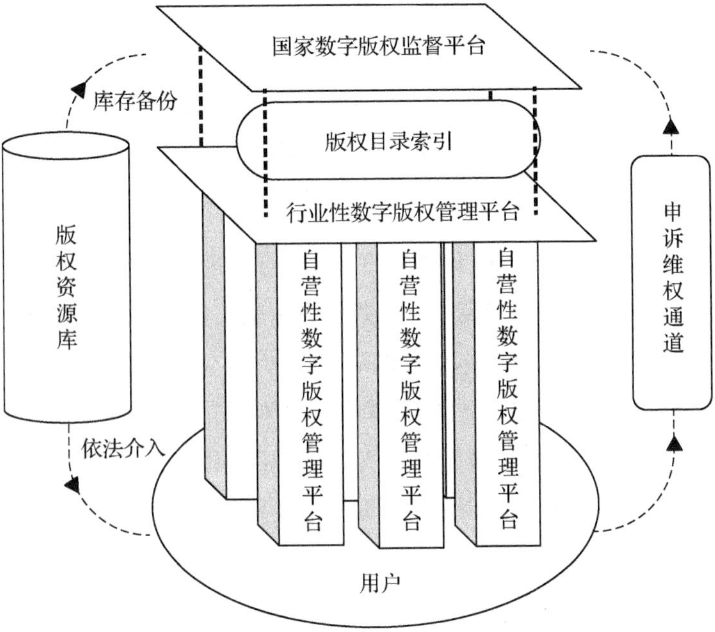

图 5-2　多层级联动的数字版权监督体系

多层级联动的数字版权监督体系事实上要求出版企业出让一定的商业机密、用户数据，与之相对应的是避风港与红旗原则，用以规范政府、行业、平台的权责，尤其是涉及违法反动、暴力色情的作品内容时。因而需要对此加以讨论，出台相应的法律和规定，使这种监管更加科学合理，在不危害国家、社会文化安全的基础上，尽可能保证企业经营自由和保障用户个人隐私。

第二节 “避风港”与“红旗”:数字版权管理平台法规的优化完善

在数字版权用集约化、集体式的方式进行管理时,作为网络服务提供商的平台运营方的权责量定一直是各国数字版权相关法律建设完善的重点之一。一旦出现违反法律规定的数字内容,网络服务提供商所需承担的法律责任一般遵守避风港和红旗两项原则,具体表现为“承担相应责任”“通知+移除”“通知—转通知”等形式,不同国家还有不同的细节规定。避风港原则和红旗原则是在互联网产业发展和版权数字化联合冲击的背景下,从法律和制度层面上确立的平衡版权人与网络服务提供商的权利义务关系的归责原则。1998 年,美国政府出台了著名的《数字千年版权法案》(DMCA 法案),其中第一次出现了避风港原则(Safe Harbor)的描述,鉴于网络服务提供商对其平台上的作品审查能力有限,无法及时排查侵权作品,其在侵权行为发生时有免去法律和经济责任的条件。避风港原则的核心内容是“通知+移除”,网络服务提供商在提供特定的网络服务功能之时只要符合相应的避风港要求就能享有一定的责任限制,即如果网络服务提供商被告知其所经营的网络媒体,包括目录、索引、超文本链接、在线存储网站等存在侵权行为,则有义务对侵权内容进行删除,但是如果网络服务提供商没有得到版权人通知或并不知情,则不予追究责任。这一法律出台的原因主要在于:免除网络服务提供商在侵权行为中承担责任的条件也即他们应当遵守的一些限制性因素,网络服务提供商主动规避不必要的责任连带,能够起到规范互联网内容产业的效果;非强制性的责任连带关系有助于梳理网络服务提供商和著作权人之间的关系,使之不至于从“迫害”变为“强控”,双方是平等合作的。总的来说,美国避风港原则就是要平衡版权使用和收益过程中著作权人与网络服务提供商的权利和义务,既要防止内容侵权和违法行为的发生,又不强加给网络服务提供商过多的责任或是使其完全不负责任,挫伤双方的积极性。此外,《数字千年版权法案》进一步规定:如果内容的违法和侵权行为十分好辨认,如红旗一般显而易见,那么就认定网络服务提供商“知晓”侵权行为的存在,必须删除潜在的侵权材料,而不需要接收到版权人的通知。这便是红旗原则,作为避风港原则的例外,它主要是为了防止网络服务提供商利用避风港原则免除自己的责任,其实质是强调保护版权人的权利。

我国正处于数字出版发展初期,应当对避风港原则和红旗原则有所折中,吸取各个国家的实践经验,依据我国国情给予网络服务提供商一定的宽容度,主张发挥政府和民众的力量,对国家文化安全进行监督维护。

一、避风港原则与红旗原则的矛盾争议

各级数字版权管理平台的使用运营,涉及版权转让、合理使用、集体管理、侵权赔偿等诸多方面的法律问题,它需要良好法律环境的支持。中国工程院院士丁文华指出:“数字版权管理是一个技术、管理、法律多层面协同的交叉领域,也是信息安全、网络安全的重要组成部分。”①目前我国已经拥有诸多有关数字版权的法律和规定(参见表 5-2),但是它们相对分散,尚未形成体系。有关数字版权管理平台法律规定的优化完善,主要体现在他者对数字版权使用合法性以及侵权责任分担之上,围绕避风港原则和红旗原则引发的争议。

---

① 刘洪昌:《首届国际数字版权管理创新发展论坛在北京举行(图)》,2017 年 6 月 26 日,见 http://www.sohu.com/a/152065331_161623。

表 5-2 数字版权保护与使用的相关法律和规定

性质	内容
法律	《全国人民代表大会常务委员会关于加强网络信息保护的决定》《全国人民代表大会常务委员会关于维护互联网安全的决定》《中华人民共和国电子签名法》《中华人民共和国电子商务法》《中华人民共和国公共图书馆法》《中华人民共和国网络安全法》《中华人民共和国著作权法》
行政法规	《出版管理条例》《出版物市场管理规定》《互联网群组信息服务管理规定》《互联网上网服务营业场所管理条例》《互联网信息服务管理办法》《计算机软件保护条例》《计算机信息网络国际联网安全保护管理办法》《外商投资电信企业管理规定》《信息网络传播权保护条例》《中华人民共和国电信条例》《中华人民共和国著作权法实施条例》
部门规章	《电信和互联网用户个人信息保护规定》《规范互联网信息服务市场秩序若干规定》《互联网电子公告服务管理规定》《互联网电子邮件服务管理办法》《互联网视听节目服务管理规定》《互联网文化管理暂行规定》《互联网新闻信息服务管理规定》《互联网信息内容管理行政执法程序规定》《互联网域名管理办法》《互联网站从事登载新闻业务管理暂行规定》《外国机构在中国境内提供金融信息服务管理规定》《网络出版服务管理规定》《网络商品交易及有关服务行为管理暂行办法》《新闻出版行业标准化管理办法》《新闻出版统计管理办法》《著作权行政处罚实施办法》《著作权集体管理条例》《著作权质权登记办法》
司法解释	《最高人民法院、最高人民检察院关于办理利用互联网、移动通讯终端、声讯台制作、复制、出版、贩卖、传播淫秽电子信息刑事案件具体应用法律若干问题的解释》《最高人民法院、最高人民检察院关于办理利用互联网、移动通讯终端、声讯台制作、复制、出版、贩卖、传播淫秽电子信息刑事案件具体应用法律若干问题的解释(二)》《最高人民法院关于审理侵害信息网络传播权民事纠纷案件适用法律若干问题的规定》
规范性文件	《互联网跟帖评论服务管理规定》《互联网论坛社区服务管理规定》《互联网群组信息服务管理规定》《互联网新闻信息服务单位内容管理从业人员管理办法》《互联网新闻信息服务新技术新应用安全评估管理规定》《互联网新闻信息服务许可管理实施细则》《互联网用户公众账号信息服务管理规定》《微博客信息服务管理规定》

（续表）

性质	内容
政策文件	《关于变更互联网新闻信息服务单位审批备案和外国机构在中国境内提供金融信息服务业务审批实施机关的通知》《关于加强国家网络安全标准化工作的若干意见》《关于加强网信领域社会组织建设的通知》《关于推动资本市场服务网络强国建设的指导意见》《关于推进网络扶贫的实施方案(2018—2020年)》《国务院关于印发服务业发展"十二五"规划的通知》
国际公约	《世界版权公约》《伯尔尼保护文学和艺术作品公约》

在吸收美国和欧盟在网络服务提供商责任立法的可取之处上，我国在制定法律规定时也一定程度上引入了避风港原则，许多学者的研究论著都把2006年《信息网络传播权保护条例》的公布视为我国避风港原则的正式确立。在该条例中确立了"通知+移除"的免责规定，对于超出网络服务提供商力所能及范围的，将免除其对内容监管不力的间接责任。其中第十四条至第十七条具体阐明了"通知删除规则"：网络版权侵权中的通知删除规则指的是著作权所有人可以向网络服务提供商举报其业务中的部分内容涉嫌侵犯版权，在向其发送侵权通知后，网络服务提供商应当主动查验相关的内容是否属于侵权，认定后立即删除涉及内容，关闭相关链接；网络服务提供商除非具有主观上的侵权故意，否则在接到通知之后立即删除或屏蔽、断开涉嫌侵权作品的，不需要承担侵权损害赔偿责任。我国2009年12月颁布的《中华人民共和国侵权责任法》第三十六条也涉及了网络服务提供商的侵权归责问题，也是避风港原则的体现。我国法律对于红旗原则也做出了规定，认为网络服务提供商在明知网络用户侵权的情况下要承担共同侵权责任。例如，2006年《信息网络传播权保护条例》第二十三条规定，网络服务提供商明知或应知其业务包含的内

容涉嫌侵权的，应当连带承担侵权责任。再如，最高人民法院于 2014 年发布了《关于审理利用信息网络侵害人身权益民事纠纷案件适用法律若干问题的规定》，明确规定网络服务提供商在接收到版权人发出的涉嫌侵权通知后，需要“及时”采取措施，同时对网络服务提供商是否“知道”版权人的通知，也做了相关细节的说明。这些标准的认定进一步提升了避风港原则的法律完善性。

避风港原则与红旗原则是相伴相生的，从适用范围来讲，避风港原则要大于红旗原则，红旗原则规定的“显而易见”的情形是避风港原则适用范围中的一部分，大多数版权作品仍属于避风港原则之内、红旗原则之外。当然也不能排除网络服务提供商“明知故犯”的行为，假借避风港原则从事违法盈利活动，如果被查实，网络服务提供商不仅应该承担相应的责任，甚至会受到加倍处罚。避风港原则与红旗原则的相关规定实际上是围绕著作权人、网络服务提供商和网络用户之间的利益平衡来设计的，适用避风港原则的前提条件是考虑侵权行为是否符合红旗原则，如果侵权行为符合红旗原则，那么网络服务提供商要是没有第一时间删除侵权内容、关闭相关链接，就应当和作者一同承担连带责任，反之，按照避风港原则免除网络服务提供商的侵权责任。从法律规定来看，红旗原则的适用需要判定的过程，即需要认定网络服务提供商主观上“知道”侵权行为的存在，且对网络服务提供商来说该侵权行为是显而易见的，然而其对于网络服务提供商的“明知”仍缺乏明确的定性。在大多数版权纠纷中，被侵权人往往提出网络服务提供商对于发生在其网站上的侵权行为是知情的，不能适用于避风港原则而免除责任，网络服务提供商则以自己不知道侵权行为的存在作为抗辩依据。2004 年，在科比斯公司起诉亚马逊公司的案子中，亚马逊就触犯了红旗原则中的“明知”条件，而被认定为是侵权。

避风港原则中"通知+移除"程序的设定主要是让版权人能够在网络服务提供商提供的相关业务内发现自己的原创作品受到了盗版、剽窃、歪曲等,向网络服务提供商发送涉嫌侵权的通知,要求其立即删除有关内容信息,第一时间维护自己的权利,同时也警醒网络服务提供商迅速审查侵权信息,以避免自己陷入红旗原则的困境。"通知"与"移除"是相对的两个程序,是法律设置的分别针对版权人和网络服务提供商的法律义务,尽管当下的法律规定对避风港原则有了一定的内容、操作方面的解释,然而在具体的案件判决中,仍然存在种种具有争议性的问题,比较典型的便是"通知"的各项要素与细节问题。《信息网络传播权保护条例》对此的规定是,版权人发现版权侵权内容后,可发送通知给网络服务提供商,后者需要立即删除相关的内容,不过对于"立即"究竟是多少时间,是接到通知书的当天还是多少日以内,却没有做出具体说明,各有争议。此外还涉及履行程度的问题,采用何种"删除"的履行方式(删除、屏蔽或断开链接),法律也没有做出明确的规定,也容易使网络服务提供商形成"不通知、不删除"的消极态度。同时,由于网络服务提供商没有对通知真实性审查的义务,这使得权利人错误通知的情况存在可能。

虽然法律设立了"反通知恢复"的机制来防止错误通知情况的发生,但是在实际操作中,网络服务提供商为了尽可能地摆脱责任,甚至会清除全部的网页内容信息,反而影响了其他普通读者合法使用版权内容。一些网络服务提供商还会借着"通知不合格"的由头拒绝删除侵权内容并逃避责任。《信息网络传播权保护条例》第十四条规定了通知书的形式:"权利人的姓名(名称)、联系方式和地址;构成侵权的初步证明材料。权利人应当对通知书的真实性负责。"在互联网平台开放和数据共享的基础上,"通知"形式要件的严格性实际上加大了被侵权人维权的难度,版权人通常需要花费大量的时间和精力去获得充分的证据以形成"合格"的通知，最后的结果却不一定尽如人意。由此可见，避风港原则实际上将侵权审查义务强加给了版权人，版权人在没有关注到侵权行为的情况下，无法向网络服务提供商提出维权通知，网络服务提供商自然也就没有义务去主动维护版权人的利益。这就导致了避风港原则的滥用。

在避风港原则和红旗原则的实际使用中，由于我国现行法律的规定还存在过于空泛的问题，如前文所述的“通知”形式要件标准、“立即”移除的时间标准等都需要法官自由裁量，因此在具体的司法实践中存在着认定困难的问题，何种情况适用避风港原则，何种情况又适用红旗原则，很难达成一致性。

二、以信息网络传播权为中心的侵权案件分析

借助快速发展的互联网技术，公共服务事业的数字化也愈发明朗，数字图书馆业已成为公民获取正版数字内容最有效的途径之一，它通过网络平台向公众提供服务，扮演着网络服务提供商的角色，为用户提供检索、筛选、导航等网络服务，供用户进行实时的信息交流。这种情况其实是适用于避风港原则和红旗原则的，即数字图书馆对信息本身具有提供、管理的职责，所以相应地要为自己所保存或传播的版权作品承担法律责任。而随着数字图书馆的发展，如何处理好分享作品与保护著作人权利之间的矛盾和冲突，仍是需要探索的问题。

数字图书馆是传统图书馆馆藏的内容资源全部数字化以后面向公众的内容获取分享平台，除了在线购买电子书，越来越多的人习惯于在个人电脑或是移动终端上连线数字图书馆获取免费资源，这也同样是当前社会主义精神文明建设的重要推动力量。然而近年来，数字图书馆屡次因信息网络传播权引发各种版权纠纷，例如陈兴良诉中国数字图书馆案、周国平诉天津图书馆案、中国大百科全书出版社诉书生数字公司案等，现在

谷歌图书搜索计划案也陷入了版权诉讼的泥潭。谷歌图书搜索是谷歌公司推出的一款网络搜索引擎产品，用户可以通过使用关键字搜索在线查找、浏览、阅读和下载部分或全部图书文字资源，也可以点击搜索的结果索引跳转到书籍中的页面和出版商的网站、书店等，其便利和快捷的优点得到了很多图书馆和大学的支持。自 2004 年开始该计划以来，截止到 2009 年 10 月已经在全球范围内扫描了 1000 万册图书，包括 3 万家出版商授权的 200 万册图书以及 200 万册不再受版权保护的图书。虽然谷歌对于尚处于版权保护期内的出版物只提供书目、简介以及少数可阅读的章节，但是未征得著作权人同意即扫描并上传图书的行为使其不断遭受各国图书作者、出版商的版权诉讼。于是在 2005 年 9 月，五家出版商联合美国作家协会一起，向纽约州地区法院提起诉讼，控告谷歌侵犯了他们的合法版权。2009 年 9 月又有法国马蒂尼埃集团旗下 3 家出版社联合法国出版商协会和作家协会起诉谷歌，同年 12 月中国作家棉棉在北京海淀法院起诉谷歌。在版权侵权方面，谷歌图书搜索计划可能要面对两个问题：第一，谷歌将图书馆、出版商、作者的图书复制到搜索数据库的行为是否侵犯了复制权；第二，谷歌基于用户搜索过程中的请求显示图书的内容是否构成侵犯版权。

从谷歌数字图书馆相关的诸多版权纠纷来看，因为涉及内容版权“合理使用”的法律解释范围，网络复制行为的界定是问题的关键所在。一方面，信息网络传播权是法律赋予著作权人的一项合法私人权利，信息网络传播权制的产生本身是为了以良性市场竞争的方式，来促进版权的全面开发利用。相反，如果给予版权过度的保护，限制了正常的授权与使用，使优秀的内容束之高阁，“经典”也不过是“废纸”。设立图书馆的目的是实现信息资源的共享，发展信息资源的获取渠道，减缓社会中信息资源浪费、不对称的问题，其代表的是公共利益，在传播数字化图书时也没有获取经济利益,因此数字图书馆的作品使用、传播应当划入合理使用的范围。另一方面,图书的数字化传播存在不利于传统线下图书销售的可能性,盲目扩大数字内容的使用许可会对传统出版转型造成不良影响,并且使互联网环境中的著作权人合法权益保护困难重重。

尽管谷歌被迫向美国作家协会等诉讼方支付了大量的版权补偿费用,然而它始终坚持认为自己的行为属于版权的合理使用范畴,并且自2013年开始,谷歌在数字图书馆版权侵权诉讼中逐步取得胜利。在美国法律中,谷歌图书搜索计划所产生的数字图书馆只是向用户提供一种信息检索工具,方便用户查询图书的作者、版本、购买渠道等信息,其目的并不在于传播作品或取代原作品的市场销售,且这种行为具有公共利益性,因此尽管谷歌图书搜索计划具有商业目的,也不影响它在合理使用范畴内的成立。与此同时,谷歌数字图书馆中尚未得到正版授权的图书,用户只会得到著者、出版机构、来源等一些最基本的信息,而无法进行全文阅读和下载。

谷歌图书搜索计划的争议和判决对于网络时代我国信息网络传播权的完善和数字版权管理平台的构建有着重要的启示价值。信息网络传播制度设立的初衷是为了将作品的价值最大限度地发挥出来,弥合在收益渠道不明前提下作者和使用者可能存在的矛盾和冲突,既要保障作者对作品的合法权益,又要使内容可以正确地满足民众的精神文化需求,而不是为了保护而保护,致使内容束之高阁。然而目前我国的法律体系远远不能适应网络技术的发展,在合理使用的判定上缺乏弹性判断的条款,因此对“合理使用”概念适用于数字内容版权的范畴和边界划分显得格外重要。依照我国《中华人民共和国著作权法》第二十二条和《信息网络传播权保护条例》第七条,只有以数字方式呈现的作品被损毁、被盗、遗失、过时并且没有正常合法获取渠道之时,数字化复制行为的目的在于陈列和保存版本，才能被认作是合理使用而非侵权。目前公益性数字图书馆因其公共行为在法律中被赋予适当的合理使用权利，但其合理使用的范围也十分有限，我国2006年颁布的《信息网络传播权保护条例》中规定图书馆通过信息网络传播数字作品时需要获得作者的授权许可，公益性图书馆所提供的数字作品也只适用于馆舍内，并且由于条例中没有区分公益性图书馆和商业性图书馆，公益性图书馆的公共服务功能会受到一定的阻碍，商业性图书馆因其利益问题将更加复杂化，我国的法律体系中也尚未建立专门针对数字图书馆的合理使用条款，因此未来的相关立法应适当地放宽著作权"合理使用"的范畴，使数字图书馆享有更合理广泛的主体范围。

在知识网络数字化时代，很多单纯的数字化服务并不会侵害到著作权人的合法权益，肆意地将内容传播才会真正损害权利人的利益。目前也有许多学者认同在解决数字图书馆的信息网络传播权问题时采用法定许可的方式，它指的是版权中部分权利从绝对权下降为可以合法获取并收费的权利，这种方式在其他国家的版权法律中已经有所规定，如《英国版权法》《俄罗斯民法典》《意大利版权法》等。另一些学者提出引入"默示许可制度"："在一定情形下，权利人虽未明示许可在网络空间传播作品，但是从权利人的行为或者依照法律规定可以推定其对该使用不表示反对，从而认定经由许可而利用作品的许可样态。"①从网络传播的角度来看这项制度对权利人的权利进行适当限制，有利于信息达到更大程度上的共享。

十多年来，在国内发生的一些图书馆版权侵权案件中，图书馆作为数字版权管理平台（主要是数据库）的提供者，在向读者提供未经作者允许

---

①　梅术文：《信息网络传播权默示许可制度的不足与完善》，《法学》2009年第6期。

的数字化内容时引发版权争议占多数，涉及的主要是信息网络传播权（其次才是获得报酬和著作财产权，参见表5－3）。[①] 客观来说，图书馆在批量购买数字版权资源时，的确难以一一甄别其版权来源是否合法，且图书馆的分享行为属于非营利性的公共行为。所以，涉及案件的法院判决均是要求图书馆删除涉嫌侵权的内容，不承担赔偿责任。但是，公共图书馆对应的信息网络传播权的使用和授权，一些权利界定、使用范围也存在可以优化的空间。而对于商业经营性质的出版企业数字版权管理平台——尤其是自媒体创作发布平台，这其中的问题就更加复杂，会有更多的利益纠纷。

表5－3　图书馆知识产权案例一览表

年份	案件名称	审判结果	诉讼缘由
2005	殷志强诉金陵图书馆侵犯著作权纠纷案	图书馆胜诉，不担责	图书馆打印作品对作者获得报酬权的侵犯问题
2006	樊元武诉上海图书馆等著作权侵权纠纷案	作者获得赔偿，图书馆不担责	图书馆未获许可使用他人著作时的费用支付问题
2006	李明德等诉南通市图书馆确认著作权、返还财产纠纷案	图书馆归还手稿	著作权转让后作品著作权归属问题
2006	周诚望等与黑吉辽三省图书馆作品署名权纠纷案	图书馆在作品上增加原告署名	图书馆涉嫌侵犯著作者的署名权
2007	李昌奎诉深圳南山图书馆等侵犯著作权纠纷案	图书馆不担责	涉及图书馆信息网络传播权问题

① 韦景竹、董宝蕾：《图书馆版权侵权案例研究》，《图书馆论坛》2015年第11期。

（续表）

年份	案件名称	审判结果	诉讼缘由
2007	三面向公司诉重庆市涪陵区图书馆	重庆市涪陵区图书馆进行赔偿	关于一般链接和深度链接的区分问题
2008	齐白石弟子娄师白告《齐白石辞典》编著方（主编和著作权人湘潭市图书馆）	湘潭市图书馆败诉	图书馆编著图书引发的侵权问题
2009	何海群诉温州市图书馆侵犯著作财产权纠纷案	温州市图书馆胜诉	著作财产权的纠纷
2009	湖北省图书馆侵犯信息网络传播权纠纷案	原告胜诉，图书馆网站撤销相关内容	涉及图书馆信息网络传播权问题
2009	李昌奎诉贵州大学图书馆等侵犯著作权纠纷案	图书馆删除相关内容，不承担经济赔偿	涉及图书馆信息网络传播权问题
2009	佛山市图书馆销售侵权光盘纠纷案	图书馆停止侵权，进行赔偿	图书馆需保证其资料来源的合法性
2011	肇庆数字文化网著作权纠纷案	肇庆市图书馆胜诉	地级市图书馆网络侵权纠纷
2012	周国平诉天津图书馆案	图书馆不担责	理解和适用《信息网络传播权保护条例》合理使用条款
2014	南宁某城区图书馆被诉侵权	庭后和解	涉及图书馆信息网络传播权问题

三、国外数字版权管理平台中间人的责任认定之借鉴

世界其他国家对于数字版权管理平台中间人的责任认定，对我国完善这方面的法律规范有着可借鉴之处，总体来说可分为三类。

一是以新加坡、日本、瑞典等国家为代表，它们的法律明确规定了网络服务提供商需要对其服务器上的内容进行监控，但是没有详细界定“监控义务”的范围和标准。这样做的结果是，网络服务提供商在侵权案件中的权责是非常模糊的，如果仅仅承担“监控不力”之过，那么网络服务提供商的版权保护积极性势必不足，无法彻底地解决这个责任归属的问题，最终损害的还是版权人的利益。

二是以越南、美国早期的“白皮书”为代表，对网络服务提供商的责任认定相对严格，不管为何或是如何发生的侵权行为，“一刀切”地要求网络服务提供商负相应的责任。这种简单粗暴的方式自然也没有起到理想的效果，反而给了不法分子用于逃避责任的可乘之机，这种认定方式在后来逐渐退出历史舞台。

三是目前大多数国家以及欧盟所采取的间接责任制度，要求网络服务提供商承担适当的责任，既考虑到了网络服务提供商在侵权行为中的实际地位和作用，也对著作权人追究自己的合法权益提供一种保障，遂慢慢变为当下网络服务提供商的主导规范。这种模式在不同的国家又根据司法实践的实际情况有所优化。英国议会在 2010 年 4 月通过的《数字经济法案》，从第三条至第十八条均是关于如何打击数字盗版侵权的内容，尤其是对著作权人的保护。在避风港和红旗原则之争上，对网络服务提供商依法管控用户上传和使用内容的责任所有要求，网络服务提供商应当以数字技术为支撑对数字内容版权进行保护，并纠察发现违法行为。①

我国的“通知+移除”规则是引入了美国的避风港原则产生的，但是除了美国之外，各个国家措施不一，例如加拿大的“通知—转通知”办法、韩国与新西兰等国的“三振出局”制度、德国的“义务系统”等，对我国相

① 庄廷江：《近五年来英国电子书产业发展态势概述》，《出版发行研究》2016 年第 6 期。

关法案在修订过程中的完善和发展提供了借鉴。

与其他国家采取的“通知+移除”规则不同，加拿大围绕避风港原则产生的“通知—转通知”规则在全球都是比较先进的。在此规则下，网络服务提供商在接到被侵权人的通知之后，只需要将该通知转发给疑似版权侵权内容的发布者，通知必须包括发送者和涉嫌侵权的版权作品的详细信息。由此看来，“通知—转通知”规则只需要网络服务提供商履行通知义务，就可以使网络服务提供商免于承担其不该承担的版权侵权责任，从而更有效地保护网络服务提供商的合法权益。

网络服务提供商针对用户的违规行为，通常采用“三振出局”制度。“三振出局”的“三振”指的是三次警告，用户在上传或是使用内容的过程中存在违反法律规定的，网络服务提供商依法对其进行警告处理，用户如若不服也可以提出异议，但是如果积累满三次警告则立即终止双方的服务或是合作关系，不接受异议。目前“三振出局”制度已经适用于世界各国，韩国、新西兰等国先后通过了著作权法的修正案，法国的《网络著作传播与权利保护法案》及英国的《数字经济法案》都以立法和法案的形式明确了“三振出局”的惩戒规则。“三振出局”版权保护机制的主要目的并非切断用户的网络服务，而是利用警告通知向侵权用户提示侵权风险，最终实现终止侵权内容的行为，保护版权人的利益，并且依据不同程度的侵权采取不同程度的惩治措施。“三振出局”规则在实施过程中既给予侵权人多次机会停止侵权行为，又维护版权人的合法权利、打击盗版，实现两者利益的平衡。

德国 2017 年 9 月 1 日颁布的《改进社交网络中法律执行的法案》（简称《网络执行法》），通过对美国“通知+移除”规则的改良，提出在德国现有法律体系上加入网络服务提供商的合理规则，要求网络服务提供商主动执行“通知+移动”规则，同时需要向主管部门上报可能发生的状况。

《网络执行法》中也对合规义务的内容做了明确规定,以便网络服务提供商能够更精准地定位和处理,其目的主要在于规范网络服务提供商打击虚假信息和侵权行为。不仅如此,《网络执行法》中还设立了违法内容投诉的管理机制,细化了网络服务提供商处理违法内容的流程,目的是保证违法行为的处置得当。总之,德国的相关法律存在比较明显的倾向性,它要求网络服务提供商自行对所服务用户的内容进行违法性的判断,并在此基础上采取相应的处置行为,从简单的侵权内容的删除转向自觉履行处理侵权内容的义务,任何一个相关义务的不履行都可能触发处罚。这为我国对"通知+移除"规则的本土化尝试提供了可借鉴的思路。

我国目前正处于互联网快速发展的时期,尽管我国的"通知+移除"制度保护了版权所有者的权益,但是站在长远的角度上看,不利于网络服务提供商的发展。我国的法律规范在确定以平台运营商为主的网络服务提供商在面对违法内容时的职责义务时,应当给予一定的宽容空间,多方借鉴国外的经验和教训使之本土化。有研究者就主张按照加拿大"通知—转通知"制度来修订我国《中华人民共和国著作权法》。① 在多级联动的数字版权监督体系的基础上,可以从以下几点进行考虑。

1. 上报备案有限责任。我国网民数量居全球之最,庞大的数字内容生产给平台的监管工作带来了巨大压力,简单要求平台承担所有可能的责任过于严苛。多级联动的数字版权监督体系中有数字内容的版权信息上报至行业性数字版权管理平台形成索引目录的环节,并且原作品内容可选择保存到资料库,因此,可以要求平台对上报备案的数字内容进行审核,仅承担该部分的相应有限责任。没有上报备案而是用户个人发布的违法内容,由用户个人承担法律责任。自营性数字版权管理平台的运营者需

---

① 黄先蓉、程梦瑶:《加拿大的出版法律制度及对我国的启示》,《中国出版》2016 年第 5 期。

要对平台中的数字内容加以甄别、选择，也为发现优质 IP 提供了契机。

2. 垂直举报与干预制度。多级联动的数字版权监督体系中具备了普通网民直接向国家管理部门举报违反国家法律规定内容以及管理部门直接通过数字资源库对自营性数字版权管理平台进行干预的通道。正是基于我国网民属于全球之最，因而在作为网络服务提供商的平台方之外，普通网民也是网络环境的重要监督者，此举一是可以解决网络服务提供商对内容的审核疏漏，二是可以提高网民自觉维护国家文化安全的意识。自上而下直接干预的意义并非为了达到行政执法的结果，而是树立执法必严、违法必究的公正形象，震慑不法分子，对重大公共事件也有紧急处理的手段。

3. 行业性自查监督。行业性数字版权管理平台拥有自营性数字版权管理平台上报的版权索引目录，可以对其中的数字内容版权进行行业自查。由于行业协会本身并无执法权，因此这类自查起着辅助作用，行业协会发现违法内容后向出版企业发出通知，出版企业在规定的时间内回应并撤销内容、公开检讨，可以按程度免去相应的法律责任，即“通知+移除”和“通知—转通知”的工作交由行业组织完成。其优势在于以行业的角度发现行业可能存在的普遍性问题，在问题尚处在内部时就加以警觉并进行处理。行业协会可以发布行业性公告，对相关的出版企业和当事作者点名批评，以引导优先于惩戒的原则推动数字出版产业规范化。

第三节　数字版权管理平台整合下的内容产业化输出策略

数字版权管理平台拥有完整的版权信息目录和专业的版权顾问团

队,在集体管理制度下以版权代理人的身份,可以作为我国版权对外输出的窗口和平台。在策略上,内容产业化输出是当前国际文化交流中的重要手段,将优质内容以产业链的方式输送到目标国家,更加符合数字化环境下富媒体、泛阅读的现实。全媒体出版、跨媒体叙事开发、IP产业运营是内容产业化输出的主要方式,依托于政府、行业、企业关联统一的数字版权管理平台,具体分为选题标记、计划协商、整合打包、授权输出四步,并需要从多个方面实现构建。

一、内容产业化输出:全球文化战略的解决方案

近年来,随着中国整体国力的日渐增强,中国文化也越来越受到世界的关注,尤其是对中国饮食、堪舆、功夫等元素的热衷,一大批"走出去"的数字出版物借的正是这一股风气。与2007年的1132项相比,我国版权输出量在10年内增长了近3倍,2015已经达到了4375项。① 但是与此同时,文化部数据显示,"虽然中国已经成为出版物总量世界第一大国、电视剧年产量世界第一大国、动画年产量世界第一大国,但在2011年世界文化市场的格局中,美国、欧盟、日本、韩国所占比重依次为43%、34%、10%和5%,而中国仅为4%,位列第五"②。在数量亟待增长的同时,中国文化传播的质量也是不能忽视的重点。此外,武术、美食、气功、中医、考古这些内容在国际市场的热度仍然主要停留在猎奇层面,满足西方人对东方世界古老神秘的想象;相比之下,美国队长、哈利·波特、钢铁侠、金刚狼这些欧美文化品牌都在竭力展现国家精神和科技力量。因此,将我国新鲜的文化品牌输出到世界,以展现出一个现代化中国的形象,便成了我国

① 贺劭清:《中国版权输出总量9年增长近4倍》,2016年6月7日,见http://www.chinanews.com/cul/2016/06-07/7897671.shtml。

② 刘玉清、甄增荣:《借力全媒体出版 增强中华文化影响力》,《中国编辑》2014年第1期。

文化走出去战略的重要一环。

尽管中国文化向外推广传播的要素是多方面的，但是一个显而易见的问题在于中国优秀的内容版权没有得到很好的“产业化”开发，相比国外文化品牌在对外推广时拥有跨媒体、多形式加之线上线下完整的产业链，我国文化品牌缺少一个集中推广的平台。所谓内容的“产业化”，是相对于宏观文化产业、中观出版产业而提出的概念，指的是围绕某一内容进行版权开发，其产品形式包括图书、电影、电视剧、游戏、音乐、社交等，并向线下延伸开发餐饮、玩具、服饰、主题公园、展览等实体衍生产品和服务，由此形成上下贯通的完整产业链，使围绕该内容版权的生产开发成为一种产业。内容产业化输出策略，就是在向国际市场输出某一内容作品的同时，一起推出相关衍生产品，以全媒体产业链形成具有影响力的文化品牌，文化输出不仅仅是一部作品，还是一整套产业链。继诸如《媳妇的美好生活》在非洲、《解密》在欧洲、《三体》在美国的热销之后，2024 年游戏《黑神话：悟空》火到了海外，2025 年贺岁档电影《哪吒 2》也在全球电影市场好评如潮，这既表明我国的当代作品也是能够得到世界人民的喜爱，又表明将文化内容作为一套整体产业链进行策略输出的重要性，以求文学、电影、游戏、音乐多种媒介处处开花。

美国和日本在文化输出时，往往选择在中国寻找授权代理商，一部作品就能带动周边衍生文化产品的销售。例如，美国漫威漫画公司的超级英雄系列电影（《美国队长》《钢铁侠》《雷神》等）在中国上映，使得相关漫画书、玩具、餐饮、手工艺品在国内形成了稳定市场。相比之下，我国的文化输出常常只是在海外出版一本图书译作，空前庞大的文化产业却只在国内打转。2015 年 5 月，我国在美国曼哈顿广场大屏幕以连续 10 天、每天 119 次的频率投放了英文配音的宣传片“阅读中国”，可见我国政府已经注意到多媒体形式对文化传播的重要意义。目前，面对版权贸易的种种困难，数字版权管理平台或将是中国文化品牌走出去的绝佳平台，数字版权管理平台整合下的内容产业化输出策略则将推动我国文化迈向世界。

二、内容产业化的基本路径

一部好的作品，从它自身衍生成类型各异的多媒体产品，本就是一种飞跃，创作策划团队需要设计出内容在图书、影视、游戏、音乐、玩具、餐饮、服饰、主题公园等样式之间转变的路径，也是内容走入国内市场再走向国际市场的第一步。内容产业化基本路径主要有三种，分别是全媒体出版、跨媒体叙事开发和 IP 产业运营。

1. 全媒体出版

全媒体出版指的对同一种内容进行多媒体整合，“通过纸质图书、互联网、手机、电子阅读器、数字图书馆等多渠道同步发行，将资源有效整合，覆盖到能覆盖的所有用户”，真正实现数字出版理念中的“一种内容、多种载体、复合出版”目标。[①] 这一概念的出现与小说《非诚勿扰》的出版直接相关，2008 年 12 月 19 日，长江文艺出版社、中文在线、汉王、移动梦网展开合作，同时出版了冯小刚长篇小说《非诚勿扰》纸质图书、网络文本、阅读器电子书、手机小说四个版本的作品，成为我国全媒体出版的首例。

全媒体出版的产生是用户对阅读媒介选择多样化的结果。随着个人电脑、智能手机、电子阅读器、平板电脑等数字化终端的普及，信息内容的传播已不再局限于书籍、报纸类印刷品和电视荧屏，形式多元、图文声像、交流互动成为人们选择媒介载体的重要条件，进而影响了大众对信息内容的接受与消费。无论人们怎么评判数字媒介对纸质媒介的冲击，毫无

---

① 张勐萌：《对全媒体出版发展现状与前景的思考》，《中国出版》2010 年第 22 期。

疑问的事实是:新媒体扩大了阅读消费的总人群,具有声像特质的内容更容易被读者接受,内容的数字化呈现令更多人加入阅读消费中;新媒体分化了读者群,有的人选择阅读纸质书籍,有的人喜欢手机阅读,有的人倾向于在个人电脑上浏览内容;新媒体影响了读者的阅读习惯,"浅阅读"的出现背后反映着人们对信息的接受方式,以及对数字化媒介的依赖。全媒体出版的优势在于有效利用了内容资源的可重复性,将不同的传播媒介和生产主体纳入产业链中,通过产业协作和多元开发扩大经营范围,拉长产业链,在"长尾效应"的助力下,不同结构读者人群的多元消费阅读需求得到充分满足,在提高整体经济收益的同时强化了该内容资源的文化影响力。从实践的结果来看,出版社所担心的数字版本影响纸质书销量的情况并没有发生,全媒体出版反而促进了纸质书销售。全媒体出版小说《非诚勿扰》的预计纸质图书发行量为 10 万册到 20 万册,由于手机等多媒体的全方位覆盖,纸质图书的实际销量比预期多了 50%至 60%。

我国的全媒体出版方兴未艾,《非诚勿扰》《贫民窟的百万富翁》等作品的多媒体发行创造了良好开端,正在形成自己的产业生态圈。不过当前国内的传统出版社多处于漫长的数字化转型之中,近年来,围绕阅读、视频、音乐、游戏、社交等消费需求,互联网资本大举进军文化娱乐市场。例如,阿里巴巴入股新浪微博、收购 UC 浏览器、创设阿里影业,腾讯的版图横跨社交、游戏与手机阅读,百度也在进军影视行业,可见互联网巨头 BAT 正"野心勃勃"地意图构建自己的全媒体出版版图。据此,有研究者认为:"全媒体出版将是真正意义上的跨媒体、跨行业、跨国界的出版形态,它将带来'出版业——传媒业——文化产业'逐级增大的业务范围和管理权限。"[①]这一趋势下,跨文化传播也将从单一的图书文字、图像向文

① 张雨晗:《全媒体出版:现状与未来》,《现代出版》2011 年第 2 期。

字、图片、音频、视频、游戏等多媒体融合的形态延伸,当一种内容以图书的形式出现在国外市场时,世界各地的读者也能够从互联网、手机、电子阅读器等终端上获取并阅读作品。

2. 跨媒体叙事开发

跨媒体叙事由美国麻省理工比较媒体研究学者亨利·詹金斯最早提出,他将其定义为"用不同的传播渠道系统性地讲述故事的各个部分,以创造出统一、协同的消费体验;并且不同的媒介载体对故事的展开有其独特的价值"。① 例如,围绕一部票房和口碑不错的电影,推出小说、漫画、电视剧等衍生产品补充说明电影中未展现的情节,根据其改编的游戏为玩家创造身临电影世界中冒险探索的感觉,在内容生产者有计划的"统一调度"之下,这些不同媒介载体形式的不同产品组成了同一个庞大复杂的故事,消费者即读者,他们通过多种媒体产品从不同维度领略故事的全貌。跨媒体叙事开发就是以跨媒体叙事理论为原则进行内容产品的整体设计和创作开发,使之形成一个媒体形式多样的故事和版权体系,为消费者创造一种全新的阅读消费体验。

美国暴雪娱乐公司所开发的"魔兽"系列产品在依照跨媒体叙事的原则进行创作开发上,具有很强的代表性。1994 年,暴雪发行了第一部游戏产品《魔兽争霸》,在此后的 20 多年里,围绕"魔兽"的故事框架,一共推出了 25 部中长篇小说、30 部短篇小说、8 部漫画、3 款单人电脑游戏、1 款网络电脑游戏、1 部电影。这些产品的故事文本部分相互补充,共同组成了一个"航空母舰式"的跨媒体叙事,用户需要尽可能多地使用不同媒体形式的产品,以了解故事的完整面貌和发展走向。凭借多媒体产品提供包括游戏扮演、小说阅读、影视观赏等在内的丰富体验,暴雪在全球范围

① Henry Jenkins, "*Transmedia* Storytelling 101." henryjenkins.org, http://henryjenkins.org/2007/03/transmedia_storytelling_101.html#more-1317.

内培养了一大批粉丝，他们自主自发地形成线上社区以分享信息、交流互动，成为暴雪产品的忠实消费者。

在具体的跨媒体叙事产品创作过程中，暴雪主要体现了集中掌控、独立创作、产业协作的统一。首先，暴雪自己牢牢抓住“魔兽”这一核心版权，以在非游戏产品的多人创作中保证不同故事文本之间的互补与连贯性。例如，“魔兽”系列中长篇小说的创作者包括理查德·A. 纳克、克里斯蒂·高登、杰夫·格鲁布、亚伦·罗森伯格等，有时一部小说甚至由几位作家合作完成，尽管每部小说的作者不同，但是小说与小说之间、小说与其他媒体产品之间仍然保持着剧情的连贯、角色的统一、体系的完整。短篇小说的作者萨拉·派恩（Sarah Pine）说：“暴雪的人会把他们对小说的愿景告诉我，然后我们再讨论哪些人物和场景可以出现在小说里。对于即将出版的小说，暴雪通常会有非常清晰的故事框架，剩下的细节部分才是作者需要补充的部分。所以我的作品好不好，最大限度上是取决于暴雪给的框架上有多少有意思的内容。”其次，只有给予作者足够的自主独立性，才能激发作者的创作才思。尤其在细节和次要人物的描绘上，“创建一个次要人物或者整合现有的，以某种方式来填补所需的角色”。最后，因为创作主体的多样性，协调统一就显得特别重要。虽然暴雪是起着主导作用的，但是在小说的创作中，作家与暴雪存在着大量讨论、协商，这一过程由暴雪的出版小组负责，包含列提纲、打草稿、暴雪修改、多次审稿等环节。正如派恩自己所表示的：“其实给暴雪写这些小说是一个极其需要协作精神的工作。毕竟，他们的想法和我的想法必须要达到一个他们和我都满意的程度，这是我们双方都要做的事情……”①在主打游戏产品的同时，暴雪积极与作家、出版社、影视制片公司等展开合作，共同开发

① Sarah Pine：《魔兽官方小说作者自曝 我是这样写作的》，2013 年 3 月 1 日，见 http://games.sina.com.cn/o/z/wow/2013-03-01/1133479834.shtml。

制作带有跨媒体叙事特质的多媒体产品。

国内目前较多的是对小说、游戏、影视、漫画产品之间的相互改编，基本上采取内容不变或是内容重写的模式，很少有内容以跨媒体叙事的方式互补的情况。由于前期投资策划力度需求大、后期回报时间慢等诸多原因，大规模进行跨媒体叙事模式的产品开发，在我国仍处于观望阶段。

3. IP 产业运营

IP 产业与内容产业化的概念很接近，指的是以某一内容版权为核心开发与之相关的电子书、电影、电视剧、游戏、社交平台等虚拟出版物，以及包括纸质书、表演、服装、餐饮、玩具、办公用品、生活用品等实体产品与服务，IP 产业运营则是版权方围绕该核心内容版权形成上下连贯、跨行跨业的文化产业链。与之相似的概念还有“全版权运营”，原盛大文学首席执行官侯小强说：“所谓全版权运营就是建立一个由多元业务组成的完整产业链，将版权经营从网络延伸到实体书出版、动漫、影视、游戏、音乐等各个环节，实现价值最大化。”①最典型的如英国小说《哈利·波特》，有着横跨电影、游戏、DVD、唱片、广告到玩具、文具、服饰、旅游、展览、主题公园，总价值超过 2000 亿美元的庞大产业链。

IP 产业运营在美国和日本起步较早，拥有较为成熟的商业模式，特别是美国漫威漫画公司，以超级英雄漫画为基点的 IP 开发运营属于世界的前列。漫威漫画公司创建于 1939 年，起初专营漫画产品，旗下拥有蜘蛛侠、钢铁侠、美国队长、雷神托尔、绿巨人、金刚狼、奇异博士、恶灵骑士等 8000 多名漫画角色。在认识到版权开发的巨大商机后，自 2008 年始，漫威凭借这些漫画角色为核心卖点拍摄了一系列电影、电视剧、真人动画等，中国观众耳熟能详的有《复仇者联盟》《钢铁侠》《美国队长》《绿巨

---

① 王恪乾：《从盛大文学易主粗窥今后网络文学的发展方向》，《新闻传播》2015 年第 5 期。

人》《神盾局特工》《特工卡特》等。[①] 立足于漫画英雄角色这一 IP 资源，漫威制定了“漫威电影宇宙”三阶段计划，第一阶段、第二阶段共上映 12 部电影，全球票房总计 83 亿美元，从今年开始，第三阶段的电影也陆续上映。[②] 与暴雪不同的是，漫威系列作品的特点是数量丰富而能力各异的人物角色，因而除了游戏、视频、音乐等电子虚拟出版物外，玩偶公仔是漫威版权帝国中非常重要的一环，其他还有手机外壳、钥匙扣、服装、主题餐厅等授权产品。例如，以电影《超能陆战队》中角色“大白”为造型的玩具受到全球消费者的追捧。与暴雪相似的是，为了保证 IP 开发后的产品质量，漫威设有包括创意总监、编辑、作家等组成的“六人制片人委员会”，专门负责漫画到电影的剧情、人物、环境变更以及满足全球跨文化传播的要求，以让电影为世界范围内的观众所接受。

我国的 IP 产业主要为互联网公司主动，其规模越来越大，与互联网 BAT 资本竞争的白热化息息相关。其实，自网络文学诞生以来便已有苗头，但是从战略意义上提出“全版权运营”的是盛大文学，后来盛大文学被腾讯收购重组为阅文集团，总的来说没有离开互联网公司的范畴。国内大型出版集团已经组建多年，但是在 IP 产业上大有作为的往往是一些民营传媒公司，出版社多以“被合作”的姿态出现，换句话说，国有大型出版企业和传统出版社疏于对 IP 产业的组织开发，“在可以凭借版权获利的时代，重要的是谁是 IP 的提供者——或者说火车头、发动机，那么版权和相应的利益就掌握在谁手里”。[③]

---

① 此前《X 战警》《蜘蛛侠》等电影也获得了不俗的票房，但是由于仅仅作为品牌授权方而收益过低，于是漫威决定收回电影的拍摄版权，自行拍摄系列电影。

② 俞雷：《漫威公司从漫画到电影：文化产业路径分析》，《新闻知识》2016 年第 5 期。

③ 钟瑾：《IP 热潮下的中国传统出版业思考》，《出版广角》2016 年第 11 期。

三、基于数字版权管理平台内容产业化输出的主要步骤

内容产业化的手段包括全媒体出版、跨媒体叙事开发和IP版权运营,涉及对一种数字版权的多次使用和衍生改编,而其输出过程和手续均比较烦琐。数字版权管理平台可以"一站式"解决版权交易授权问题,凭借多层级的内容资源库和版权目录索引,对相关数字版权进行整合打包,从而以完整策略方案安排其输出路径,由此在海外形成产业链。基于数字版权管理平台内容产业化输出策略的主要步骤可以分为选题标记、计划协商、整合打包、授权输出四个部分(参见图5-3)。

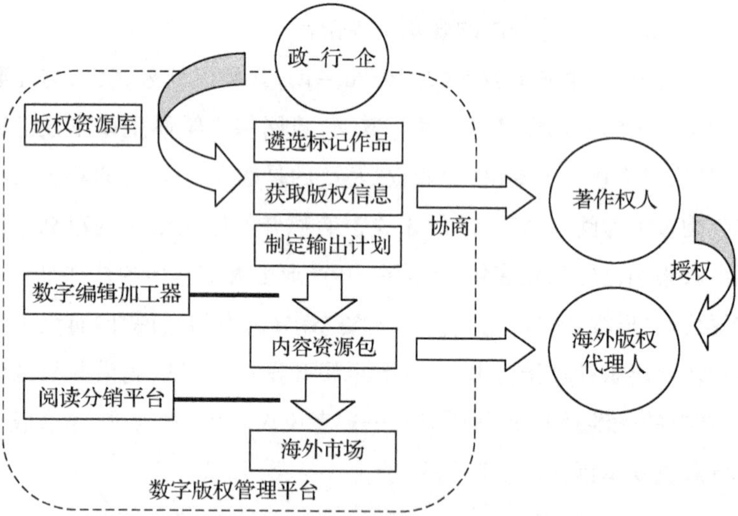

图5-3 基于数字版权管理平台内容产业化输出的主要步骤

1. 选题标记。通过数字版权管理平台上的交易授权和发行收益系统进行数据统计和分析,比较同类内容,甄选标记出市场反响好、具有本国代表性、开发潜力巨大的数字版权。这一信息将直接反馈给国家管理部

门，有助于其随时掌握版权市场动态，设立重点支持对象名目。

2. 计划协商。通过行业性集体管理平台或是政府部门多层级联动监督平台获取版权目录索引，从自营性数字版权管理平台上搜集重点对象的全部作品信息，制定初步的内容产业输出计划，与著作权人和版权方协商洽谈作品的合作事宜。双方可以借助数字版权管理平台中的用户社交功能线上完成谈判，交易行为公开透明，悉数记录在案。

3. 整合打包。根据版权商议的结果调整计划，从数字版权管理平台上合法获取相关的内容资源，进行必要的内容删减和格式统一、整合打包，寻找合适的海外市场和版权代理。平台技术将为这一整合打包活动提供必要的支持，以数字版权管理平台为背书，能够减少这一环节可能出现的各种版本、版权错乱问题。

4. 授权输出。与出口国家的版权代理和发行机构签订版权合同，通过数字版权管理平台发送整合打包过的内容资源，提供完备的版权目录索引，向对方开放数字版权管理平台的用户登录和内容获取通道，督促其按照计划宣传发行内容产品。而外国消费者也可以直接登录平台获取内容资源，其数据结果对代理商是一种监督。

效率自然是内容产业化输出的一个重要原因，以“入乡随俗”的方式接轨国际同样是一个重要的原因。企业的自主独立是世界文化市场的“潜规则”之一，数字版权管理平台既充当了出版企业代理人的角色，又时时处在我国政府可管可控之下。在文化产业的国际市场中，难免会存在诸多争端和矛盾。如果是一般贸易摩擦，由政府出面会显出直接干预的形象，出版企业自己又缺少足够的话语权。数字版权管理平台的性质如同一个出版行业协会，以平台的名义解决各类纷争，不仅符合国际市场的惯例，还能够保证拥有足够的法律团队支持。因此，在内容产业化输出中，数字版权管理平台对协调业务问题、保护我国出版企业的合法权益有着重要的作用。当国外文化资本流入国内时,也可以通过数字版权管理平台进行过滤、筛选、备案,以中间人的方式保护我国的文化安全。

四、内容产业化输出的构建方略

数字版权管理平台整合下的内容产业化输出策略的市场优势是双向的,对国内出版行业来说是一种带头力量、合作平台,对国外输入方来说则可以扩大版权的市场影响力。全媒体出版、跨媒体叙事开发和 IP 产业运营重心不同但又彼此相通:全媒体出版强调核心内容的多媒体形式产品开发,跨媒体叙事侧重于故事内容通过不同媒体、不同产品完成阅读和消费的生产方式,IP 产业注重打造贯穿线上线下、虚拟实体、文化物质等各个领域的产业链;在出版实践中,一种版权可以进行多种媒介出版,彼此内容相互关联补充,同时衍生出线下周边产品,依赖于传统出版社、数字出版商、影视传媒公司、网络技术公司、实体产业生产加工商等生产主体的协同合作。它们的结果都是让某一内容版权的生产发行变得"产业化",从单一的产品服务扩大到整条文化产业链,因此这种内容"产业化"在市场占有率上较同类产品高出许多。

一个国家、一个民族的文化,通过具体内容的版权运作,进行"产业化"的策划、生产、发行,凭借附着在核心内容上的粉丝产生的巨大消费量,能够在世界范围内造成巨大的影响,展现国家形象,从而推动该国、该民族的文化向全世界传播。以版权输出大国美国为例,"美国文化的全球传播并不只是局限在官方文化交流,而是借助影视、动漫、游戏、广告等多种产品样态,促进美国文化席卷全球"。[①] 1997 年,美国版权产业从对外销售和出口中共获利 668.5 亿美元,而到了 2005 年,美国的版权产业已获

① 周敏、浮琪琪:《数字化出版助力中国文化"走出去"的现状及问题探析》,《科技与出版》2015 年第 7 期。

得了 1108.2 亿美元的海外市场,[①]将机械制造、农作物出口、钢铁等传统产业甩在身后,已经成为美国国民经济的支柱产业。其经典的文化品牌包括“漫威宇宙”、暴雪游戏、哈利·波特电影、迪士尼动画、好莱坞大片等,2016 年迪士尼乐园落户上海又成为地标之一,这种业已形成的文化品牌使美国版权文化产业的产品与服务深入我们生活的每一个角落。日本围绕动漫产业,在亚欧美开辟了大约 12 万亿日元的消费市场,[②]例如《火影忍者》《海贼王》《死神》《银魂》等都是我国少年儿童耳熟能详的作品,相关衍生产品如游戏、轻小说、手办、cosplay 服饰等在国内很受欢迎,以至于年轻人中还出现了所谓痴迷日本动漫的“二次元”一族。

我国对于内容版权的“产业化”生产发行也已经初具规模,其中又以网络文学产业尤为突出,但是放到全球文化传播交流的背景之下,则稍显逊色。不少网络文学版权拥有大量忠实的消费者,然而其全媒体出版产品却没有走向国际市场。例如,南派三叔的小说《盗墓笔记》,在国内的产业链蔚为大观,电影、网剧、游戏、漫画、餐饮、展览等衍生开发络绎不绝,但是它们的策划、制作、宣传、发行都局限于快速从国内市场返本获利,低廉影视特效、夸张页游、粗糙周边等引来不少网友的“吐槽”。另一些内容版权产品在国际上取得了不错的口碑,但是没有进一步的产业化开发计划。比如网易开发运营的手机游戏《梦幻西游》,2015 年 4 月,世界知名手游媒体 PocketGamer.biz 在首页发表了对其的报道,对其 IP 的研发、运营和成绩给予了高度肯定,Market Watch、Boston Globle、路透社等媒体也转发了报道。“梦幻西游”这一版权建立在电影《大话西游》之上,又独创了逍遥生、剑侠客、骨精灵、神天兵、舞天姬等个性鲜明的角色,同时游戏

① 叶新、樊文静:《2005 年美国版权产业简析》,《出版发行研究》2007 年第 2 期。
② 彭芳群:《我国动漫出版“走出去”的战略分析》,《中国出版》2011 年第 4 期。

中的故事情节也极具原创性，然而网易暂无依据这些出色的形象和故事进一步开发小说、电影、电视剧等多媒体产品和线下实体衍生产业的计划，实在可惜。

因此，结合世界数字出版和文化娱乐产业在全媒体出版、跨媒体叙事开发、IP 产业运营方面的经验，我国的内容版权"产业化"推广传播应当从以下几个方面加以借鉴：

1. 丰富故事内容，创造现代形象

加强内容版权在角色形象、剧情故事上的塑造和构建，跨媒体叙事注重的是剧情的连贯，而 IP 建立的重心则在于虚拟人物形象。与滔滔不绝的"说教"类文化产品不同，形象与故事才是打破文化壁垒、得到世界消费者认可的关键，也正是暴雪与漫威的过人之处。但是，目前国内的文化产品无论形象还是故事，都与国际品牌尚存差距。例如"喜羊羊"系列动画在国内少儿市场有不错的成绩，然而由于其形象辨识度低、故事过于简单，这种"低龄化"的特质阻碍了它走向世界的步伐。尤其是动画、游戏并不代表着低幼化，它是与影视、文学一样的叙事艺术。

此外，中国在国际文化市场中需要创造出新的现代形象。孙悟空、哪吒、孔子、"刘关张"这些艺术形象虽然饱含中国式的智慧，但是我们也不能永远停留于此。近年来围绕我国经典名著《西游记》产生了许多文化产品，在感叹老祖宗已经为我们留下如此优秀的故事与角色的同时，诞生于新时代文化背景的人物形式、剧情故事却难以望其项背，不得不令我们反思。相反，美国队长、钢铁侠、阿童木这些形象的出现契合了美日科技兴国的内在逻辑，符合当下青少年的心理思维，自然能够赢得他们的市场。我们的文化企业需要创造出符合现代化中国形象的角色人物，打造宣扬中国大国风范的文化品牌，改变西方眼中中国仍然是古老、愚昧、落后、神秘的偏见。

2. 转变生产观念，多种渠道出版

内容版权的产业化，必须改变“唯书是举”文化产品开发的观念，积极利用多种形式的内容版权。中国图书的“走出去”自然是中国文化向外传播的表现，但不仅仅是图书，影视、游戏、漫画等均存在巨大的文化市场空间，那种觉得只有讲述中国传统文化的图书出口才是中国文化“走出去”的观念显然已经不适于时代。换句话说，所有文化相关产品都蕴含着本国文化的因素，都不同程度包裹着这一民族文化的精神，美国队长、蜘蛛侠、超人这些看似休闲卡通的形象无不折射出美国文化的特质。事实上，在 2014 年时，我国独立研发的游戏产品已经拥有了 30.76 亿美元的出口量，每年增幅巨大，业已成为中国文化走出去的重要推力。[①] 只有丰富数字版权管理平台中的各种内容资源，满足用户多种媒介形式接受作品的需求，才能获得最广泛的读者市场。上文所提到的网易运营的游戏《梦幻西游》，如果能够加以全方位“产业化”开发，其扎根于《西游记》中的中国文化底蕴必能播散开去。因此，国家资助在这些项目上也应给予关注。

3. 寻找版权牵头，勇于整体策划

内容的产业化输出需要一个掌握核心版权资源，又具有全球市场“野心”的牵头者，总揽负责上述全部活动。国外版权向中国产业化输出之所以屡获成功，一个重要的原因便是作为版权方的大型传媒公司——例如日本型月漫画，美国漫威漫画、暴雪娱乐全方位制定和负责内容作品的出产和版权输出的进程。相比之下，我国版权开发起步晚，运营模式有待完善，以其中份额较大的网络文学为例，衍生改编多采取内容不变或是内容重写的模式，衍生作品的版权相对分散，投资人又多奔着快速回本的目的，也就很难形成内容产业化输出的计划。对于我国来说，数字版权管理

① 周敏、浮琪琪：《数字化出版助力中国文化“走出去”的现状及问题探析》，《科技与出版》2015 年第 7 期。

平台的整合能力可以解决牵头者无从下手的问题,平台提供的用户数据、内容资源、联动架构、标准体系有助于牵头者宏观把握国内行情,同时对接国外市场,内容产业化输出的牵头者可以是政府、行业,也可以是出版企业。《盗墓笔记》之所以能够一直进行版权产出,在很大程度上归功于作者专门成立南派泛娱有限公司全权负责《盗墓笔记》的版权运营。而其同类作品《鬼吹灯》,却是深陷版权纠纷。正如前文所述,在版权生意上,谁是 IP 的提供者谁就占据主导权,对于版权所有者的国内著作权人、出版企业更是不能错失良机。国内的全媒体出版、跨媒体叙事和 IP 产业开发多为互联网公司或传媒公司牵头组织策划,出版社处于“被合作”的状态。数字出版时代,出版社应当逐渐向内容提供商的定位靠拢,利用手中掌握的诸多优秀内容版权资源,努力做内容版权“产业化”的领军人。

以全球文化推广的视野高度进行大内容版权的“产业化”策划、生产与发行。多媒体产品、衍生产品的开发不仅是将形象和故事简单地复制挪移到其他事物上,除了精细制造与包装的产品之外,国际领先的版权经营商还深谙如何让产品与产品之间发生互动的联系,消费者完全沉浸、联想与回想在这种内容版权形成的整体性体验氛围中的同时,也能够加深其对版权内容,乃至文化的理解。全媒体时代,不再是以往强调出版“走出去”,用一本图书单打独斗的策略,更多的是一种融合化、产业化的思维,真正实现某一优秀版权的“一种内容,多种出版”。数字版权管理平台将内容产业化整合打包,也能让国外的投资人、代理商最方便、快捷地看到我国出色的内容版权资源。

4. 加强产业协作,探索商业模式

产业主体的整合、重组、合作是内容版权全球目标“产业化”策划的必要条件,既要有纵观全局的组织计划者,又要有能够通力合作生产经营的协作者。从国外的经验来看,往往是核心版权的拥有者发挥主导和指挥作用,进行整体策划与布局,然后与作家、媒体、出版社、影视制片公司、实体生产商展开全方位合作,在开拓海外市场时采取寻找本国代理商的方法,例如网易全权代理了暴雪所有产品在中国的运营。数字化转型后,国外许多老牌出版社通过兼并重组,转变成融合跨媒体、多业态的大型传媒集团,例如美国最大的 25 家出版集团都是融合出版、影视剧和网络等多个产业为一体,此举有利于内容版权“产业化”开发时的协调统一和内部互补。国内出版集团在很多情况下既不能成为完全的内容提供商,又缺少内部互补的精神,这种尾大不掉的情形应当得到改变。

真正阻挠产业各主体协作生产的仍然是话语权主导和利益分配问题,其解决的根本之道在于高效的商业模式和良好的产业环境。高效的商业模式必然是上下游连贯、国内外打通的,并且各个环节的获利与其原创程度和劳动付出相符合,它需要业界、学界、政界的共同探索。良好的产业环境除了从业者自身的合法经营,也有赖于政府如何制定规范章程,成立符合产业生产实际的管理部门,以及二者共同商议行业标准。正如前文所述,数字版权管理平台能够将出版企业、政府部门合拢到同一框架内,以自身的平台效应推动构建产业环境。可以预见,在内容版权产业化输出的道路上,数字版权管理平台将发挥重要的作用。

结　语
社群网络出版中的出版商角色定位转型

互联网时代下,数字信息与内容的生产、存储和传播方式与纸媒时代的大众传播技术与模式截然不同,数字化使得单一的报纸、杂志、音像等媒介载体形态成为过去,取而代之的是媒介形式、媒体行业相互融合的富媒体出版物,当它们注入面向全球网民的公共平台之时,读者阅读也走向了无所不包的泛阅读。社群网络出版是全球数字出版实践中生产的一种全新出版模式,它巧妙地将社群网络在用户、传播、技术等诸多方面的“红利”运用到出版生产与营销中。在国外出现了 Wattpad、RedRoom、Shelfari 等影响巨大的社群网络出版商,国内以时光流影、豆瓣阅读、罗辑思维等为代表,也在全面开展社群网络出版的尝试。但是,社群网络与社群参与效应在创造全新的数字内容版权与出版经营模式的同时也带给了出版业巨大的挑战。传统出版业中作为核心利益的版权概念被解构,变为种类包括美术作品、软件作品、文字作品、音乐作品、摄影作品、影视作品等划分更加细致多元的数字版权,其来源除了传统内容资源的数字化,还有新兴数字媒体网络作品发布和社群用户自媒体创造。数字内容类型和来源的多样性特征使数字内容版权管理与传统出版管理有着很大的区别,尤其是富媒体和泛阅读造成的版权碎片化和模糊化,数字版权的保护和复制传播、各要素归属、构建商业模式和产业链、标准规范、行政管理等日益成为问题与挑战。

Web 2.0 时代的到来，意味着由大型网络公司、门户网站和网站雇员主导内容生产的日子已经过去，用户需求成为互联网生产与消费的核心，博客、RSS、百科全书、社会网络、P2P 等技术支持他们在网络空间中表现、分享、交流、集群，塑造了当今互联网环境的形态面貌。网络社交平台和软件激发了网民用户的能动性与主创性，凭借其出色的用户数量和分享功能，具有内容创造、交互、消费能力的群体次第出现，这些群体和个人的"声音"和他们分享交互的行为，被有识的出版商发现，成为出版活动中强有力的内容资源和营销渠道。刘蒙之认为，社交出版是"以用户为核心，强调用户之间分享、互动、传播和社交的全新阅读模式"，如果我们要精准界定社群网络出版，它不仅仅是阅读模式，也是一种不同于传统出版的生产模式。① 从全球范围的社群网络出版实践来看，社群网络作为出版生产的平台和工具，其主要功能不外乎作为出版内容的来源、一种快速有效的营销渠道和进行选题策划与精准推送的用户数据，其要素融合并表现于自助出版、众筹出版、按需出版等具体出版模式之中。

尽管已经出现了不少以社群网络为基础的出版平台和出版商，但是对社群网络资源优势的利用多数仍然停留在初级阶段，在用社群网络替代传统出版流程中的某一部分。例如，以新浪微博上的热搜话题、发布新书榜单代替以往的新闻舆论和图书广告，豆瓣阅读小组代替线下读书会、读者俱乐部，"微信书"不啻是省去了组稿撰写过程的日记、传记出版等。这些社群网络出版商和出版产品虽然不乏优秀的"创意"，但是由于出版角色在整个过程中定位简单和陈旧，出版商需要从外部介入社群网络之中，发现社群网络中特质突出的内容资源，再联系、签约作者组织出版活

① 刘蒙之：《产业创新视域中的新型社交出版模式初探》，《编辑之友》2013 年第 8 期。

动。诗集《摇摇晃晃的人间》和《月光落在左手上》,便是湖南文艺出版社和广西师范大学出版社的两位编辑,看到了诗人余秀华的诗歌在微信朋友圈所聚集的人气,从外部介入主动联系作者才得以出版,“与其说是出版人的主动选择,倒不如说是网友‘倒逼’的结果”。[①] 因此,完整、持久的社群网络出版产业链亟待建立。

社群网络在新媒体的支持下,表现出开放、分享、类聚、个性的特点,反映到出版生产活动中,社群网络出版也应当满足用户参与、交互、集群、小众的出版和阅读需求,用户按照自己的兴趣爱好分众,以交互的方式参与到内容的创作生产中,他们既是作者也是读者,传统出版商“把关人”地位和神秘性被消解的同时,文化产业却呼唤强而有力的版权运营者,社群网络出版中出版商角色面临重新定位的挑战。在理想化的社群网络出版模式中,出版商作为社群网络平台的提供者或组建者,用技术和服务给予用户自由、多元地创作与交流的空间,又享有着对用户一定程度的管理与引导权限;凭借自身的专业知识向用户提供专业化的出版建议与服务,同时建立起大众评论所得不到的权威品牌与评价体系,以向更广大读者开放;作为版权的保护与管理者,除了发现与组织优秀社群网络内容出版,还要协助用户进一步开发内容衍生产业链,实现出版商与用户的共赢。

社群网络出版之所以在当下的数字出版环境中,未能够得到全面的发展,原因主要集中在社群网络出版平台、版权保护与共享、社群网络出版盈利模式等三个方面。

互动平台是社群网络得以存在的根本,Facebook、X(原 Twitter)、微博、微信等都是目前较为成熟的网络社交平台,社群网络出版也需要以一定的社群网络平台和用户为基础,因而数字出版商与网络社交平台的关

---

① 陈守湖:《全媒体时代图书策划的传媒化探索——以余秀华诗集出版为例》,《出版广角》2016 年第 12 期。

系成为社群网络出版首要解决的问题。从实际来看，主要存在借用平台和自建平台两种方式，出版商要么与大型网络社交平台进行合作——也是多数传统出版所采用的方式，要么自己搭建集社交与创作于一体的平台，以 Wattpad、时光流影为代表。借用平台的优势在于现有社交平台的庞大网民用户数量，既有内容和用户数据，大型社交平台的技术支持为出版商节省开发与管理成本，缺点是出版商对用户和内容的管理权限必然受到制约，造成内容后续开发和利益分配的矛盾。自建平台虽然能够规避借用平台的这些问题，但是前期建设投资、运营管理的成本，以及最为关键的用户的原始积累都是不能忽视的问题。第三种方式则是出版平台和其他社群网络平台相互关联，iZDOT 平台的用户就可以与 Facebook、Google 建立联系。[①] 此种方式相对折中，既利用了现有社群网络平台的庞大用户资源，又在很大程度上规避了社群网络平台新旧淘汰的风险，但是在收益分配上有待商榷。

社群网络出版作为一种具有集体创作性质的出版活动，版权的归属和保护是一大难题。在社群网络出版中，"作者和读者之间充分的互动与分享使得一部作品的成功并不单单依靠某一个人的智慧"，内容的创作出版与分享传播都有读者的身影，"读者和作者定位的模糊化使得出版作品的知识产权归属存在着很大的争议"。[②] 但是，Wattpad 对于创作、阅读和分享较为粗暴直接的免费模式，也潜藏着不少危机，在未来或以版权纠纷官司的形式爆发。尽管 CC 协议看似能够初步解决作者版权保护与增加作品流通性的矛盾，但是如果作为平台管理者的出版商角色缺失，依然严重阻碍社群网络出版作品的再创作与再开发。仅凭作者和读者的单一力量，往往无法贯通出版活动的始末，仍然需要出版商提供专业的版权知识

---

① 牟丽：《澳大利亚的数字出版探索之路》，《编辑之友》2013 年第 10 期。

② 周敏、张婧：《从小众走向大众：社交出版的变革与挑战》，《科技与出版》2015 年第 9 期。

与代理服务。出版商有效地对版权负责,是社群网络出版作品扩大影响力的关键。

社群网络出版虽为一种新型的出版模式,但是有关利用社群资源促进出版生产与消费的商业模式相对过时。出版服务费、互联网广告、网上售书依然是当前最常见的三种社群网络出版商业模式。[①] 目前多数社群网络出版平台,就是以提供众筹出版、自助出版服务从而收取服务费用这样的方式获取收益。但是,单一地依靠用户数量和产生的流量盈利,不仅利润空间有限,也会影响出版商提高对社群网络出版作品的关注度。例如,向作品出版收取服务费用是在以“量”取胜,“盛产垃圾”和“收入瓶颈”将作为一对反向关系困扰出版商。在数字出版发展的初期,流量对于出版工作的“战略转移”有着基础性价值,但是随着产业的成熟和作品质量的提高,优秀内容的价值远超前者。《盗墓笔记》最初是发布于百度贴吧的《鬼吹灯》同人小说,百度贴吧主要以广告和会员为盈利手段,没有对内容进行管理、出版和再开发,最终南派三叔带着众多“粉丝”移步至起点中文网。因此,出版商必须找到从社群网络出版作品中发现价值的盈利模式。

面对迅猛发展的社群网络,社群网络出版中的出版商亟待重新确立其角色定位:除了从外部介入社群网络中,作为内容的发现者和出版的组织者,出版商应当是以社交平台为依托的服务者、品牌与专业评价体系的建立者,以及深度挖掘作品价值、扩大社群网络出版影响力的衍生产业链的开发者。

1. *以社交平台为依托的服务者*

社群网络出版中的服务者,包括平台的提供者、出版服务者、版权管理者三个方面。出版商首先要以出色的数字技术力量,为用户架构起一

---

① 朱煜:《社交出版:数字化出版的新模式——以 Wattpad 为例》,《出版发行研究》2014 年第 7 期。

个具有出版意义的社群网络平台。作者与读者在社群网络中整合为用户身份,他们在这一平台上能够书写、发布自己的作品内容,阅读、分享他人的作品内容,以及对他人的作品内容进行续写、解读、评价等再创作活动。如果以借助平台的方式提供,出版商需要与现有社群网络平台的所有者进行信息共享、技术交互、收益分配等多方面的协商合作,以支持上述功能的实现。提供自建平台的社群网络出版商,则需自行完成平台的建设工作,在前期应该保证长远的发展计划、充足的资金供应和专业化的技术人才,顺利度过用户和内容积累漫长的真空期。

当社群网络平台上的内容——包括原作、续作、同人、解读、评论等符合了出版的条件,例如作品规模已经足够完整,或是吸引了大量读者,抑或作者和读者有强烈的出版意愿,出版商可以提供内容出版所需要的出版服务。这一方面要求社群网络出版平台拥有众筹出版、自助出版、按需出版的服务功能;另一方面则以专业的团队和技术为作品提供书号申请、编辑加工与印刷发行服务,保证不管是纸质图书还是电子书的质量。在时光流影自助出版社交平台上,用户可以发布、分享个人的一点一滴,如果用户希望记录的内容整理出版,则可以选择“一键成书”功能进入自助出版环节,根据喜好按需印刷。

尽管用户拥有对作品自由修改和出版的权利,但是出版商仍应当对用户和作品负起管理的职责。作为社群平台和出版服务提供者的出版商,最清楚作品样式与特点,相比用户自己保存出版的作品,或是任由外部的出版商来“挖走”资源,社群网络出版商需要建立相应的作品数据库,将作品分门别类,标明参与创作的用户,用户根据自身的权限从数据库调取作品进行阅读、修改和出版。这一管理权的让渡,通过用户注册时的注册协议与运营过程中的再商议完成。“黑箱”出版的模式在互联网空间中显然是不适用的,以服务者的姿态在“众声喧哗”中“以退为进”,为用户提供社群平台、出版服务、作品管理方面的服务，是社群网络出版中出版商的首要角色定位。

2. 品牌与专业评价体系的建立者

众筹出版、自助出版、按需出版和社群网络、网络文学的出现，必然导致原有出版门槛的大大降低，在不违反我国相关出版法律规定的情况下，许多相对粗糙低质的作品都能够获得出版的资格，而后再进入评价淘汰的过程。出版作品（以是否拥有著作权为区分）数量的指数增加和内容的参差不齐，困扰着当前整个数字出版产业，品牌与评价体系对于社群网络出版就显得极为重要，前者作为社群出版作品质量的保证，后者则努力为读者提供理想的阅读体验。在作品从平台素材变成出版物之前，用户毕竟还需要出版商的编辑加工服务，这一过程给了社群网络出版商形成自己品牌的机会，因为社群平台上的素材往往带有琐碎、混乱、粗俗的特点，才需要出版商“化腐朽为神奇”的能力。专业的编辑团队挑选出有益的内容整理组合，将主题思想提炼升华，本被消解的“把关人”身份以另一种姿态重生。用户群体无法形成品牌，社群网络出版商却可以，他们在长期出版实践中，用好作品积累起口碑与品牌。品牌可以增加外部读者对社群网络出版作品的信任，从而促进作品的营销，吸引更多的用户加入社群网络出版中。

在阅读一端，出版商应当以有别于大众评价的作品评价体系为读者筛选作品，节省下不必要的挑选时间与精力。网民用户组成的大众评价带有诸多不确定因素，例如某些高评价图书只是营销炒作或是网络“水军”的产物，豆瓣阅读虽然积累众多但有时也被认为过于追求“文艺范”，大多数网站采用的过于简单的星级评价制度有时也会造成用户的不信任态度。社群网络出版中的评价体系是客观独立、专业合理的，不是图书评奖的简单复制，它带有“选书人”的意义，其包括文学性、应用性、（词汇）阅读难易、适读年龄等全面立体的分析与评价，配以非匿名性的专业权威书评。Trajectory.com 的“发现好书”版面中的图书,以直观专业的数据呈现了图书词汇总量、特殊词汇、成年读者阅读时间、情绪波动、剧情节奏等项目的统计指数,代替简单的星级评价制度供读者参考。评价体系的建立,既为读者找到自己想要的好书创造条件,又努力使一些“不显眼”的好书不被大众评价埋没,因而有研究者将出版商的这种角色定位比作“信息瞭望哨”。[①]

3. 衍生产业链的开发者

能否长期、稳定地实现盈利,决定着社群网络出版平台能否在技术淘汰与市场竞争中生存下去。不仅是出版商需要获利,对于作者也是一样的,如果社群网络写作只是一种纯粹的写作活动而无法获利,社群网络出版将难以持久地抓住作者。Wattpad 平台的作者之一亚历山大·科林斯曾表示,自己的下一部作品会考虑社群网络平台之外的传统渠道,是出于生计原因而非不喜欢 Wattpad。[②] 采用出版商与用户共赢的模式,反过来成为用户积极创作的激励因素,形成良性循环。Pentain 众筹平台上众筹图书销售时,净利润的 50%归读者、40%归作者、10%归平台,图书出版使三方都有利可图。[③]

相比精美的产品材质、外观设计或插图排版,内容本身无疑是作品价值最大的部分,这也是为什么包括盛大文学在内的许多数字出版商积极进行文学类 IP 产业的开发运营。开发社群网络出版作品的衍生产业链,扩大版权影响力,是内容资源最有效的利用方式之一。出版商在社群网络平台以作品版权代理人的身份,与多媒体出版商进行版权合作,制作相关影视剧、电脑游戏、漫画动画、舞台剧等多形式产品,开发以社群网络出

① 张炳杰:《趣缘群体之“粉都”效应——社交媒体时代图书出版发行的新路径》,《出版发行研究》2016 年第 11 期。

② Grace Bello,“Wattpad Revolutionizes Online Storytelling”,*Publishers Weekly*, 2012-12-24.

③ 武小菲:《共赢模式:众筹出版传播的升级版》,《出版发行研究》2016 年第 4 期。

版作品为核心的文化产业链，再与作品的创作群体分享版权运营所得。除了传统文学类IP产品形式以外，社群网络出版作品本身具有多媒体、社群性、参与化的特点，因而用户黏性较高，在电视节目、O2O社群活动、展览会等强调互动性的产品营销方面有着特殊优势。例如，Wattpad在以广告费作为自己的主要收益来源之外，也尝试与其他媒体展开合作，TNT和UCP与Wattpad签订协议以购买平台上的故事，或拥有数据的实时使用权，来制作电视节目。[①] 甚至由于"集体创作"的关系，后期产品呈现跨媒体叙事的元素——用户交互的表现与成果成为产品的一部分，缔造全新的文学叙事样式。

此外，衍生产品与产业的合作与开发，有赖于社群网络出版的出版商对于平台、用户、作品的有效管理，以及用户的不断增加和作品的顺利出版。在出版商与用户在版权所有与收益分配方面达成一定的协议与共识的条件下，出版商才能充分调动自己的专业资源去使用版权。因此，出版商的平台服务者、品牌与专业评价体系建立者和衍生产业链开发者角色，构成了社群网络出版运作模式的有机整体(参见图6-1)。

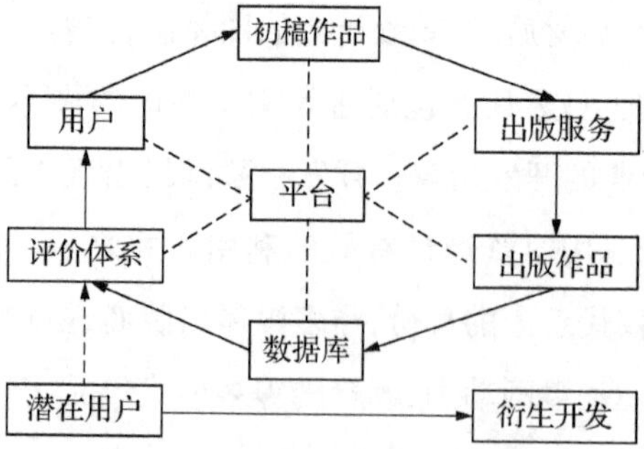

图6-1 社群网络出版运作模式

① Calvin Reid, "Wattpad Grows from Reading Site to Multiplatform Entertainment Venue", *Publisher Weekly*, 2016-12-5.

数字版权管理平台作为一种数字内容的管理方式，得到了游戏与影视行业实践的证实，逐渐取代传统的DRM保护技术和分散式的内容资源利用方法，对数字内容版权进行平台化管理与服务，是解决社群网络环境下富媒体和泛阅读现实中数字版权诸多问题的有效、可行之法。数字版权管理平台是整合经营理念与平台实物的统一方案，其核心理念是对数字内容进行集约式的存储、管理与运营，对用户虚拟身份则进行统一、全面服务，创设出多种应用场景，通过账号与用户对应锁定的关系保证版权的合法授权，为用户提供流畅的阅读体验。数字版权管理平台的实体是利用计算机技术建立一种面向出版商、消费者、管理部门的数字平台，主要有库式、索引式、工具式三种类型，运用场景包括身份资料数据库、虚拟交易市场、即时资讯订阅与分析、个性化账号定制、用户社交与匹配、作者服务、按需出版印刷、电商平台关联、版权输出窗口等。以出版企业、出版行业和政府部门为差别主体，数字版权管理平台从性质上分为自营性数字版权管理平台、行业性数字版权管理平台和国家层面的数字版权监督平台。

自营性数字版权管理平台的运营者为出版企业，以平台化的方式对名下的数字内容版权进行统一的管理，向用户提供服务业务，通过一种或多种商业模式以维持自身的长期运作，它是数字版权管理平台这种产业模式中数量最为庞大的基本单元。自营性数字版权管理平台需要满足海量存储、编辑加工与在线发布、信息传输下载、数字安全技术、用户层级管理、消费支付通道等主要功能，平台构建环境包括资本聚合、平台搭建、内容整合、用户吸收、运营推广等阶段，针对内容、平台、技术、网络、终端等数字出版关键要素，通过大数据算法与人工智能技术的高精度管理、抢占版权市场先机与选培原创内容资源并行、内容产业化开发模式三个方面加以优化。

自营性数字版权管理平台的具体业务形态和商业模式主要为社群创作自媒体版权管理体系、基于专业数据库的知识服务与学术社交模式和多元教育出版资源对接个性定制服务。自媒体版权管理体系对应社群用户创造的大量自媒体版权开发与应用价值。自媒体版权处于版权保护的边缘地带，盗版侵权与有偿使用均存在问题，因而需要建立由版权集体管理协议、版权开发策略和版权自动结算系统组成的自媒体版权管理体系，依托不同的原创内容性质和生成方式可形成“文学网站—收费阅读—全版权运营”“视频网站/应用—聚合信息推送—流量新星”“论坛贴吧—内容自助出版—生活延伸服务”三种商业模式，从法律体系、原创申明、传播渠道、业务完善等方面加以优化。专业数据库的优势不在于内容，而在于版权渠道整合，但其现有的版权买断收费模式形成的垄断地位，在一定程度上限制了其进一步创新盈利方式，知识服务与学术社交模式应运而生。专业数据库知识服务是以数据库为基础进行衍生增值服务，场景性是其形成商业模式架构的关键，可产生特殊数据库、写作指导、投稿指导、报告分析、成果评价、智库服务等业务形态。学术社交平台以专业数据库索引为基础，为用户提供涵盖文献检索、学术会议、学术文库、课题分析、调研分析、著作推广、项目合作及学术笔记等多场景、精细化的科研工具服务，“异质性”沟通、资本重聚、议题引导话语是学术社交网络的重构建设策略。多元教育出版资源对接个性定制服务对应教育资源版权种类多元化和学习形式多样化的趋势，出版商从用户权限体系中获取用户的个性需求和特点，从版权资源库中调取相关内容，通过数字编辑加工器进行一定的编排，在分销阅读平台上播放，形成线上培养方案和线下学习体验的整合，可开发学习计划定制、多对一名师辅导、立体学习空间、家校管理系统、学习内容反向提供链等应用场景。海量教育资源库和创新教育产品服务的组合是其构建方式。

行业性数字版权管理平台由行业组织建立和运营，依托于数字化平台的内容资源库、全行业索引、出版服务等功能，推行统一标准规范，既能使出版行业形成自律，又可以实现诸如孤儿作品的版权归属和权益分配问题的行业性质集体管理。政府管理部门之于数字版权管理平台的支持体现在管理方式、法律规定和输出策略上。国家层面多级联动的数字版权监督平台对数字内容版权信息进行存目和备案，对数字版权的使用随时监控。同时，需要配套出台折中避风港原则和红旗原则的法律规定，给予作为网络服务提供商的平台运营者确定分明的权责和一定的宽容度以适应我国国情。国家文化管理部门可依托三级平台体系施行全媒体出版、跨媒体叙事开发、IP 产业运营构成的内容产业化输出策略，数字版权管理平台是国家对外展示的窗口，也是版权国际贸易的可信代理机构。

数字版权管理平台方案的推广施行，能够从出版企业、出版行业、政府部门三个层面，以自营性数字版权管理平台与行业性数字版权管理平台、国家层面的数字版权监督平台形成联动一体化的数字阅读和版权授权系统，将数字内容版权的生产发布和阅读消费集中到规范化、同一数字化框架中，同时也成为国家管理数字内容市场的核心方式，实现从数字内容的生产、保存、发布到授权、使用、消费、维护，以促进我国文化产业走出竞争无序、管理困难的局面，从而走上可管可控、持续健康发展的科学道路。

附录一
众包模式下的社群出版
——以喜马拉雅 FM 为例

一、虚拟社群与众包模式

社群是基于一定的传播媒介聚合到一起，进行信息传播、情感交流、文化和价值共享的群体。不同的传播媒介促成了不同社群形态的形成，随着互联网的发展，逐渐形成了虚拟社群，人们可以通过网络与他人进行交流，并依据相近的关注点形成社群，在社群中交流、互动。虚拟社群的形式也在不断发展、变化。例如，百度贴吧、豆瓣、天涯等论坛以不同主题引发用户发帖、讨论；微信、QQ 以及最近的钉钉依据信任社交，让用户建立自己的熟人圈；网易云音乐以音乐社交为特色，通过评论回复建立临时社群。很多平台的虚拟社群并不只是采用单一的社群形式，而是多种形式结合，或灵活采用第三方平台延续社群发展，以此建立更为和谐方便的社群。

虚拟社群使得人们的交往更加紧密，社群成员之间的交流互动频繁，社群的边界更加宽泛。同时，在这个认知盈余的时代，有不少人受过良好教育，同时也能够自由支配时间，因而“众包”模式也逐渐兴起。众包指的是将完整的一项工作拆分成数个板块，以外部招标的方式，交予多个执行者完成,对象一般是普通大众群体,而非特定的专业团体。这种基于一定专业基础的业余创作蕴含着更多的创意,也能为公司带来更多活力,满足用户的个性化、多样化需求。

将社群与众包结合,可以很好地结合两者的优势。社群是基于一定兴趣组合成的群体,其中也不乏专业人士,他们完全有能力完成自己兴趣领域内的任务,将任务发放给他们,既能进一步加强社群的黏性,也能激发用户的活力,吸引其他用户,进一步扩大社群规模。而在音频出版中,喜马拉雅 FM 已初步探索出众包+社群出版的模式,同时,它也是最具代表性的平台,这一模式对于平台而言,能挖掘更多人才,发挥更多资源的优势,助力平台的创新型发展,因而本文将以喜马拉雅 FM 为例,对众包与社群出版相结合的模式进行简要分析。

二、喜马拉雅 FM 的平台优势

喜马拉雅 FM 组建于 2012 年,2013 年上线手机客户端,占据了国内音频行业 73%的市场份额,可以说是音频行业的龙头老大,它的手机用户超过 6 亿。同时,它还拥有超过 5000 万的海外用户,在 2020 年,喜马拉雅 FM 主播数破千万。如此庞大的用户群体以及主播数量,为喜马拉雅 FM 组建社群打下坚实的基础。

目前,喜马拉雅 FM 的社群被称为圈子,大致是以各类主题为标准进行分类,例如教育、娱乐、文学等,再细分成不同的方向或不同的主播,建立各自的社群,不同的圈子可以设立不同的圈规,也可以根据各自的需求细分成不同的栏目,圈子内定期会有各自的主题,引发用户讨论。用户可以选择加入自己感兴趣的圈子,发表与圈子主题相关的帖子,也可以浏览其他用户的帖子,点赞评论转发。现在还有主播创建群组的功能,只不过这个功能还在公测阶段,只对部分主播开放。总的来说,喜马拉雅 FM 拥有庞大的社群,对社群管理也比较专业,能为主播和用户之间的交流提供舒适便利的环境,增强社群黏性。

另外,喜马拉雅 FM 的版权占有率也很高,从发展之初,喜马拉雅 FM 就十分重视版权的购买和合作,早在 2015 年 7 月,喜马拉雅 FM 引入了中文数字阅读内容强大的阅文集团作为战略投资者,并签署了独家版权合作。次年,在“2016 中国有声书出版业启动发布暨集体签约仪式”上,喜马拉雅 FM 与众多出版企业结成了业务伙伴关系,其中既有国内上海译文出版社、中信出版集团、果麦文化等,更有企鹅兰登书屋这样的国际大品牌。双方合作的内容从有声书改编、版权饱和到 IP 产业孵化等均有涉及。2018 年,喜马拉雅 FM 就已拥有 70%的畅销书的有声版权,85%的网络文学的有声改编权,拥有超 6600 部英文原版畅销有声书。另外,平台在直播、配音等方面都需要大量的音乐,因而和文字类版权一样,在音乐方面,喜马拉雅 FM 同样采取平台合作和鼓励原创的方式。2015 年,喜马拉雅 FM 就进行了“时声”独立音乐计划,培养草根音乐人,长期提供正版音乐孵化服务;2020 年 2 月,音乐版权发行平台 VFine Music 宣布与喜马拉雅 FM 达成深度战略合作,将为喜马拉雅 FM 旗下的所有产品提供 10 万首商用音乐授权。与数字阅读平台及出版社、音乐平台的合作,为喜马拉雅 FM 内容的丰富性提供了坚实的保障,这也为众包模式做了充分的准备。

喜马拉雅 FM 所持有的版权很多,如果仅凭自己公司的主播,主播工作量太大,很难完成这么多的作品。但同时,它有庞大的社群基础,挖掘用户社群的潜力,将内容制作交给用户完成,既减少了音频制作的压力,也避免了单一风格,使作品的呈现更加丰富多样。

三、众包与社群出版的结合方式

在版权占有率高与社群庞大的优势基础上,喜马拉雅 FM 将众包和社群出版相结合，主要采用了两种模式。

一种为网站发布任务，喜马拉雅 FM 有单独的一个网站，名为喜马拉雅有声制作平台。平台在购买版权后，在这个网站上发布任务，也允许作家或出版社以任务的形式为自己的作品公开招募主播。用户可以自行选择这些任务，参与海选竞标，平台就用户的音频进行审核验收。竞标成功后，用户与平台签订协议，用户按照约定完成录音任务，按时上交后可以按约定获得报酬。但并非所有用户都有资格参与海选，平台对能选择任务的主播也有比较高的要求：必须是平台内的主播，需要完成实名认证，且主播等级还须达到 Lv 5，相关专业毕业或者播音、配音经验达到一年以上，会基本剪辑，有录制需要使用的专业设备，达到这些条件的主播才能够在网站上接受任务。

第二种是用户可以参与的海选，相较于第一种，海选是不定期举办的，主要流程是平台发起活动，比如为一本畅销书寻找适合的主播。这种模式在喜马拉雅 FM 早期发展中就已被采用，早在 2014 年，平台就曾在官方博客上为韩寒广发英雄帖，为韩寒书籍的有声版录制征集主播，之后也曾为张嘉佳、蒋方舟的作品征集过主播。现在喜马拉雅 FM 依然在沿用这种模式，还增添了趣配音大赛，和其他平台合作，以游戏和商业宣传为主，例如宣传梦幻西游、魔兽世界、炉石传说等等；京东的“618”也曾与喜马拉雅 FM 进行过合作。

这两种模式都是由平台提供素材，后者还可以提交主播原创的内容，平台用户为自己喜欢的主播、录制作品投票，从中胜出的主播可以获得相应奖励或者直接参与作品的录制，平台也可以在这些胜出主播中选择适合宣传活动的配音人员或者为书籍的录制寻找主播。

这两种模式各有优势，互相补充。网站发布任务，可以在很大程度上减轻平台制作作品的压力，同时，也设定了较高的门槛，保证了接受任务的主播素质、录制水准,也过滤了一些能力不够强的主播,减少平台审核压力。任务要求清晰,同时也明确标出支付的报酬,让领取任务的主播能更好满足平台需求,也减少平台与主播之间的纷争。由主播自主选择任务,主播有了很大的选择空间,更利于产出优质作品,海选任务也营造出竞争氛围,激励主播提升自身素质和作品质量。但平台的审核和读者品位可能还存在差距,不定期的海选比赛则可以给予用户选择主播的权利,激发用户参与活动的积极性,也可以为作品宣传提前预热,吸引受众持续关注作品的制作;同时,海选大多是为畅销书或者热门网络小说招募主播,这些书籍已有一定的受众基础,举办比赛也可以了解这部分受众的口味,巩固原有的受众群体。

四、喜马拉雅 FM 模式的不足及建议

虽然两种模式很好地结合了众包和社群的优势,对平台、主播、用户等多方面均能产生积极影响,但这一模式仍然存在不少问题。

在喜马拉雅 FM 有声制作平台上,通过海选的主播,能获得的酬劳大多以小时计算,普遍为一小时 80 元,而喜马拉雅 FM 已开启知识付费的模式,大多数制作精良的作品都需收费,每部作品的收费价格也不同,从五十到两三百元不等,相比之下,主播的酬劳就显得有些低了。另外,用户向专辑作品进行打赏,主播也需要和平台分成,而平台和版权方占比大,主播获利少。因而,喜马拉雅 FM 平台的薪酬设置较低,平台方和版权方占据了很大的获利,这对主播而言不具有很强的激励作用,反而可能会打击主播的积极性,也不利于留住优质主播。现在,喜马拉雅 FM 的部分任务不仅有 80 元每小时的底薪,还有 10%的分成,虽然相较于只有底薪的酬劳会高一些,但还是远远不够。平台应根据作品的难易程度对酬劳进行调整,还应提高主播所获得的分成,如果主播只能获得分成,没有底薪,

应再提高分成的比例。另外主播也有不同等级，可以适当增加一些激励方式，增加等级高、业务能力强的主播的收入，也可以专门为等级较低的用户进行培训，在较简单的任务中优先考虑他们，培养他们的能力和积极性，让有声制作平台不仅仅是一个发布任务的中介，还是一个连接喜马拉雅 FM 和主播的纽带，让喜马拉雅 FM 更具有人性化。

另外，虽然喜马拉雅 FM 举办的海选比赛很多，但从历年一些活动的投票结果看，人气高的主播不一定会被制作方或者版权方采用，这可能是因为平台和听众的出发点不太一样，导致选择的结果不同，平台可以依照自己的意愿选择主播，但也需要照顾用户的情绪，例如在多人演播的作品中，可以采用海选结果中人气高的主播。另外，喜马拉雅 FM 的有些海选活动在举办后就删除了相关信息，有时在公布比赛结果后，获胜作品或者获胜主播就没有后续消息了，用户不清楚这些主播或者作品是否会被采用，或者被用在什么平台，从比赛结束到有声作品完成这个阶段，宣传是间断的，平台没有公开信息，没有利用好这段时间，这不利于增强受众的黏性，也不利于后续的宣传推广活动。大赛的后续宣传也很重要，因为大赛只是选出了主播或者作品，与平台呈现还有差距，无论有声书制作还是配音活动，平台都应告知观众相关信息，公布后续安排，持续吸引受众的关注。

五、结语

喜马拉雅 FM 的众包+社群出版，应当还有其他问题，但总体来说，它开启了众包与社群出版结合的模式，首创 PUGC 生态，它的创新对于行业而言具有很强的启发意义。

现在很多平台都已拥有庞大的用户群体，在社群经营上也有自己的方式，有些社群黏性也很强，但平台对社群的利用很有限，在社群出版上还并未完全发挥出社群的潜力，而采用众包模式可以进一步挖掘相关人才，也可以增强用户的活跃度，让平台更具有亲和力。虽然众包模式也还在探索当中，具体的实际操作还不够完善，但若平台拥有足够的基础，为众包做好相应的准备条件，建立一个适合自身特点的模式，再对用户加以引导，也可以获得不小的收获。另外，由于这一模式是基于用户产出内容，平台也应对用户设置一定的门槛，保证作品质量，也要为用户提供相应的薪金，让从前“为爱发电”的用户，也可以通过兴趣爱好获得一定的实际利益，激励用户产出更多更优秀的作品。

众包模式与社群出版相结合的模式还处在探索当中，也存在一些欠缺之处，但这个新型的出版模式或许会成为用户展现自我价值的舞台，也为出版业提供源源不断的新生力量。

附录二
民营书店的线上融合发展

在互联网技术和科技迅猛发展的背景下，人们阅读习惯、消费方式的转型，电子商务、网上书店的冲击，加之实体书店面临经营成本的上涨，多重压力造成了我国实体书店出现倒闭浪潮。从经济意义来看，实体书店作为图书销售的平台，在数字化时代趋于淘汰似乎已经成为必然。

正是由于巨大的生存危机，实体书店也纷纷寻求转型升级，以新华书店为代表的国有书店，凭借自己雄厚的资金支持与知名度、影响力等，迅速实现了转型升级，新华书店从大城市到乡镇，优化书店网点布局，实现多区域覆盖拓展；并且充分利用技术支持，例如浙江新华书店集团自主研发 ERP（Enterprise Resource Planning）信息系统，更加方便快捷整合各项信息数据，同时借助多个网络销售平台，拓宽销售渠道；在书店经营上，开发智能机器人、共享书店等经营模式，有效保证了自身的生命力与竞争力。而同样作为实体书店的民营书店，与新华书店这样的大型国有书店相比，在资金、技术研发等多方面都存在很大困难。新华书店的转型升级具有借鉴意义，却不具备普遍性，民营实体书店的发展之路在自己脚下。

一、民营实体书店与国有书店的差异

对于实体书店的生存困境，人们把原因归结为："数字阅读的影响和网络书店低价倾销带来的购书群体持续缩减、不断上涨的房租和员工工资造成的经营成本得不到有效缓解、实体书店自身观念陈旧或经营不善，以及盗版屡禁不止带给实体书店的冲击。”[①]这些问题是实体书店所共同面对的困境，但是在这相同的生存危机下，民营实体书店还存在许多国有书店所没有或者不需要考虑的问题。

1. 资金基础

新华书店成立于1937年4月24日，至今已有88年的历史。特别是在1999年，广东、江苏、四川三省的新华书店作为国内首批图书发行体制改革试点，组建了各自的图书发行集团。随后各省市新华书店开始进入集团化管理，建立现代企业制度。

新华书店是国家官方书店，也是图书发行企业，还是国家刊物宣传与发售处之一。新华书店凭借特殊地位与多年的经营，资金雄厚，有着充裕的资金支持，也保障了其可以进行集约化、规模化、多元化经营，新华书店网点遍及全国大中小城市到乡镇。

也正因为强大的资金支持，新华书店可以投入大量的资金。无论外部的网店布局，还是内部的店面设施、发行技术，现在的新华书店正在努力将线上服务与线下营销勾连，扩大自己的业务经营范围。例如，江西新华发行集团斥资1亿元，经过5年的改造，不仅让网点面积增加了40%，一直延伸到了社区、学校与乡村，更是通过“腾笼换鸟”和前店后库改造工程，着力打造以图书为核心的城市文化空间，升级新华书店的定位。雄厚的资本是一切商业活动最有效的保障，很多时候，民营实体书店并没有这般的资金优势，也很难像新华书店一样进行规模化、全覆盖的网点布局，构建自己的物流体系，产生规模效应。

---

① 陈含章：《转型中的实体书店发展现状、问题与建议》，《出版发行研究》2016年第3期。

2. 政策优势

国家于 2016 年便颁布了《关于支持实体书店发展的指导意见》，为实体书店提供政策支持。虽然有关实体书店的政策早就在国家层面颁布实施，但是具体实施起来还不够完善。2020 年全国两会关于文化产业热点的提案便指出："目前国家层面在文化产业发展的目标和路线方针已经很明确，但与之相适应的有针对性、可操作、能落地的财政、税收、金融、土地、人才等配套政策措施还不够完善。例如，在财政政策方面，中央财政设立文化产业发展专项资金……目前专项资金主要用于支持文化企业项目补贴、奖励，与全国近百万家文化企业的规模相比，受惠面不足百分之一，且受益者大多数为大中型文化企业。"①

作为国企的新华书店，本身就具有雄厚的资金支持，能更好地把握和利用政策。新华书店作为国有事业单位，享受国家税收补贴，而这一补贴为新华书店减少 15%的增值税负担。并且各省市都专门划分资金补贴作为文化产业专项资金给新华书店，扶持新华书店的发展。可见，政策的实施效果还有待提升，特别是针对小微企业的。

3. 品牌效应

相比民营书店，新华书店在店面大小、影响力、名气等方面都要大得多。新华书店是实体书店的知名品牌，也是国家优秀的文化品牌，其背后的品牌效应是巨大的。与许多中小型的民营实体书店相比，巨大的品牌影响力便是新华书店最大的竞争优势之一，其凭借品牌影响力，首先可以吸引更多潜在用户，在中小型书店与新华书店之间，人们选择新华书店的可能性更高。

此外，新华书店的品牌便是最好的广告与保障，也由此可以吸引更多

① 阜阳市人民政府：《2016 年两会关于文化产业政策解读》，2017 年 2 月 16 日，见 https://www.fy.gov.cn/openness/detail/content/58733e427f8b9a2156d46028.html。

的企业寻求合作。正因如此，新华书店总店的全资子公司新华互联与阿里云达成战略合作，整合全国 12000 家新华书店实体门店、584 家出版机构、3000 家大中型图书馆等全产业链资源，上线新华书店网上商城。并且将仓储物流、会员信息、线上线下、支付、发行等各个环节纳入阿里云平台运载，打通各个环节。

新华书店与阿里云这样的零售巨头合作，离不开其强大实力与品牌影响力，而这样的强强合作也促进了新华书店借助新零售实现转型升级。而对于大多数中小型民营实体书店来说，这样的合作机会是相对匮乏的。

二、民营实体书店的线上融合

互联网时代，网络书店的发展、数字化出版的趋势已经不可逆转。因此，顺应时代发展潮流、创新经营管理模式、转型升级已成为实体书店唯一的选择。国有书店借助于强大的资本技术支持，在出版发行销售等多个领域都做出了转型升级的表率，一系列民营书店也找到了自己创新发展的新途径，下文将从线上线下融合的方向探讨民营实体书店的生存发展之道。

1. 发展网络书店——拓宽销售渠道

随着物流配送、快递业和网络购物发展，网络书店越来越成为流行的购书方式，实体书店同样也可以借助网络平台，发展网络书店，拓宽销售途径。推动线上营销与线下体验相结合，实现线上线下互动协同发展；推动实体书店与电商在区域配送、平台共享、网点共建等方面优势互补、合作共赢，探索“网订店取”“网订店送”等经营方式。

对于大部分中小型民营实体书店来说，很难像新华书店这样的国营书店，实现大型的连锁经营，经营网点相对较少，甚至只有一家店铺运营，那么客源也相对有限，受众更多的是书店周围的居民，销售渠道也单一。

因此，发展网络书店便成为有效拓宽销售途径的方式，同时网络书店准入门槛、前期投资都相对较低，不必因为增加店铺而导致经营成本大幅度增长，网络书店对于经营场所的要求较低，实体书店可以直接利用现有书店作为网络书店的实体依托。同时，网络书店凭借线上销售，实现24小时营业，依托于网络平台，不需要耗费人力成本。

当然，网络书店最大的竞争优势之一在于极低的售价，对于这一点，实体书店在运营网络书店时，无法也不能进行低价销售，这一点需要依靠图书销售环境的管理优化，但是发展网络书店绝对是民营实体书店的重要选择之一。

民营书店无法像新华书店一样，直接与阿里云这样成熟的新零售巨头实现直接合作，直接创办新华网络书店商城，但是，依托于现有的网络电商平台依旧是实现网络书店的有效途径。

民营书店虽然不像新华书店一样拥有自己单独的物流体系，但是我国物流体系日益完善，为民营网络书店的发展提供了基础保障。2014年两会，李克强总理在政府工作报告中便指出，"要深化流通体制改革，清除妨碍全国统一市场的各种关卡，降低流通成本，促进物流配送、快递业和网络购物发展。"[①]相信国家物流体系的基础设施建设日益完善，网络书店、网上购物的趋势不可逆转，实体书店也需要充分利用该优势。

当然，民营实体书店可以相互合作整合，将区域内的民营实体店聚拢，形成规模化、集约化的效果，地区内的书店形成一个类似书籍销售的超级卖场，当地各区域的实体书店是入驻商户，通过网站可以搜索附近地区所有的实体书店，既能提供最方便快捷的送达服务，又能立足于实体书店为顾客提供更好的质量、售后保障。

---

① 李克强：《政府工作报告》，2014年3月14日，见https://www.gov.cn/guowuyuan/2014-03/14/content_2638989.htm? cid=303。

例如安徽皖新传媒通过线上将几十家实体书店在合肥形成一个共享书店网络,实现书籍“通借通还”,又用智慧书房APP聚合用户,连接书籍和读者,并且利用推出的共享书店服务搭建自己的数字化平台,努力做到向数字化企业的转型,同时智慧书房APP还为合肥几十家共享书店搭建统一的宣传窗口,大大节约宣传成本以及提高读者参与书店活动的积极性。

虽然大多数民营实体书店无法像安徽皖新传媒一样有着足够的资金投入建设运营自己的数字化平台,但是借鉴这样的方式,与地区的民营实体书店联合建设不失为一个方向。

2. 线上宣传——降低宣传成本

民营实体书店在知名度、影响力方面远不及新华书店这样的国有书店,因此需要充分利用多种方式宣传营销,让更多的消费者了解,提高知名度。而互联网时代,利用网络宣传是最有效快捷也是成本相对较低的方式。

互联网时代,人们的日常生活已经越来越离不开网络,民营实体书店的宣传营销也离不开网络媒体的助力。微信、微博等平台都已经成为实体书店进行营销宣传的重要工具,这类平台投入成本低、互动性强、宣传力度也很好。单向街图书馆微博粉丝有90多万,南京先锋书店微博粉丝有30多万,三联书店微博粉丝有20多万。既能拉近与消费者的联系,又能充分发挥其宣传营销的功能。

此外,利用知名人士直播带货也一度成为网络热点,让更多人了解实体书店,很好地宣传了自己。民营实体书店因疫情而面临巨大困境,因此白岩松等人响应“拯救实体书店”倡议,通过直播,以依次连线的方式,点对点为全国6家民营书店吸引关注。这6家书店分别是西西弗书店、先锋书店、言几又、钟书阁、泉州风雅颂书局、武汉见鹿书店。通过网络直播，各个书店纷纷向观众展示自己的独特之处。白岩松充当了“线上推广大使”“品牌代言人”的职责，主动介绍自己的阅读经验，借助自己央视名主播的资源有效扩大流量，促进实体书店复苏。

3. 智能化经营——降低经营成本

伴随着经营成本的日益上涨，民营书店借助技术革新、推动智能化经营成为必然选择。通过高新技术引入，借助人脸识别、智能机器人、无人售卖等技术，为消费者提供服务，既能为消费者提供别样的消费体验，也有效降低人力成本。

充分发挥信息技术整合数据，通过信息技术帮助消费者快速搜索书籍，书店快速整理书籍上架，并且整合物流、销售等各类数据。大数据可以帮助书店获得用户画像，判断不同读者的阅读喜好，从而在推书、送书、折扣等方面提供更加精准的服务。新华书店的“城市书房”便是智慧书店的代表，书店融合了人脸识别、自主结算、电子水墨价等多种黑科技，实现了线下书店的数字化转型。

随着技术的迅速发展普及，民营实体书店借助这些黑科技融入书店经营当中已经成为完全可以实现的手段。

4. 专业化经营——独特的竞争优势

民营实体书店由于自身经营规模较小，难以实现像新华书店这样的大规模综合性经营，应扬长避短、做专做细，发展专业化、个性化经营模式。

新华书店经营规模较大，图书种类多，涉及文艺、社科、哲学、经管、生活、教育等各个方面。在我国综合性书店中，新华书店是当之无愧的第一。民营实体书店相对经营规模小，难以销售各种类型的书籍，难以满足市场广泛的多样化需求，导致读者选择相对有限。在这种情况下，实体书店最好的选择便是对目标读者类型精准定位，利用大数据分析受众，对症下药，定位精准，实现资源优化配置。

书店可以根据其位置选择,对目标读者的性别、年龄、收入水平有一定的了解,借助大数据分析准确定位,精准推送,也能给目标读者提供更加方便快捷的服务体验。

当然,也可以直接定位为专业性的书店,比如我国首家会员制女性书店——雨枫书馆,目标读者定位为25—45岁的知识女性。销售书籍主要为女性心理励志、亲子阅读、女性职场、育儿类书籍。书馆的室内设计在色调上选择紫色与白色搭配,突出女性韵味,店内装潢鱼池、绿色盆栽,与女性的柔美互相映衬,并且设置儿童阅读区,满足妈妈照顾孩子的特殊需要。

民营书店选择专业化经营模式,需要找准书店的经营方向,做到"专"与"精"。

5. 多元化经营——拓宽销售内容

过去的书店单纯依靠售卖图书为生,随着人们需求的多元化,书店也需要转变理念。多元化经营模式是在互联网环境的影响下衍生出来的一种经营模式,已经成为新华书店以及众多大型连锁书店的重要选择。书店不再局限于纯粹靠买卖图书来获取利润,图书不再是消费者唯一的选择,还包括文创类产品、办公用具等相应的产品。根据"书萌"发起的《疫情当前,书店现状调查的问卷》调查结果可以看出,图书仍然是目前书店的主营业务,而紧随其后的便是文具文创类产品,文具和文创收入已经成为书店重要的收入来源。

除去文具文创类产品,数字化阅读时代,实体书店同样可以销售电子出版物,依托自身掌握的资源,与电子出版商合作,在销售实体书籍的同时,销售有声图书等电子出版物,还可以与专业的课程网络平台合作,承包线下宣传销售网点,拓宽产品线。

此外,实体书店已经不仅仅局限于销售文化类的相关产品,更可以售卖服务。发展销售咖啡茶饮、餐饮食物等服务也是热门选择，对于很多实体书店来说，餐饮已经与文具文创类产品成为常态化经营项目，成为重要收入来源之一。

此外，开展线下课程、读书沙龙、咨询讲座等场地租赁和活动收入也成为重要的收入来源。

多元化经营模式是实体书店非常好的选择之一，但是需要注意的是，多元化经营也存在一定风险，特别是对于资本不够雄厚的民营实体书店来说。多元化经营模式在实体书店的普及，同样可能造成同质化问题的出现，此外，多元化意味着选择更多，但是选择新增业务也需要因店制宜，同一业务在不同的书店可能有不同的效果，而且新增业务意味着资本投入的增加，以及由此产生的各种费用，一旦融合不合适反而可能适得其反，造成更大的危机。

三、构建书店社群网络

书店最重要的依托便是读者群体，随着购书方式的多样化，人们的选择也更加丰富，在这种情况下，书店需要通过各种方式吸引顾客，但更需要将吸引来的顾客转化为忠实用户。

大多数民营实体书店很难具有新华书店这样的国有书店的资金、技术优势，只能借助有限的资金，因店制宜，充分利用现有的技术与服务，形成自己的品牌影响力。民营书店最重要的应该是构建自己的社群网路。民营书店，特别是在区域内经营很久的中小型民营书店，对于当地人来说，不仅仅是书店，更是一个文化地标、一种情怀，而这种情怀便是民营书店在市场经济中最独特、最具竞争力的优势。民营书店应该将这种情怀保留下来，由此发展出覆盖范围广泛的读者社群，通过群组内部的信息机制刺激图书消费，构建以书店为核心的社群网络。

民营书店可以充分借助现有的社交媒介，构建完善社群网络，通过微信、QQ、微博等平台，将读者们联系在书店周围，将自己融入读者的生活之中，发送符合受众的文章等内容，抑或是推送读者交流会等活动信息，为读者们提供交流的平台，也增进读者对于书店的感情。

民营实体书店同样可以充分推广等级会员制，借助信息网络充分收集整理会员信息，为会员提供更加优质的服务，也能更方便了解并满足消费者的个性化需求。

民营实体书店当下的转型应立足自身文化，为读者打造一个阅读场所和精神家园，稳固读者群体，减少消费者的流失。

相比国有书店，互联网必然会给民营实体书店带来更大的冲击，但同时也给民营实体书店转型发展创造了机遇，民营实体书店作为文化产业的重要组成部分，更应该适应时代发展，借助新技术的支持，准确定位，打造书店特色，立足于自身的文化价值，构建社群网络，形成自己的核心竞争力。

附录三
众筹出版中的社群营销分析
——以故宫《谜宫·如意琳琅图籍》为例

众筹，原指"大众筹资"或"群众筹资"，进入互联网金融时代后，特指"人们利用互联网等新媒体平台开展的公众募资活动"。众筹的主要类型包括产品众筹、股权众筹、公益众筹和债券众筹。与图书相关的众筹活动一般都是产品众筹，由发起人确立某本图书的众筹项目，在获得足够的众筹资金后，出版社便可出版相应的图书产品。作为众筹的核心主体，互联网技术让发起人与投资方可以在众筹平台上相互"碰面"。[①] 因此不管是众筹的项目，还是投资来源，都变得十分丰富。这大大提高了众筹的成功率，众筹出版得以焕发出勃勃生机。

《谜宫·如意琳琅图籍》可以说是众筹出版的一个现象级作品。2018 年 10 月 24 日，摩点网启动了《谜宫·如意琳琅图籍》众筹项目，短短一个月时间，就共筹得了 2020 万元，发行 12.2 万册。这在中国图书出版史上，也是绝无仅有的众筹出版记录。[②] 作为故宫出版社推出的首本创意互动

---

① 徐琦、杨丽萍：《大数据解读国内众筹出版的现状与问题》，《科技与出版》2014 年第 11 期。

② 中国新闻网：《体验故宫首款游戏书 这本众筹到 2020 万的书里有什么》，2018 年 12 月 19 日，见 http://www.chinanews.com/cul/2018/12-19/8706239.shtml。

解谜书籍,《谜宫·如意琳琅图籍》书名中“谜宫”其实是整个系列书的名字。① 系列书共有三册,目前已经推出的单册书除《谜宫·如意琳琅图籍》外,还有《谜宫·金榜题名》。

一、故宫运用粉丝经济众筹出版的过程、优势和弊端

故宫出版社大为成功的《谜宫·如意琳琅图籍》众筹的平台投放、福利机制、宣传推广都在相当程度上贯彻和发挥了粉丝经济的优势。故宫出版社选择了摩点网这一国内较为著名和成熟的垂直性众筹平台进行《谜宫·如意琳琅图籍》的图书众筹,在得到专业平台运营机制保障的同时,收获了该平台上一部分对文化创意项目感兴趣的用户的关注。随着故宫巨大的品牌效应和粉丝经济而创下的非凡的众筹成果,《谜宫·如意琳琅图籍》一度成为摩点网的招牌项目,吸引和巩固了更多粉丝参与众筹。同时,摩点网主张与读者形成更加紧密的双向关系,称之为互动分享机制。② 在摩点网的动态区域,大量粉丝上传分享图书的宣传、开箱、细节展示、阅读和游戏体验,形成了粉丝经济中粉丝间互动的一环。

1. 以粉丝与社群为重心的众筹出版过程

《谜宫·如意琳琅图籍》在摩点网上所设立的众筹目标机制与众筹独有福利,是加强粉丝黏性、维持粉丝关注的一大利器。《谜宫·如意琳琅图籍》起初就明确划分了众筹版本与通贩版本,添加独有的游戏关卡等众筹福利,吸引粉丝与大众消费者参与众筹。同时在众筹的过程中,故宫出版社以 10 万元资金作为众筹项目的目标金额,但是也预设了后续目标,

---

① Gadio Pro:《〈谜宫〉·来自故宫的谜题》,2020 年 11 月 28 日,见 http://www.gcores.com/radios/104179。

② 管芃:《互联网众筹出版下的图书营销策略——以故宫出版社〈谜宫·如意琳琅图籍〉为例》,《视听》2019 年第 9 期。

包括 20 万元、50 万元、70 万元乃至 700 万元的档次。筹资一旦超过某一既定目标，每一位参与者便能够获得额外赠送的图书周边以及纪念品。① 通过这种目标机制，项目获得了参与众筹的群体的持续关注，并且拥有了大批自发的宣传渠道，降低了自身的宣传费用，最重要的是以粉丝为主体的消费群体的情感投入不断被强化。

除了利用好众筹平台，故宫出版社同时在其他网络社交媒体上宣传众筹项目。首先就是粉丝流量巨大的微博，2018 年 10 月 24 日也就是众筹项目开启之时，故宫博物院的新浪微博账号也积极进行《谜宫·如意琳琅图籍》的推广。因其本身的粉丝群体以及解谜书的创新等因素，该条微博达到了转发量 1.3 万、点赞量 2.1 万的高效推广。与此同时，在图书的众筹期间发酵"故宫出版神秘古籍"等微博相关话题，阅读量已达到 5000 多万，成功高效地建立起《谜宫· 如意琳琅图籍》的微博粉丝社群。

《谜宫·如意琳琅图籍》作为《谜宫》系列的第一部在粉丝经济上取得了巨大的成功，系列第二部《谜宫·金榜题名》也已经于 2019 年底完成了众筹与发行。系列出版有助于延续参与众筹的支持者中更为核心和凝固的一部分消费者，使得建立起来的粉丝社群不会因为第一部图书的热度消退而解体。同时，这也是像解谜书这类一次性的游戏性质的出版物延续生命力的方式。

2. 粉丝经济在众筹出版中的优与劣

在众筹出版的过程中，相较于普通的大众消费者，粉丝在其中发挥的作用不容小觑，已经远远超过扩大筹资这一原初目的。尤其对于诸如故宫出版社等大型出版社而言，以粉丝经济为主导的众筹出版有着多方面的优势。

---

① 管芃：《互联网众筹出版下的图书营销策略——以故宫出版社〈谜宫·如意琳琅图籍〉为例》，《视听》2019 年第 9 期。

（1）市场预估。众筹出版一般是在图书发行之前举行的，通过图书的预售数量、消费者分布等信息能够最为直观地验证市场需求、预估未来的图书销售市场，判断首印数量以降低图书市场的不确定性。《谜宫·如意琳琅图籍》既有故宫这一 IP 本身的品牌积淀，又是数个顶级制作团队齐心协力的成果，但毕竟是国内解谜书的试水之作，传统的“故宫迷”中究竟有多少愿意为新形式买单依旧是未知的。这时候推出众筹出版，正是验证故宫系列的粉丝经济的通用性与适应性的极佳选择。

（2）宣传推广。众筹网 COO 孙宏生认为，参与众筹的项目需要具有创意性，突出一种理念，更重要的是一定要利用社交网络进行传播推广。众筹阶段给了出版方与粉丝方天然的宣传推广机会。《谜宫·如意琳琅图籍》在微信、微博等社交媒体上进行预热与传播时，粉丝即使还不能收到成品图书，也会愿意进行自发的宣传，分享给周边亲友、带动更多人参与众筹，刺激了出版物的销量增长。

（3）固化粉丝。通过众筹在社交媒体上形成粉丝社群能够更加精准地定位图书受众、增强粉丝黏性、制造粉丝经济。比如《谜宫·如意琳琅图籍》的相关微博话题、微信公众号、微信小程序、摩点网社区多重发展粉丝社群的创立与维持。同时，通过众筹期间各种形式的众筹福利来吸引对此感兴趣的群体，提高了粉丝的参与感，扩大了受众面。

当然，《谜宫·如意琳琅图籍》的众筹出版过程中也存在着对粉丝经济效用发挥不当的缺点。毕竟其现象级的粉丝经济成功主要还是来源于故宫文创的品牌效应与粉丝积累，加之解谜书的创新形式。故宫出版社在摩点网上仅仅于 2018 年发布了一条动态，再无更新，这使得摩点网的粉丝社群的积极性与组织性都有所减损，粉丝与出版方之间的互动十分有限。此外，《谜宫·如意琳琅图籍》的众筹偏向于预售形式，图书本身的内容与形式早已确定下来，这阻隔了众筹出版中出版社与读者、市场之间的互动。粉丝受众反馈的意见和建议难以在图书上得到调整与改进，这也使得《谜宫·如意琳琅图籍》的出版发行在本质上依旧是传统模式。

二、粉丝与众筹中存在的其他群体的区别

在众筹出版过程中，存在着“粉丝”“极客”和“大众消费者”三种群体。

“粉丝”作为一种典型的社群，在近年来互联网经济的影响下，范畴从原来的“大众文化的积极受众”向“品牌产品的忠实消费者和网络社交媒体的活跃用户”拓展。[①] 推出《谜宫·如意琳琅图籍》的故宫出版社，依托着“故宫”这样一块金字招牌，与消费者建立起一种强烈的情感联结，实际上非常符合学者胡泳对于粉丝经济的定义：“通过塑造一个品牌（这个品牌可以是人、物、观念等），来笼络对该品牌有较高认知度与喜好的受众成为其粉丝。”[②]“故宫”作为一个品牌，甚至不是被塑造出来，而是早已植根于人们印象中的，这可以说是故宫天然的优势。

在传统的观念中，“粉丝”一般作为消费者存在，当下社会化网络构建的传播生态则给了粉丝全方位地参与文化产业链的机会。那些“真正能够参与文化产品生产”的“生产型消费者”，就与一般的粉丝区别开来。“相比其他粉丝拥有更多的资源、更高的媒介素养以及更敏锐的商业意识”的这个群体，[③]被曾经的众筹网站“点名时间”的共同创始人与CEO张佑称为“极客”。他指出在众筹过程中，极客“要的是参与感，他们希望在产品还没做出来之前，能参与到整个开发过程，帮助开发者找出BUG，完

① 杨玲：《粉丝经济的三重面相》，《中国青年研究》2015年第11期。

② 胡泳、宋宇齐：《社群经济与粉丝经济》，《中国图书评论》2015年第11期。

③ 蔡骐：《社会化网络时代的粉丝经济模式》，《中国青年研究》2015年第11期。

善不成熟的产品”。[①] 但《谜宫·如意琳琅图籍》和《谜宫·金榜题名》都是在书籍制作完成后开始众筹的,甚至《谜宫·金榜题名》的新书发布和众筹同时举行,[②]显然无法满足甚至忽视了这个群体的需求。

在《谜宫》系列书众筹出版的过程中,还存在着“大众消费者”这样一个群体。他们对故宫的品牌认同度和热情不像粉丝那么高,促成他们购买的偶然性很强,对他们而言关键的是书籍最终到手时的质量。如果书籍还不成熟,他们不会因为和故宫的情感联结而选择原谅,或是像极客群体一样站在故宫的角度提出完善建议,而是会直接认为这是次品。相反地,如果是《谜宫》这样质量较高的系列项目,在《谜宫·如意琳琅图籍》众筹时的大众消费者,就有可能被转化为故宫这个品牌的粉丝,并支持后续书籍的众筹。

三、众筹出版粉丝经济与去粉丝化的拉扯

1. 粉丝经济与粉丝化

粉丝经济是一种建立在粉丝和被关注者的关系之上的经营性创收行为,它“作为一种商业模式,主要靠的是提高粉丝和被关注者的黏性,再通过粉丝的口碑营销向外部扩散的形式来获取经济利益与社会效益”[③]。网络更是突破了时间空间上的束缚,使得粉丝经济快速扩展到文化娱乐、销售服务等多领域。新媒体时代下,被关注者借助广泛的社交媒体平台,通过某个兴趣点、福利措施等聚集粉丝群体,形成粉丝圈,实现粉丝经济

---

① “点名时间”张佑:《我们为什么不做众筹了?》,2014 年 11 月 19 日,见 http://tech.sina.com.cn/zl/post/detail/i/2014-11-19/pid_8465272.htm。

② 文化和旅游部政府门户网站:《故宫出版社推出互动解谜游戏书〈谜宫〉系列第二部——〈谜宫·金榜题名〉》,2019 年 12 月 19 日,见 https://www.mct.gov.cn/whzx/zsdw/ggbwy/201912/t20191219_849719.htm。

③ 杨舒婷、梁诗晨:《新媒体环境下粉丝经济中的消费意识形态》,《新闻前哨》2020 年第 6 期。

的盈利与循环。

凯文·凯利在《技术元素》中依据长尾理论提出了"铁杆粉丝理论"，即"铁杆粉丝是指，无论你创造出什么作品，他(她)都愿意付费购买。他们愿意驱车200英里来听你唱歌。即便手上已经有了你的低清版作品，他们仍愿意去购买重新发行的超豪华高清版套装。……要想提高销量，脱离长尾的扁平区域，你需要直接与铁杆粉丝建立联系"①。消费群体与消费模式的粉丝化正是建立在"铁杆粉丝"的扩充与蔓延之上的一种趋势，近年来在众筹出版领域越发凸显。

2. 去粉丝化的必要性

虽然粉丝效应在众筹出版的过程中确实起到了显著的推广作用，但是过度依赖粉丝经济导致的粉丝化，极有可能湮灭众筹出版物的后续生命力与长远的影响力。波普艺术领袖安迪·沃霍尔(Andy Warhol)曾说："在未来，每个人都能成名15分钟。"这个由粉丝一哄而上的短暂性的"成名"就如同一瞬间的水花，随着时间与浪潮的过去，它也就被快速地扔在了历史里。《谜宫·如意琳琅图籍》的创新大多体现在解谜书的形式创新，并且在此之前，美国出版的《S.忒修斯之船》就已经于2016年左右在中国掀起了一阵解谜书热潮。而《谜宫·如意琳琅图籍》在内容上虽然将真实的文物信息、历史资料融汇成乾隆年代的寻宝故事，但终究出于大众化的考虑限于玩味的程度。即使粉丝方对于这个众筹项目与成品图书满怀期待，但在游戏通关后也和普通大众消费者一样将其闲置一旁。在内容为王的时代，尽管一时的流量带来的效益十分可观，但是没有对于垂直领域的深度挖掘，就无法形成真正的粉丝黏度与经典化的可能，只能停留于现象而已。

---

① 凯文·凯利：《技术元素》，张行舟等译，电子工业出版社2012年版，第86—87页。

“众筹出版项目的图书在筹集资金时,应该是还未完成,而众筹的目的就是减少出版的风险。但实际上,有很多项目的图书已经完成了书稿或者即将上市,甚至一些图书已经在市场上售卖,但依然在众筹平台上发布项目。”①在这个层面上,《谜宫·如意琳琅图籍》依旧属于图书出版的传统模式,但是其凭借强大的粉丝效应,挤占了众筹出版的市场,并且使粉丝经济的利益最大化,在一定程度上降低了小众群体出版成功的可能性。其可观的粉丝经济,引得多家博物馆出版社纷纷效仿,之后相继推出了类似的图书,并且同样采取众筹出版的方式。粉丝经济循环导致了众筹出版市场的普遍粉丝化与同质化,这在一定程度上有害于众筹出版以及传统出版市场的良性发展。

“当出版众筹这一理念已被大众观念接受时,想要打开新局面,就要完成从‘粉丝经济’到纯粹的‘生产社会化’的转变,才能吸引更广泛的社会关注,使其深入人心。”②在众筹出版的发展前景中,适当的去粉丝化与去中心化是必要的。在出版界向来的专业纵深化与传播广泛化之争中,新媒体时代显然是更偏向于传播广泛化了,但二者之间的平衡才是考量出版方、读者、市场的综合能力,延长产业链、推动产业长远发展的重点。

四、故宫在社群营造中的问题和相应的改善措施

尽管已经众筹成功两个项目,故宫出版社在摩点网站的主页仅发布了一条动态,这种情况显示出对于故宫而言,摩点这个众筹平台主要起到的是“筹”的作用,“众”则是故宫依靠自身的品牌优势、在其他社交媒体

① 余望、陈献朝:《“互联网+”背景下图书众筹出版发展的问题与思考》,《中国编辑》2019年第2期。

② 曹宛彤:《我国众筹出版目前的困境分析及新模式研究》,《新闻研究导刊》2020年第6期。

上培养出稳定的粉丝群体后转移而来的。故宫不在摩点网上营造社群的选择,反映出摩点网影响力仍较为有限的问题。

要解决这个问题,首先,摩点网作为一个专注于文化创意领域的垂直性平台,可以进一步利用和故宫出版社《谜宫·如意琳琅图籍》这样的优秀众筹项目合作的机会明确平台特色。众筹平台刚出现在中国互联网时,多是涉及领域广泛的综合性平台,如今热潮消退,则是聚焦于特定细分领域的垂直性平台更受青睐。[①] 但“亿书客”这样一个专业的众筹出版平台,现在首页上的图书项目都停滞在 2017 年且大多筹资失败,也提示了过度细分并不利于发展。相较之下,摩点网专注于文化创意领域的选择是较为合适的。故宫出版社选择在摩点网上开展项目,正体现了出版社对这一众筹平台本身的认可。而《谜宫·如意琳琅图籍》众筹的成功,为摩点网进一步以“文化创意领域的专业众筹平台”走入大众视野助益良多,了解“众筹”这种形式之后,众多未来的文化创意提供者和支持者都会逐渐汇聚在摩点平台上。

其次,摩点网可以考虑发掘自身或平台上项目的“人格化”特征。当下“个性化、多样性的消费价值观,正在逐步取代过去工业时代下标准化生产的以牺牲个人消费美学为代价的观念”。[②] 就摩点网自身而言,虽然目前摩点已经在微信、微博建立起官方账号,开展多渠道宣传,但只有在抽奖时它发布的消息才会有比较高的关注度。利用抽奖引流无可指摘,但摩点还是应该适当调整平台运营思路,借鉴故宫发展粉丝经济的经验。就平台上的项目而言,“众筹”之所以不同于团购或者预售,就是因为消费者和项目之间存在情感联结,这种目睹产品从无到有的养成感是众筹项

---

① 徐琦、杨丽萍:《大数据解读国内众筹出版的现状与问题》,《科技与出版》2014 年第 11 期。

② 刘晓芳:《众包:微观时代》,商务印书馆 2011 年版,第 57 页。

目“人格化”得天独厚的优势。而项目的运营者也应该主动通过“项目的音视频、图片、文字等形式建构的内容、话题的设置与讨论、回报内容的设计等环节,聚集产品个性,凸显产品的人格化魅力”。①

最后,选择摩点网作为众筹出版平台的故宫也不应置身事外,而是要继续顺应“社会化营销”的趋势。社会化营销就是利用博客、论坛、社区、微博、微信等社会化媒体将图片、文字、视频等更为直接有趣的宣传形式放在社交网络平台上广泛传播而进行的营销。故宫博物院在当前比较热门的平台实际上都已经拥有了账号并定期更新,将其中一些日常的更新迁移到摩点平台百利而无一害。另外,《谜宫》系列第三部的制作过程显然对故宫通过前两部作品积攒下的粉丝极有吸引力,故宫出版社可以通过定期在摩点平台上发布比如配件的制作过程这种既不剧透又可以体现项目团队工作量的内容来保持和粉丝之间的互动,吸引更多的关注群体,维系在社会舆论中的热度。这样特殊而专门的内容更新在摩点平台上用以告知消费者项目的进展也是较为合适的。

五、结语

故宫出版社在《谜宫·如意琳琅图籍》众筹出版的过程中,既发挥了自身的品牌效应、运用粉丝经济将效益最大化,又存在不够重视众筹平台摩点网的社群营造、倒逼摩点网进一步扩大平台影响力的现象。其中对粉丝经济的运用因切合了时下互联网经济的发展趋势却又可能带来不良的行业引导,尤其值得思考。总而言之,故宫出版社运用的社群营销方式体现了出版思维与网络模式试图接轨时的罅隙,众筹出版有待于在粉丝经济和社群经济的融合中打开新的局面。

① 郭泽德:《众筹出版模式对出版业创新的启示》,《出版发行研究》2014 年第 8 期。

附录四
社群视角下移动阅读 APP 发展策略研究
——以“微信读书”为例

一、移动阅读 APP 发展情况简介

2020 年 4 月，中国新闻出版研究院发布的《第十七次全国国民阅读调查》再一次证明了移动阅读在人们生活中的快速普及：手机业已成为我国成年国民每日接触率最高的媒介，在手机上接收信息、阅读内容成为一种常态；总体的数字化阅读接触率从 2008 年的 24.5%涨到了 2019 年的 79.3%，12 年间始终稳定增长；纸质阅读的读者与时间都有不同程度的减少。[①] 数字化阅读成为主流，手机阅读飞速发展，这些均指向了一条道路：移动社交阅读是今后的大势所趋。由此，一大批有关数字阅读的移动应用被开发出来，它们拥有庞大的内容资源库和便捷的操作方式，创造了全然不同于纸质书的阅读体验，一遍遍刷新人们对阅读的认知。在这之中比较有代表性的有当当读书、豆瓣阅读、网易云阅读、掌阅 iReader 等。微信读书 APP 也是移动阅读类 APP 中的一个比较成功的典范。

---

① 孙山：《第十七次全国国民阅读调查：2019 年成年国民人均纸质书阅读量 4.65 本》，2020 年 4 月 20 日，见 http://news.cyol.com/app/2020－04/20/content_18577163.htm。

自古以来,阅读经常伴随着社交,文人墨客煮一壶好酒,泡一壶好茶,与二三好友共同探讨书中真谛,也不失为一种雅兴,南宋书会的发展更是让阅读更加具有社交的特质。如今,阅读与社交也是密不可分的,读书沙龙、读书会等活动都将阅读和社交合为一体,数字阅读类 APP 的发展更是促进了数字阅读与网络社交的融合。腾讯推出的轻型移动阅读产品——微信读书在 2015 年 8 月与世人见面了,它打出了“让阅读不再孤单”的口号,明显是要凭借微信庞大用户关系网络为背书,打造一种社交化的阅读方式,作为其与同类阅读产品的区别之处。微信读书通过营销一种社交化的阅读氛围,让微信好友之间可以相互查看阅读状况,以书会友,所以它更像一个“读书社团”,在一定程度上突破了常规的“阅读私人化”的行为模式,除了美观舒适的阅读体验,微信读书的另一大特色是允许用户呈现出个性化的阅读风格,并进一步发展出阅读的社交价值。

社交元素在移动阅读应用中的重要性已经得到了众多出版商的认同。例如,豆瓣阅读的移动端支持用户发布书评,鼓励他们参与各种形式的读书沙龙,还有豆瓣广播功能,供读者们在茫茫用户海洋中寻找书友。很多移动阅读应用的用户与 QQ、微博、微信等进行了绑定,所以社交平台是前者重要的用户来源。微信读书以微信朋友圈为背书,在好友的基础上深度挖掘用户之间潜在的阅读关系,这是同类移动阅读应用不可比拟的优势。其最大的优势在于微信交友平台庞大的用户基数,以熟人关系链建构阅读公共空间,使其“社交+阅读”的模式更加突出。

二、微信读书用户间的互动行为

微信读书作为社交阅读类 APP,为读者提供了一个便于交流互动的网络阅读空间,使得阅读行为具有交互性,用户和用户之间的双向互动增强,形成了“强关系链条”和“弱关系链条”。“强关系链条”是微信读书平台基于微信 APP 的初始关系链，这种关系是建立在既有好友关系的基础上，所以用户和用户之间的关系是直接的、亲密的，由此产生的效应也是强有力的，与之相对的是“弱关系链条”。在“弱关系链条”中，用户在使用微信读书 APP 的过程中建立起书友关系，这种书友关系通过阅读平台的连接而形成，不在既有好友关系上产生，是间接的、微妙的。用户之间存在强弱两种关系链条，二者都能够对促进用户的消费黏性产生积极的作用。

1. “强关系链条”

微信读书可以显示好友书架，支持用户点赞、评论、转发好友的读书笔记，每个人的阅读时长被制作成排名供朋友圈内好友查看。以上三种方式体现了微信读书对“强关系链条”的利用。

首先，微信读书提供给每个用户个性化的书架，并且这些书架是可以被其他用户看到的，以此为基础，用户之间的交流便可产生。当一位用户查看好友的书架，发现他的读书种类与自己十分相似，他们极可能成为更好的书友；如果发现的是不一样的图书，也可以审视是否有自己感兴趣的图书，然后添加到自己的书架。用户之间可以通过好友的书籍内容或者评价分享来阅读一本书，效率得以提升。但是，正是由于微信阅读中的好友包括不同交际圈和不同交往人群，人们针对不同的交际圈展现不同的自己，也就是设立一种“人设”，甚至有一些内容不愿展示给别人。微信读书针对这方面的读者需求，开发了隐私设置，用户可以对自己的书架进行选择性展示，也就是“隐藏书架”，这一功能契合了当代人对隐私的重视和对“人设”塑造的需求，深受用户欢迎。

其次，在微信读书 APP 中，用户可以随时查看好友的阅读进度、笔记和想法，在这基础上交流互动。以“想法”栏目为例，读者可以把自己阅读图书后的感受写成文字，在“想法”中发布出去，他的好友同样也能够看到，并且还能给予回复，产生更多的交流互动。线上互动很可能发展为线下交流，由此组建一个以现实人际关系为根基的文化阅读熟人链。

最后，微信读书仿照微信运动的步数排行推出了“读书排行榜”功能，后台会统计用户个人的阅读时长，每周进行一次排序，个人用户可以看到他的朋友圈好友的阅读近况与排名。这一功能利用个人的竞争心理，激发他们的阅读欲望，大大提高了微信读书的用户黏性。与此同时，用户的争强好胜很可能发展为群体行为，大家相互模仿，一传十、十传百，促成群体阅读的效果。

2. “弱关系链条”

在“弱关系链条”中，我主要将其功能分为“商城”里的评论互动、用户群体间的书评互动、由读者群体发展而来的私人社交三个方面。

首先，微信读书的图书展示界面能够显示出阅读过此书的好友用户，以及它们阅读此书的具体状况。下滑页面设计有书评功能、书籍推荐功能、特定关键词的高品质公众号文章推荐功能。这种设置培养了读者读后输出评价信息的习惯，组织读者生成内容，提供书籍介绍、书籍评论、评分等评价内容，作为其他读者的可参考信息，提高了用户对将要阅读、正在阅读或已经完成阅读内容的理解，实现了内容的输出与发现。

其次，微信读书中每一部作品下都有书评，其中很多书评得到了读者或作者的反馈。读者通过书评表达自己的阅读体验、抒发情感，这对于作者与读者建立长期的互动关系是有益的。尤其是在沟通良好的阅读群组内，成员之间分享的信息或将引起共鸣，在互相讨论的氛围中带来内容的认知与反思。读者的反馈讨论对于作者来说不失为一种灵感启迪，又可以使作者知晓读者们的所喜所好、阅读痛点，借助互动功能为读者答疑解惑，也能够写出更契合读者痛点的作品。

最后，大多数人与“强关系链条”中好友的阅读兴趣有一定差异，他们更多的交流互动往往来自陌生读者。微信读书平台是依靠共同的阅读兴趣而让人们聚集起来的社交平台，还会凭借共同的阅读兴趣划分出许许多多小的阅读群体，用户们依靠平台的社交功能进行交流，虚拟好友可以延伸至现实，形成线下同好圈子，比如组建微信读书的 QQ 群。另外，微信读书推出的"买一赠一"活动也促使读者用户将社交转到私人社交上，每名用户均能继续邀请好友加入，获得额外的免费阅读服务。这也方便了拥有共同阅读兴趣的读者展开进一步交流。

三、社交阅读类 APP 的发展前景

微信读书 APP 的问世晚于其他移动阅读类 APP，但是在发展过程中吸引了大量用户。基于微信好友的强关系链条固然起了很大作用，但是微信读书本身所有具有的特色也是不可忽略的，尤其是它的"社交+阅读"模式。它的成功让我们看到，在数字化时代，社交阅读类 APP 具有非常可观的发展前景。

1. 网络社群下的互动阅读将长久发展

在传统纸质阅读时代，阅读往往是一个个体比较私人化的行为，缺乏阅读互动。即使有读书会等活动，但是囿于地点和时间等客观条件，这类活动存在许多不便，无法满足长期的阅读互动需求，所以这个时期，阅读是以满足个人需求为主的个体活动。在数字阅读刚普及时，读者们自然更加注重自己获得的内容是否切实满足需求，以此选择精确度、专业化更高的阅读软件。时至今日，移动互联网促使人们关注个人社交网络的建设，数字阅读的社交功能开始受到重视。彭兰指出：网友之所以要运用社交平台，是因为他们有构建自我形象、进行社会互动、积累社会资本等三大需求。[①] 用户会通过社交平台进行互动，展现自己好的一面，构建自己

① 彭兰：《数字媒体传播概论》，高等教育出版社 2011 年版。

的对外形象,以此来达到积累社会资本的目的。社交阅读是用户通过社交平台进行互动的一种方式,人们在阅读时往往会选择有利于构建自身良好形象的书籍向社会展现自己的正面形象,并在与他人互动交流的同时,构建起以自我为核心的社交网络,积累社会资本。

但是,以自我为核心的社交网络的建立通常需要花费较长时间,不是一两次短时间内的互动就可以达成的。所以,读者会根据自己的个性化需求,通过长时间的阅读积累,逐步参与创建社群,才能建立以自我为核心的阅读社交群体网络。正如微信读书平台的一些用户基于共同的阅读兴趣和阅读打卡方式而建立 QQ 群或者微信群,这些用户在群里需要进行长期的、有效的互动才能达到社交目的。这一社交群体网络的建立,以阅读为纽带和核心,打破身份、阶层、财富、职业等因素造成的社交壁垒。

另外,为了进一步突出互动阅读的特色,微信读书打出了“让阅读不再孤单”的口号,利用阅读行为中可能产生的人际交流作为吸引读者的招牌。人们在阅读时产生的或欢喜或悲伤、或高昂或低落的情绪都能够在社群中找到与之共鸣的读者,进行情感上的交流。这种方式促进了用户的阅读行为,增加了用户的阅读时间,增强用户黏性,也助力移动阅读 APP 更好地达成自己的商业目的,有利于 APP 的长久发展。

2. 互动阅读形态将更加多元化

掌阅科技副总裁潘庆伟认为:5G、AI 技术的本质,是万物互联。新技术给出版业带来的改变,将会体现为阅读终端和阅读方式的立体化。借助智能阅读终端,读者和作家可以交互,甚至获得更场景化的沉浸式体验。这就要求互动阅读更加立体化,需要更加关注阅读场景,全方位满足用户的感官需求。

2017 年 7 月“微信读书”发布 2.0 版本,植入电台和听书服务,目前几乎每一本书都有相配套的音频。一本书的内容被签约讲书人按照一定的标准进行拆解，重新组合为一个个故事板块，读者根据自己的需求，选择他想要获得的部分，这对于个性化阅读来说是一种提升。在“发现”页面中获得“好友在听”的推荐，还可以自行搜索讲书音频。听书模式能有效解放双眼，让耳朵参与阅读，降低阅读门槛。随着人们生活节奏的加快，眼睛似乎变得越来越疲惫，而用耳朵听代替眼睛看的阅读方式在一定程度上保护了眼睛。另外，听书的资源获取便捷，有利于碎片化阅读。“以听代看”的方式让读者在快节奏的生活中，能够利用一些碎片化时间来进行阅读，不浪费时间。听书模式对读者来说还是一个比较典型的场景化沉浸式体验，读者通过听觉来感受文章中的场景变化和主人公的情感变化，更增强了自身对作品的代入感。除此以外，在微信读书平台中，用户还可以把自己的阅读感想和评论按照一定形式制作成音频，每一位用户都有可能成为讲书人，并通过自己的音频创作获得收益，完成知识的变现。文字与声音的相互配合，在阅读时能够调动读者更多的感官，给予其深刻的印象与独特的阅读体验。

除了听书，移动阅读平台还可以借助图片、短视频等形式进行阅读的拓展，让文字以图片的形式呈现出来。更长远来看，平台还可以利用大数据、AR、VR 等技术，为读者提供个性化的沉浸式阅读场景，文字、音频、图像在未来都会进行深层次的融合。但目前来看，已经有许多数字出版商将自己一部分的开发方向定在了有声书功能，普遍可以看到读书、听书模块出现在我们熟悉的阅读平台和软件中。

3. 个性化功能将持续创新

不同用户在不同场景中的阅读需求是不同的，在接收阅读信息之前，一方面，用户会主动搜索寻找信息，另一方面，阅读平台会根据用户的阅读信息进行判断并进行精准化推荐。精准化与个性化的推荐内容是用户个人在进行社会化阅读时接收到的内容呈现的特点。大数据趋势下，几乎所有资讯 APP 都会通过用户数据的收集、整理、计算来形成用户画像,精准地掌握用户的爱好和习惯,再结合用户所处的特定场景,预测其个人需求,提供私人订制服务。这个数据抓取得越多,其推荐的阅读内容就会越符合用户的期望,越精准化。微信读书平台的个性化推荐机制是根据个人的阅读记录和查看记录进行后台计算分析而形成的,微信读书可以在后台获得每一个读者的用户画像,判断其阅读喜好,由此方便图书推介和阅读引导。对于读者而言,他们在信息选择时更有效率,能花更少的时间获取自己想要的信息。

除了个性化和精准化的阅读推荐,移动阅读 APP 还要更加注重页面设计和功能设计的改进和完善,提升 UI 设计和操作简易性,让操作更加人性化,更好地满足不同用户的阅读体验。在微信读书平台中,用户可以个性化地改变内容的字体字号、屏幕亮度、背景图片等。除了可供选择的夜间模式、护眼模式,语音朗读功能也是微信读书的一大特色,并且读者能够自由调整朗读的音色和语速。微信读书在 APP 内不投放任何商业广告,给读者提供了一个更加纯粹的阅读环境。这些平台优质的界面设计让读者感受“私人定制”的舒适阅读,提高用户阅读体验的满意度。

四、移动阅读 APP 发展的问题与反思

1. 碎片化与浅阅读亟待改善

阅读速度是社会节奏的反映,快餐式阅读的背后是整个社会竞争的激化。互联网的飞速发展造成的信息爆炸也给人们提供了多元选择,与此同时,手机等移动终端功能的不断完善,看似使人们接收到了越来越多的信息,然而人们的可利用时间是有限的,囫囵吞枣式的阅读使得快餐化、碎片化的浅阅读盛行,甚至成为社会主流。

浅阅读并不全然是当今时代的全新产物,历史上可以追溯到陶渊明

的“不求甚解”读书法，不过作为一种学术概念，它最早被提出的时间是20 世纪 90 年代。一般意义上的浅阅读，指的是追求表面感官体验的阅读方式，相对轻视那些需要长时间阅读、费心思理解的内容。与陶渊明的“不求甚解”不同的是，互联网时代下的浅阅读更多呈现快、泛、短、浅、碎等特点，追求速度、广度和功利性。受众对信息的阅读就像吃快餐一样，快速吸收消化后又迅速遗忘，浅尝辄止。比如许多人在应付考试时，采用快速记忆法，在短时间内尽可能地记住自己需要的信息，但考完试就将其丢在脑后；又比如现在有许多人采用“一分钟看电影”“一分钟读懂《×××》”等形式进行信息的获取。此外，微信读书平台中的互动行为虽然可以帮助读者快速阅读，然而朋友之间清晰可见的阅读记录也会让读者们相互攀比，一些读者草草阅读并非为了获取知识，仅仅是让自己的数据排名显得更加“好看”。如此一来，图书本身反而不再是读者关注的焦点，而成为一种社交媒介，用于展示自己、交流信息和发现价值。这一切又反过来加剧了阅读碎片化的情形，人们只留意电子阅读的某些“附加值”，却错失了书本身最珍贵的内涵——知识。人们在使用电子设备阅读的过程中，随时都可能被打断阅读的节奏，中断信息的吸收。

浅阅读自然有其存在的合理性，但是我们绝不可能抛弃深阅读。如何让社交化的阅读更符合深阅读的要求是一个值得思考的问题。“特定的文本会激发读者积极的阅读参与，促使其形成认知、生成体验，而读者能动性参与行为价值的高低层次则决定于文本深度与读者认知与体验深度不同程度的化合”[①]，所以，文本对读者的刺激有利于深阅读的进行，能够给读者带来新的认知和体验，满足读者阅读需求，从而促使读者更加积极主动地进行深阅读，因此，移动阅读平台需要提供更加优质的内容来激

---

① 李凡捷、李桂华：《“深阅读”之争议与再思考》，《国家图书馆学刊》2017 年第 6 期。

发读者进行深阅读的欲望。在对文本进行深阅读的基础上,读者与读者、读者与作者之间就会以评论、分享等方式展开交流,进行更深阅读,这就要求移动阅读平台构建起良好的阅读社群,方便读者与读者、读者与作者间进行超越地域与时间的交流。

2. 信息茧房容易形成思维固化

平台的个性化推荐将用户圈于某个特定的信息网络环境中,为了满足用户的喜好,平台会尽可能地推送某一方面的资讯,即便它们是趋同的。在大数据技术支持下,微信读书平台以用户的主观兴趣为出发点,不论内容是否有积极价值,都将其推送到用户端,读者的视野会被禁锢在个人兴趣的领域内。基于相互选择的互动交流更是趋于同一种,形成的群体意识也被信息茧房束缚,只听得到和群体相同的声音。“这就好像生活在一个具有回音壁的房间里,每次抛出观点,周边就会出现各种回应,而用户会认为自己感觉舒服的那个回应就是事实的真相,这是所谓的回音壁效应。”[①]信息茧房的不良影响尽管在当下仍然有限,但是随着时间的流逝,如果未来的人都以这种方式来获取信息,会造成一代人思维的退化与沉降。

对此,移动阅读平台与用户个人都要实施相应的措施来应对。喻国明认为,最新的计算机算法与大数据技术,早已能够洞察用户社交网络中的点点滴滴,从而清晰地描绘出用户画像,知晓读者究竟喜欢何种内容。[②] 所以,相关平台需要不断进化算法技术,发现读者个性,切实满足读者阅读需求,同时也需要推荐与之存在差异的、有价值的信息,让其听到不同的声音,使用户更加全面、多元地了解信息,逐步引领读者突破“信息茧房”的束缚。同时,用户个人也要努力解决“信息茧房”问题,培养获取

---

① 刘晓璇:《智媒时代“信息茧房”的迷思与破局》,《新闻研究导刊》2020 年第 7 期。
② 喻国明:《“信息茧房”禁锢了我们的双眼》,《领导科学》2016 年第 36 期。

有价值信息的意识和能力，这就要求用户不被个人喜好束缚，用更加理性的态度对待平台推荐的内容，善于辨别信息。

3. 克服交流浅层化，增强用户黏性

微信读书带来的社交与用户黏性远不如微信，用户之间的交流比较浅层化，没有形成较为专业的、深入的阅读互动。对一些用户来说，点赞评论缺乏专业性，仅仅是为了维护好友关系。仅仅局限于点赞评论的社交功能很快便会使读者感到疲劳，导致用户黏性快速降低。

针对这种情况，移动阅读平台需要帮助用户构建起更具有凝聚力和文化认同感的阅读社群，通过打造和运营社群文化价值，以兴趣和情感为纽带，让用户进行更深层次的互动交流。当社群文化形成时，可以通过设计生产社群周边、开展特色讲座等方式进一步巩固。另外，移动阅读平台可以拓宽关系链，加强社交属性。比如虽然微信读书已经拥有强关系链条和弱关系链条，但在一定程度上仍显得有些单一，那么就可以在这两条关系链之外，再构建线上交流圈，让好友链条连接到更加遥远的另一端。同时，微信读书平台没有提供读者的原创服务，这也是社交阅读模式的一部分，无法上传原创作品让其主打的“社交性”不够深刻完整。现在的读者不仅是信息的接受者，更是会直接参与到信息创作中的参与者和传播者，这就需要有个平台来表达自己的观点和想法。虽然微信读书的这一做法在一定程度上保证了阅读信息来源的可靠性，却使平台失去了一部分原创作者资源，不利于强化用户的忠诚度，增强用户黏性，所以微信读书平台需要进一步完善原创功能。

参考文献

中文文献

(一) 图书

A. H. 米哈依洛夫等:《科学交流与情报学》,徐新民等译,科学技术文献出版社 1980 年版。

阿尔维托·曼古埃尔:《阅读史》,吴昌杰译,商务印书馆 2002 年版。

埃弗雷特·M. 罗杰斯:《创新的扩散》,辛欣译,中央编译出版社 2002 年版。

埃里克·麦克卢汉、弗兰克·秦格龙编:《麦克卢汉精粹》,何道宽译,南京大学出版社 2000 年版。

埃瑟·戴森:《2.0 版数字化时代的生活设计》,胡泳、范海燕译,海南出版社 1998 年版。

安德烈·希夫林:《出版业》,白希峰译,机械工业出版社 2005 年版。

保罗·莱文森:《数字麦克卢汉:信息化新纪元指南》,何道宽译,社会科学文献出版社 2001 年版。

保罗·莱文森:《思想无羁》,何道宽译,南京大学出版社 2003 年版。

保罗·莱文森:《软利器:信息革命的自然历史与未来》,何道宽译,复旦大学出版社 2011 年版。

保罗·莱文森:《新新媒介》,何道宽译,复旦大学出版社 2011 年版。

比尔·盖茨:《未来之路》,辜正坤译,北京大学出版社 1996 年版。

陈昕:《中国出版产业论稿》,复旦大学出版社 2006 年版。

陈颖青:《数字出版与长尾理论》,华夏出版社 2013 年版。

崔保国编著:《信息社会的理论与模式》,高等教育出版社 1999 年版。

崔海教等:《2022—2023 中国数字出版产业年度报告》,中国书籍出版社 2023 年版。

崔海教等:《2023—2024 中国数字出版产业年度报告》,中国书籍出版社 2024 年版。

大前研一等:《数字化商业模式》,王小燕译,中信出版社 2006 年版。

大卫・斯平克斯:《归属感:如何通过社群获得商业竞争优势》,许剑峰等译,北京理工大学出版社 2024 年版。

戴维・莫利:《传播与流动:移民、手机与集装箱》,王鑫译,刘海龙校,中国人民大学出版社 2025 年版。

戴维・温伯格:《知识的边界》,胡泳,高美译,山西人民出版社 2014 年版。

丹尼斯・麦奎尔、斯文・温德尔:《大众传播模式论》,祝建华、武伟译,上海译文出版社 1987 年版。

E. M. 罗杰斯:《创新的扩散》(第五版),唐兴通、郑常青、张延臣译,电子工业出版社 2016 年版。

方世忠主编:《书的世界与世界的书》,上海译文出版社 2013 年版。

冯和平、文丹枫:《移动营销》,广东经济出版社 2007 年版。

弗雷德里克・巴比耶:《书籍的历史》,刘阳等译,广西师范大学出版社 2005 年版。

弗里茨・马克卢普:《美国的知识生产与分配》,孙耀君译,中国人民大学出版社 2007 年版。

高端训:《刷新品牌——用大数据重塑营销模式》,中信出版社 2019 年版。

龚艳萍:《社交网络中的消费者:自我、社群与互动》,社会科学出版社 2024 年版。

亨利・詹金斯:《融合文化:新媒体和旧媒体的冲突地带》,杜永明译,商务印书馆 2012 年版。

亨利・詹金斯:《文本盗猎者:电视粉丝与参与式文化》,郑熙青译,北京大学出版社 2016 年版。

黄升民等编著:《中国传媒市场大变局》,中信出版社 2003 年版。

黄孝章、张志林、陈丹:《数字出版产业发展模式研究》,知识产权出版社 2012 年版。

霍华德·莱茵戈德:《网络素养:数字公民、集体智慧和联网的力量》,张子凌、老卡译,电子工业出版社 2013 年版。

鹫尾贤也:《编辑力——从创意、策划到人际关系》,陈宝莲译,中国人民大学出版社 2007 年版。

克莱·舍基:《未来是湿的》,胡泳、沈满琳译,中国人民大学出版社 2009 年版。

克莱·舍基:《认知盈余》,胡泳、哈丽丝译,中国人民大学出版社 2012 年版。

克里斯·安德森:《长尾理论》,乔江涛译,中信出版社 2006 年版。

李国亭等:《信息社会:数字化生存的地球村》,军事科学出版社 2003 年版。

李军鹏:《公共服务型政府》,北京大学出版社 2004 年版。

李振勇:《商业模式——企业竞争的最高形态》,新华出版社 2006 年版。

刘德寰等:《全媒体传播体系构建研究》,社会科学文献出版社 2025 年版。

刘锦宏主编:《数字出版案例研究》,武汉大学出版社 2024 年版。

刘仁庆:《纸的发明、发展和外传》,中国青年出版社 1986 年版。

刘一鸣:《数字出版盈利模式研究》,中国社会科学出版社 2021 年版。

柳斌杰、邬书林、阎晓宏主编:《中国图书年鉴·2006》,湖北人民出版社 2006 年版。

柳斌杰:《文化力论——柳斌杰宣传思想文化工作文集》,巴蜀书社 2002 年版。

鲁耀斌、邓朝华、陈致豫:《移动商务应用模式与采纳研究》,科学出版社 2008 年版。

马歇尔·麦克卢汉:《理解媒介——论人的延伸》,何道宽译,商务印书馆 2000 年版。

玛格丽特·米德:《文化与承诺:一项有关代沟问题的研究》,周晓虹、周怡译,河北人民出版社 1987 年版。

曼纽尔·卡斯特:《网络社会的崛起》,夏铸九等译,社会科学文献出版社 2003 年版。

米歇尔·塞尔:《拇指一代》,谭华译,华东师范大学出版社 2015 年版。

闵大洪:《数字传媒概要》,复旦大学出版社 2003 年版。

南帆:《双重视域——当代电子文化分析》,江苏人民出版社 2001 年版。

尼尔·波兹曼:《娱乐至死》,章艳译,广西师范大学出版社 2004 年版。

尼古拉·尼葛洛庞蒂:《数字化生存》,胡泳、范海燕译,海南出版社1997年版。
钱存训:《中国纸和印刷文化史》,广西师范大学出版社2004年版。
任英杰:《网络学习社群内信息互动的认知研究》,厦门大学出版社2022年版。
施蒂格·夏瓦:《文化与社会的媒介化》,刘君等译,复旦大学出版社2023年版。
斯蒂文·小约翰:《传播理论》,陈德民、叶晓辉译,中国社会科学出版社1999年版。
斯文·伯克茨:《读书的挽歌——从纸质书到电子书》,吕世生、杨翠英、高红玲译,中国对外翻译出版公司2001年版。
唐兴通:《引爆社群:移动互联网时代的新4C法则》,机械工业出版社2015年版。
田青毅、张小琴:《手机:个人移动多媒体》,清华大学出版社2009年版。
万安伦:《数字出版研究:运行模式与发展趋势》,中国传媒大学出版社2017年版。
万安伦:《出版学原理》,北京师范大学出版社2025年版。
吴景薇等:《创新与转型:数字智能时代的媒体变革》,人民日报出版社2024年版。
吴平:《图书学新论》,山西经济出版社1998年版。
吴声:《场景革命:重构人与商业的连接》,机械工业出版社2015年版。
吴廷俊主编:《科技发展与传播革命》,华中科技大学出版社2001年版。
谢新洲编著:《数字出版技术》,北京大学出版社2003年版。
熊澄宇等:《文化产业研究 战略与对策》,清华大学出版社2006年版。
休·休伊特:《博客:信息革命最前沿的定位》,杨竹山、潘浩译,中国铁道出版社2006年版。
徐斌、王晓冬、林丽:《大数据管理:企业转型升级与竞争力重塑之道》,人民邮电出版社2016年版。
徐丽芳、刘锦宏、丛挺编著:《数字出版概论》,电子工业出版社2013年版。
姚福申:《中国编辑史》,复旦大学出版社1990年版。
殷晓蓉:《网络传播文化:历史与未来》,清华大学出版社2005年版。
于友先:《现代出版产业发展论》,苏州大学出版社2003年版。
约翰·巴特利:《搜》,张岩、魏平译,中信出版社2006年版。
约翰·霍金斯:《创意经济——如何点石成金》,洪庆福、孙薇薇、刘茂玲译,生活·读书·新知三联书店2006年版。
约翰·帕夫利克:《新媒体技术——文化和商业前景》(第二版),周勇、张平峰、景刚译,清华大学出版社 2005 年版。

约翰·希利·布朗、保罗·杜奎德:《信息的社会层面》,王铁生、葛立成译,商务印书馆 2003 年版。

约书亚·梅罗维茨:《消失的地域:电子媒介对社会行为的影响》,肖志军译,清华大学出版社 2002 年版。

詹姆斯·W. 凯瑞:《作为文化的传播——"媒介与社会"论文集》,丁未译,华夏出版社 2005 年版。

詹姆斯·罗尔:《媒介、传播、文化——一个全球性的途径》,董洪川译,商务印书馆 2005 年版。

张凤杰主编:《出版法规与著作权法论析》,中国书籍出版社 2015 年版。

张涵、苗遂奇:《现代出版学导论》,中国书籍出版社 2009 年版。

张立等:《出版业知识服务转型之路——国家知识资源服务模式试点研究》(三卷本),社会科学文献出版社 2019 年版。

张咏华:《媒介分析:传播技术神话的解读》,复旦大学出版社 2002 年版。

张志强主编:《现代出版学》,苏州大学出版社 2003 年版。

长冈义幸:《出版大冒险》,甄西译,国际文化出版公司 2006 年版。

赵子忠:《内容产业论——数字新媒体的核心》,中国传媒大学出版社 2005 年版。

钟义信:《信息科学原理》(第三版),北京邮电大学出版社 2002 年版。

钟瑛、余红编著:《传播科技与社会》,华中科技大学出版社 2006 年版。

周琼:《从风险治理到关系赋能:互联网群体传播对社会秩序的影响》,浙江大学出版社 2024 年版。

周荣庭:《网络出版》,科学出版社 2004 年版。

周蔚华:《出版产业研究》,中国人民大学出版社 2005 年版。

周蔚华等:《数字传播与出版转型》,北京大学出版社 2011 年版。

诸葛蔚东:《媒介与社会变迁:战后日本出版物中变化着的价值观念》,北京大学出版社 2006 年版。

(二) 期刊

敖然:《2013 年度国内数字出版产业观察》,《出版参考》2014 年第 3 期。

鲍立泉、吴廷俊:《论媒介融合的传播技术路径》,《现代传播(中国传媒大学学报)》2010 年第 3 期。

鲍娴:《泛娱乐生态体系中的网络文学版权运营》,《中国出版》2017 年第 17 期。

蔡骐:《网络社群传播与社会化阅读的发展》,《新闻记者》2016 年第 10 期。

曹海涛:《论数字出版时代的“传受关系”与媒体责任》,《编辑之友》2012 年第 2 期。

陈洁、陈琪:《互动叙事:元宇宙出版研究的新视点》,《出版发行研究》2023 年第 2 期。

陈洁、陈琪:《新时代数字出版理论与实践进路》,《浙江大学学报(人文社会科学版)》2025 年第 2 期。

陈洁、蒋三军:《以用户驱动为导向的学术社交网络重构策略》,《中国编辑》2020 年第 10 期。

陈洁、蒋三军:《自发秩序:社群的理论定位及其出版应用再考察》,《出版科学》2021 年第 2 期。

陈洁、吴申伦:《用户需求激活数字出版创新——2017 年数字出版业新态盘点》,《中国出版》2018 年第 2 期。

陈洁、吴申伦:《发挥社群网络效应 构建新型参与式出版》,《浙江大学学报(人文社会科学版)》2018 年第 4 期。

陈洁、吴申伦:《社群参与式的网络文学版权构建模式构想与运营实践》,《出版发行研究》2019 年第 10 期。

陈洁、郑梦琦:《融合出版理论定位及发展路径再考察》,《出版发行研究》2023 年第 8 期。

陈洁、郑梦琦:《全媒体传播体系下出版产业链的要素变革研究》,《出版发行研究》2025 年第 1 期。

陈洁:《出版社数字内容管理平台的构架与实施》,《科技与出版》2009 年第 1 期。

陈洁:《印刷媒介数字化与社会文化传递模式的变迁》,《浙江大学学报(人文社会科学版)》2009 年第 6 期。

陈洁:《数字出版赢利模式研究报告》,《求索》2009 年第 7 期。

陈洁:《社群效应与图书出版产业新态》,《中国出版》2017 年第 20 期。

陈洁:《面向社群网络构建数字版权管理平台构想》,《出版发行研究》2021 年第 11 期。

陈洁:《以数字化为核心重构编辑出版学:兼谈数字出版研究进路》,《出版发行研究》2022 年第 11 期。

陈洁:《全媒体传播体系下出版深度融合发展探究》,《中国出版》2023 年第 3 期。

陈洁:《数字时代大学出版变革及发展路径探讨》,《浙江大学学报(人文社会科学版)》2023 年第 4 期。

陈洁:《全媒体传播体系下出版深度融合发展研究》,《图书馆工作与研究》2024 年第 3 期。

陈峻、张佳:《打造以版权管理为核心的云媒资平台——探索版权资产精细化管理的思路》,《中国广播电视学刊》2012 年第 11 期。

陈瑞华:《从内容到形式:数字阅读社群的公共性消解与重构》,《编辑之友》2023 年第 5 期。

陈守湖:《全媒体时代图书策划的传媒化探索——以余秀华诗集出版为例》,《出版广角》2016 年第 12 期。

陈永东:《基于 AI 及 AR 的数字阅读未来前景》,《数字营销》2017 年第 6 期。

陈禹安:《场景革命》,《中国服饰》2016 年第 2 期。

程海燕:《基于社群经济的出版企业商业模式创新研究》,《出版发行研究》2017 年第 12 期。

崔恒勇:《亚马逊模式对我国数字出版发展的启示》,《出版发行研究》2013 年第 7 期。

代杨,裴永刚:《基于用户画像的出版企业知识服务商业模式探析》,《中国编辑》2021 年第 5 期。

范文婷、张志强:《多边数字阅读平台:概念、分类与多维属性》,《现代出版》2023 年第 2 期。

方春平、陈思达、万超凡等:《慕课知识产权保护的发展策略探讨》,《医学教育研究与实践》2017 年第 5 期。

方卿、丁靖佳、王嘉昀:《数字出版知识服务进展与启示》,《数字图书馆论坛》2021 年第 7 期。

方卿、丁靖佳:《数字出版三个基本理论问题的思考》,《中国出版》2023 年第 10 期。

耿斌、孙建军:《在线学术社交平台的用户行为研究——以 ResearchGate 平台南京大学用户为例》,《图书与情报》2017 年第 5 期。

郭嘉:《媒介融合语境下数据出版知识空间建构研究》,《编辑之友》2024 年第 8 期。

郭靖雅:《内容付费时代数字出版与知识服务的协同共赢研究》,《出版广角》2018 年第 19 期。

郭亚军、刚榕限、黄圣洁:《大数据环境下数字出版知识服务主要模式研究》,《现代情报》2018 年第 11 期。

郝振省等:《我国数字出版产业发展规模》,《出版发行研究》2006 年第 12 期。

郝振省等:《我国数字版权保护》,《出版发行研究》2007 年第 1 期。

贺德方:《中外数字出版现状比较给我国出版业的启示》,《科技与出版》2006 年第 5 期。

贺秋白:《数位内容产业范畴与出版产业之范畴比较》,《艺术学报》2004 年第 9 期。

贺子岳、陈文倩、丁嘉佳:《数字教育出版模式综论》,《出版科学》2013 年第 2 期。

黄先蓉、陈文锦:《我国出版产业价值链的特征与趋势》,《出版广角》2020 年第 5 期。

黄先蓉、程梦瑶:《加拿大的出版法律制度及对我国的启示》,《中国出版》2016 年第 5 期。

黄先蓉、李魏娟:《美国数字出版法律制度的现状与趋势》,《中国出版》2012 年第 17 期。

黄先蓉、张窈:《我国出版社知识服务转型的内在变化与传统版权制度冲突的思考》,《科技与出版》2020 年第 2 期。

季芳芳、于文:《在线版权交易平台的创新趋势及评价——以英国"版权集成中心"(Copyright Hub)为例》,《编辑之友》2013 年第 7 期。

蒋多、朱樱:《出版主体私域运营价值实现与作用机理——以微信社群为例》,《中国出版》2023 年第 24 期。

金罗军:《流媒体环境下的数字版权管理综述一》,《中国数字电视》2013 年第 Z1 期。

金鑫、朱亮亮:《移动阅读 APP 用户社交互动行为的驱动力研究——基于认知倾向的社会交换理论的启示》,《科技与出版》2017 年第 4 期。

赖青、张昭:《数字出版产业模式与策略分析》,《中国编辑》2024 年第 3 期。

李国霖:《大众出版结构与阅读的异化》,《出版科学》2006 年第 5 期。

李林海:《二维码在数字出版转型中的应用》,《出版参考》2013 年第 24 期。

李林容、黎薇、修伊湄:《阅读的狩猎:数字阅读痕迹的生成逻辑与价值探讨》,《出版科学》2023 年第 5 期。

李珮、蔡林杉:《后现代语境下数字出版营销情感策略研究》,《中国出版》2022 年第 15 期。

李舒格、王一鸣、袁小群:《自媒体时代图书社群营销的发展逻辑及策略》,《编辑之友》2017 年第 5 期。

李霄:《论我国出版行业自律管理制度建设》,《出版发行研究》2012 年第 1 期。

李晓琪:《国内大众阅读类数字出版平台对比研究》,《编辑之友》2013 年第 3 期。

李晓源:《论网络环境中的"碎片化"阅读》,《情报资料工作》2011 年第 6 期。

李曜嫄:《互联网时代知识社群经济商业模式研究——以"罗辑思维"为例》,《经营与管理》2019 年第 3 期。

连斌:《我国数字出版产业发展现状及策略分析》,《传播与版权》2015 年第 3 期。

廉同辉等:《文化"走出去"视角下数字出版内容创新研究》,《学术论坛》2015 年第 2 期。

梁威:《一席已经发出邀请的盛宴——2013 中国数字出版扫描》,《出版广角》2014 年第 3 期。

廖望、刘于思、金兼斌:《社会媒体时代用户内容生产的激励机制》,《新闻与传播研究》2013 年第 12 期。

林传峰、谢宇威、应鑫迪:《在线教育中的版权保护——开放与保护的平衡》,《中国教育网络》2015 年第 11 期。

刘慧:《实践与探索:社会化阅读视阈下数字出版的发展态势研究》,《传播与版权》2014 年第 9 期。

刘吉波、姜佳龙、崔倩:《从电子书的发展看数字出版营销》,《科技与出版》2012 年第 9 期。
刘剑敏、李润权:《论网络的碎片化特征》,《新闻爱好者》2011 年第 18 期。
刘开运:《试论传统出版向数字出版的成功转型》,《新闻传播》2013 年第 10 期。
刘蒙之:《产业创新视域中的新型社交出版模式初探》,《编辑之友》2013 年第 8 期。
刘武辉:《图书的信息传播特征》,《出版发行研究》2005 年第 12 期。
刘肖:《网络自助出版模式研究——基于“长尾理论”的分析视角》,《出版发行研究》2007 年第 11 期。
刘欣:《我国数字出版发展趋势及运营模式》,《环渤海经济瞭望》2013 年第 8 期。
刘永坚、白立华、施其明等:《新技术引领的出版融合模式创新——以 RAYS 系统为例》,《中国传媒科技》2020 年第 3 期。
刘玉清、甄增荣:《借力全媒体出版 增强中华文化影响力》,《中国编辑》2014 年第 1 期。
柳斌杰:《用数字化带动我国出版业的现代化》,《出版发行研究》2006 年第 11 期。
柳斌杰:《新媒体发展的现状与趋势》,《传媒》2006 年第 12 期。
柳斌杰:《引导阅读新趋势 推动出版大发展》,《编辑之友》2007 年第 5 期。
柳斌杰:《开拓中国出版业高质量发展新时代》,《中国出版》2020 年第 22 期。
柳斌杰:《牢固树立新时代出版发展新理念》,《编辑之友》2022 年第 11 期。
柳斌杰:《世界文明史上的中国出版及其当代发展》,《中国出版》2024 年第 24 期。
柳斌杰:《发展数智出版聚焦提质增效——2025 年中国出版新格局前瞻》,《编辑之友》2025 年第 6 期。
龙玲:《网络时代期刊数字出版的现状及对策》,《科技传播》2013 年第 9 期。
陆弢:《阿里巴巴:全域营销 Uni Marketing》,《成功营销》2018 年第 Z1 期。
陆臻:《数字出版盈利模式创新——以苹果和盛大文学为例》,《编辑学刊》2012 年第 1 期。
马锐:《我国数字出版产业持续发展的现状、问题与对策》,《新闻知识》2014 年第 1 期。
茅硕:《商业化背景下的网络文学发展现状与前景》,《科技与出版》2016 年第

10 期。

梅术文:《信息网络传播权默示许可制度的不足与完善》,《法学》2009 年第 6 期。

孟晖、黄瑚:《移动互联环境下阅读类 APP 的现状及问题研究》,《编辑之友》2018 年第 1 期。

牟丽:《澳大利亚的数字出版探索之路》,《编辑之友》2013 年第 10 期。

倪敏:《互联网+图书社群营销创新探析》,《新媒体研究》2018 年第 21 期。

聂扬飞:《移动终端在数字出版中的应用与前景》,《新闻世界》2014 年第 7 期。

彭芳群:《我国动漫出版"走出去"的战略分析》,《中国出版》2011 年第 4 期。

戚德祥、马泽慧:《出版平台化视角下智能聊天机器人的情感营销路径探析》,《中国出版》2024 年第 9 期。

戚雪:《数字出版产业发展中传统出版社在移动阅读方面的尝试及探索》,《出版广角》2014 年第 18 期。

任翔:《移动互联时代数字出版的商业模式创新》,《出版广角》2012 年第 2 期。

戎骞、刘宇阳:《微信的数字出版发展研究》,《出版参考》2014 年第 36 期。

邵燕君:《面对网络文学:学院派的态度和方法》,《南方文坛》2011 年第 6 期。

沈世婧:《罗辑思维的商业逻辑》,《出版人》2016 年第 5 期。

宋培义、刘妍妍:《数字媒体内容的版权管理与所有权管理研究》,《广播与电视技术》2010 年 1 期。

孙佳、严定友:《知识创造:社交媒体时代出版社知识服务的范式转向》,《中国出版》2020 年 5 期。

孙寿山:《数字出版产业的新业绩、新挑战、新举措》,《现代出版》2012 年第 5 期。

孙晓翠:《数字版权运营的产业链分析》,《科技与出版》2017 年第 12 期。

谭宇菲、赵茹:《从空间体验到文化理性:实体书店经营转型的发展进路》,《编辑之友》2019 年第 11 期。

万安伦、郝园、徐沁心:《我国学术文献数据库平台侵权现象成因及治理策略研究》,《出版发行研究》2022 年第 6 期。

万安伦、胡晓、王剑飞:《论 5G 时代虚拟出版的发展进路与盈利模式》,《出版科学》2020 年第 1 期。

万安伦、张小凡、曹培培:《ChatGPT 浪潮下的数字出版:模式创新与行业挑战》,

《中国编辑》2023 年第 10 期。

万安伦:《数字出版与数字人文的伴生关系与互动逻辑》,《人民论坛 · 学术前沿》2024 年第 2 期。

王丹丹:《出版类社群变现的五种策略》,《出版发行研究》2019 年第 7 期。

王红春:《微信社群中教育传播的特征与价值》,《青年记者》2019 年第 5 期。

王画眉、张志强:《幼儿教育数字出版中知识服务平台的运营模式分析》,《出版广角》2019 年第 16 期。

王民、徐和祥、张世明:《知识模块化的资源制作模式研究》,《中国电化教育》2013 年第 10 期。

王迁:《"孤儿作品"制度设计简论》,《中国版权》2013 年第 1 期。

王谦:《数字出版是一场马拉松——关于数字出版的五个观察》,《出版广角》2011 年第 10 期。

王霞、张志强:《出版单位小红书平台图书营销策略研究》,《科技与出版》2024 年第 5 期。

王潇墀:《网络文学版权运营分析——以"中文在线"为例》,《新闻传播》2016 年第 22 期。

王小平:《有声书开启图书阅读新方式——以有声文学图书为例》,《出版广角》2017 年第 19 期。

王一方:《品牌读者的组合营销和价值链管理》,《编辑之友》2005 年第 3 期。

王颖、张金磊、张宝辉:《大规模网络开放课程(MOOC)典型项目特征分析及启示》,《远程教育杂志》2013 年第 4 期。

王宇明:《社会化阅读与数字出版的变革趋向》,《出版发行研究》2013 年第 10 期。

王悦彤:《图书社群营销自运营生态模式的结构转换》,《出版发行研究》2017 年第 7 期。

韦景竹、董宝蕾:《图书馆版权侵权案例研究》,《图书馆论坛》2015 年第 11 期。

魏玉山:《理想很丰满,现实很骨感——当前的数字出版》,《出版参考》2012 年第 6 期。

吴兵:《找钢网:链接钢铁产业链的一切》,《互联网经济》2018 年第 7 期。

吴小君、刘小霞:《移动阅读时代数字出版发展的新态势》,《出版发行研究》2011

年第 8 期。

武赫:《数字出版产业链分析》,《科技传播》2015 年第 4 期。

武小菲:《泛阅读时代富媒体在数字出版中的应用》,《出版发行研究》2014 年第 8 期。

武小菲:《共赢模式:众筹出版传播的升级版》,《出版发行研究》2016 年第 4 期。

徐晨岷:《以技术赋能促进融合教育出版》,《科技与出版》2019 年第 1 期。

徐丽芳、陈铭:《媒介融合与出版进路》,《出版发行研究》2020 年第 12 期。

徐丽芳、陈铭:《基于创新链的出版融合发展模式研究》,《编辑之友》2022 年第 2 期。

徐丽芳、罗婷:《面向数字出版的深度融合:背景、演进与策略》,《编辑之友》2024 年第 2 期。

徐升国:《从全国国民阅读调查数据看阅读数字化与智能化发展趋势》,《编辑之友》2024 年第 9 期。

许志敏:《提高我国学术社交网络的国际传播能力——基于 ResearchGate 与“科研之友”等的比较研究》,《科技与出版》2018 年第 7 期。

杨方铭、张志强:《知识付费浪潮下数字出版的新业态——从专栏订阅谈起》,《现代出版》2018 年第 3 期。

杨金花:《善读书与善推广:樊登读书会运营模式探析》,《出版发行研究》2018 年第 2 期。

杨书卷:《美国 IEEE 科技社团运营模式的案例分析》,《学会》2017 年第 5 期。

叶莎莎、杨芹、马晓萱:《大学生移动阅读效果差异研究——以手机看书和听书阅读情境为例》,《图书情报工作》2024 年第 7 期。

叶之宁:《短视频社群助力社会化阅读推广的角色定位与传播策略》,《中国出版》2022 年第 15 期。

尹召凯、张志强:《区块链技术下出版业的融合实践:可能与可为》,《出版发行研究》2019 年第 11 期。

于文:《出版业免费商业模式探析》,《编辑之友》2016 年第 1 期。

余苗、吴雨晴:《有声出版的数字传播机制与用户驱动解析——以儿童有声课程为例》,《中国出版》2024 年第 1 期。

俞雷:《漫威公司从漫画到电影:文化产业路径分析》,《新闻知识》2016 年第 5 期。
禹建湘:《产业化背景下的文学网站景观》,《中南大学学报(社会科学版)》2012 年第 2 期。
曾伟、霍思远:《数字出版版权保护存在的问题及对策研究》,《新闻界》2015 年第 3 期。
曾元祥、余世英、方卿:《论数字出版产业链主体及其功能定位》,《出版科学》2013 年第 3 期。
詹恂、康梅花:《社会化阅读社区对数字出版的影响研究》,《现代出版》2013 年第 1 期。
湛益祥:《论著作权集体管理》,《法学》2001 年第 9 期。
张炳杰:《趣缘群体之"粉都"效应——社交媒体时代图书出版发行的新路径》,《出版发行研究》2016 年第 11 期。
张建华:《网络电子书的数字版权管理技术》,《科技与出版》2006 年第 2 期。
张建明、文学军:《数字版权管理系统的原理与应用》,《现代图书情报技术》2004 年第 2 期。
张立宪:《中国数字出版现状及未来展望》,《科技传播》2011 年第 18 期。
张利洁、张艳彬:《传统出版知识服务转型探究》,《编辑之友》2020 年第 1 期。
张勐萌:《对全媒体出版发展现状与前景的思考》,《中国出版》2010 年第 22 期。
张帅、王文韬、李晶:《用户在线知识付费行为影响因素研究》,《图书情报工作》2017 年第 10 期。
张小强、田美芬:《自媒体版权的侵权、维权与治理》,《青年记者》2017 年第 6 期。
张艳彬、张利洁:《基于交互的定制化增值服务模式——传统出版企业知识服务创新实践探究》,《科技与出版》2019 年第 12 期。
张耀坤、张维嘉、胡方丹:《中国高影响力学者对学术社交网站的使用行为调查——以教育部长江学者为例》,《情报资料工作》2017 年第 3 期。
张雨晗:《全媒体出版:现状与未来》,《现代出版》2011 年第 2 期。
张兆曙:《"互联网+"的技术红利与非预期后果》,《天津社会科学》2017 年第 5 期。
张志强、侯凤芝:《建设中国特色出版学科自主知识体系的逻辑进路与趋势展望》,《编辑之友》2024 年第 1 期。

赵立新、谢慧铃:《试析数字出版的图书产业链转型》,《出版发行研究》2012年第8期。

钟瑾:《IP热潮下的中国传统出版业思考》,《出版广角》2016年第11期。

周百义、胡娟:《出版集团开展网络文学出版刍议》,《编辑之友》2013年第5期。

周春:《从豆瓣阅读看数字出版应提供哪些服务》,《出版参考》2014年第27期。

周敏、浮琪琪:《数字化出版助力中国文化"走出去"的现状及问题探析》,《科技与出版》2015年第7期。

周敏、张婧:《从小众走向大众:社交出版的变革与挑战》,《科技与出版》2015年第9期。

周明:《数字出版新模式:从网络原创到按需印刷》,《数码印刷》2014年第6期。

周蔚华:《重新理解当代中国出版业》,《出版发行研究》2020年第1期。

周小康、郝群、张立彬:《国内外图书馆MOOC版权服务研究综述》,《图书馆学研究》2017年第20期。

周艳敏、宋慧献:《版权制度下的"孤儿作品"问题》,《出版发行研究》2009年第6期。

朱煜:《社交出版:数字化出版的新模式——以Wattpad为例》,《出版发行研究》2014年第7期。

祝兴平:《我国数字出版跨越式发展的瓶颈与短板》,《中国出版》2011年第4期。

宗利永、明蔚:《基于扎根理论的线上阅读社群内容生产影响因素研究》,《图书情报导刊》2018年第10期。

(三)报纸

陈洁:《人性、法律与世界的未来》,《法制日报》,2009年7月29日第11版。

陈熙涵:《漫动作创刊投石问路打造原创动漫产业链》,《文汇报》,2004年4月28日。

陈昕:《发达国家图书出版产业发展经验的借鉴及比较——中国图书出版产业增长方式转变研究(之二)》,《出版商务周报》,2007年8月6日。

陈昕:《中国图书出版产业增长方式转变的思路、内容和途径(下)——中国图书出版产业增长方式转变研究(之三)》,《出版商务周报》,2007年8月13日。

程铭劼:《“少儿数字出版维权联盟”正式成立》,《北京商报》,2018 年 8 月 24 日。
崔元和:《数字出版:出版革命的第三次浪潮》,《中国图书商报》,2008 年 1 月 4 日。
方圆:《创版权管理服务结合新模式》,《中国新闻出版报》,2007 年 12 月 10 日。
付明:《影、视、书立体开发 拼抢大众出版第一宝座》,《中国图书商报》,2007 年 1 月 5 日。
谷业凯:《我国科技实力实现历史性跨越》,《人民日报》,2019 年 8 月 5 日。
光明日报理论部、学术月刊编辑部、中国人民大学书报资料中心:《2019 年度中国十大学术热点》,《光明日报》,2020 年 1 月 10 日。
何璐:《英国图书馆危机四伏》,《出版商务周报》,2006 年 5 月 13 日。
科文:《微博再次发起媒体订阅季》,《科技日报》,2014 年 12 月 10 日。
李婧:《版权印:自媒体有了“微版权”》,《中华文化报》,2016 年 1 月 30 日。
李庆西:《超文本:编纂方式也是一种读法》,《中国新闻出版报》,2001 年 4 月 6 日。
柳斌杰:《携手共迎印刷新时代》,《中国新闻出版报》,2007 年 5 月 21 日。
柳斌杰:《不断加大版权保护力度 推进互联网产业建康发展》,《中国新闻出版报》,2007 年 7 月 19 日。
柳斌杰:《中国新闻出版业的六大转变》,《人民日报》,2007 年 9 月 13 日。
卢扬、郑蕊:《〈S.〉热销的背后》,《北京商报》,2016 年 7 月 12 日。
聂震宁:《出版业的责任与发展——十七大精神学习札记》,《人民日报》,2007 年 11 月 11 日。
渠竞帆:《欧美大牌社占领数字出版市场》,《中国图书商报》,2007 年 7 月 6 日。
沈建缘:《高群耀:不是改行而是行业变化了》,《经济观察报》,2008 年 01 月 19 日。
沈兰:《新媒体改变教育出版》,《中国新闻出版报》,2007 年 1 月 24 日。
孙悦海:《大数据时代,学术出版怎么走?》,《中国新闻出版广电报》,2017 年 2 月 6 日。
万建民:《延伸创意 拉长链条——加快创意产业发展系列评论之六》,《经济日报》,2007 年 7 月 19 日。

晓雪等:《有声书正呈现极强的纸书赋能效果》,《中国出版传媒商报》,2023 年 11 月 24 日。

尹琨:《电子书领跑,数字阅读发展向好》,《中国新闻出版广电报》,2016 年 12 月 29 日。

袁博:《关于慕课的三个版权问题》,《中国新闻出版广电报》,2017 年 9 月 7 日。

曾红颖:《数字内容产业亟待解决三大问题》,《中国经济时报》,2007 年 4 月 2 日。

张洁,王春:《共同打造数字内容产业》,《科技日报》,2005 年 12 月 31 日。

张稚丹:《知乎:从知识分享到图书出版》,《人民日报》(海外版),2016 年 9 月 28 日。

赵子忠:《三网融合时代数字内容产业加速崛起》,《通信信息报》,2007 年 8 月 1 日。

中国数字出版产业年度报告课题组:《〈2014—2015 中国数字出版产业年度报告〉分析》,《中国新闻出版广电报》,2015 年 7 月 15 日。

周云龙:《我国传统出版社数字出版盈利模式的思考》,《企业导报》2012 年第 9 期。

英文文献

(一) 图书

Albert N Greco. *The Book Publishing Industry, Routledge*, 2013.

Avineri Nette, Jesse Harasta, *Metalinguistic Communities: Case Studies of Agency, ldeology, and Symbolic Uses of Language*, Palgrave Macmillan, 2021.

Barbara A.Misztal, *Theories of Social Remembering,* Open University Press, 2003.

Berthold Hass, Gianfranco Walsh, Thomas Kilian, *Web 2.0: Neue Perspektiven für Marketing und Medien*, Springer Berlin Heidelberg, 2008.

Brian Kahin, Hal R. Varian, *Internet Publishing and Beyond: The Economics of Digital Information and Intellectual Property*, The MIT Press, 2000.

Charles Van Doren, *A History of Knowledge: The Pivotal Events, People, and Achievements of World History*, Ballantine, 1991.

Douglas M. Eisenhart, *Publishing in the Information Age: A New Management*

Framework for the digital Era, Praeger, 1996.

Feldman Tony, *An Introduction to Digital Media*, Blueprint, 1997.

Giles Clark, Angus Phillips, *Inside Book Publishing,* Routl edge, 2008.

Jason B. Ohler, *Digital Community, Digital Citizen*, Corwin Press, 2010.

Jessa Lingel, *Digital Countercultures and the Struggle for Community*, MIT Press, 2017.

Joan Van Tassel, Lisa Poe-Howfield, *Managing Electronic Media: Making, Marketing, and Moving Digital Content*, Focal Press, 2010.

John B.Thompson, *Books in the Digital Age*, Politiy Press, 2005.

Julia Tanasic, Cordula Casaretto, *Digital Community Management,* Schäffer-Poeschel Verlag, 2017.

Leonard Shatzkin, *In Cold Type: Overcoming the Book Crisis*, Houghton Mifflin, 1982.

Lewis A.Coser, Charles Kadushin & Walter W. Powell, *Books: The Culture and Commerce of Publishing*, Basic Books, New York, 1982.

Morris Rosenthal, *Print-On-Demand Book Publishing: A New Approach to Pring and Marketing*, Foner Books, 2004.

Ola Erstad, Julian Sefton-Green, eds. *Identity, Community, and Learning Lives in the Digital Age*, Cambridge University Press, 2013.

Peter A. Bruck, *Understanding the European Content Industries: A Reader on the Economic and Cultural Contexts of Multimedia*, Ios Pr Inc, 2002.

Richard Curtism, William Thomas Quick, *How to Get Your E-Book Published: An Insider's Guide to the World of Electronic Publishing*, Cincinnati: F & W Publications, 2002.

Richard E. Caves, *Creative Industries: Contracts between Art and Commerce Creative industry*, Harvard University Press, 2002.

William Kasdorf, *The Columbia Guide to Digital Publishing*, Columbia University Press, 2003.

(二) 期刊

Allman Bohdana, et.al., "EdTechnica: A Vision of an Educational Publishing Community of Practice that is Accessible, Flexible, and Just", *International Journal of Educational Technology in Higher Education*, 21(1), 2024.

Calvin Reid, "Tobin Offers Online Project Tracking", *Publishers Weekly*, 24 June, 2002.

Calvin Reid, "Wattpad Grows from Reading Site to Multiplatform Entertainment Venue", *Publisher Weekly*, 5 December, 2016.

Charles Kadushin, "The Future of the Book / Scholarly Publishing: The Electronic Frontier", *Contemporary Sociology*, September, 1997.

Dan Shaver, Mary Alice Shaver, "Books and Digital Technology: A New Industry Model", *Journal of Media Economics*, 16(2), 2003.

Davenport, T. , Short, J., "The New Industrial Engineering: Information Technology and Business Process Redesign", *Sloan Management Review*, 31(4), 1990.

Garbara Quint, "Digital Books: More Value-Added, Please", *Information Today*, January, 2005.

Grace Bello, "Wattpad Revolutionizes Online Storytelling", *Publishers Weekly*, 24 December, 2012.

Gretchen A. Peck, "Content Be Nimble, Content Be Quick", *Book Business*, 1 August, 2006.

Ingrid Piller, "Can We Escape the Textocalypse? Academic Publishing as Community Building 'Language on the Move' ", *International Journal of the Sociology of Language*, 3 December, 2024.

James Lichtenberg, "Elsevier's Digital Strategy Looks to Meet Customer Demands", *Publishers Weekly*, 7 May, 2001.

Jon D. Gold, "An Electronic Publishing Model for Academic Publishers", *Journal of The American Society For Information Science*, 45(10), 1994.

Julia Gelfand, "Text and Image: From Book History to 'the Book is History' ", *Library Hi Tech News*, (2), 2007.

Kiesewetter Rebekka. "The Community forming Potential of Cartonera Publishing", *Cultural Studies*, 38(4), 2024.

Lisa J. Hardy. "'Community at the Heart of Research': Relational Publishing for

Stories of Change", *Practicing Anthropology*. 46(4), 2024.

Maria Saugmann Pil. "The Precariousness of Academic Publishing in a Digital World", *European Review*, 32 (1), 2025.

Mariemma I. Yague, "The Digital Information War", *Online Information Review*, 31 (1), 2007.

Mark S Granovetter. "The strength of weak ties", *The American Journal of Sociology*, 78 (6), 1973.

Mendenhall Amy N. "Pulling Back the Curtain on Scholarly Publishing: The Journal of Community Practice Experience", *Journal of Community Practice*, 32(1), 2024.

Michel Van Der Borgh, et al. "Moving the Needle: Publishing Academic-Practitioner Research in Industrial Marketing Management ", *Industrial Marketing Management*, Volume 103, 2022.

Pam Vesely, Lisa Bloom, John Sherlock. "Key elements of building online community: Comparing faculty and student perceptions", *MERLOT Journal of Online Learning and Teaching* 3(3) , 2007.

Paul Hilts, "AAP Releases E-book Standards", *Publishers Weekly*, 12 April, 2000.

Pérez-Sabater Carmen, "Moments of Sharing, Language Style and Resources for Solidarity on Social Media: A Comparative Analysis", *Journal of Pragmatics*, Volume 180, 2021.

Philip Doty, Ann P. Bishop, "The National Information Infrastructure and Electronic Publishing: A Reflective Essay", *Journal of the American Society for Information Science*, 45(10), 1994.

Randall Boone, "Digital publishing: A Message from the Associate Editors", *Teaching Exceptional Children*, 30(5), 1998.

Richard Hill, "Remunerating Authors and Publishers in a Digital World", *The Journal of World Intellectual Property*, 1 *November*, 2005.

Willem Jonker, Jean-Paul Linnartz, "Digital Rights Management in Consumer Electronics Products", *IEEE Signal Processing Magazine*, 21(2), 2004.

后　记

二十年前在导师柳斌杰教授的鼓励下，我选择数字出版作为研究领域。一路蹒跚前行，有振奋有欣喜，但更多的是彷徨和疑惑。面对日新月异的业界发展，无论何种境遇，需要坚守的仍然是坚持到底的前行初心，探索与国际同步接轨的选题。

一张安静的书桌，是我 2008 年离开北京来到浙江大学工作的理想。为了更好地使理论结合实际，为了探索出版发展之路，四年前我接受学校的相关安排，除了履行教学科研工作之外，还挑起了出版社的工作。最初我感觉像是坐了时光机，从 21 世纪以后的未来回到了当下生产流程相对传统的出版社，一直在下沉思考，哪些具体出版领域适合何种数字化发展路径？哪些数字化产品能够有增值之外的稳定收益？如何加强各部门之间的联动和沟通，实现有效激励？初期，我总是畅想数字出版，受困于当下的传统纸书出版。

由于需要统筹全社总编这条线的工作，还直接分管国际化和编辑部的具体工作，同时得和之前一样保质保量地完成各层次的授课任务。于是，在异常忙碌的出版事务工作中，仿佛有两个我附身，一个在业界从事具体工作，另一个在学界审视；当学界的我在从事教学和研究时，业界的我又在督促学界的我。在不断的自我交流和反思中，我一直在想，无论是融合出版、AI 出版还是其他热词，其核心就是数字出版。2023 年初的春节期间,《中国出版》期刊主编约我写一篇专栏文章,因为在写作过程中我的两个身份经常在互相辩论,从大年三十到初六,数易文稿,才有了后来的《全媒体传播体系下出版深度融合发展探究》。承蒙国家社科基金支持,感谢学界业界同仁的信任,这也成了国家社科基金重大项目的缘起。

本书的出版离不开国家社科基金重大项目“全媒体传播体系下出版深度融合发展研究”的支持,同样得益于以往国家社科基金项目的研究积累和进一步推进。数字出版的盈利模式是当下业界尤为关心的问题,在我之前所著的《数字出版商业模式研究》一书中没有写到的,实则就是后续的社群网络在盈利模式领域的拓展应用。正如本书书名《面向社群网络的数字出版版权管理平台构建研究》所彰显的,版权管理平台构建研究是数字出版当前发展的关键问题,面向社群网络的版权管理平台构建更是突破当前数字出版发展瓶颈的重要途径。之所以关注到此领域,缘于我第二次前往剑桥大学担任访问学者期间受到的启发。社群网络时代的数字内容以多媒介融合的富媒体出版物形态存在,媒介的更迭和使用,让我对社群网络出版有了更深层次的理解和领悟。

本书构建的面向社群网络的版权管理平台,其深度融合的后续拓展须紧扣三个前沿维度:平台须在协同治理机制中平衡技术利用,正确应对因技术迭代而引发的版权确权与伦理争议,成为人机共创时代的规则锚点;在生态协同维度,须超越单一版权管理功能,以数据驱动打通“创作—传播—消费—反馈”的智能闭环,弥合知识服务、移动阅读等场景壁垒,通过深度挖掘社群用户行为数据实现内容生态的共生共荣;而制度适配是深度融合落地的保障,亟待探索适用于融合出版特性的新型规则体系,为平台在复杂多变的融合环境中高效运行提供坚实的制度支撑。这些拓展方向,实则指向数字出版从技术工具向融合生态中枢跃升的核心命题,亦为后续研究勾勒出从技术治理到生态重构的清晰路径。

数字出版、数字出版商业模式、移动阅读、社群网络、出版深度融合，这些关键词犹如学术研究地图，承载起我的数字出版研究之路。感谢我的老师们！当我的学生都已在各大高校担任导师、组建团队时，老师们犹如大树，时时给予榜样的力量和警醒的指点。感谢同行师友和业界同仁的支持提点，感谢浙江大学同事们的互相鼓励，感谢家人和团队师生的勇气给予，感谢商务印书馆责任编辑的专业肯定。回首向来萧瑟处，也无风雨也无晴，坚信童心和梦想始终是化解一切的良方。

陈　洁

2025 年 6 月 1 日

于启真湖畔

图书在版编目(CIP)数据

面向社群网络的数字出版版权管理平台构建研究 / 陈洁著 . -- 北京 : 商务印书馆 , 2025. -- (浙江大学文学院学术文库). -- ISBN 978-7-100-25170-9

Ⅰ . D923.414

中国国家版本馆 CIP 数据核字第 20257N3B55 号

浙江大学文学院学术文库

面向社群网络的数字出版版权管理平台构建研究

陈洁　著

商　务　印　书　馆　出　版

（北京王府井大街 36 号　邮政编码 100710）

商　务　印　书　馆　发　行

北京虎彩文化传播有限公司印刷

ISBN　978-7-100-25170-9

2025 年 8 月第 1 版　　开本 880×1240 1/32

2025 年 8 月第 1 次印刷　　印张 13⅛

定价：108.00 元